제6판

# 전략적 고객관계관리

권금택

pnc publishing and culture
피앤씨미디어

# 제6판 머리말

최근 많은 영역에서 4차 산업혁명이 화두로 떠오르고 있다. 4차 산업혁명시대에는 데이터를 가지고 새로운 가치를 창출하는 소량의 맞춤 생산이 가능하다. 진정으로 소비자가 왕인 시대이다. 4차 산업혁명시대의 변화내용은 인공지능, 빅데이터, IoT 등으로 대변되는 정보기술의 혁신적 발전이 제조업이나 서비스업과 같은 기업들의 경영환경과 경쟁력에 많은 변화를 요구한다. 그러나 4차 산업혁명시대에도 변치 않는 키워드는 고객과 품질이다. 인공지능과 빅데이터가 아무리 좋은 결과를 제시해 주더라도 제품이나 서비스의 품질에 대해 고객이 만족하지 않으면 의미가 없다.

4차 산업혁명시대의 기업은 개방과 공유를 통해 소통해야 하며, 소통을 통해 경쟁이 아니라 공동성장을 해야 한다. 생산과 관리는 고객맞춤형(customization)으로 변하며 협업을 통해 생산된 창의적 내용(niche contents)으로 새로운 경제적 부가가치를 창출해야 한다. 또한 기업이 장기적으로 성공하려면 고객의 필요와 요구를 충족시키는 탁월한 고객서비스 제공은 물론 기업의 파트너로서 고객의 가치에 바탕을 둔 전략적 CRM을 실시해야 한다.

제6판에서는 이러한 경영환경의 변화에 따른 4차 산업혁명시대의 필요한 주요 내용과 그동안의 강의에서 부족한 부분을 전체적으로 수정·보완하였다. 중요하게 다룬 부분은 제4장 고객관계단계별 전략, 제8장 유통경로관리, 제9장 촉진관리 등이다. 본서는 광범위한 CRM 분야의 학문적 발전에 밑거름이 된 많은 자료를 참고하였다. 진심으로 감사드린다. 앞으로도 계속 새로운 이론과 참신성 있는 내용으로 보완하기 위해 많은 노력을 기울이겠다.

교재의 가치는 독자들의 지속적인 사랑으로부터 창출된다는 것을 항상 인식하고 있다. 끝으로 본서를 출간하는 데 많은 도움을 주신 피앤씨미디어 박노일 사장님과 편집부 여러분에게 감사드린다.

2017년 7월

교수 연구실에서

저자 識

# 제5판 머리말

현대사회에서 고객은 "왕"보다 더 절대적이다. 고객은 기업의 생존에 반드시 있어야 할 동반자로서 기업은 고객가치창출과 가치제안을 강화하여 오늘날의 더욱 다양화된 고객들의 욕구를 충족해야 한다.

고객의 변화에 따라 CRM의 이론도 변화되어야 함에 이번에 개정되는 제5판은 온·오프라인 마케팅환경의 고객가치와 관계시대에 걸맞은 CRM의 주요 트렌드와 강조점들을 담기 위해 개정하였다. 제5판 전체에 걸쳐서 급격하게 변화하는 고객관계의 변화를 다루었고, 특히 소셜 네트워크인 Facebook, Youtube, Twitter 혹은 기업의 소셜 네트워크사이트, 온라인상에서의 동영상을 공유하며, 웹사이트, 개인 간의 이벤트로부터 새로운 고객관계구축을 위한 도구를 살펴보았다.

제5판에서 중요하게 다룬 장은 제3부 CRM믹스전략 중 제6장 상품관리, 제7장 가격관리, 제8장 유통경로관리, 제9장 촉진관리, 제5부 제15장 CRM 개념의 확장과 지속가능한 CRM을 중점적으로 보완하여 개정하였다.

제5판까지 개정되는 과정에서 국내외의 선행연구를 많이 참고하였다. 광범위한 CRM 분야의 학문적 발전에 밑거름이 되고 있는 분들의 노고에 진심으로 감사드린다.

앞으로도 본서가 독자 여러분의 좀 더 효과적이고 흥미로운 완전한 학습을 위한 내용을 보완하기 위해 지속적인 모든 노력을 기울이겠다.

끝으로 본서를 출간하는데 아낌없이 도움을 주신 피앤씨미디어 박노일 사장님과 편집부 여러분께 진심의 감사인사를 드린다.

2014년 1월

교수 연구실에서

저자 識

# 제4판 머리말

영리조직에 있어서의 성공적인 고객관계관리는 영원한 명제이다. 고객이 변하면 기업의 CRM도 변해야 한다.

오늘날 소비자들은 쇼핑환경에서 기존의 온라인과 오프라인의 양자택일에서 온·오프라인의 양자 통합의 길을 적극적으로 모색하고 있다. 왜냐하면 인터넷을 활용한 온라인(트위터, 블로그, SNS 등)쇼핑에서는 사람과 사람간의 접촉, 교감, 체험 등을 할 수 없기 때문이다.

따라서 오늘날의 기업은 온·오프라인의 고객을 동시에 만족시킬 수 있는 CRM환경을 만들어야 함은 물론 이를 전략적으로 활용하여야 한다.

즉, 수요창출을 위해 고객경험을 재창조해야 한다.(Reinvent the customer experience!)

이번에 출간되는 제4판에서는 그동안의 강의에서 느낀 부족한 부분과 특히 "제1부 CRM의 전략적 틀"중 이론 부분을 보완하였다. 앞으로도 계속 새로운 이론을 보완하고자 하며, 특히 나름대로의 참신성을 유지할 수 있도록 노력하겠다.

본서가 고객관계관리에 관계되는 학계, 산업계, 관계기관의 모든 분들과 배우는 학생(대학과 대학원)에게 연구길잡이가 되고 운영에 참고하거나 보탬이 되기를 소망하면서…

2012년 7월

교수 연구실에서

저자 識

# 제3판 머리말

오늘날 국내외 기업들은 물론 공공기관들도 전사적 차원에서 고객에게 초점을 맞춘 체계적인 고객관계관리(CRM)을 적극적으로 활용하고 있다.

국내 기업은 경영 프로세스에 기초한 CRM을 IT시스템으로만 인식해 자사의 특성을 고려하지 않고 단순히 도입하는 데에서 벗어나 CRM 전략을 자사 업종 및 고객특성에 따라 차별화하고 고객접촉빈도보다는 고객접촉의 질을 높여나가고 있다. 이와 같이 CRM을 전략적으로 활용하는데 본서도 일조를 한 것 같아 보람을 느낀다.

2005년1월에 CRM에 관한 관련서가 빈약한 상태에서 출간한다는 의미에서 초판이, 2007년1월 2판 개정판이 나온 이후 여러 대학의 교수님과 학생들 그리고 실무에 종사하시는 분들이 이 책에 대하여 보여주신 호의적인 반응으로 제3판을 출간하게 되었다.

이 번에 출간되는 제3판에서는 그동안의 강의에서 발견된 문제를 정리하고, 이론부분의 보충과 실무부분인 사례를 보완하였다. 특히 CRM실무현장에서 전문가들의 활용영역의 확장을 위해 제3부 CRM의 믹스전략중 제6장 상품관리, 제7장 가격관리, 제8장 유통경로관리, 제9장 촉진관리, 제4부 제12장 CRM 조직문화의 구축을 중점적으로 보완하여 개정하였다.

독자여러분의 따듯한 성원과 냉철한 권고는 앞으로 이 책의 보다 나은 성장에 밑거름이 될 것이다. 이 책이 계속해서 나름대로의 참신성을 유지할 수 있도록 모든 노력을 다 할 것을 다짐해 본다.

앞으로도 미흡한 점은 독자의 소리에 귀를 기울여 부족한 부분을 보완하고 이 분야에 관한 연구를 계속하여 CRM을 발전시키는데 기여하고 싶다.

본서의 제3판 출간에 도움을 주신 도서출판 대명의 최창언 사장님과 정성껏 편집을 하여 주신 편집부 김인숙 선생님의 노고에 감사드린다.

2010년 12월

해운대 연구실에서

저자 識

# 제2판 머리말

오늘날 기업들은 고객의 중요성을 인식하고, 고객과의 관계를 지혜롭게 설정하기 위해 전사적 차원에서 고객에게 초점을 맞춘 체계적인 고객관계관리(CRM)에 전력을 기울이고 있다.

이러한 관점에서 CRM에 관한 관련서가 빈약한 상태에서 출간한다는 의미에서 2005년1월에 처음으로 세상의 빛을 본 본서는 여러 대학의 교수님과 학생들 그리고 실무에 종사하시는 분들이 이 책에 대하여 보여주신 호의적인 반응으로 제2판을 출간하게 되었다.

본서의 초판출간 당시 저자의 생각은 앞으로 시간적 여유를 가지고 고객의 소리를 피드백 받아 보다 알차게 좀 더 새로운 구조와 내용으로 근본적으로 제2판을 선보일 예정이었지만 시기가 조금 앞당겨지게 되었다.

이 번에 출간되는 제2판에서는 그동안의 강의에서 발견된 문제를 정리하고, 초판 이론부분의 보충과 실무부분인 사례를 보완하였다. 따라서 초판의 부분적인 수정의 범위를 넘지 못했고, CRM현장사례와 실무에 관련된 내용을 보완하는데 그치는 수준이다.

독자여러분의 따듯한 성원과 냉철한 권고는 앞으로 이 책의 보다 나은 성장에 밑거름이 될 것이다.

앞으로도 기회가 주어지는 대로 이 분야에 관한 연구를 계속하여 CRM을 발전시키는데 기여하고 싶다. 아직 미흡한 점은 앞으로 독자의 소리에 귀를 기울여 부족한 부분을 보완해 나가고자 한다.

본서의 제2판 출간에 도움을 주신 도서출판 대명의 최창언 사장님과 정성껏 편집을 하여 주신 편집부 여러분의 노고에 감사드린다.

이 책이 계속해서 나름대로의 참신성을 유지할 수 있도록 모든 노력을 다 할 것을 다짐해 본다.

2006년 12월
연구실에서
저자 識

# 머리말

급변하는 시대에 대부분의 기업이 수요의 고갈과 고객과의 관계설정에 많은 과제를 가지고 있다. 또한 이러한 과제를 지혜롭게 해결하여 최고의 수익을 올리며 고객과 주주의 가치를 높이는 기업도 있다. 이러한 기업의 성공비결은 복합적이겠지만 특히 "고객지향적 사고"에 있다고 볼 수 있다.

기업의 경영방식의 중심에는 고객이 있으며, 고객을 올바르게 이해하고, 더 나아가 고객의 행동을 예측하여 고객의 요구에 부응한 제품과 서비스를 제공하는 것이 치열한 경쟁에서 생존과 성장을 할 수 있다. 이를 위해 기업은 전사적 차원에서 고객에게 초점을 맞춘 체계적인 고객관계관리(CRM)에 전력을 기울이고 있다.

특히 기업은 모든 역량을 고객과의 좋은 관계를 유지할 수 있도록, 거래하는 모든 고객을 우리라는 관계 속으로 끌어들여야 한다.

이를 위해 CRM은 최고경영자의 고객경영철학, 전 임직원의 고객존중정신 및 고객로열티 가치극대화를 위한 조직적인 참여가 이루어져야한다.

이러한 맥락에서 본서는 기업이 고객관리를 수행하는 방식의 중요성에 대하여 재인식함과 동시에, CRM 체제 구축 및 전략적 CRM의 기본적인 체계를 제시하고 있다. 특히 정보기술(IT) 관점이 아닌 마케팅 전략적 측면에서 저술되었음을 밝혀둔다.

지금까지 CRM은 마케팅혁신전략의 한 부분으로 학계에서보다는 업계의 실무적인 차원에서 접근해 왔다고 볼 수 있는데, 본서에서는 이를 정리한 것으로 그 의의를 찾아볼 수 있다. 후일 CRM사례집을 별도로 출간할 예정이다.

총 5부 15장으로 구성된 본서는 CRM의 한 학기 강의안으로서 저자가 대학에서의 강의와 연구를 통하여 얻은 지식과 기존의 선행연구자들의 연구를 토대로 기업의 마케팅 담당자와 대학(원)생들을 위해서도 이론과 실무를 학습할 수 있도록 하였다.

본서의 상당부분은 이 분야의 선행연구를 많이 참고하였고, 창의적이지 못한 부분이 다소 있음을 밝히며, 부족한 부분은 다음 기회에 보다 충실한 내용으로 보완하고자 한다.

나름대로 여러 가지의 의미를 가지고 이 책을 쓰기 시작했지만 작업이 진행될수록 능력부족을 절감할 수 있었다. 그럼에도 불구하고 여기까지 올 수 있었던 것은 많은 사람들의 가르침과 협조덕분이다. 이를 계기로 해서 더욱 정진하여 좀더 향상된 책을 만들 것을 다짐해 본다. 여러 가지 어려운 사정에도 불구하고 이 책의 출판을 허용해 주신 도서출판 대명의 최창언 사장님께 감사를 드린다.

끝으로 저자가 오늘날 이 자리에 설 수 있게 배움의 문을 열어 주신 부모님과 오랜 시간 동안 학문의 길에 동반자가 된 나의 가족의 인내에도 이 기회를 빌어 고마움을 표한다.

2005년 1월

천성산 기슭 연구실에서

저자 識

# 차례

## 제 4 부 CRM의 시스템 및 조직문화 구축



## 제 5 부 CRM의 확장개념과 특수주제

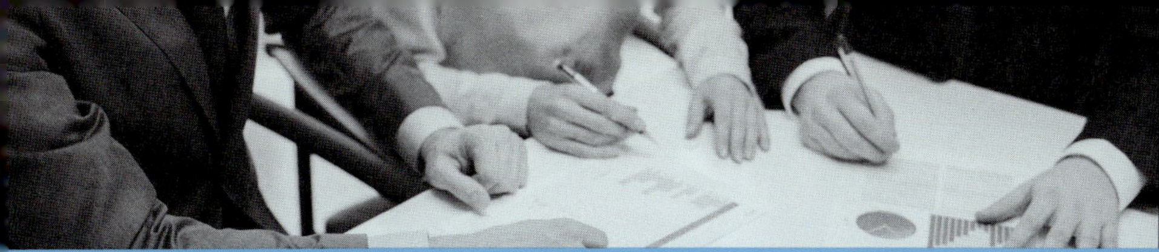

Part I

# CRM의 전략적 틀

Chapter 1

# CRM의 기본적 이해

## 1. CRM의 개념

고객관계관리(Customer Relationship Management; CRM)는 고객과 관련된 기업의 내·외부 자료를 분석·통합하여 고객특성에 기초한 마케팅활동을 계획하고, 지원하며, 평가하는 과정을 의미한다.

다양한 고객접점을 활용하여 여기서 발생되는 수많은 데이터를 세분화하여 신규고객 획득→우수고객 유지→고객가치 증진→잠재고객 활성화→평생고객화와 같은 사이클을 통한 고객의 니즈에 초점을 두어 1:1로 실시하는 차별화된 마케팅전략이다.

기존 마케팅이 단발적인 마케팅전술이라면 CRM은 고객과의 지속적인 관계를 유지하면서 '한 번 관계를 맺은 고객은 평생고객'이 될 수 있는 기회를 만들며, 평생고객화를 통해 고객의 가치를 극대화하는 것이다. 즉, 현재 기업이 보유하고 있는 고객과 잠재고객에 대한 데이터를 수집·분석하여 비즈니스적인 요구에 맞는 마케팅 정보로 가공하고, 고객행동을 분석·예측하기 위하여 고객의 행동 확률을 고객 개인별로 점수화하고, 개별 고객의 점수를 활용하여 동일한 고객군으로 그룹화하여 분류하고, 고객별·그룹별로 효과적인 마케팅 프로그램과 전략을 개발·검증·구현·측정 및 수정하게 하는 일련의 과정이 CRM이다. 우리 회사의 고객이 누구인지, 고객이 무엇을 원하는지를 파악하여 고객이 원하는 제품과 서비스를 지속적으로 제공함으로써 고객을 오래 유지시키고 이를 통해 고객의 평생가치를 극대화하여 수익성을 높이는 통합된 고객관계관리 프로세스, 즉, 고객데이터와 정보를 분석·통합하여 개별 고객의 특성에 기초한 마케팅 활동을 계획·지원·평가하는 과정인 것이다.

시장의 개방, 경쟁의 심화, 소비자 욕구의 변화 등에 따른 새로운 시장상황 하에서 기업들은 경쟁의 방법에 고민하지 않으면 안 되게 되었다. 왜냐하면 불특정 다수의 소비자를 향한 광고가 기대치 이상의 효과를 얻기 어려우며 다양한 상품 못지않게 서비스의 질도 향상되어 고객들은 조금만 불만스러운 대접을 받으면 언제든 경쟁자의 상품으로 눈을 돌리게 됨을 인식하였기 때문이다.

다음과 같은 연구결과는 고객관계와 고객만족의 중요성을 뒷받침한다.

- 회사수익의 65%는 만족을 얻은 고객을 통해서 이루어진다.
- 신규고객 획득 소요 비용은 기존 고객에게 지불되는 서비스 비용의 약 5배이다.
- 상위 20%에 해당하는 고객 1인의 매출이 나머지 80%에 해당되는 고객 16명의 매출과 비슷하다. 2080 법칙, 파레토법칙(Pareto principle)
- 대개의 회사들은 매년 약 15~20% 정도의 고객을 잃는다.
- 고객유지율이 몇 %만 증가해도 25~100%까지의 이윤을 증가시킬 수 있다.

그러면 CRM이란 과연 무엇인가? CRM이라는 개념이 시작된 미국에서도 CRM에 대한 일치된 정의가 없이 CRM이 사용되는 상황이나 관점에 따라 그 의미가 다양한 실정이다.

예를 들면, 영업을 담당하는 사람들은 CRM을 하나의 영업전략으로 정의하고 있고, 캠페인 관리를 하는 사람은 CRM을 좀 더 개인화되고 체계화된 데이터베이스 마케팅으로 간주하기도 한다. 또, 정보기술과 시스템 분야에 종사하는 사람은 CRM을 '기술을 기반으로 영업·마케팅·고객서비스 영역의 프로세스를 자동화하고 개선시키는 통합된 프로세스'라고 주장하기도 한다.

그 밖에도 데이터베이스 분야에 종사하는 사람은 '다양한 접점을 통해 고객 데이터를 지속적으로 수집하고 이를 바탕으로 고객의 행동을 분석·예측하여 효과적으로 효율적인 고객관리에 활용하는 과정'이라고 분석한다. 이에 반하여, 전략 분야의 업무를 담당하는 사람은 CRM을 '장기적 관점에서 고객에 대한 정의, 선정, 개발, 평가 등을 수행하는 전략'이라고 나름의 정의를 내린다.

한편, CRM의 핵심인 고객과의 '관계(relationship)'란 무엇인가. 마케팅에서의 '관계(relationship)'란 'as interaction between two parties (who perceive each other as being relevant) with the goal both sides benefit from this interaction'이라 정의된다. 즉, 어느 한쪽만의 일방적인 대화이어서는 안 되고 상호대화가 이루어져서 고객이 행동할 필요성을 느껴야 하며(as interaction between two parties), 어느 한쪽이라도 적절하다고 생각하지 않으면 이루어지기 어렵다(being relevant). 또한 서로 관계를 형성하기 위해서는 양자를 위한 명확한 가치가 있어야 한다(both sides benefit from this interaction).

CRM은 이와 같은 고객과의 관계유지가 필수적이다. 다양한 고객접점을 통해 고객과의 쌍방대화가 이루어져야 하며, 고객을 '가치창조의 파트너'로 인

**그림 1-1** 마케팅 개념의 진화과정

| 연대 | 사회정세 | 소비환경 | 마케팅 | 마케팅개념 |
|---|---|---|---|---|
| 1960 | 고도성장기 | 동질욕구 | 매스 마케팅 | 적정상품의 대량생산 대량광고에 의한 대량판매가 가능한 상품의 소구 |
| 1970 | 안정성장기 | 이질욕구 | 표적 마케팅<br>세분화 마케팅 | 필요와 욕구에 의한 신상품 기획 |
| 1980 | 성숙기 | 개성욕구 | 틈새 마케팅 | 품질과 서비스의 소구 |
| 1990 | 초성숙기 | 부가가치 욕구 | 개별 마케팅<br>DB 마케팅 | 부가가치 증대를 위한 정보 커뮤니케이션 |

↓

CRM/관계마케팅

자료: Arankawa Damaki, 1993.

식하여야 한다. 기업은 고객으로 하여금 기업가치를 제고할 수 있어야 하고, 고객은 기업을 통해 충분한 만족을 획득할 수 있어야 할 것이다.

이러한 배경하에 기업들도 기존 패러다임을 바꾸기 시작하였다. 즉, 마케팅 패러다임이 제품판매 중심에서 기존의 우수고객을 유지하고 이탈고객을 최소화하는 관계마케팅으로 이동하게 되었다([그림 1-1]).

그리고 과거 고객과의 관계 속에서 기업 내에 축적된 대용량의 데이터를 통하여 우리 회사와 거래하는 고객들은 누구이며, 자주 오는 사람들은 누구이고, 물건을 많이 구매하는 사람은 누구이며, 회사를 떠난 사람들의 특성은 무엇인가를 분석하여 이를 토대로 고객의 특성과 필요에 맞는 메시지를 전달하여 보다 고객과 친밀한 관계를 유지하여, 결국은 평생고객으로 유도하는 전략이 필요하게 되었다.

CRM은 전산 시스템만의 변화가 아니라 경영전략, 조직/프로세스, 고객접점 채널상의 모든 변화를 의미한다.

따라서 본서에서는 CRM의 다양한 정의를 바탕으로 CRM의 근간이 되는 몇 가지 핵심요소들을 통합하여 설명을 하고자 한다. 이에 앞에 제시한 CRM 정의를 중심으로 관련 내용을 전개해 나가려 한다.

**그림 1-2** CRM의 개념

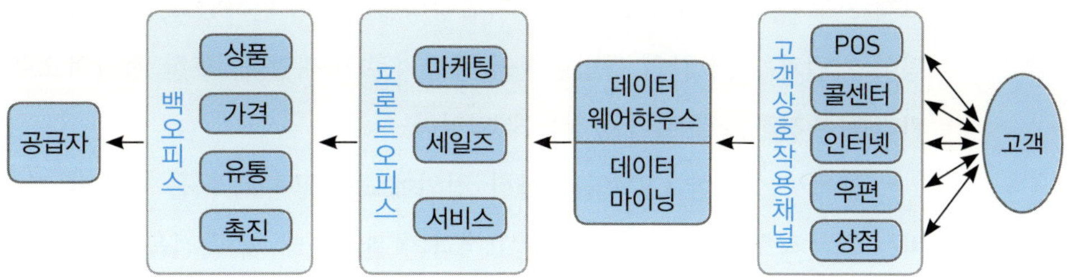


주: 1. 가치사슬의 역류화로 과거 공급자 → 수요자의 가치흐름이, 수요자 → 공급자로 변화
2. 프론트/백 오피스는 기업의 고객에 대한 접근성 정보로 분류한 경영활동
3. 데이터 웨어하우스는 방대한 분량의 고객 프로파일 데이터를 저장하는 정보창고
4. 데이터 마이닝은 대량의 데이터베이스로부터 숨어 있는 유용한 정보를 통계적 기법을 이용하여 찾아내는 과정

## 2. CRM의 등장

70년대만 해도 소비자는 단일 욕구를 가지며, 기업이 만들어 공급하는 상품을 수동적으로 구매하며 기업과 고객 간의 관계는 획일적인 물품을 일방적으로 공급하는 단순판매의 관계로 인식하였다.

그러나 80년대 들어 물품의 대량생산으로 공급이 수요를 초과하고 경쟁기업의 출현으로 시장경쟁이 치열해짐에 따라 고객의 중요성이 인식되었다. 이로 인한 품질관리에 대한 관심이 고조되고 품질관리 경쟁으로 인한 제품의 차별화가 어려워지자 고객서비스와 고객만족의 중요성을 인식하게 되었다. 이 시기에는 주로 고객의 소리를 신속하게 접수하여 처리함으로써 고객의 불만을 줄이는데 주력하였다.

90년대 들어 다양화·개성화된 고객의 니즈를 충족시키고자 정보기술을 활용하기 시작하였다. 기업의 내·외부 자료를 데이터베이스화하여 활용하는 DB 마케팅이 시작되었으나 기업의 시각에서 고객을 판단하는 수준이었다.

90년대 후반 들어 인터넷의 활성화로 기업과 고객 간의 쌍방향 의사소통이 원활해지고 고객관리가 기업의 생존에 직접적 영향을 미치게 되었다. 과거에는 공급자→판매활동→고객의 방향으로 형성되었던 시장 흐름이 최근에는 고객→고객, 기업간 유통경로→기업경영활동으로 변하였고, 일방향적인 마케팅이 기업과 고객 간의 쌍방향적인 동반자로 바뀌었다. 또한 전사적으로 고객관리를 추진하는 CRM이 등장하게 되었다.

앞에서 설명한 CRM의 다양한 정의에도 불구하고 이들 개념이 지향하는 바는 기본적으로 한 가지다. 즉, 고객과의 관계관리 및 발전을 통해 고객이 기업에 가져다주는 가치를 극대화하자는 것이다. 이는 전통적인 기업의 경영이나 마케팅 활동과는 커다란 대조를 이루는 것이다. 전통적으로 기업인들이 자신의 제품이나 서비스를 팔기 위해 고객을 찾아 다녔다고 한다면, 이제는 자신의 고객을 위해 제품이나 서비스를 찾아다니는 시각의 전환을 의미한다. 그런가 하면 전통적인 기업들은 상품 판매실적을 운영의 잣대로 삼았지만 CRM 중심의 기업은 고객으로부터 시간이 지나면서 기대되는 가치의 증대를 성공의 척도로 판단하는 것이다.

앤더슨컨설팅은 CRM을 "예외적이고 차별화된 경험을 고객에게 첫 만남에서부터 평생 동안 지속적으로 제공함으로써 고객 자산(Customer Equity)을 증대하는 것"으로 규정하고 있다.

CRM이 대규모로 실현 가능한 기업의 전략적 선택이 된 것은 정보기술의 발달에 기인한 것이다. 데이터베이스 기술의 발달은 고객 개개인의 니즈를 파악하고 구별해 내는 것을 가능케 했으며 각종 인터넷 웹사이트, 콜센터, 판매자동화 등의 도구들은 고객 개개인과의 상호 접촉을 쉽게 해주고 있다.

CRM은 고객의 정보, 즉 데이터베이스를 기초로 고객을 세부적으로 분류하여 효과적이고 효율적인 마케팅 전략을 개발하는 경영전반에 걸친 관리체계며, 이를 정보기술이 밑받침이 되어 구성된다. 이와 같이 CRM을 구현하기 위해서는 고객 통합데이터베이스(DB)가 구축돼야 하고, 구축된 DB로 고객 특성(구매패턴·취향 등)을 분석하고 고객 개개인의 행동을 예측해 다양한 마케팅 유통

**그림 1-3** CRM의 변화과정

| | 판매 (1970년대) | CS (1980년대) | DM Marketing (1990년대) | CRM (1990년대 후반) |
|---|---|---|---|---|
| 고객 | 수동적 구매자 | 선택적 구매자 | 개성화, 다양화된 구매자 | 능동적 파트너 |
| 고객관계 | 일반적 공급 (배급) | 고객만족도 측정 일방적 관계 (판매) | 그룹화된 고객 일방적 관계 (구매에이전트) | 개별고객 쌍방향 의사소통 (공동창조파트너) |
| 고객관리 | 단순영업 위주 | 영업, 판매 위주 서비스 | IT활용 관리 | 전사적 관리 |

→ eCRM

주: CS - Customer Satisfaction, DB - Database Marketing
자료: 이상민 외, 「인터넷 시대의 고객관계관리(CRM)」, CEO information 제262호, 삼성경제연구소, 2000.9.
앤더슨컨설팅, 「CRM 고객관계관리」, 2000.5, pp.15~18.

경로와 연계되어야 한다. CRM의 경우 고객의 정보를 취할 수 있는 방법, 즉 고객접점이 데이터베이스 마케팅에 비해 훨씬 더 다양하고, 이 다양한 정보의 취득을 전사적으로 행하여야 한다.

CRM은 고객수익성을 우선하여 콜센터, 캠페인 관리도구와의 결합을 통해 고객정보를 적극적으로 활용하며, 기업내 사고를 바꾸는 성격이 강하게 내포되어 있다. 기업의 고객과 관련된 내·외부 자료를 이용하자는 측면은 데이터베이스 마케팅과 성격이 같다고 할 수 있다.

이처럼 오늘날 기업이 가지고 있는 것 중에서 가장 중요한 것은 바로 '고객'이다. 고객 중에서도 우량고객, 즉 단골손님이다. 이 단골손님과의 관계를 가능한 오래도록 유지하기 위해서는 단골고객과 일대일 대화를 가능하게 만들어 주는 환경을 조성해야 한다. 단골고객과 일대일 커뮤니케이션을 가능하게 해 주는 것이 바로 CRM으로서 기업의 생존과 발전전략의 유용한 도구로 활용되고 있다. CRM의 등장 배경인 구체적인 환경변화를 살펴보면 다음과 같다.

그림 1-4 CRM의 도입 배경

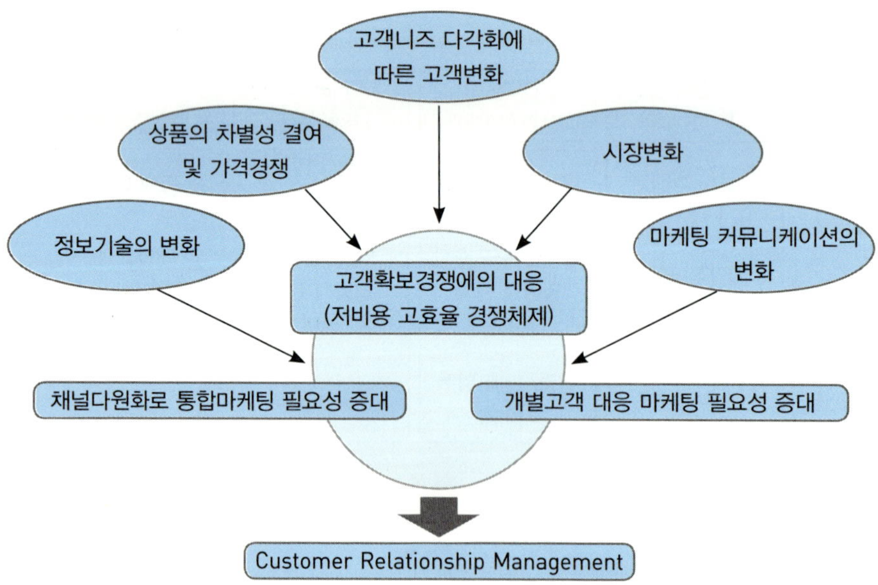

## (1) 시장의 변화

시장의 규제완화로 인하여 새로운 시장으로서의 진입 기회가 늘어남에 따라 동일 업종에서의 경쟁사가 많아지기 시작했다. 즉, 판매자중심시장(seller's market)에서 구매자중심시장(buyer's market)으로 전환되었다. 이와 같이 경쟁이 심화된 상황에서 기업들은 소비자의 욕구충족을 위하여 고객세분화를 통한 제품과 서비스를 차별화해야 한다.

이러한 시장상황하에서 고객에 대한 정보를 바탕으로 전략적인 고객세분화를 하여 표적고객군, 더 나아가서 개별화된 표적고객을 설정하고, 그에 적절한 마케팅믹스를 기획하고 실행하여 기존고객과의 관계를 강화해야 할 필요성이 대두된 것이다.

일반적으로 신규고객을 획득하는 데 소요되는 비용이 기존고객을 보유하는 데 드는 비용보다도 무려 5배나 더 소용된다는 사실에서 볼 때 고객 획득을 위한 무차별적인 공략보다는 우선 우량고객이나 오랫동안 관계를 유지하여 왔던 고객에 대한 데이터를 분석하고, 그들만의 특성을 구별하여 선별하는 등 시장의 변화에 적극적으로 대처해야 할 필요성을 느끼게 된 것이다.

## (2) 기술의 변화

컴퓨터 및 그에 관련된 정보기술의 급격한 발전은 CRM이 등장하게 된 결정적인 환경적 요인이다. 기술면에서의 빠른 진전과 응용 프로그램들은 고객 데이터나 관련 데이터를 과학적인 분석 기법으로 처리하여, 고객 및 시장에 관한 중요한 정보와 지식을 다양한 영업 활동에 이용할 수 있게 되었다.

예를 들면, 일선 판매직원이 어느 고객과 거래하는 동안에 그 고객에 대해 필요한 개별고객 정보를 실시간(real time)으로 접할 수 있어, 고객이 만족하는 서비스를 제공하거나 적절한 의사결정을 할 수 있게 되었다. 더욱이 이러한 정보나 영업지식을 단순히 한 영업부서 내에서만 이용하는 것이 아니라, 같은 기업 내에서 여러 부서 간에 개인용 컴퓨터를 이용한 네트워킹으로 모든 직원들이 다양한 고객 데이터를 쉽고 빠르게 접함으로써 좀 더 고객만족을 줄 수 있는 고객관계관리가 원활하게 되었다.

이처럼 컴퓨터와 관련된 정보기술의 발달은 고객니즈 분석의 발전과 고객데이터 축적기술의 발전을 가져오면서, 본격적으로 CRM이 확산될 수 있는 외적 환경을 형성해 왔던 것이다.

### (3) 고객의 변화

고객의 필요와 욕구가 다양화됨에 따라 고객만족은 더욱더 복잡해져 가고 있는 실정이다. 비록 상품 자체는 만족한다 할지라도 고객은 끊임없이 더 나은 서비스나 차별화된 대우를 기대하고 요구하는데 이것이 바로 관계에 대한 가치이다. 기업이 이러한 고객의 관계 가치에 부응하지 못하면 고객은 다른 업체로 쉽게 옮겨간다.

이러한 현실에서 끊임없이 변화하는 고객의 기대와 요구에 부응하여 고객과의 관계를 유지하고 적절한 제품과 서비스의 차별화를 통해 장기적으로 기업의 경쟁 우위를 고수하는 것이 현재 기업들이 당면한 도전이다. 이를 위해 많은 기업들은 고객중심인 경영 방식인 CRM을 도입하고, CRM은 기업의 필수적인 전략적 선택이라는 생각이 보편화되고 있는 것이다.

### (4) 마케팅 커뮤니케이션의 변화

기존 마케팅 방식의 비효율성은 광고를 비롯한 마케팅 커뮤니케이션 방식에서도 나타난다. 불특정다수를 대상으로 하는 대중매체상의 살포식(broadcasting) 촉진도구 즉, 광고·홍보·대중관계·판매촉진·인적판매 등은 더 이상 효과적이지 못하다.

따라서 마케팅 커뮤니케이션의 효율성을 높이기 위해서는 우선 구체적인 마케팅 커뮤니케이션의 목표를 세우고 이를 달성하기 위한 표적고객을 찾아낸 후에, 그들의 필요나 욕구를 채워 줄 수 있는 제품이나 서비스에 대한 차별화된 마케팅 커뮤니케이션 메시지를 선별하는 것이 필요하다.

또한 마케팅 커뮤니케이션은 단순히 제품이나 서비스를 고객에게 알리는 목적으로가 아니라 "고객과의 장기적인 관계유지"라는 관점에서 전체적인 커뮤니케이션으로 이해하고 그에 맞는 활동을 전개해야 하는 시대적 흐름이 대두된 것이다.

특히, 인터넷을 기반으로 한 전자상거래가 급속히 확산되어 가는 현 시점에서 마케팅 커뮤니케이션은 더욱 중요한 역할을 한다. 전자상거래가 이루어지는 많은 웹사이트에서는 마케팅 커뮤니케이션과 판매가 동시에 진행되기 때문에, 마케팅 커뮤니케이션과 판매의 경계가 애매해지므로 이 두 가지 기능을 포괄하는 커뮤니케이션 형태가 시급하게 요구되고 있다.

이를 위해 고객이 웹사이트에서 필요한 정보를 찾아 볼 수 있는 끌어당김의 기술(pull technology)을 바탕으로 한 커뮤니케이션이나, 판매업체가 그의 웹사이트를 방문한 고객에게 능동적으로 정보를 제공하거나 상품을 추천하는 밀어내기 방식(push model)의 커뮤니케이션, 그리고 쌍방향 상호작용(Two-way interaction)을 바탕으로 한 커뮤니케이션 등이 충분히 고려되어야 할 것이다.

더욱이 오프라인 중심의 기존의 상점들도 전자상거래를 많이 병행하고 있는데 이들은 멀티유통경로를 통해 영업을 하므로 여러 유통경로에서 행해지는 촉진도구들이 조정되고 통합되는 소위 통합적 마케팅 커뮤니케이션(IMC; Integrated Marketing Communication)을 실시해야 한다. 즉 촉진도구가 CRM을 위한 중요한 커뮤니케이션 수단으로 새로이 조정되고 다른 CRM 활동과 통합되어 행해질 때 마케팅 커뮤니케이션의 효율성이 높아지게 된다.

따라서 좀 더 신중한 표적고객 분석을 통해 기업에게 진정한 가치를 가져다 줄 수 있는 고객을 찾아내고, 이들을 상대로 하는 일대일 커뮤니케이션을 수행함으로써 촉진의 효율성과 효과성을 동시에 제고할 수 있는 마케팅 커뮤니케이션 전략의 개발이 시급히 요구되고 있다.

## 3. CRM의 필요성

### (1) CRM의 필요성

CRM은 단순히 제품을 팔기보다는 '고객과 어떤 관계를 형성해 나갈 것인가?', '고객들이 어떤 것을 원하는가?' 등에 주안점을 둔다. 이런 고객성향이나 취향이 먼저 파악된 뒤 이를 토대로 고객이 원하는 제품을 만들고 마케팅 전략을 개발한다. 신규고객 창출보다는 기존고객의 관리에 초점을 맞추고 있다.

그림 1-5 CRM의 필요성

**고객확보**

- 어떤 특성을 가진 잠재고객이 우량고객이 될 가능성이 높은가?
- 잠재고객은 어떤 Needs를 가지고 있는가?

**고객개발**

- 어떻게 하면 고객의 이용률을 높일 수 있는가?
- 고객의 잠재적 구매 Needs는 무엇인가?

**고객유지**

- 이탈고객의 이탈 이유는 무엇이며 어떻게 이탈을 막을 것인가?
- 우량고객을 어떻게 유지할 것인가?

### (2) 고객만족과 CRM

CS와 CRM 모두 고객을 잘 대하자는 취지에는 차이가 없으나 CS가 전체적인 고객의 만족을 강조했다고 본다면 CRM은 의도적으로 계획하여 수행하는 선택적 고객만족(Selective CS), 즉, 계획된 고객간 차별(Planned Dicrimination)이라고 볼 수 있다. 결국 CRM에서는 어떤 유형의 고객들에게 한정된 자원을 집중할 것인가가 매우 중요하다.

과거 많은 기업들이 고객을 이해하고 만족시키고자 막대한 노력을 기울여 왔다. 이처럼 기업이 고객만족(CS; Customer Satisfaction)을 지향해야 하는 이유는 "Fortune Magazine & Forum Corporation"의 연구에 의하면 다음과 같이 설명하고 있다.

- 만족한 고객은 자신이 만족할 기업의 제품이나 서비스에 대한 긍정적인 경험을 평균 5~6명의 다른 사람에게 전달한다고 한다.
- 불만족한 고객은 보통 9~10명에게 자신의 부정적인 경험에 대하여 이야기한다.
- 불만족한 고객 중 기업의 제품 및 서비스에 아주 실망한 고객(10~13%)은 20명의 다른 사람에게 적극적으로 자신의 불만을 얘기한다고 조사되었다.
- 불만족한 고객 중 90%는 회사가 자신의 불만과 고충을 적극적이고 신속하게 해결해 줄 경우, 불만이 없던 고객보다 더 고정적인 고객이 될 수 있다.
- 불만족한 고객의 98%는 해당 기업에는 불평하지 않으며, 조용히 경쟁회사로 옮겨갈 뿐이다.

이러한 이유에도 불구하고 고객만족(CS)경영의 성과는 경영자의 입장에서 보면 그다지 만족스럽지 못한 것으로 나타났다. 고객만족도와 서비스의 질을 다각적으로 측정·평가하면 숫자상으로는 꾸준하게 향상되고 있다. 그러나 "만족한다"는 고객의 목소리에도 불구하고 "수익성"은 향상되지 않았다.

고객만족도의 효과를 분석한 결과, 기본적인 제품과 서비스에 대한 고객만족도는 기간이 지날수록 기업의 기술향상, 서비스개선, 고객의 학습된 기대수준 등의 영향으로 점점 증가하였다. 그러나 이에 비하여 재구매나 추천/권유를 통한 매출은 떨어지고, 고객이탈은 증가하는 양상을 보이고 있다.

이처럼, CS경영은 기업의 수익성으로까지 연결되지 못하고 있다. 이에 대한 실례로서, 미국 자동차시장의 고객만족도 조사 결과, 거의 매번 90% 이상의

그림 1-6 고객만족도에 따른 효과

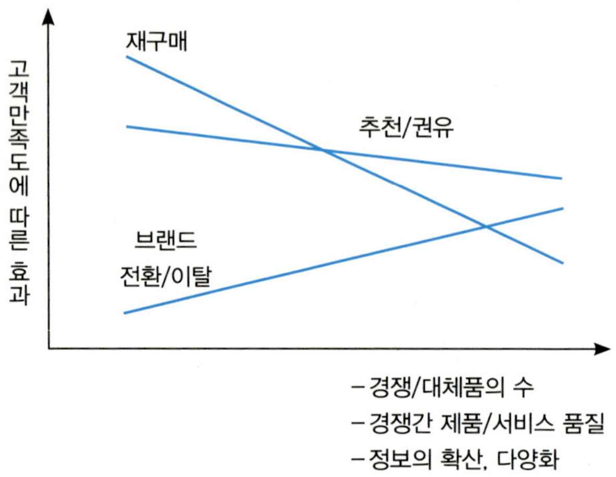


자료: Researched by Fortune Magazine & Forum Corporation 백종성, 「Customer Loyalty에 대한 이해와 프로그램」, 2000.

고객이 만족 또는 매우 만족한다고 응답하였다. 그러나 이 중 동일 회사의 자동차 재구매율은 30% 미만인 것으로 나타났으며, 이탈 고객의 60~80%가 이탈 직전까지도 제품에 대한 만족도를 나타낸 것으로 조사되었다.

따라서 고객만족과 고객이탈에서 상관관계를 발견하기는 어렵다. 즉, 고객만족은 고객의 재구매를 보장하지 못하고 있어, 이에 따라 제품력에 의한 차별화 인식에 한계가 있음을 드러내고 있다.

결과적으로 고객관리는 고객의 태도(만족도)에서 그치는 것이 아니라 고객의 행동(재구매)을 유발하고, 나아가 매매(거래)관계를 넘어선 지속적인 정서적 관계까지 형성해야 할 필요가 있다. 즉, 고객과의 지속적인 관계유지를 통해 고객충성도를 확보하고, 고객 및 기업의 가치를 극대화하기 위해서도 CRM의 구축이 필요하다.

## (3) CRM의 올바른 접근 방법

### 1) 마케팅부서만을 위한 마케팅에서 벗어나야 한다

기존의 마케팅에 대한 투자는 뚜렷한 방향이나 본질적인 요건을 정의하지 못한 채 변화하는 시장환경을 따라잡는 데 급급하였다. 이러한 마케팅의 방향과 환경·제도를 바꾸는 방안이 CRM이다. 따라서 CRM은 고객에 대한 중요성을 마케팅의 전면에 배치하여 사내 모든 정보의 방향과 프로세스, 그리고 사내 마인드를 고객관계강화에 역량의 초점을 맞추어야 한다.

### 2) 현재 기업의 마케팅은 고객욕구를 잘 파악해야 한다

현재 기업의 마케팅은 고객니즈를 제대로 파악하지 못하고 있다. 고객들은 광고와 정보의 홍수 속에 살고 있어, 어느 누구보다도 많은 정보를 갖고 있다. 하지만 이들에 대한 분석은 거의 이루어지지 않아 고객을 이해하기에는 많은 문제점이 있는 것이다.

### 3) 고객욕구의 파악시스템은 필수적이다

고객에 관한 정보는 하루가 다르게 변하는데 이러한 고객정보를 뒷받침할 수 있는 시스템이 이전에는 없었다. 어떻게 고객을 세분화할 것인가? 어떻게 표적고객을 설정할 것인가? 표적고객에 대한 포지셔닝은 어떻게 실시할 것인가? 고객에 대한 수익을 어떻게 증가시킬 것인가? 이러한 문제에 대한 해답을 제공해줄 수 있는 제반 인프라를 구축해야 하며, 고객에 대한 새로운 전략의 실시가 필요하다.

### 4) 지속적으로 고객에게 서비스를 제공할 방법을 모색해야 한다

고객에 대한 정보가 있어도 어떻게 서비스를 실시해야 할지를 모르고 있다. 고객을 만족시킬 수 있는 방향을 모른다면 아무리 좋은 투자라도 소용이 없을 것

그림 1-7 고객관리 필요성의 배경

이다. 장기적인 계획수립을 통하여 고객을 지속적으로 관리할 수 있어야 한다.

### 5) 전사적이고 고객지향적인 접근을 해야 한다

보다 나은 고객을 위해서라면, 사내 어느 부서에 근무하는 그 누구라도 항상 고객을 위해, 고객에 대해 준비해야 한다. 예를 들어 고객과 가장 가까이 접하는 A/S 담당자의 정보를 마케팅부서에서 활용한다면 직접적인 시장의 변화를 느낄 수 있으며, 고객의 변화를 통한 새로운 마케팅이 가능하게 될 것이다. CRM은 이처럼 전사적으로 고객과 고객정보에 대한 마인드를 바꾸고 개선하고 집중적인 관리를 통하여 완전한 정착단계에 도달할 수 있다.

## 4. CRM의 목적

CRM을 통해 달성하려는 목적은 여러 방향으로 설명할 수 있다. 하지만, 기본적으로 CRM의 목적은 신규고객의 유치에서부터 시작하여 그 고객의 전생

그림 1-8 CRM의 목적

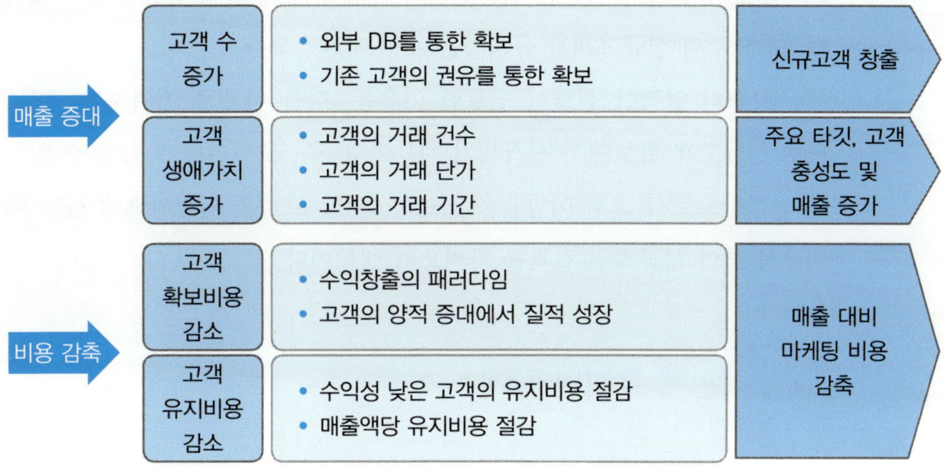


애에 걸쳐 유지하고 제고해 나가면서, 장기적으로 고객의 수익성을 극대화하고자 하는 것이다. 다시 말하면 새로운 고객과의 거래를 시작한 후, 다양한 마케팅 활동을 전개하여 그 고객과의 관계를 강화시켜 평생고객으로 만드는 것이 CRM의 목적이다.

CRM의 목적은 고객과의 첫 만남에서 마지막에 이르는 전 과정(고객확보, 개선, 유지, 재가입, 구전)에서 기업과 고객의 관계 강화를 통하여 매출증대와 비용감축의 일거양득이라는 효과를 얻고자한다.

이처럼, 지속적인 고객과의 거래관계를 통해 얻을 수 있는 장기적인 이윤을 극대화하려는 것이 CRM이 추구하는 근본 목적이라고 할 수 있다. 기업은 CRM의 목적을 달성하기 위해 개별고객의 생애에 따라 다음의 세 단계로 나누어 전개할 수 있다.

### (1) 고객관계 구축의 단계

첫 단계는 신규고객과의 처음 거래가 이루어지는 고객관계구축 단계이다. 이를 위해 고객이 될 만한 후보를 찾아 신규고객으로 확보하여야 한다. 여기에서는 아무 고객이나 무차별적으로 접근하기보다는 우량고객이 될 가능성이 큰 고객들을 선별하여 적절한 접근방법과 유인을 통해 그들과 새로운 거래 관계를 형성함으로써 신규고객을 유치하는 것이 바람직하다.

고객의 엄격한 선별이 필요한 이유는, 다음 단계로 이어지는 고객유지가 바로 신규고객 확보에서 시작되기 때문이다. 즉, 로열티를 축적할 수 있는 고객을 선별함으로서 고객 이탈율을 줄이고, 이탈 고객을 되돌아오게 하는 데 드는 비용을 줄여 성공적인 결과를 가져오기 때문이다.

### (2) 고객관계 유지의 단계

두 번째 단계는 일단 획득한 신규고객이 반복해서 거래하도록 고객과의 관계를 강화하면서 고객을 유지하는 단계이다. 은행을 예로 들면, 일단 고객이 계좌를 열어 첫 거래가 시작된 후에는 여러 가지 서비스나 보상적인 유인을 통해 우선 거래량과 거래횟수를 늘리도록 유도하여 고객과의 관계를 강화해 나가는 것이다.

### (3) 평생고객의 단계

세 번째 단계는 거래 관계가 최대한으로 확장되면서 평생고객이 되도록 하는 평생고객 단계이다. 다시 말하면 평생고객 개념으로의 확장 단계이다. 은행의 경우를 예로 들면, 거래은행과 관계를 최대한으로 확장하여 고객의 로열티를 제고하는 것이다. 이를 통해 고객은 평생고객 또는 동반자 관계로 발전되어 간다.

한편 관계가 강화된 고객들은 그 은행과의 깊어진 관계로 다른 은행으로 옮겨가기에는 희생비용이 크므로, 이 은행과 평생 파트너가 된다. 이 단계에 접어들면 심화된 거래 관계로 고객의 로열티가 높아지게 되고 이 은행의 옹호자가 되어 새로운 고객을 데려오기도 한다. 또한 오랜 기간 동안의 거래로 인해서 받는 많은 혜택 때문에, 고객은 보통 그 은행과의 거래에 드는 비용이나 가격에 대해 민감성(price sensitivity)도 낮아지기 마련이다. 이런 평생고객으로부터 얻는 은행의 혜택도 더욱 늘어나게 된다.

이렇게 하여, 기업은 추가적인 수익의 증진은 물론, 가격변동을 통해 고객의 총거래 가치를 높일 수도 있다. 고정 거래비용을 줄일 수 있으며, 뿐만 아니라 신규고객 획득에 드는 비용도 절감하여 고객 수익성을 극대화해 나갈 수 있다. 이 단계에서 고객의 수익성은 업종이나 시장에 따라서 급격한 증가를 보일 수도 있다.

## 5. CRM의 속성과 구현과정

CRM은 고객의 효용과 가치의 극대화를 통해 고객만족을 성취해야 한다. 고객을 위한 가치창조를 위해서는 CRM은 지속적인 혁신을 해야 한다. 즉 CRM이 성공하기 위해서는 현재고객의 상호작용과정을 리엔지니어링하고 또한 전체적으로 새로운 과정을 설계함으로써 실행되는 고객지향적인/고객중심(customer focus) 전략이 전개되어야 한다. 고객의 욕구를 충족시키기 위해서는 적절한 정보시스템을 실행해야 한다.

CRM 활동에 있어 CRM은 수익성을 창출하는 관계를 구축하기 위해 고객지식을 확보해야 하며, 고객의 가치를 극대화해야 한다. 그리고 판매, 마케팅, 고객서비스 및 지원의 분야에서도 CRM의 속성을 파악하고 적절한 정보시스템을 구축·실행해야 한다.

### (1) CRM의 속성

CRM의 속성을 정확히 이해하는 것은 중요하다. CRM의 속성은 다음과 같다.

① CRM이 가지고 있는 많은 유용성에도 불구하고, 실제로 제대로 작동이 안 되는 경우가 많다. CRM은 고객 정보의 신속한 수집을 가능하게 하고, 가장 가치 있는 고객을 파악할 수 있게 하며, 고객에게 적합한 제품 및 서비스의 제공을 통해 고객 충성도를 높일 수 있도록 해주는 마케팅 기법이다.

② CRM이 성공하기 위해서는 고객을 위해 무엇을 수행해야 할 것인지 목적 설정이 우선 이루어져야 하며, 많은 비용과 시간이 소요되는 CRM의 속성에 대한 이해가 필요하다.

우선적으로 CRM은 충성도와 수익성의 향상을 위한 고객전략에 부합되도록 추진되어야 한다. 그럼에도 불구하고 많은 경영자들이 이러한 CRM의 속성을 간과한 채, CRM을 단지 소프트웨어 도구로 인식하는 것이 실패의 원인이 되고 있다.

## (2) CRM의 구현과정

다음으로 CRM 목표를 달성하기 위해 구체적으로 CRM이 구현되는 과정을 살펴보면, 우선 고객의 기본적 신상정보, 통계적 정보 및 상품, 기업정보 등을 자료를 한곳에 저장하고, 이 저장된 데이터베이스를 활용하여 CRM 활용정보를 구축·집적하게 된다. 즉, 고객의 자료를 고객의 정보로 변환하여 고객의 지식을 획득하게 되는데, 이것이 고객관계전략 수립기반으로 활용하게 된다.

이러한 고객 및 상품 정보를 토대로 고객의 라이프속성별 분석, 상품분석, 판매채널분석 등을 통하여 고객을 세분화한 후, CRM 전략을 수립하게 되면, 고객별로 적합한 채널을 이용하여 최적의 상품 및 보상서비스를 제공한다. 이후 각 고객접점에서 고객의 반응을 수집·평가·개선함으로써 고객의 충성도를 형성·강화하면서 궁극적으로 기업의 지속적인 수익·성장을 도모하는 과정을 거치게 된다.

그림 1-9 CRM 구현과정

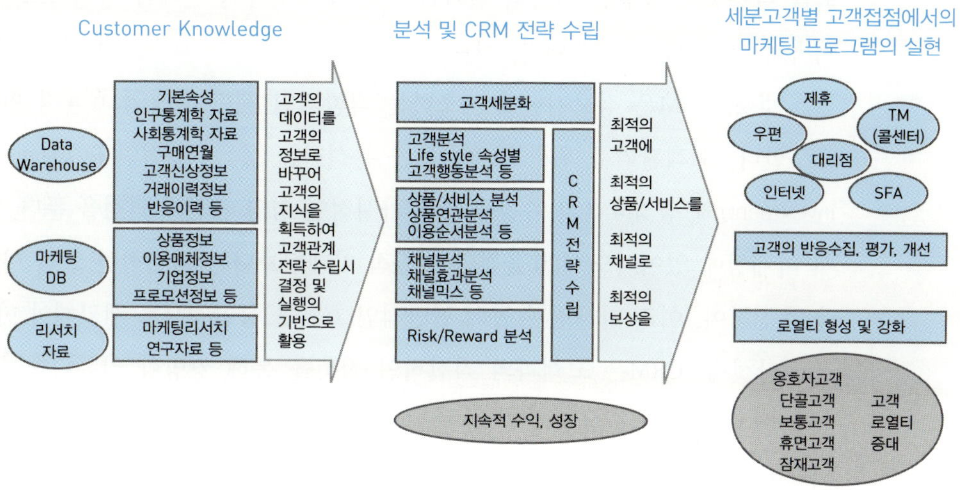


자료: 안철경·조혜원, 보험회사 CRM에 관한 연구, 2001.8, p.14.

## 6. CRM의 특징

CRM의 목적은 고객의 생애에 걸쳐 고객관계를 구축하고 강화하여 고객의 수익성을 극대화하고, 이를 통해 기업의 수익성을 극대화하는 것이다. 이러한 목적을 달성하기 위한 CRM은 다음과 같은 특징을 가지고 있다.

첫째, CRM은 고객지향적이다. 고객에게 필요한 제품과 서비스는 물론 차별화된 보상 등 적절한 혜택을 제공하여 고객관계의 관리에 기업의 초점을 맞추는 고객중심적인 사고방식이다.

둘째, CRM은 고객의 생애 전체에 걸쳐 관계를 구축하고 승화시켜 장기적인 이윤을 추구한다. CRM은 일회적이거나 단기적인 이윤 추구가 아니라, 장기적으로 지속적인 이윤을 추구하는 동적인 고객관계 관리기법이다.

셋째, CRM은 기본적으로 고객의 생애에 걸쳐 거래를 유지하거나 또는 증대시켜 늘려나가고자 한다. 그러므로 고객과 기업 사이의 상호적인 혜택과 신뢰를 바탕으로 쌍방간 만족의 결과를 위해 상호작용적 관계를 형성하고, 이를 지속적으로 발전시켜야 한다.

넷째, CRM은 정보기술에 기초하는 과학적인 제반 환경의 효율적 활용을 요구한다. 고객관리를 위한 고객자료를 분석하는 등, 구체적인 ROI(return on investment)와 경영효율의 측정을 통해 가시적인 경영 개선에 역점을 둔다. 그래서 마케팅에 있어서도 비효율적인 대중적 마케팅보다는 차별적인 표적 마케팅을 추진하여, 여러 마케팅 활동의 전반적인 효율을 통합적으로 제고해야 한다.

다섯째, CRM은 고객과의 직접적인 접촉을 통해 쌍방향 커뮤니케이션을 지속한다. 특히 멀티유통경로의 경우, 통합적이고 일관성 있는 메시지와 커뮤니케이션을 구사함으로써 고객과의 관계를 강화시켜 나간다. 이러한 상호작용적 고객접촉을 활용하여 기업은 고객의 욕구를 자세히 파악할 수 있어 더욱 능동적으로 대처할 수 있다.

여섯째, CRM은 단순히 마케팅에만 역점을 두는 것이 아니라 기업의 모든 내부 프로세스의 통합과 매뉴얼화를 요구한다. 고객관계의 관리에 필요한 모든 부분, 즉 표준화된 업무 프로세스, 조직의 역량이나 훈련, 기술적 하부구조, 영업 요건을 충족할 수 있는 시스템의 기능, 영업전략, 영업정보(business intelligence) 등의 부분에서도 효율적이고 균형잡힌 향상을 꾀하는 고객관계관리기법이다.

## 7. CRM의 효과

CRM의 효과는 신규고객의 획득보다는 고객의 가치를 증대시킴으로써 기존고객의 이탈을 방지하며 그들을 우량고객으로 유지시켜 안정적인 고객확보와 수익성확보에 있다. 기업은 우량고객이 원하는 상품을 공급해 줌으로써 고

그림 1-10 CRM의 효과

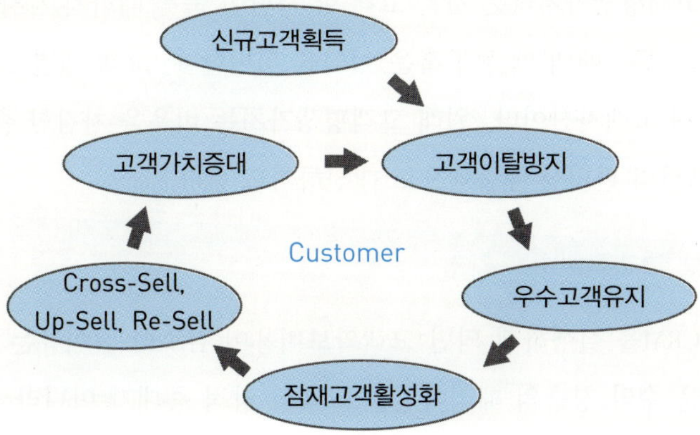


객의 가치를 극대화할 수 있을 것이다. 이러한 CRM의 효과는 [그림 1-10]에서 보는 바와 같다.

CRM의 효과가 기업의 CRM 전략에 어떻게 활용되어지는가를 살펴보면 다음과 같다.

## (1) CRM 활용의 전략적 형태

CRM의 궁극적인 기대효과를 기존 사업의 성과향상과  CRM을 통한 신규 사업진출 측면으로 나누어 볼 수 있다.

### 1) 기존 사업의 성과향상

#### ① 신규 고객확보와 고객 수 증대

고객 수 증대는 잠재적 고객에 대해 일대일로 접근하여 신규 고객화하거나 기존 고객의 권유를 통하여 증대시킬 수 있다. 또한 고객 수를 늘리기 위해서는 적극적으로 고객을 확보하는 활동도 필요하지만, 기존의 고객을 잃지 않고 잘 관리하는 활동도 중요하다.

### ② 고객평생가치(Customer Lifetime Value, CLV) 제고

고객평생가치라는 것은 고객 한 사람이 죽을 때까지 자사의 상품만을 구매한다고 했을 때의 매출액 혹은 이익을 의미한다. 고객 개별 CLV의 총합이 기업이 가진 고객자산이다. 원래 고객평생가치는 비용을 차감한 순이익적인 개념이나, 계산의 편의상 매출액으로 대신하기도 한다.

### ③ 고객확보비용 감소

CRM을 실행하게 되면 고객확보비용이 감소하는 이유는 3가지이다. 첫째, CRM은 수익 창출의 패러다임을 고객의 양적 증대가 아니라 질적 성장으로 봄으로 과다한 경품이나 광고를 통한 신규고객의 확보를 자제하게 된다. 둘째, e메일이나 제휴 마케팅과 같은 방법으로 고객에게 일대일로 접근하게 됨으로 불특정 다수를 대상으로 광고하는 것에 비해 비용이 감소된다. 셋째, 데이터 분석을 통해 우량 성향을 지닌 잠재고객을 찾아내므로 마케팅 자원의 낭비를 예방할 수 있다.

### ④ 고객유지비용 감소

CRM은 모든 고객이 평등하지는 않다는 생각에서 출발한다. 따라서 수익성이 낮은 고객의 유지비용을 절감하게 됨으로써 매출액당 유지비용이 낮아지게 된다.

## 2) CRM을 통한 신규 사업진출

이전의 신규 사업진출이라면 기존 사업과 기술 혹은 생산공정의 연관성이 있는 사업에 수평적으로 진출하거나, 산업의 계열화를 축으로 수직적으로 진출하는 것이 대부분이었다. 그러나 CRM을 통한 신규 사업 진출은 고객의 로열티 및 고객의 니즈에 기반을 둔다.

## (2) CRM의 마케팅전략에의 활용

CRM을 성공적으로 구축하고 이를 마케팅전략에 활용하게 되면 〈표 1-1〉과 같이 여러 가지 효과를 기대할 수 있다.

**표 1-1 | CRM 도입 기대 효과**

| 업무 영역 | CRM 도입 기대 효과 |
|---|---|
| 마케팅 기회 분석 | • 수익 및 고객평생가치(Life Time Value, LTV) 증대<br>• 신규 고객 유치 및 기존 고객 활성화<br>• 고객 라이프사이클상의 결정적 시점에 효과적 마케팅 활동<br>• 평생 고객으로 가치를 창출할 수 있게 함<br>• 새로운 시장기회의 포착 |
| 영업 지원 활동 | • 시장에서의 경쟁력 있는 제품의 파악 및 신속한 대응 전략 수립<br>• 수익성 높은 고객 분류와 타깃 마케팅 |
| 마케팅관리 | • 시장 변화 및 고객의 니즈에 맞는 상품 개발<br>• 상품에 대한 시장 반응의 신속한 파악 및 보완<br>• 고객 니즈 변화에 대한 신속한 파악 및 대응 |
| 고객 서비스 | • 고객 충성도(Loyalty) 증대<br>• 고객 유지율 증대<br>• 고객 만족 증대<br>• 고객 행위에 대한 이해<br>• 교차 판매와 상향 판매의 기회 증대 및 활용 |
| 고객채널관리 | • 고객 니즈에 맞는 최적의 채널 제공<br>• 비용을 최소화할 수 있는 고객 유도 |

자료: Ernst & Young Consulting. Growing Profitability CRM, 1999.

## (3) CRM 활동의 중점고려방향

### 1) 시장점유율보다는 고객점유율에 비중을 둔다

어느 고객이 우리 기업에게 가장 가치 있는 고객인가? 어떤 고객이 다른 회사로 이탈할 가능성이 높은 고객인가? 연계판매가 가능한 대상고객은 누구인가? 등의 관점에서 기존고객을 분류하고, 분류된 고객별로 차별적인 마케팅 전략을 집행하기 위해서 고객과의 다양한 접점을 활용하며, 고객의 반응결과를 다시 피드백을 통해 보다 향상된 고객관계관리전략을 수립할 수 있게 된다.

### 2) 고객획득보다는 고객유지에 중점을 둔다

한 사람의 우수한 고객을 통해 기업의 수익성을 높이며, 이러한 우수한 고객을 유지하는 것에 중점을 두게 된다. 대중적 마케팅을 통해 검증되지 않은 고객들을 확보하기보다는 검증된 한 명의 우수한 고객이 기업에게는 훨씬 더 도움이 되는 것이다.

성공적인 CRM은 고객관리뿐 아니라 협력업체들과의 원활하고 지속적인 관계를 유지하는 데도 도움을 준다.

### 3) 상품판매보다는 고객관계에 중점을 둔다

기존의 마케팅 방향은 모든 소비자를 대상으로 대량으로 생산한 상품을 유통시키고 촉진하는 것이었다. 이는 고객 중심이 아닌 기업의 입장에서 상품을 생산하는 것이다. 반면에 CRM은 고객을 중심으로 고객과의 관계를 기반으로 고객의 입장에서 상품을 만드는 것이라 할 수 있다. 고객이 원하는 상품을 만들고, 고객과의 관계에서 고객의 욕구를 파악하여 그 고객이 원하는 상품을 공급하는 것이 전략적 CRM의 방향이다.

## 8. CRM의 기본전략과 선결과제

CRM은 정보기술의 활용으로 최종개별고객들에 대해 데이터베이스 마케팅의 원칙을 실천하도록 하는 것이다. 이것은 CRM의 중요한 부분은 상이한 고객의 유형을 확인, 규명하고, 그 후 각 고객과 성호작용을 할 수 있는 특별한 전략을 수립해야 한다는 것이다. 그렇게 하기 위해서 CRM은 판매원, 마케팅, 서비스에 대해서 고객중심적인 기업과정을 자동화하고 향상시켜야 한다. 즉 기업은 제품혁신, 고객기대의 높아지는 수준, 기업인수, 세계화, 법규완화, 전통적인 시장에의 집중, 신기술의 출현, 사생활 문제 및 새로운 고객과의 접촉경로 등의 문제를 다루기 위한 환경과 유연적인 지원시스템을 갖추어야 한다. 또한 CRM은 전통적인 판매부, 마케팅, 모든 고객서비스 기능의 차원을 넘는 것이기 때문에, CRM은 전사적으로 전개되어야 한다. CRM은 완벽한 기업전략으로서 사람, 과정, 기술 모두가 고객에게 월등한 가치를 제공하도록 조직화되어야 한다.

## (1) CRM의 기본전략

### 1) 성공적인 CRM 구축을 위한 고려사항

① 고객 전략을 먼저 수립한 후에 CRM을 구축한다.
② 조직 정비 후에 CRM을 가동한다.
③ CRM 초기에 필요 이상의 기술에 투자하지 않는다.
④ 고객관리 활동이 스토킹이 되지 않도록 유의한다.

### 2) CRM의 기본전략구축 5단계

#### ① 1단계: 기업 특성에 적합한 고객 전략을 수립

- CRM 구축의 목적과 그에 따른 기업 가치 증대의 내용을 구체적으로 파악
- 개개인의 고객이 왜, 어떤 방법으로 상품과 서비스를 구입하는가에 대해 통합적으로 이해
- 기업은 고객의 입장에서 구매 전후의 만족과 충족감을 이해하고 고객의 파트너로서의 자세를 보유

#### ② 2단계: CRM 인프라를 구축

- 자동화된 데이터웨어하우스와 정보분석지원 환경을 구축

- 다양한 채널을 통해 고객의 인구통계적, 심리적, 형태적 정보를 확보하여 개별고객을 이해
- 인터넷 등 새로운 커뮤니케이션 채널을 확립-백/프론트 오피스 시스템, e-commerce를 통합한 CRM 솔루션 도입

### ③ 3단계: 데이터마이닝을 통해 고객 분석과 마케팅 실시

- 각 고객의 성향을 분석하고 구매를 창출할 수 있는 마케팅전략 수립
- 잠재적으로 유용한 고객층과 비용의 증가를 초래하는 고객층을 분류하여 차별적 접근을 시도
- 축적된 기존 고객 정보를 바탕으로 거래가 없었지만 유망한 잠재고객에게 도달

### ④ 4단계: 고객분석 결과를 실질적으로 판매과정에서 활용

- 최고의 잠재적 수익성과 영향력을 지닌 고객군을 상대로 판매행위를 하여 실질적인 매출성장을 도모
- 단순한 상품 판매를 벗어나 교차판매, up-selling 등을 통해 고객생애가치(lifetime value)의 극대화를 추구

### ⑤ 5단계: 고객유지를 위한 서비스와 피드백 관리

- CRM에 있어서 서비스는 기업과 고객 간의 계속적 접촉 확보와 장기적 관계 유지를 위한 수단→차별화·개인화된 서비스를 제공하여 핵심고객

그림 1-11 CRM의 구축 5단계

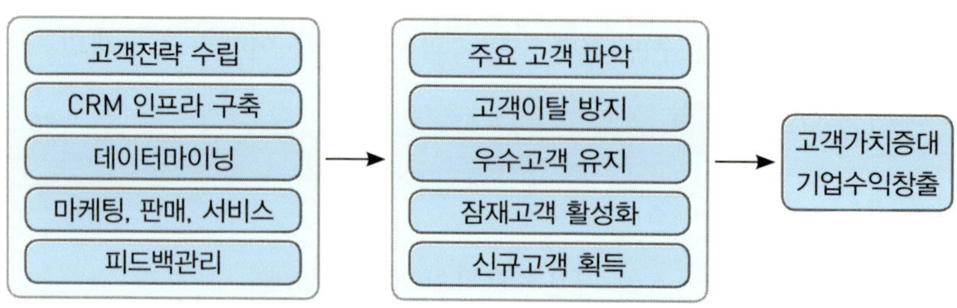

층 형성을 강화

- 고객에 대한 피드백 관리를 통해 구매 이탈자를 줄이고 기존 고객을 양질의 우수고객으로 전환

### (2) CRM 최적화를 위한 전략

① 기업의 내·외적 환경을 분석하고, 기업이 현 위치를 파악해야 한다.

② 미래예측은 반드시 수치로 표시하고, 상황을 설명하기보다는 수치를 제시해야 한다.

③ 자료는 실행최적화 상태로 관리하고, 분석자료는 목적에 적합하도록 표현해야 한다.

④ 시간의 효율성이 성공의 열쇠이기 때문에 신속하게 의사결정을 해야 한다.

⑤ 추상적인 경험이나 직관을 배제하고 전략적 계획에는 분석된 부가가치 정보를 활용해야 한다.

⑥ CRM의 요소인 비전·분석·전략·행동을 일관성있게 구성해야 한다.

### (3) CRM의 선결과제

기업들이 새로운 개인고객이나 고객집단을 유치하거나 기존고객을 개발하고 또한 수익창출고객을 유지하기 위한 전사적 활동으로서 CRM 시스템을 추진하고 있다. 그러나 CRM을 실행하기 위해서는 선행조건들이 마련되어야 하지만, 많은 기업들이 CRM의 개념과 그 실행 과정을 정확하게 인식하지 못한 상태에서 정보기술에의 투자만을 행함으로써 계획했던 성과를 거두지 못하고 있다.

CRM 프로그램을 효과적으로 실행하기 위해서는 5가지 요소 즉 전략, 세분화, 기술, 과정 및 조직이 필요하다. 전략은 경로, 세분화, 가격, 마케팅, 상표화 및 광고에 대한 것이며, 세분화는 고객가치에 따라 이루어져야 하고, 기술이란 자료를 관리하는 기술이며, 과정은 CRM을 실행하는 데 관련되는 모든 과

정이고, 조직은 조직구조로서, 부서들이 매트릭스화 되고, 협동적 본질을 소유해야 한다. CRM의 선결과제를 살펴보면 다음과 같다.

### 1) 고객 중심의 비즈니스모델

기업은 고객의 중요성을 인식하고 행동으로 옮겨야 하는데 단지 그 중요성을 머릿속으로만 인식한다면 그것은 문제이다. CRM을 받아들이기 위해서는 우선 자신의 비즈니스 모델을 고객중심으로 변화시키는 것이 중요하다.

### 2) 전략적인 접근의 필요성

CRM은 조직의 큰 그림 속에서 명확한 방향성을 가지고 추진되어야 한다. 이를 위해 전략적인 접근이 반드시 필요하다. 고객은 동일한 하나의 주체가 아니라 저마다 다른 가치를 지닌 존재이다. 기업은 이런 개별화된 고객에게 저마다 다른 모습으로 다가갈 수 있어야 한다.

### 3) 고객정보의 신뢰성 확보

고객의 정보는 계속 변하고 있어 최신의 정보를 CRM 시스템에 반영하는 것은 쉬운 일이 아니다. 따라서 고객접점의 범위를 넓혀 다양한 유통경로를 통한 고객정보의 수집이 필요하며, 또한 수집된 고객정보에 대한 보안도 책임질 수 있도록 신뢰성 확보가 이루어져야 한다.

### 4) 복잡한 시스템 및 고객자료의 통합

여러 곳으로 분산되어 있는 고객의 자료를 한곳으로 모으는 작업(데이터웨어하우스에 저장하는 작업)이 먼저 이루어져야 한다.

### 5) CRM 솔루션 및 전문인력 선택에 주의

기업들은 나날이 늘어나는 방대한 양의 고객 거래자료를 한곳으로 저장하

그림 1-12 Date Warehouse와 CRM의 관계

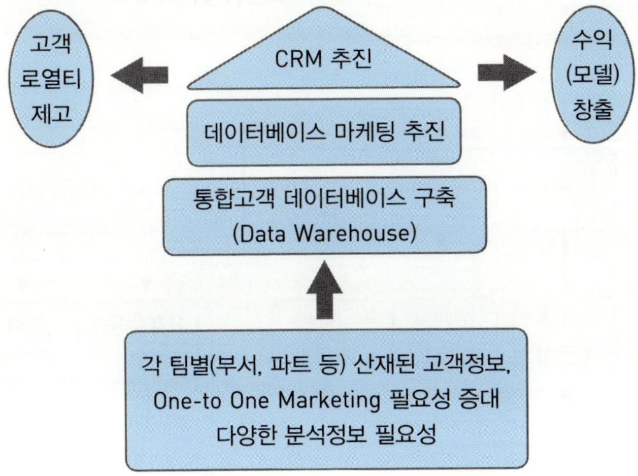


기 위해서는, 이를 자동적으로 내장하고 관리할 수 있어야 한다. 또한 소프트웨어뿐만 아니라 하드웨어의 성능도 향상되어야 한다. 따라서 철저한 타당성 검토를 통하여 솔루션을 구입하고, 구입 후 솔루션 제공업체와 지속적으로 커뮤니케이션하는 것이 중요하다. 또한 인력의 양적인 확보보다는 CRM 프로젝트에 많은 노하우와 기술적인 응용능력을 가지고 있는 전문인력의 질적인 확보가 더 중요하다.

## 9. CRM의 분류

CRM에 대한 분류는 주로 메타그룹(Meta group)의 산업보고서(The Customer Relationship Management Ecosystem 1999)에 대한 분류기준을 따른다. CRM은 프로세스 관점에 따라 분석(analytical) CRM, 운영(operational) CRM, 협업(collaborative) CRM으로 구분한다.

그림 1-13 CRM의 분류

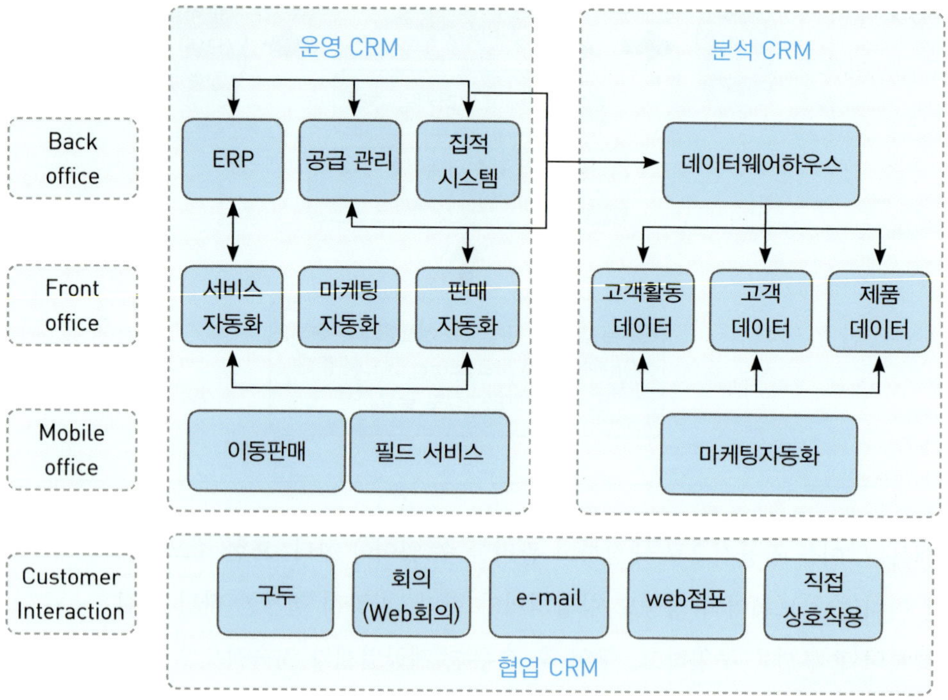


자료: (주)이비즈그룹, 「CRM 최신트렌드 및 도입전략」, 2001.1, p.3.

첫째, 분석 CRM은 영업/마케팅/서비스 측면에서 고객정보를 활용하기 위해 고객자료를 추출·분석하여 고객의 행동을 예측하기 위한 시스템이다. 이를 통해 사업에 필요한 고객/시장세분화, 고객 프로파일링, 상품 콘셉트의 발견, 캠페인 관리, 이벤트 계획, 프로모션 계획 등의 기획 및 방법에 대한 아이디어가 도출될 수 있다. 고객 데이터의 과학적인 분석을 위하여 데이터마이닝 기술이 매우 중요한 이슈로 부각되며, CRM의 다른 구성요소인 운영 CRM, 협업 CRM과 밀접하게 연관되어야 한다.

둘째, 운영 CRM이란 CRM의 구체적인 실행을 지원하는 시스템이다. 기존의 ERP(Enterprise Resource Planning: 전사적 자원 관리) 시스템이 조직 내부의 관리 효율화를 담당하는 시스템(back-end)임에 반하여, 운영 CRM은 조직과 고객

간의 관계 향상, 즉 ERP 시스템의 기능(거래처리, 재무, 생산, 재고 및 인사관리) 중에서 고객접촉과 관련된 기능을 강화하여 조직의 전방위 업무를 지원하는 시스템(front-end)이다. 이는 주로 영업과 서비스를 위한 고객반응, 거래 및 캠페인에 관한 정보를 수집하고 통합관리하는 시스템이다.

셋째, 협업 CRM은 고객과 기업, 기업 내의 조직 간의 업무일원화와 커뮤니케이션을 목적으로 상호작용을 촉진시키며, 상호연관 서비스를 하는 애플리케이션으로 고객과의 접점을 관리, 지원하는 시스템이다. 단순한 정보 교환뿐만이 아니라 서로의 의견을 교환하고 공유함으로써 각자의 생각이나 관점을 교류하는 온라인 컨퍼러싱(online conferencing), 이메일, 채팅, 포털 등과 같은 협업인터페이스를 제공하는 애플리케이션이다.

협업 CRM은 분석과 운영시스템의 통합을 의미하며, 분석 CRM에서 얻은 결과를 대고객 마케팅활동에 직접 활용하여 고객과 기업 간의 상호작용을 촉진시키는 기능을 말한다. 즉 분석 CRM의 결과를 활용하여 상품의 교차판매(cross selling)와 격상판매(up selling)를 수행하거나 우수고객에게 새로운 서비스를 제공하는 등 고객과의 직접적인 커뮤니케이션을 통한 활동을 수행한다. 이때 이용되는 커뮤니케이션 매체로는 판매원을 비롯하여 다이렉트 메일, 전자우편, 개인화된 인쇄물, 전화, 인터넷과 인터넷 커뮤니티 등이 있다. 1990년대 후반기부터 인터넷을 기반으로 한 비즈니스 성장 및 오프라인 기업의 온라인화가 가속되면서 인터넷을 활용한 eCRM이 대두되었고, 특히 e-비즈니스 환경에서 각 고객별로 차별화된 서비스를 제공하는 웹 개인화 서비스 시스템도 협업 CRM의 대표적인 예이다.

Chapter 2

# CRM의 전략적 중요성

## 1. CRM의 전략적 의의

### (1) CRM의 전략적 의미

CRM은 기업이 상품을 고객에게 지속적으로 팔기 위하여 고객과의 커뮤니케이션을 최적화하는 마케팅의 사고방식이다.

과거의 마케팅은 기업이 상품을 만들어 특별한 고객 정보 분석이 없이 상품에 대한 홍보 및 광고가 주류를 이루었다. 하지만 현대에는 이러한 마케팅 활동에 의한 기업의 수익을 향상시키는 데 한계를 느끼고, 이러한 상황에서 고객에 대한 이해를 바탕으로 한 마케팅 활동이 등장하게 되었다. 이러한 고객에 대한 이해를 바탕으로 영업, 마케팅, 고객서비스 프로세스를 재구성하는 일련의 활동을 전개하는 CRM은 전략적 측면에서 다음과 같이 고객정보의 활용, 고객충성도 제고, 다양한 채널 사용, 조직 및 프로세스 재구축, 고객관계를 우호적으로 관리하기 위한 다양한 전략의 구사 등으로 나타나고 있다.

첫째, CRM의 전략적 의미는 고객에 대한 이해를 바탕으로 고객의 정보를 활용하여 관계를 유지·확대·개선시키는 고객 관련 제반 프로세스 및 활동을 하는 데 있다.

둘째, 전략적 CRM은 고객관계관리를 통하여 고객만족과 충성도의 제고를 목적으로 한다. 이를 위해 CRM은 과거 DB마케팅 기법처럼 단지 조직내 실무자 중심의 관점이나 접근이 아니라 고객경영 철학, 고객중심의 사고에서 시작하여 고객가치를 극대화하여야 한다.

셋째, CRM의 전략적 의미는 다양한 채널을 통한 고객과의 커뮤니케이션으로부터 수집된 정보를 기반으로 고객과의 관계를 유지·발전하는 과정으로 이해하는 데 있다.

넷째, 전략적 CRM은 고객관계전략을 실행하기 위하여 조직 및 프로세스를 고객 중심으로 재편하고 이를 통합적으로 관리하는 것이다.

다섯째, 전략적 CRM은 고객관계를 우호적으로 관리하기 위해 STP 전략, 고객관계단계별전략, 고객로열티향상전략, CRM 믹스전략을 잘 수립해야 한다.

이를 종합하면, CRM의 전략적 의미는 고객을 기업가치의 중심으로 인식하고, 고객에 대한 이해와 지식을 바탕으로 다양한 고객욕구에 부합하는 차별화된 맞춤형전략을 수립하고, 이를 실행하기 위한 모든 고객 접점·프로세스·조직을 고객 중심으로 재편하고 통합적으로 관리하여 고객과의 지속적이고 우호적인 관계를 유지함으로써 고객의 로열티 형성을 통해 수익을 극대화하는 것이다.

따라서 전략적 CRM은 고객에 대한 정보를 수집하고 수집된 정보를 효과적으로 활용해 '신규고객 획득→우수고객 유지→고객가치 증진→잠재고객 활성화'와 같은 사이클을 통하여 고객을 적극적으로 관리하고 유지하며 고객의 가치를 극대화시키기 위한 마케팅전략의 일환이다. 다시 말하면, 고객의 욕구를 고객 집단이 아닌 고객 개개인으로 개별화·개체화하여, 이들의 욕구를 4P'S로 구성되는 마케팅믹스요소를 통해 충족시켜 줌으로써 고객의 신뢰를 개선시키고, 이를 바탕으로 고객과의 장기적 유대관계를 형성하는 마케팅전략적 기법이다.

CRM 기법이 고객들과 만족스러운 관계를 오랫동안 유지할 때 고객 1인당 구매액은 증가하고 이들의 구매빈도도 높아진다. 또한 기업의 상품에 대한 충성도가 높아져 다른 기업과 가격경쟁을 벌여야 하는 부담을 줄일 수 있으며 기존 고객들이 구전(口傳)을 통해 입에서 입으로 상품을 선전하고 소개함에 따라 신규고객을 쉽게 확보할 수 있다.

그림 2-1 CRM의 전략적 의미

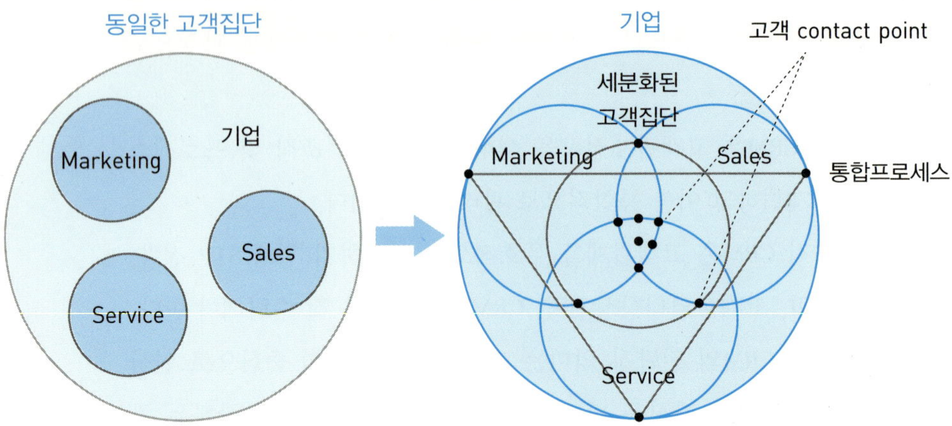


기업 중심/무차별 고객관리
핵심 value chain의 분산

Segmentation전략(고객중심/차별화된 고객관리)
프로세스통합(마케팅/Sales/Service의 통합)
채널통합(마케팅/Sales/Service의 통합)
+
Positioning 전략
기본전략(STP전략/고객관계단계별 전략/고객로열티향상전략)
CRM 믹스전략(4P를 중심으로 한 마케팅믹스전략/기타 전략)

## (2) CRM의 전략적 체계

CRM은 현대적인 마케팅개념에 있어서 가장 중요한 개념이다. 광의의 CRM은 협의의 CRM과 PRM으로 구성되어 있다. 대부분의 마케터들은 좁은 의미의 고객(customer) 또는 최종 소비자(final consumer)를 대상으로 하는 CRM활동을 말한다. 이러한 정의는 고객충성도를 극대화하기 위해서 고객과의 접점에서 조심스럽게 관리하고, 개인고객에 대한 상세한 정보를 관리하는 것을 포함하고 있다. 광의의 CRM 개념은 우수한 고객의 가치와 만족의 제공을 통해 이익이 발생할 수 있는 CRM을 구축하고 유지하는 모든 과정을 포함하고 있다. 특히 기업은 CRM을 잘하기 위해 PRM 또한 잘 관리해야 한다. 포괄적인 CRM 패키지는 광의의 PRM을 포함한다. 광의의 PRM은 파트너관계관리(Partner Relationship Management: PRM) 및 직원관계관리(Employee Relationship Management: ERM)를 위한 모듈도 포함한다. PRM은 CRM에서와 동일한 다수의 데이터, 도구, 그리고 시스템을 이용하여 기업과 판매 파트너 간의 협력을 향상시킨다. 어떤 기업이 고객에게 직접 물건을 판매하지 않고 대신 유통업체나 소매업체에서 판매할 때 PRM은 이 채널이 고객에게 직접 판매하는 데 도움을 줄 것이다.

PRM은 분담업무 정의, 가격책정, 판매촉진, 주문처리 방식 설정, 가용성을 통합시키는 가운데, 기업 및 판매 파트너에게 정보교환 및 고객에 대한 업무와 데이터를 할당하는 기능을 제공한다. 광의의 CRM 개념에 포함된 광의의 PRM(Partner Relatiobship Management)은 기업내·외부 파트너와 협력을 전제로 하고 있다. PRM을 구체적으로 살펴보면 다음과 같다.

### 1) 기업내부 파트너(Partners inside the Company)

과거에는 마케팅활동이 마케팅담당자, 영업, 서비스지원부서만이 수행하는 것이었다. 하지만 현재의 마케팅은 마케팅 부서 한곳만 주도해서 하는 것이 아니라 기업 전체가 모두 마케팅을 해야 한다. 그렇기 때문에 HP의 공동창업주 데이비드 패커드(David Packed)는 마케팅 부서에 마케팅활동을 전담시키기에는 그 기능이 너무 중요하다고 말했을 정도이다. 그렇기 때문에 고객가치 창출이라는 공동의 목표를 가지고 기업 전체의 부서가 모두 긴밀하게 협조하고 도와야 하기 때문에 기업 내부의 모든 파트를 조정/통제하여야 한다.

### 2) 기업외부 마케팅 파트너(Marketing Partners outside the firm)

기업외부 마케팅 파트너에서 가장 중요하게 인식되는 것 중의 하나가 공급망(Supply Chain) 관리로 오늘날의 기업은 단순한 공급망 관리를 넘어서 전략적 파트너십의 필요성을 인식한다. 이에 따라 전략적 제휴(strategic alliance)가 거의 모든 산업에 도입되고 있는 실정이다. 대표적인 예로는 폭스바겐 자동차가 있는데 바이엘 디젤연료의 개발/활용을 위해 농장물 가공업체인 아처 다니엘스 미드랜드와 공동 작업을 하고 있다.

그림 2-2 CRM의 전략적 고객분류 체계

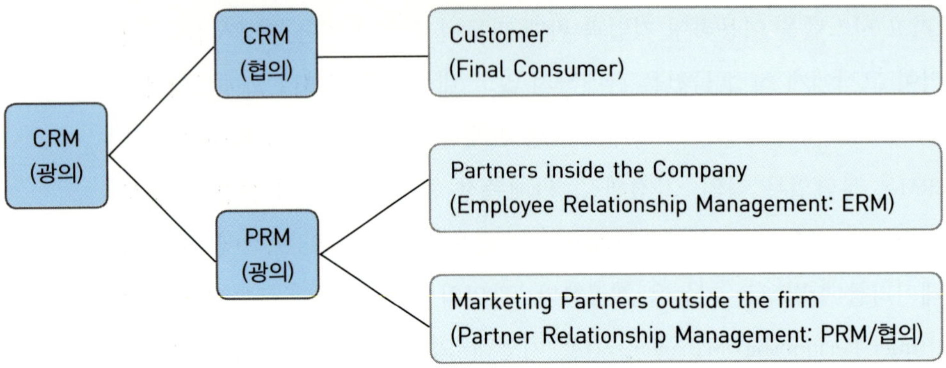


## (3) CRM의 전략적 적용

CRM은 고객과의 지속적인 관계를 유지하면서 '한 번 고객은 평생고객'이 될 수 있는 기회를 만들며, 평생 고객화를 통해 고객의 가치를 최대화하고, 이를 통해 기업의 수익을 극대화하는 것이다.

전략적 CRM을 실무적인 측면에서 적용해 보면,

① 고객과의 신뢰를 쌓아가는 전략적 마케팅활동
② 고객이탈 방지를 위한 적극적인 고객마케팅활동
③ 표적고객에 대한 고객관계 집중화 활동
④ 데이터마이닝 기법의 활용
⑤ 고객자산을 기반으로 하는 강력한 경영자원의 역할 등이다.

### 1) 표적고객에 대한 고객관계 집중화 활동

CRM은 규모의 확장보다는 장기적인 수익구조를 확대하기 위한 경영활동이다. 이를 위해서는 경영자원 중에서도 고객자원의 자산화를 강화해야 하는 데, 결국 고객과의 관계개선 전략과 행동이 경영구조의 개선에 직접적인 영향을 미친다. 인터넷 중심의 마케팅시대에 접어들면서 7C가 마케팅 트렌드를 변화시키고 있어, 적극적으로 연구하고 정착시킬 필요가 있다. 실제로 인터넷마케팅이 현실화되면서 기존의 경영이나 마케팅활동에 널리 사용되던 4P마케팅(Production, Price, Place, Promotion)기법의 한계를 7C를 통해 극복하려는 기업들의 노력이 가속화되고 있다. 7C의 개념은 오프라인중심 기업 또는 점포의 전사적 서비스가 반드시 갖추어야 할 요건에서 시작하여 점차 인터넷 비즈니스에까지 발전했으며 이는 CRM과 절대적인 연관을 갖고 있다. CRM은 7C를 기반으로 더욱 질적인 경영향상을 꾀할 수 있을 것이다. 특히 전략적 CRM의 실행은 효과적인 마케팅프로그램과 고객 인터페이스(Customer interface; 7Cs)의 구축에 달려 있다.

**7C의 개념**

Customization: 경영의 중심은 대고객지향에 있다. 고객맞춤
Contents: 고객이 원하는 정보나 요구사항
Community: 고객은 자신들과 유사한 성향이나 가치를 지닌 사람들과의 조직화를 원함
Commerce: 고객이 구매하거나 이용할 수 있는 매개체
Communication: 고객과의 쌍방향간 대화
Connection: 다른 사이트와의 제휴
Context: 사이트의 레이아웃과 디자인

### 2) 데이터마이닝 기법의 활용

고객에 대한 이해와 반응분석을 통해 고객과의 관계를 개선하는 적극적인 자세가 필요하다. 이러한 측면에서 전략적 CRM은 고객이라는 인적 요소를 매개체로 개별마케팅, 데이터베이스마케팅, 심리마케팅 등 고객적인 요소와 7C 측면을 동시에 고려하여 접근할 수 있다.

### 3) 고객자산을 기반으로 하는 강력한 경영자원의 역할

CRM은 고객의 거래자료를 축적·통합·교차·비교·분석하여 하나의 데이터마이닝 기법을 구사하는 보다 적극적이고 고객서비스 지향적인 마케팅의 신기법이자 고객경영의 자산이다. 따라서 전략적 CRM은 고객접점에서 마케팅커뮤니케이션 과정상 발생되는 각종 데이터를 컴퓨터시스템에 연계시켜 데이터베이스를 구축하고 고객을 분류한 다음 고객의 행동결과를 모델링과 스코어링으로 실현시킴으로써 마케팅 의사결정을 지원한다.

## (4) 전략적 CRM의 특징

전략적 CRM의 여러 특징을 살펴보면 다음과 같다.

① CRM을 통한 고객자산화의 극대화를 추구
② 로열티경영: 기업경영 가치의 핵
③ 개별마케팅과 데이터베이스마케팅의 전략적 활용
④ 통합마케팅 커뮤니케이션 능력의 제고
⑤ 고객행동 분석과 재마케팅
⑥ 경영에 즉시 활용
⑦ 인간관계기법의 활용
⑧ 경쟁시대의 핵심, 마케팅전략 발굴
⑨ 고객관계가치의 경영자산화
⑩ CRM 관점에서의 비즈니스 틀 재편
⑪ 고객경영과 고객마케팅의 강화
⑫ 최고경영자에게 요구되는 경영철학의 변화

전략적 CRM 특징 중 핵심을 요약하면 다음과 같다.

### 1) 로열티경영

1990년대의 고객만족경영시대에서 2000년대는 로열티경영시대로의 전환, 로열티경영은 경영과 마케팅의 트렌드 변화에 대응하기 위한 전략적 경영의 주요 콘셉트이다. 로열티경영은 크게 고객충성도관리와 종업원충성도관리로 나뉘어 진다. 이러한 전략적 CRM의 여러 특징들 중에서 중요한 것은 로열티경영이다.

> **로열티경영의 개념**
>
> - 로열티경영은 고정고객 중 기여도나 수익적으로 회사에 기여를 한 핵심 주고객층을 특화 관리하는 경영체제이다.
> - 로열티경영은 고객의 가치와 참여를 중시하며, 고객의 애용과 자발적인 욕구가 강한 고객층을 집중하여 발굴한다.
> - 로열티경영은 DB마케팅전략을 활용하여 'Best Royalty Member'를 집중화하려는 의도적, 전략적인 CRM 기법이다.

### 2) 인간관계 기법의 활용

CRM은 데이터베이스, 소프트웨어 측면과 인간관계를 연계하고 조화를 이룰 때 더욱 효과적이다. 데이터베이스마케팅의 본질을 뛰어 넘어 인간성의 본성을 회복하려는 적극적인 마케팅 노력, 즉 인간관계가 강화될수록 CRM은 질적으로 향상될 수 있다. 이러한 인간관계 마케팅을 정(情)지향적인 CRM이라고 한다.

인간관계기법의 활용에서 기업은 고객관계가치의 발굴, 고객의 재발견, 고객로열티의 자산화를 추구할 수 있다.

### 3) 마케팅 전략의 발굴

경쟁우위 마케팅전략은 어디서 경쟁할 것인가, 어떻게 경쟁할 것인가, 언제 경쟁할 것인가, 누구와 경쟁할 것인가 등 네 가지 전략적인 콘셉트를 가지고 전개된다. 이와 같은 전략적인 과제를 해결하기 위해서는 이에 대한 구체적인 대안이 필요하다. 즉, 시장적응적인 조직구조를 구축하여 경쟁우위에서 구매나 서비스 이용에 대한 의사결정을 내리는 고객 개개인을 대상으로 차별화된 개별 마케팅을 전개한다. 이러한 경쟁환경에서 이기는 가장 현실적인 대안이 바로 CRM을 전략적으로 전개하는 것이다.

## (5) CRM의 전략적 활용

### 1) 마케팅전략의 계층적 구조 및 전개과정

명시적이든 암묵적이든 모든 전략은 사업영역의 범위, 기업의 목표, 자원의 배분, 지속적인 경쟁우위의 파악, 경영성과 등 다섯 가지 핵심요소들을 포함하고 있다. 그러나 대부분의 기업들은 단일의 포괄적 전략을 추구하기보다는 조직 내의 상이한 수준별로 전략을 수립·실행하면서 이들 간의 일관성을 유지하는 방식을 사용한다. 규모가 크고 복수의 상품을 보유한 대부분의 기업들은 조직 내의(상위 혹은 하위) 수준에 따라 기업전략, 사업부수준전략, 각 상품시장별 마케팅전략 등 세 가지 유형의 전략을 갖게 된다.

기업의 전략을 기업전략(corporate strategy)과 사업부 전략(business strategy)으로 나누는 것은 기업이 여러 사업에 참여하고 있는 다각화 사업이라는 것을 전제로 한다. 만일 기업들이 다각화되어 있지 않고 단일 품목만을 취급하면 사업부 전략과 기업전략을 따로 구분해야 할 필요성은 없어진다. 단일 업종 기업에게는 사업부 전략이 곧 기업전략과 같기 때문이다.

그리고 기업전략과 사업부전략의 하위전략으로서 마케팅전략의 주요 목적은 특정 상품시장에서 기업의 마케팅목표를 달성하기 위해 마케팅자원과 활동을 효과적으로 할당·조정하는 것이다. 마케팅전략의 개발은 상품시장 세분화와 표적세분시장의 결정, 상품포지셔닝, 차별적 상품포지션의 실행을 위한 구체적 마케팅믹스 구성요소에 대한 결정이 포함된다. 마케팅관리자는 표적세분시장의 고객욕구에 맞춘 차별적 마케팅믹스프로그램의 개발을 통해 경쟁우위를 추구하는 것이다. 전략적 CRM도 마케팅전략의 전개과정에 관련해서 실행된다.

그림 2-3 마케팅전략의 전개과정

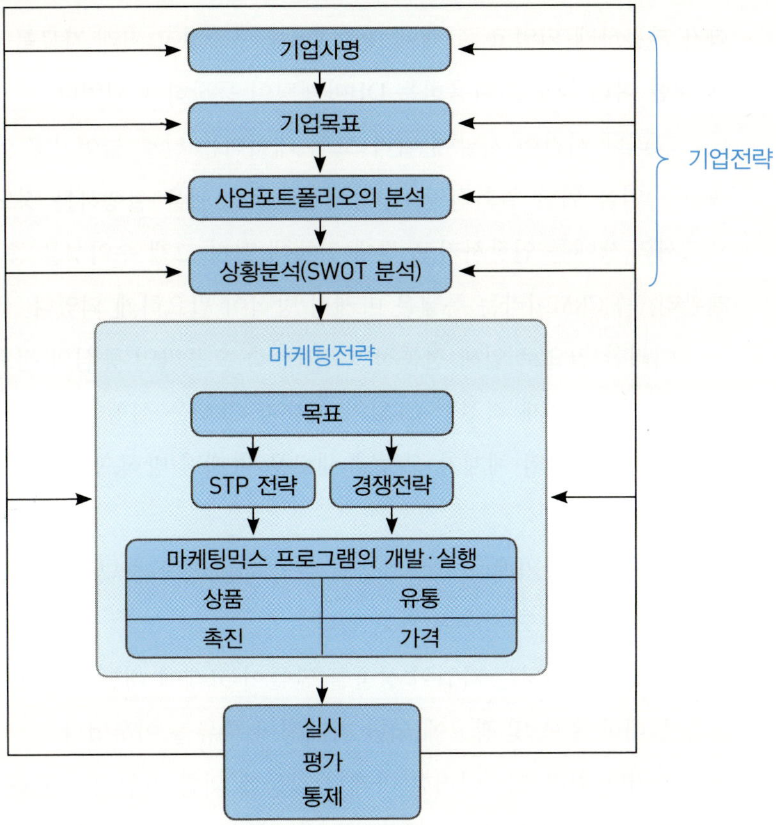


자료 : Charles W. Lamb Jr., Marketing, 6th ed, South-Western, 2002, p.32.

## 2) 마케팅전략으로서의 CRM

마케팅전략 중 가장 중요한 것은 고객관리이다. 고객의 다양한 욕구를 충족시킬 수 있는 상품의 제공이 곧 고객을 확보하는 지름길이다. 이를 위해 수없이 많은 고객들을 만족시킨다는 것은 고객의 다양화의 시대이고 그 다양성을 얼마나 잘 소화하고 이를 수익성과 연결시킬 수 있느냐가 마케팅전략에 있어 핵심이 되고 있다.

다양한 고객들의 만족을 위하여 기업들은 고객지향적인 마케팅을 강조하면서 주로 시장조사를 통한 설문 자료를 수집하여 고객의 필요와 소비 행동을 이해하였다. 그러나 컴퓨터와 관련 분야에서의 기술 발전을 통해 거래의 전산화가 가능하게 되었고, 고객에 대한 DB를 구축하고 거래 자료를 분석하여 고객에 대한 여러 정보를 활용하는 DB마케팅이 등장하게 되었다.

그러나 시간이 지남에 따라 고객 데이터는 날로 늘어가고 이를 통해 단기적인 수익을 위한 일회적인 DB마케팅 프로그램을 실행하는 정도를 넘어 고객으로서의 생애를 연장시키고 생애 전체에 걸쳐 고객 수익성을 증가하는 고객관계관리, 즉 CRM이라는 폭넓은 마케팅 방식이 필요하게 되었다.

이러한 필요로 인해 전통적인 점포, 즉 오프라인 중심의 점포를 가지고 영업하는 기업들에게 적절한 CRM의 이론과 CRM을 실행하는 데 필요한 기술적 하부구조 요건들의 체계가 오늘날 새로운 마케팅 방식으로서의 CRM의 모습을 갖추게 했다.

특히 전자상거래나 정보기술의 폭발적인 성장에 맞추어 이를 위한 eCRM의 정형적인 모습도 갖추어 가고 있다.

과거의 마케팅은 기업이 상품을 만들어 고객에 대한 특별한 정보분석 없이 상품에 대한 홍보 및 광고에 의한 마케팅이 주류를 이루었다.

그러나 최근에는 이러한 마케팅 활동에 의한 기업의 수익을 향상시키는데 한계를 느끼게 됨에 따라, 고객에 대한 이해를 바탕으로 한 마케팅 활동의 필요성이 대두되었다.

〈표 2-1〉에서 보여주듯, 몇 가지 면에서 DB 마케팅과 CRM 사이에는 뚜렷한 차이점이 존재한다. 무엇보다도 두드러진 차이점은 DB 마케팅은 그 용어가 의미하는 것과 같이 고객의 거래 데이터를 기반으로 하는 새로운 형태의 마

**표 2-1** DB 마케팅과 CRM의 비교

| | 공통점 | 차이점 |
|---|---|---|
| DB 마케팅 | 기업의 고객과 관련된 내외부 자료를 이용 | 고객정보를 취득하여 이를 다시 매스 마케팅에 활용 |
| CRM | | 기업내 사고를 바꾸자는 BPR적인 측면이 강함, 개별마케팅에 활용<br>고객접점이 DB 마케팅보다 다양함<br>다양한 정보의 취득을 전사적으로 행함 |

주: BPR; Business Process Reengineering.

케팅이지만, CRM은 마케팅을 넘어서 고객관계관리에 관련된 모든 분야에 걸쳐 나타난 새로운 경영 방식이다. 또한 CRM은 데이터베이스 마케팅과 비교하면 고객과의 커뮤니케이션 형태에서나 고객에 대한 지식의 공유와 활용 면에서도 그 범위가 훨씬 넓다.

### 3) 관계마케팅과 CRM

관계마케팅은 한 번 고객을 영원한 고객으로 만들기 위해 구매 전부터 구매 후까지 연속선상에서 지속적인 관계를 유지하기 위한 것으로, 재구매가 이루어지고 고정고객이 있어야만 이윤이 창출된다는 개념이며, 특히 프로모션이 중요한 역할을 하게 된다.

즉, 한번 관계를 맺은 고객과의 계속적으로 그 관계를 유지하기 위한 촉진 중심의 마케팅이라 할 수 있다. 개별적 거래의 이익 극대화보다는 고객과의 호혜 관계를 극대화하여 고객과 우호 관계를 구축하면 이익은 자연스럽게 수반된다고 보고 있으며, 최근에 많은 관심을 끌고 있는 CRM과 관계가 있다.

**표 2-2** 여행사 CRM 사례

| 큐앤에스의 여행 사이트인 에이투어(www.atour.co.kr) |
|---|
| 큐앤에스의 에이투어는 회사 창립일부터 오프라인 여행사를 운영해온 경험을 토대로 온라인 서비스를 더욱 강화하고 사이트 개편행사로 그해 띠(예: 양띠, 원숭이띠…) 이벤트를 개최하면서 여행자들에게 좋은 반응을 얻고 있다. 또한 에이투어에서는 각종 여행상담 및 커뮤니티를 제공하면서 여행에 관심 있는 고객들에게 1:1서비스를 제공해 주는 등 차별화된 마케팅서비스를 펼쳐 보이고 있다.<br>에이투어 사이트의 강점은 무엇보다도 여행자들이 실질적으로 필요로 하는 다양한 정보의 제공에 있다. 실시간으로 각종 항공권예약이 가능하며 국내외 여행지정보와 콘도 및 민박을 소개한다. 그리고 해외여행자들을 위해 전 세계 여행정보를 지역별로 제공하며 전 세계 날씨 및 환율, 시차, 화폐정보 등을 여행자들에게 one-stop 서비스를 제공하고 있다. 에이투어는 또한 CRM 전문기업의 특성에 맞게 고객관리 마케팅서비스를 제공하면서 고객만족과 사후관리에 전문성을 두어 기존 여행 사이트와의 차별성을 두었다.<br>여행은 정보가 무엇보다도 중요하므로 전문사이트를 이용하여 다양한 정보를 수집하는 것이 가장 중요하다. 즉, 봄철을 맞아 가까운 곳으로 짧은 휴가를 즐기는 직장인들이 늘고 있으며 토요일 새벽에 출발해서 월요일 새벽에 도착하는 상품 및 각종 이벤트행사 등 자신에게 맞는 요금을 적절히 정한 후 이벤트 상품을 이용한다면 매우 저렴한 가격에 국외여행을 즐길 수 있는 경우이다. |

**표 2-3 | 힐튼호텔 고객경험관리(CEM) 사례**

| Customer Experience Management: 제품이나 회사에 대한 고객의 전반적인 경험을 전략적으로 관리하는 프로세스 |
|---|
| 힐튼호텔은 고객이 자사와 만나는 수천 가지의 접촉점을 완전히 재분석했다. 전화나 인터넷 예약, 여행사를 통한 예약, 브랜드 커뮤니케이션, 영업과 고객관리 커뮤니케이션, 도착과 객실에 대한 첫인상을 포함한 체크인 과정, 모닝콜과 메시지 전달, 객실 내에서의 접객, 맴버십 고객 선정과 등록 과정에서의 커뮤니케이션, 고객 지원, 룸서비스, 호텔 프론트, 비즈니스 서비스 센터 등 수많은 요소들이 이에 포함되었다. 그리고 이러한 분석 결과에 근거해 여러 주요 접촉점을 고객의 선호와 요구 사항, 중요도에 근거해 단계별로 재설계하였다.<br>이전에 고객 데이터베이스만으로 움직이던 시스템을 완전히 바꾸었다. 객실 디자인이나 욕실설계, 가구배치부터 브랜드를 알리는 광고와 기업광고의 메시지도 조사결과에 따라 통합적으로 디자인하였다.<br>힐튼호텔은 이 과정을 통해 고객만족도를 75%, 첫 고객 재이용률을 10%, 힐튼 계열 호텔 간의 교차 투숙률을 5% 높이는 데 성공했다. 힐튼호텔을 만나는 고객, 특히 VIP 고객들은 힐튼이 자신이 원하는 바에 대해서 아주 잘 알고 있으며, 돈을 내는 지갑이 아니라 정성스럽게 모셔야 할 고객으로 여기고 있다는 것을 피부로 느끼게 된 것이다. |

## (6) CRM의 전략적 프로세스

CRM을 성공적으로 수행하기 위해서는 고객과 접촉하는 순간부터 고객을 유지하는 단계까지 전 과정에 있어서 고객 데이터를 획득하고 활용하는 프로세스의 정립이 필요하다. 고객의 데이터 수집에서는 다양한 경로를 통해 고객의 데이터를 획득하고 고객 활동을 측정·예측할 수 있는 도구를 개발하며, 고객의 요구에 따라 고객을 세분화하고 고객의 기대 수준을 정의할 수 있어야 한다.

전략수립 단계에서는 최적의 유통경로를 선택하고 예측에 따른 표적고객을 선정하며, 수익 강화를 위한 기회포착 단계에서는 고객 니즈에 맞는 적합한 제품 및 서비스를 정의하고 적절한 제공 시점을 찾아내야 한다. 새로운 업무설계 단계에서는 축적된 고객 지식을 바탕으로 업무를 재설계하고 조직을 재편하며, 마지막으로 고객과의 지속적인 상호작용을 위해 고객의 의견을 청취하고 고객 경험을 체계적으로 관리하는 것이 필요하다. [그림 2-4]는 CRM의 전략적 프로세스를 나타내고 있는데, 이러한 프로세스의 전과정은 고객의 지식을 축적하고 고객과의 경험을 토대로 CRM 전략의 재정립과 피드백하는 동적 프로세스이다.

그림 2-4 CRM의 전략적 프로세스

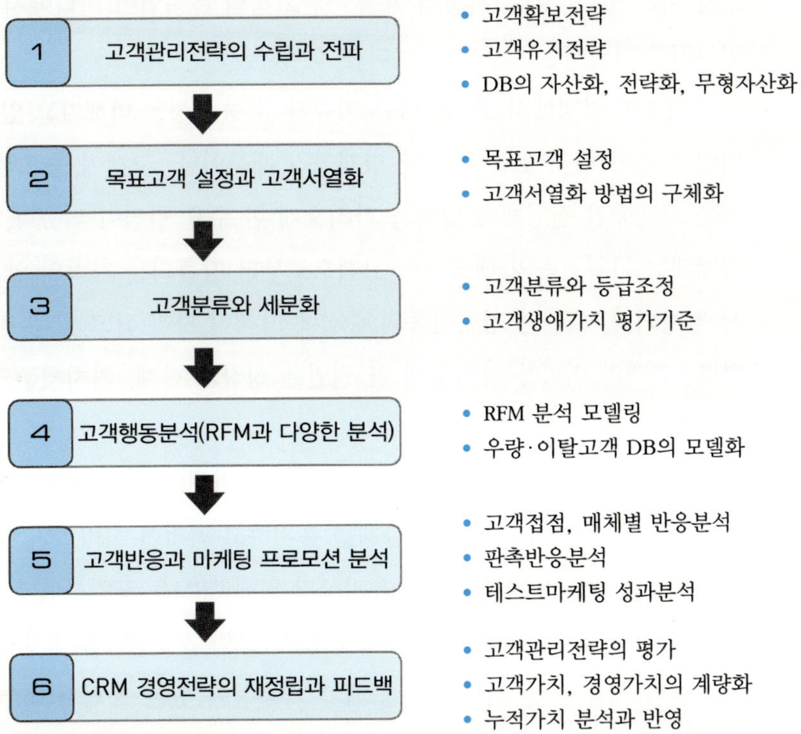


자료: 송현두, CRM 경영혁명, 새로운 제안, 2000, p.94.

## 2. 고객의 전략적 기본 개념

### (1) 고객의 이해

대부분의 기업은 고객에 대한 중요성을 피력하고 있다. 대부분의 기업들은 기업의 사명(Mission Statement)을 만들어 이를 집안의 가훈처럼 여긴다.

거의 모든 기업이 고객서비스 및 고객을 기업경영에 있어 가장 중요한 요소로 인식하고 있으며, 이를 통해 기업의 경쟁우위와 기업의 영속성을 달성하고자 하고 있다. 이는 시장의 흐름, 즉 고객의 움직임이 어디에서 어디로 가고 있는지를 파악하는 일이 중요하다는 것이다.

기업의 경영에서 고객이라는 이슈가 그 중요성을 더해가고 있는 이유는 기업의 생존이 걸려 있는 주요한 명제이기 때문이다. 고객이 중요하다는 사고방식은 고객중심 경영체제 탄생을 가져오게 한 주요 원인이 되었다. 고객중심 경영체제는 기업전략의 핵심으로 고객으로부터 창출되는 가치의 양과 질에 의해서 결정되며, 그러한 경영활동의 중심에 고객이 자리 잡고 있는 경영상황을 말한다. 고객의 변화를 가져오게 한 원인은 성장의 한계, 가치기준의 변화, 새로운 소비자 계층의 탄생 등이다.

특히 기업은 끊임없이 변화하는 고객의 기대와 요구, 즉 고객의 가치기준의 변화에 부응하여 고객과의 관계를 유지하고 적절한 서비스의 차별화를 통해 장기적으로 기업의 경쟁우위를 유지하기 위해 CRM을 도입하였다.

기업이 CRM을 도입함으로써 고객은 [그림 2-5]와 같이 변화를 한다. 해당기업의 제품 또는 서비스를 구매할 가능성이 있는 용의자(suspect), 잠재고객(prospect)들이 한번 이상 구매경험이 있는 사람인 소비자(consumer)가 되고, 그 소비자가 반복적으로 해당 기업 제품 또는 서비스를 구매하면 고객(customer)이 된다. 고객에게 해당 기업이 제품 또는 서비스를 확대하여 가치를 증대시켜주면 옹호자인 로열티 고객(advocator)으로 변화하게 되는 것이다.

그림 2-5 고객의 변화과정

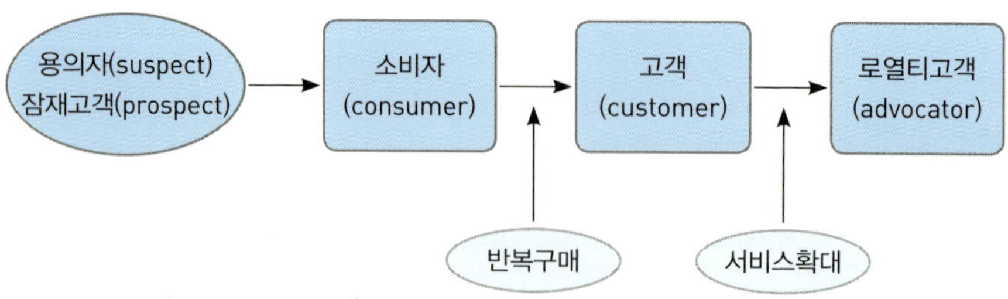

### 1) 고객의 개념

지금까지 기업들이 행해 온 고객만족은 소비자의 차별성을 고려하지 않은 채 고객들의 기대수준만을 올려놓는 결과를 초래했다.

이렇게 고객과 보다 진정한 관계가 요구되는 상항에 따라, 기업에게 있어 고객에 대한 올바른 이해와 고객의 의미를 되새기는 작업은 새로운 경영환경 속에서 경쟁력을 확보할 수 있는 핵심전략으로 인식되고 있다. 영어의 고객에 해당하는 단어인 customer는 그 어원이 '반복적으로 행하는 습관과 같은 것'이라는 의미를 지닌 custom이다.

이에 따르면 특정 기업의 고객은 그 기업의 상품을 습관적으로 구입하는 소비자가 될 것이며, 보다 일반적으로는 각종 인간관계가 반복적으로 형성되면서 서로가 서로를 고객으로 만들어 가는 현상까지도 함축하고 있다. 관계를 맺는 당사자뿐만 아니라 습관적으로 행하는 거래 및 관계형성이 보다 긴밀해지고 더욱 돈독해지도록 영향을 미치는 주변인 모두가 고객의 범주에 들어갈 것이며, 기업의 경우에 소비자뿐만 아니라 임직원이나 공급업자 및 협력업자 및 그리고 언론 등이 확장된 의미에서의 고객에 속할 수 있다. 결국 나 이외의 모두가 고객이라고 할 수 있다.

각 유형별 고객을 분류해 보면 고객은 거래처(회사, 대리점 등), 최종소비자, 각종 단체, 기관, 주주 등의 외부고객과 종업원, 동료, 상사, 타 부서 등의 내부고객으로 나누어 볼 수 있다. 그리고 시간의 연속성을 고려하여, 지금은 고객이 아니더라도 앞으로 고객이 될 수 있는 사람도 고객의 범주에 들어갈 수 있다.

고객이란 기업에 없어서는 안되는 존재이다. 고객이 있기에 기업이 존재하는 것이지, 기업이 있기에 고객이 존재하는 것은 아니다. 즉 고객은 기업의 존립근거가 된다. 고객이 없이는 기업이 존재할 수도 성장할 수도 없다. 과거 고객은 곧 기업의 목적인 이윤추구의 수단이었다. 하지만 오늘날의 고객은 더 이상 기업에게 이윤을 가져다주는 수단은 아니다. 고객은 이성을 가지고 대상을 선택할 수 있는 능동적 존재이다. 이윤을 추구하더라도 그들의 만족이 없이는 불가능하게 되었다. 고객을 만족시키지 못하면 고객을 상실하게 되고, 고객 상실은 곧 이윤의 상실을 의미한다. 비로소 고객이 기업에게 중요한 존재로 인식하게 되었다. "고객이 없이는 어떠한 사업도 없다(No customer, No business)." 이제부터라도 고객의 중요성을 느끼고 고객을 고객으로서의 진정한 대우를 하는 마음을 가질 때 고객만족은 이루어진다.

### 2) 고객의 존재

고객은 기업과 이해관계가 있는 매우 중요한 존재이다. 고객은 기업의 거울이며, 기업의 주인이며, 기업의 의지대상이다.

#### ① 고객은 기업의 거울이다

고객은 변하고 있다. 구매의식이 변하고 라이프 스타일이 변하고 있다. 이러한 고객의 변화에 따라 기업도 변하지 않으면 안된다. 거울 속에서 고객이 하는 대로 기업은 고객을 따라서 행동을 하게 된다.

#### ② 고객은 기업의 주인이다

고객이 존재해야만 기업이 존재하는 것이다. 고객은 기업의 존재를 위해 있는 것이 아니며, 그들의 필요에 의해 기업을 찾는다. 기업을 찾은 고객이 불편해도 불평 한마디 없었고, 그들의 불편을 귀담아 주지도 않았던 시절은 단순히 손님에 지나지 않는다. 하지만 지금은 고객이 없는 기업은 생각할 수 없으며, 고객이 결국은 종업원의 급여를 지불하는 주인인 것이다.

#### ③ 고객은 기업의 의지대상이다

기업은 상품을 생산하고, 고객은 그것에서 편익만을 추구하며 기업에게는 아무런 혜택도 주지 못하는 존재는 아니다. 오히려 기업은 고객들이 요구하는 상품의 제공을 통하여 기업목표를 달성하고 기업성장을 가능하게 해주는 기업의 의지대상인 것이다. 고객에게 의지하지 않는 기업은 성장이 어렵다. 고객에게 의지하고 도움을 받으면서 기업은 성장한다.

### 3) 고객의 확대개념

오늘날의 마케팅활동은 상품을 단순히 영업하는 것이 아니라 사전관리는 물론 사후관리까지도 철저한 책임을 가지고 실행해야 한다. 즉 고객서비스가 현대적 마케팅에서 매우 중요한 역할을 하기 때문이다.

미국의 한 조사에 따르면, 고객이 제품에서 만족을 느끼는 부분은 약 20% 정도이고 나머지 80%가 서비스에서 만족을 느낀다고 한다. 고객만족을 결정하는 80%의 서비스는 종업원(판매원)에 의해 이루어지며, 그들이 고객만족에 결정적 영향을 미친다는 결론이다. 환언하면 고객만족을 위해 종업원의 만족은 중요하다.

종전의 마케팅에서는 종업원의 만족 없이도 고객만족이 가능하였지만, 현대적 마케팅에서는 사전관리와 사후관리의 역할을 담당하는 종업원의 만족은 고객만족에 있어 더욱 중요하다. 따라서 고객의 개념은 종전의 소비자인 외부고객이외에 종업원인 내부고객까지로 확대되지 않으면 안된다. 다시 말하면 고객은 나의 상사, 나의 동료, 부하직원, 그리고 기업외부의 소비자 모두를 지칭한다. 나 이외의 모든 사람은 나의 고객인 것이다.

### 4) 고객지향성

오늘날의 기업활동은 고객의 입장에서 생각하는 고객지향적 사고가 핵심이다. 고객이 필요로 하고 원하는 상품을 개발하고, 그것을 그들이 구매할 수 있는 가격으로 필요한 시기에 편리한 곳에서 구매할 수 있도록 해주는 노력이 고객지향적 사고이다. 고객이 구매하고자 하는 것은 상품 그 자체가 아니라 그것에서 얻을 수 있는 편익(benefit)을 보고 구매하는 것이다. 고객이 원하는 편익요소를 고객중심으로 하기 위해서는 기업이 상품을 바라보는 눈과 고객이 그것을 바라보는 눈이 같아야 한다.

기업의 활동이 고객지향적으로 되기 위해서는 고객을 이해하고 고객의 마음을 읽을 수 있어야 한다. 그렇지 못하면 고객욕구를 충족시킬 수 있는 상품을 개발하고 전달하기가 힘들어진다. 더구나 다양한 상품이 쏟아지고 기업 간의 경쟁이 치열해지면서 고객욕구를 인식하는 것이 용이하지도 않고, 이를 충족시킬 수 있는 상품의 제공도 쉬운 일이 아니다.

① 고객을 이해하기

고객욕구를 파악하기 위해서는 상품지식이 풍부한 일정수준의 사람이 고객의 불편사항을 청취하고, 또는 소비자의 심리를 잘 이해할 수 있는 사람이 불편사항을 청취하여야 한다. 고객의 불평·불만소리는 적절한 사람이 들어야 한다.

② 고객의 마음읽기

고객의 마음을 읽을 수 있는 방법은 두 가지이다. 하나는 고객의 입장에서 어떤 점이 불만이고 어떤 점을 개선해야 하는가를 생각해보는 것이다. 다른 하나는 고객으로부터 직접 소리를 들음으로써 아이디어를 얻는 방법이다.

### 5) 고객수명주기

기업은 CRM의 초석을 통해 고객가치를 표적화하고 신장하고 그리고 수확하기 위해 필요한 구조를 갖게 된다. CRM은 고객가치를 최대화하기 위해 네 가지 초석, 즉 고객수명주기 관리, 데이터베이스 능력 이용, 고객가치의 정확한 수량화, 고객 획득/유지 및 추가판매의 믹스 최적화 등에 의지한다. 기업은 이를 단계적으로 실행할 수도 있으나, 장기적으로 성공하기 위해서는 네 가지 모두를 갖추어야 한다. 어느 하나라도 빠지면, 마케팅 시스템은 약화될 것이다.

CRM 실행을 위해 핵심내용인 고객수명주기를 중점적으로 살펴보면, 고객과 기업관계는 시간이 경과함에 따라 점진적으로 변한다. 잠재고객, 새로운 구매자 및 장기고객이 다 같은 욕구를 갖고 있지 않으며, 고객과 기업의 관계가 변함에 따라 고객의 기대와 행동도 달라진다. 고객수명주기(customer life cycle) 개념은 이러한 차이를 이해하고 관리하는 데 적합한 틀을 제공한다.

고객수명주기는 신제품 수용에 관한 조사연구와 직접마케팅에서 측정수단으로 널리 인정되고 있는 최근성, 빈도 및 금전적 가치(RFM) 분석을 통해 중요한 정보를 획득할 수 있다. 고객수명주기가 마케팅믹스 계획에 영향을 미치는데, 마케팅믹스는 고객수명주기의 단계에 따라 크게 달라진다. 잠재고객에 대한 마케팅은 인지도 형성과 시용촉진에 집중하지만 핵심고객에 대한 마케팅은 유지수단, 가격결정 및 강화(태도에 관한) 광고에 초점을 두게 된다. 기업은 수명주기에 따른 부분시장별로 독특한 마케팅믹스 전략을 개발해야 한다.

기업은 또한 획득고객수와 이탈고객수의 균형을 맞추는 능력이 있어야 한다. 이를 위해서는 수명주기의 각 단계별 고객수를 파악하고 이들의 이동 경로를 예측하는 것이 필요하다. 기업의 고객획득 프로그램이 지나치게 공격적이고 그래서 이탈하는 초기 반복구매자가 많다면, 기업은 심각한 현금흐름 문제에 직면하게 된다. 기업은 수명주기의 각 단계에 있는 고객수를 추적해서 고객의 구매패턴과 기업의 현금흐름이 앞으로 어떠할 것인지 판단할 수 있다. 이는 기업이 단순히 과거 총수익을 토대로 미래 매출액을 예측하는 것보다 훨씬 더 근본적인 수준에서 미래 매출액 패턴을 분석할 수 있기 때문에 강력한 계획 수단이 된다.

고객수명주기는 잠재고객, 최초구매자, 초기 반복구매자, 핵심고객 및 이탈고객 등 다섯 단계로 나눌 수 있다.

**그림 2-6** 고객수명주기

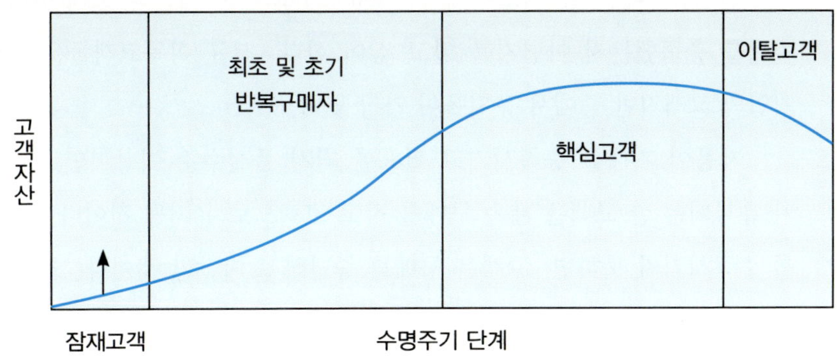

### ① 단계 1: 잠재고객

잠재고객(prospect)은 아직 우리의 고객은 아니지만 우리의 제품과 서비스를 구매할 수 있는 잠재적 가치가 있는 집단이다. 따라서 기업은 잠재고객들을 초기고객처럼 관리할 필요가 있다. 즉, 잠재고객은 종종 기업이 예상하지 못한 독특한 문제를 제기한다. 이들에게는 기존 고객보다 낮은 가격을 제공해야 하는가? 이들을 상대로 어느 정도의 판매활동을 해야 하는가? 기업이 제공하는 제품의 품질과 가치에 관해 어떤 유형의 커뮤니케이션을 제공해야 하는가? 예를 들면, 잠재고객에게 지나치게 높은 기대를 갖게 만드는 마케팅 커뮤니케이션은 고객이 구매한 후 실망하게 되면 고객유지에 부정적 영향을 미친다. 잠재고객 단계에서 사용되는 마케팅 전술이 고객과 기업 관계 전체에 걸쳐 간접적으로 영향을 미친다. 이와 같은 실수를 하는 기업은 고객 획득률이 높지만 고객유지율은 낮다.

잠재고객은 제품이나 서비스에 대한 기대가 고객이 요구하는 최저 제품의 품질 수준(product-quality cutoff)을 초과하면, 고객은 최초구매를 한다. 고객이 이미 사용하고 있는 제품의 품질과 기업이 마케팅 커뮤니케이션을 통해 제공한 신제품에 대한 정보에 의해 고객이 요구하는 최저 품질수준이 결정하며 가격도 고려한다.

### ② 단계 2: 최초구매자

한 번 구매를 한 최초구매자(first-time buyer)는 제품과 고객서비스 수준이 기대를 충족했는지 아닌지를 알고 싶어 한다. 신규 획득고객들은 일반적으로 기업의 고객기반 중에서 유지율이 가장 낮다.

제품이 기대를 충족시키고 필요한 최저 품질수준 이상이면, 제품의 가치가 유지되는 한 고객은 계속 구매를 하고 고객으로 유지될 것이다. 제품이 기대를 충족시키지 못하면, 고객은 구매를 중단하고 이탈할 것이다. 초기 반복구매 동안에는 일반적으로 단 한 번이라도 고객이 요구하는 최저 품질수준 미만이 되면 고객은 이탈을 할 것이다.

어떤 제품과 서비스는 긴 구매주기를 가지는데, 이 경우 최초구매자 단계에서의 반복구매는 그리 중요하지 않다. 생활필수품과 같이, 짧은 구매주기와 빈번한 반복구매를 특징으로 하는 산업에서는, 최초구매자의 잠재적 미래 가치가 고객자산에 큰 영향을 미친다. 이러한 산업에 속하는 기업은 고객을 반복구매자 및 핵심고객으로 전환시키는 것이 매우 중요하다.

#### ③ 단계 3: 초기 반복구매자

한 번의 반복구매를 한 초기 반복구매자(early repeat buyer)는 최초구매자보다 재구매할 가능성이 높으며, 기업을 신뢰함에 따라 고객 일인당 매출액이 증가한다. 그러나 2~3회의 반복구매가 제품에 대한 만족을 나타내긴 하지만, 초기 반복구매자들은 여전히 기업과의 관계를 평가하고 있는 중이다. 기업이 좋지 못한 서비스를 제공하거나 제품이 기대를 충족시키지 못하면, 이들은 이탈한다.

고객수명주기에서 단계 3에 있는 고객을 파악하는 기업은 거의 없다. 초기 반복구매자는 최초구매자만큼 이탈가능성이 높지 않지만, 여러 번 반복구매를 한 핵심고객보다는 유지율이 낮으므로 이에 따라 관리해야 한다.

#### ④ 단계 4: 핵심고객

고객이 정기적으로 반복구매를 하기 시작하면 핵심고객(core customer) 단계에 들어가게 된다. 기업의 제품이나 서비스는 핵심고객이 필요로 하는 요구사항과 가치를 충족시킨다. 구매과정에서 중요한 문제가 발생하지 않는 한 핵심고객들은 기업의 제품을 좀처럼 재평가하지 않고 이탈도 잘하지 않는다. 다수의 긍정적 경험이 고객 기대의 근거로 작용함으로써 실망스러운 경험을 극복케 한다. 사실상, 핵심고객 단계에서는 고객이 제품을 사용할 때마다 기대가 약간씩 변화할 뿐이다. 핵심고객은 계약갱신 또는 경쟁제품이 출시될 때에만 결정사항을 체계적으로 평가한다.

핵심고객 단계는 높은 유지율과 고객 일인당 매출액이 가장 많다. 높은 유지율의 핵심고객은 특별한 고객이며 이에 맞게 대우해야 한다. 그러나 어떤 기업은 핵심고객들은 별문제가 없는 것으로 보고 경영진은 주의를 별로 하지 않는 경우도 있다.

### ⑤ 단계 5: 이탈고객

핵심고객들은 새로운 경쟁 제품이나 서비스, 제대로 해결되지 않은 고객서비스 문제 혹은 싫증과 같은 여러 요인으로 공급회사나 상표를 전환하게 된다.

고객이탈의 통제가 가능한 경우와 불가능한 경우가 있다. 외적 요인에 의해 이탈이 일어나면, 기업의 정책이 고객의 의사결정에 영향을 미칠 수 없다. 그래서 각 기업은 외적 요인이 이탈을 일으키는 정도를 판단해야 한다. 외적 요인이 너무 강하면, 이탈을 방지하기 위한 고객유지를 위한 노력의 효과는 별로 없다. 이탈고객(defector)을 다시 복귀시키기 위해서는 기업은 근본적인 문제를 파악하고 해결해야 한다.

CRM 관점에서 이탈고객에 대한 기업대응의 유형을 살펴보면 다음과 같이 세가지 유형이 있다. 첫째는 자사의 핵심고객들이 이탈하고 있는데도 모른 채 방치하고 있는 기업이다. 둘째는 자사 핵심고객들이 이탈하는 것은 알지만, 왜 떠나는지 원인은 모르는 기업이다. 셋째는 핵심고객이 이탈하는 것도 알고, 그 원인도 파악했지만, 그들을 붙잡거나 다시 돌아오게 할 능력이 없는 회사이다.

기업이 위의 3가지 유형 중에 속한다면 기업은 핵심고객을 제대로 정의·파악하고 있는가? 기업의 핵심고객 중 이탈가능성이 큰 고객은 누구인가? 그들은 왜 이탈하려고 하는가? 그들의 이탈을 막을 수 있을까? 혹시 막을 수 없다면 나중에라도 돌아올 마음이 생길 정도로 감동적인 이별 절차는 무엇일까?를 분석하고 대처해야 한다.

## (2) 고객만족의 의의

내부고객의 만족이 없이는 외부고객의 만족이 없다. 과연 우리는 고객을 진정으로 위하고 만족을 시켜왔는가? 모든 종업원들이 고객을 다시 한번 생각하고 자신이 하는 업무에서 고객을 만족시킬 수 있는가를 스스로 자문해 볼 필요가 있다. 고객만족(CS: Customer Satisfaction)이란 고객에게 충실히 하자는 기본으로 돌아가자는 마케팅의 실천 프로그램이요, 의식과 관리방식을 고객지향적으로 발전시켜 나가자는 혁신운동인 것이다.

고객만족은 기업의 구성원 모두가 함께 참여하고 전사적으로 "나로부터 시작하자(From Me)"라는 사상에서 출발한다. 그런 만큼 고객만족 운동은 관리자들이 먼저 내부고객을 만족시키는 일로 출발하여 빠르게 널리 확산된다. 종업원들 역시 고객만족을 나로부터 시작한다는 생각에서 자신의 업무태도에 대한 변화가 있어야 한다. 이 운동은 지금까지의 수동적 자세에서 능동적이고 적극적인 자세로 고객을 만족시키자는 것이다. 대부분의 경영혁신 운동들이 처음에는 대단히 거창하게 시작하지만, 시간이 지나면서 시들하게 된다. 그것은 전사적인 공감대를 형성하지 못하고, 빠른 속도로 그리고 구호를 외치는 방식으로 전개되었기 때문이다. 전 구성원이 기업변화에 참여하고 혁신을 이루기 위해서는 다음 사항에 유념해야 한다.

① 최고경영자의 지속적 관심과 지원이 필요하다.
② 구성원 스스로의 참여를 유도해야 한다.
③ 관리자의 혁신하는 행동이 있어야 한다.
④ 고객만족은 연결고리이기 때문에 끊어지지 않아야 한다.
⑤ 나로부터 시작한다는 구성원의 조그만 실천이 있어야 한다.
⑥ 내부고객 만족 프로그램과 병행되어야 한다.
⑦ 고객들의 기대치를 지나치게 높이지 말아야 한다.

### 1) 고객만족의 3요소

소비자인 고객에게 만족을 안겨다 주는 요인은 기업의 마케팅 활동에서 중요한 문제이다. 고객만족이 없이는 마케팅 활동으로 기업의 목표달성이 불가능하기 때문이다. 일반적으로 고객만족의 3요소는 상품, 서비스, 기업이미지이다. 상품은 제품의 하드 측면과 서비스의 소프트 측면에서 고객욕구를 충족시킬 수 있어야 한다. 그런데 서비스상품은 일반 상품과는 달리 서비스 제공자의 특성이 표현되지 않으면 안된다. 서비스 제공자의 특성은 제공자가 서비스에 임하는 자세이며, 다른 서비스 제공자의 서비스 성격과 차별화를 시켜 주는 요인이 된다. 이러한 서비스 제공자의 특성과 서비스의 성격이 강하게 나타날 때 그것이 소비자를 유인하고 만족시켜 주는 힘이 되는 것이다. 서비스상품의 경우 상품과 서비스는 서비스 질로 나타난다.

고객서비스는 소비자의 구매와 만족의 중요한 요인이다. 고객에 대한 사전서비스, 접점서비스, 사후서비스가 충실하지 않으면 고객만족은 물론 반복구매를 유도하는 것도 어렵다. 사전서비스(Before Service)는 어떤 서비스의 사용에 따른 기본적인 환경조성이나 그것을 필요로 하는 사람에의 정보제공을 말한다. 접점서비스(In Sercvice)는 점포 안에서 고객에게 직접 제공되는 모든 제품과 서비스로서 가장 중요하다. 사후서비스(After Service)는 서비스의 사용에 따른 고객의 불만요소를 제거하여 만족스런 상품의 제공과, 라이프스타일의 제안과 정보제공을 의미한다. 이러한 사전·사후 서비스를 어떻게 얼마나 충실하게 제공하느냐에 따라 구매와 만족이 결정된다.

반복적인 접촉이나 경험에 의해 일관성있게 구축된 기업이미지는 근래에 들어서 중요해진 고객만족의 요소로서 기업이 이윤만 획득하는 것이 아니라 수익의 일부를 사회에의 환원을 통하여 기업이미지도 높이고 매출도 늘리기 위한 것이다. 신용카드 업계는 과소비를 조장한다는 부정적 이미지를 제거하기 위해 다른 어느 서비스분야보다도 적극적이다. 소비자들은 기업이미지가 좋지 않은 기업보다는 그것이 좋은 기업의 상품을 구매에서 더 선호하는 것으로 나타나고 있다.

### 2) 서비스 자세

기업을 찾아오는 고객에게 만족을 안겨다주고 가치창조를 위해서는 고객을 진정으로 대하는 서비스 자세가 확립되어 있어야 한다. 서비스 제공자의 자세는 우수한 서비스의 제공에 매우 중요하다.

이처럼, 서비스 제공자에게는 고객을 사랑하는 마음이 중요하다. 고객을 사랑하는 기술이 세일즈로 나타나게 되는 것이다. 고객만족을 위한 서비스의 판매는 열정적으로 하고 서비스는 기쁨을 줄 수 있어야 한다.

이를 위한 서비스 제공자의 자세는 성심성의껏(sincerty) 신속하게(speed)

웃으면서(smile) 제공할 수 있는 3S가 필요하다. 이를 구체적으로 설명하면 6요소로 이루어진다. 고객을 대하는 서비스 제공자의 서비스는 활기차고(energy), 혁신적이며(revolution), 인상적이면서도(impressive), 상호간의 커뮤니케이션(communication)을 통하여, 가치를 느낄 수 있어야(valuableness)하며, 고객에게 즐거움(entertainment)을 안겨다 줄 수 있어야 한다.

고객을 대하는 서비스 제공자의 자세가 최근에 변하고 있다. 몇 년 전만 해도 백화점을 찾은 고객들은 종업원들로부터 허리를 90도로 굽힌 큰절을 받았다. 그러던 것이 45도로 숙인 절에서 30도, 15도로 숙인 절을 받는다. 고객에 대한 종업원이 지나친 공손함은 오히려 부담을 줄 수 있다. 실제로 종업원들이 너무 정중하게 대하니까 오히려 부담스럽다는 고객의 불평이 있었다. 진정한 친절이 무엇인가를 되돌아보게 한다. 또한 인사말도 변하고 있다. 그리고 "다음에 꼭 들려주십시오"에서 고객에게 부담을 주고 기분을 상하게 할 수 있다고 생각하여 "좋은 쇼핑되십시오"라는 말로 바뀌었다. 심지어 말의 억양까지도 고려하여 "잠깐만 기다려 주십시오"에서 "잠시만 기다려 주시겠습니까?"로 변경되었다. 유니폼 또한 강렬한 색보다는 눈에 잘 띄지 않는 회색계통으로 교체되었다. 고객이 매장을 둘러볼 때 처음에는 일부러 모르는 척한다. 고객이 적극적으로 관심을 보이면 그때 "어서 오십시오"라고 인사를 한다. 이 또한 전과는 많이 달라졌다. 진정한 고객서비스란 무엇인가? 친절하고 공손해야 하는 것은 당연하지만 자연스럽고 부담을 주지 않는 자세가 필요하다.

이러한 서비스 자세는 청각에 호소하는 것보다 시각에 호소하는 것이 더 효율적이기 때문에 서비스 제공자가 고객에게 온몸으로 보내는 신호에 의하여 고객이 감지하게 된다. 고객에 대한 서비스 제공자의 신호는 동작신호, 표정신호, 시선신호, 공간신호, 접촉신호, 언어신호, 음성신호 7가지 방법에 의하여 이루어진다.

### 3) 고객만족의 MOT 접점서비스 요소

모든 기업(매장)은 고객과 접점을 가지고 있다. 서비스를 제공하는 조직과

그림 2-7 고객만족의 MOT 접점서비스 요소

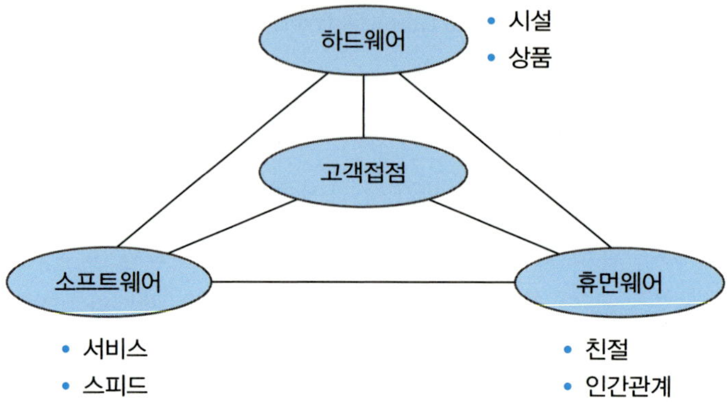


그 품질에 대해 어떤 인상을 받는 순간이 진실의 순간(MOT: Moment of Truth)이다. 서비스품질관리의 주요 개념으로서 실패가 허용되지 않는 매우 중요한 순간이며 짧은 순간에 고객만족을 실현해야 한다. 서비스를 제공하는 조직과 고객이 어떠한 형태로 접촉하든지 발생하는 이 순간은 서비스 전체의 품질을 결정한다. 이렇게 중요한 내부고객인 서비스조직과 외부고객이 만나는 고객접점은 하드웨어(hardware), 소프트웨어(software) 그리고 인간적인(humanware) 요소를 통해 이루어진다.

## (3) 고객가치

### 1) 고객가치의 개념 및 성격

기업들은 시장이 개방되고 경쟁이 치열해지면서 유사한 종류의 상품을 제공하는 특성상 고객의 요구와 기대에 부응하는 것이 경쟁우위를 유지시키는 유일한 방법이 되었다. 기업이 성공하기 위해서 경쟁사보다 더 우수하게 창조하고 전달하도록 노력해야 할 고객가치(customer value)란 도대체 무엇일까?

고객가치는 어떤 상품을 획득하는 데 관련되는 비용 및 위험과 비교해서

해당상품의 사용으로부터 얻게 되는 편익에 관한 고객의 지각이다,

고객은 남들과는 다른 것을 요구한다. 이를 위해, 고객들로 하여금 차이를 인식하게 하는 것이다. 고객의 기대수준이 높아 그들이 실제로 지불하는 비용 이상의 가치를 제공받고 싶어 한다. 고객들로 하여금 차이를 인식하게 하고 비용 이상의 가치를 느끼도록 하는 것이 고객가치의 창조이다. 다시 말하면, 가치창조의 개념은 고객으로 하여금 보다 유용하게 느끼도록 하는 것이다. 고객들은 다른 상품과 비교하여 보다 많은 유용성을 느낄 때보다 우수한 가치를 인식한다. 특정 상품을 구매하는 데 소요되는 비용(금전, 시간, 위험, 의심, 두려움 등)보다 그 상품의 사용에서 기대되는 편익의 차이가 고객가치로 나타난다. 지불비용보다도 기대되는 편익이 클 때 가치창조가 이루어지고, 그 차이가 크면 클수록 보다 우수한 가치를 인식하게 되는 것이다. 이러한 가치창조의 성격은 다음과 같다.

첫째, 가치창조는 전략적이고 체계적이며 연속적이다. 가치창조는 기업의 전략적 차원에서 이루어지는 만큼 급변하는 환경 속에서 고객을 확보하고 유지하는 일은 끊임없는 주의력을 요하기 때문이다.

둘째, 가치창조는 고객의 기대를 충족시켜 가는 과정이다. 고객들이 우리에게 무엇을 원하는지를 자문해보면서 고객가치를 창조하고 가치의 전달이 효율적으로 이루어지게 함으로써 고객의 기대수준을 충족시켜 나간다.

셋째, 가치창조는 궁극적인 고객전략이다. 고객전략의 핵심은 얼마나 많은 고객을 확보하는가보다는 확보한 고객을 얼마나 만족시켜 주는가에 있다. 만족하는 고객이 많으면 궁극적으로 기업이윤을 증대시켜 준다.

### 2) 가치경영

오늘날 소비자는 가격이 저렴하고 품질이 우수하다고 하여 그 상품을 구매하는 것은 아니다. 모든 상품이 대등한 기술이어서 상품의 품질에서는 그다지 차이가 없다. 보다 우수한 품질의 상품이 경쟁에서 이긴다는 것은 오늘날 마케팅 관리자의 그릇된 생각이 되고 있다. 우수한 품질의 상품이 시장에서 승리한

다는 것이 진실임에는 틀림없다. 하지만 상품의 품질이 "상품 그 자체의 질"에 국한되는 것은 아니다. 그 상품을 제공하는 기업이나 사람의 태도 등에 따라서 구매가 결정된다.

이른바 상품에 대한 전반적이고 인간적인 서비스, 즉 서비스 질은 매우 중요하다. 서비스 질에 따라서 상품의 반복구매가 이루어진다. 그래서 서비스 질 위주의 경영전략이 소비자로 하여금 자사의 서비스 질에 대한 평가를 높게 하기 위해 가치경영을 적극적으로 도입·실시하고 있다. 따라서 서비스에 대하여 고객으로 하여금 가치를 인식하도록 하는 것이 가치경영이요, 질경영이다.

소비자가 상품을 구매하는 것은 상품 그 자체가 아니라 그것이 지니는 편익이다. 그것을 사용함으로써 얻을 수 있는 편리성과 혜택이 있기에 구매하는 것이다. 서비스의 편익을 소비자에게 어떻게 전달하느냐가 서비스 질을 결정한다.

이러한 서비스 질 위주의 경영전략을 추구할 때, 그 기업은 고객에게 만족을 주고 감동을 준다. 고객만족 내지 고객감동이 효율적으로 이루어지기 위해서는 체계적인 질경영이 필요하다. 체계적인 질경영이란 고객만족 실천이 기업문화속에 구현될 수 있도록 하는 것이다. 기업문화를 형성하는 과정으로서 고객만족을 실천할 때 가치경영이 이루어진다.

### 3) 가치창조의 요소

고객만족에 있어서 서비스 질은 매우 중요하다. 서비스 질은 가치와 매우 밀접한 관계에 있다. 서비스 질은 소비자가 제공받는 서비스에 대한 전반적이고 인간적인 평가이기 때문에, 서비스 질을 높게 평가할수록 고객으로 하여금 높은 가치를 인식하게 한다. 즉 고객의 가치를 창조할 수 있는 경영이 이루어질 때 고객을 만족시킬 수 있다. 고객의 가치창조를 위해서는 고객과 지속적이고 인간적인 관계를 유지하고, 종업원들을 배려하고, 높은 서비스 질을 유지하고, 그리고 가치인식에 대한 측정과 조사가 이루어져야 한다.

#### ① 고객과의 관계를 우호적으로 하기 위해서는 인간적인 관리를 해야 한다

고객들과 관계를 맺는다는 것은 정서적으로 사업의 동반자를 얻는 것과 유사하다. 이것은 판매과정을 거래마케팅 대신에 관계마케팅으로 취급함으로써 이루어진다. 거래마케팅과 관계마케팅을 흔히 결혼과 결혼생활에 비유한다. 결혼생활의 성공은 결혼식이라는 한 번의 관계로 끝나지 않고 그 후에 사랑과 믿음이라는 상호신뢰에 달려 있다. 이처럼 기업과 고객들 간의 관계도 판매라는 한번의 거래로 끝나지 않고 판매 후에도 관계를 강화함으로써 고객의 다음 선택을 결정짓게 한다. 판매는 결혼생활의 시작에 불과할 뿐이다.

그러면 무엇이 기업을 성공적인 결혼생활로 유도하느냐? 무엇보다도 인간적 접촉이 이루어져야 한다. 기업의 한 사람의 고객을 알기 위해서는 실제적인 친교가 있어야 한다. 고객과의 관계를 잘 맺고 있는 기업들은 인간적 접촉의 가치를 잘 알고 있다. 고객과의 관계는 기업의 가장 중요한 무형자산이다. 이와 더불어 기업은 단골고객 관리 프로그램도 운영해야 한다.

### ② 가치창조자로서 종업원의 동기를 유발해야 하다

기업이 당면하는 어려움은 무엇보다도 사람의 관리이다. 기업이 고객에게 초점을 두면 둘수록 조직구조와 종업원들의 태도, 습관 등이 고객만족을 가로막는 장벽이 된다. 그런데 문제는 기업들이 외부고객에게는 관심을 기울이는 반면에, 내부고객인 종업원들에게는 그만큼 관심을 부여해주지 않는 데 있다. 대종업원관계와 대고객관계는 대등하고, 이들의 관계는 상호 밀접한 관계에 있다. 때문에 기업이 그들의 내부자원을 잘못 관리하면 재정적 손실을 초래할 수도 있는 것이다.

기업내부의 종업원도 기업의 고객이다. 고객과의 관계는 과정의 연속이기 때문에 과정 속의 종업원 모두가 기업의 고객이 된다. 내부고객의 만족이 없이는 외부고객의 만족이 없기 때문에 종업원의 인식을 자극할 필요가 있다.

### ③ 서비스 질을 높은 수준으로 유지해야 한다

고객에게 판매하는 상품의 품질 못지않게 중요한 것은, 종업원들이 고객들에게 보여주는 주의력이나 관심의 질이다. 고객들에 대한 종업원의 관심과 배려가 중요하다. 미국품질관리협회는 상품의 구매에서 중요시하는 요소들을 조사하였다. 그 조사에서 서비스 질에 대해서는 정중함, 신속함, 요구가 만족되고 있다는 기본적 느낌, 그리고 서비스 제공자의 좋은 태도 등의 순서로 언급되었다. 이것은 고객들은 그들이 개인적인 배려와 관심으로 대우받고 있음을 느낄 때 만족을 느낀다고 할 수 있다.

## (4) 표적시장에서의 고객의 중요성

기업과 고객과의 관계에서 각 고객이 진정으로 원하는 것과 기업이 그 고객에게 제공해 주는 것 사이에서는 차이가 있다. 즉, 기업이 고객 개개인의 고객이 원하는 것을 충족시켜 주지 못함으로써 고객에게 지우게 되는 일종의 심리적, 물리적 비용을 의미하는 것으로 그 차이를 줄임으로써 기업은 성공을 보다 앞당길 수 있다. 이러한 차이를 최소화하기 위해서도 고객에 대한 이해가 중요하며, 고객에 대한 보다 정확한 이해는 기업의 재앙을 멀리하는 사전적 예방 조치라 할 수 있다.

고객과의 관계를 통해 수익을 창출하는 기업 역시 고객을 대상으로 최적의 포트폴리오를 구성해서 보다 높은 성과를 올리는 것이 필요하다. 이러한 고객 포트폴리오의 개념을 통해 기업에 있어 고객의 가치와 각 고객형태, 비율 등의 분석이 얼마나 중요한 것인지를 알 수 있다. 따라서 기업은 정확한 분석으로 자사의 고객을 정의하고 이를 통해 기업의 장기적인 전략을 수립해야 한다. 어떻게 고객을 분석하느냐에 따라 각 산업마다 고객의 유형이 달라질 것이며, 또 같은 사업 내에서도 고객세분화의 원리, 고객 포트폴리오의 개념에 입각해서 각각의 고객별로 다양한 정의 체계를 갖추어 고객의 요구에 부응해야 할 것이다.

### 1) 새로운 인식의 대상으로서의 고객

이제 기업들은 한계에 이른 '싸게 만들기(생산중심적 사고)'가 아닌 하나라도 '더 팔기(판매중심적 사고)'에 관심을 모으고 있으며, 고객불만의 최소화에 대한 새로운 과제를 인식하게 되었다. 이를 위해 기업들은 고객과의 장기적이면서도 우호적인 관계설정을 기업의 최우선 과제로 인식하게 되며(관계중심적 사고), 정보기술의 발달에 힘입어 이러한 성과가 달성될 수 있다는 희망을 가지고 새로운 미개척지로 향하고 있다. 따라서 고객은 더 이상 제품이나 서비스를 단순히 구입하는 소비자가 아니라 기업의 재무적 자산이나 물리적 자산과 같이 중요한 기업자산으로서 주요한 위치를 차지하고 있다.

그리고 고객중심의 경영활동에서는 한 기업 내에서라도 그 기업의 전체 고객들은 개개인의 고객으로 나누어져 인식해야 한다. '고객'은 있어도 '고객들'은 없다는 말도 각각의 고객이 저마다 다르며, 그러한 개개인의 차별성을 반영하여 고객관계를 전략적으로 다루어야 한다는 것이다.

### 2) 고객점유율의 향상 의미

고객이 더 이상 집합으로서의 고객이 아니고 개개인이 모두 저마다의 고객으로 대접받기를 원하는 상황, 즉 고객을 중심으로 경영의 축이 이동하는 상황에서 기업은 또 하나의 계량적 수치인 고객점유율에 관심을 가지게 되었다. 고객점유(customer share)의 개념은 시장점유와는 다른 의미를 가지고 있다.

예를 들면 백화점 시장점유가 40%라면 이는 이 백화점의 총판매량이 백화점업계 전체 판매량에서 차지하는 비율이 40%임을 말한다. 이에 반하여, 고객점유가 40%라는 것은 백화점업계에 월 100만원을 지출하는 고객이 있다면 전체 백화점과 관련된 지출을 함에 있어 그 금액의 총 40%, 즉 약 40만원의 구매가 자사를 통해 이루어진다는 것을 의미한다. 물론 시장점유 40%와 고객점유 40%는 서로 다르다.

이처럼 시장점유율 분석을 통해 기업이 많은 정보를 얻고 이로부터 의미있는 전략적 시사점을 도출하는 것과 마찬가지로, 기업은 집중하고자 하는 고객의 지갑점유의 확대에 초점을 맞춤으로써 비용효율적 접근법을 모색할 수 있다. 시장 내에서의 기업 지배력을 확대시키고 점차 중요해지는 고객관계관리의 성공적인 수행을 위해서는 시장점유에 의한 접근법과 고객점유에 의한 접근법을 병행함으로써 최적의 전략을 구사할 수 있다.

### 3) 고객점유율 개념의 확장

오늘날 고객지향적인 기업은 양적인 분석인 시장점유율의 개념을 질적인 분석으로 바꾸어야 한다. 시장점유율의 확장개념을 살펴보면 마인드 점유율, 라이프 점유율, 고객 점유율, 지갑 점유율 등이다.

#### ① 고객점유율(Customer Share)

개별 기업 입장에서 볼 때 장기간에 걸쳐 한 명의 고객에게서 동일한 상품 카테고리 중 자사 제품의 구입을 위해 지출하는 비용의 비율 또는 점유율이다. 즉 한 명의 고객이 장기간에 걸쳐 지출할 수 있는 총비용은 일정한데, 그 일정한 총비용으로부터 동일한 상품 카테고리 내의 자사의 제품을 구입하는 데 소요되는 비용분이 고객 점유율이다.

하나의 상품을 수많은 고객에게 판매하는 것이 시장점유율의 관점이라면 한 사람의 고객에게 다양한 제품을 여러 번에 걸쳐 오랫동안 판매하는 것이 고객점유율의 관점이다. 고객점유율이 중요한 이유는 모든 고객들이 동일한 구매력이나 가치가 있지 않기 때문에 자동적으로 기업으로서는 자사 제품의 고객점유율이 높은 시장 부분을 파악하여 집중적인 판매 촉진과 시장 관리를 위한 전략을 도출할 수 있기 때문이다.

#### ② 마음점유율(Mind Share)

어떤 제품 종류를 연상할 때 특정 상표의 제품을 떠올리는/연상하는 정도, 예를 들면, 햄버거를 연상할 때 80%의 소비자가 맥도날드 햄버거를 연상했다면 맥도날드 햄버거의 마음점유율은 80%이다. 물론 마음점유율은 머릿속에 있는 가상의 수치이고 실제로 구매로 나타나는 숫자는 아니다. 그러나 마음 점유율이 중요한 이유는 마음점유율이 시장점유율보다 높으면 이 회사의 시장점유율이 향후 높아질 가능성이 커지기 때문이다.

#### ③ 지갑점유율(Wallet Share)

고객이 소지하고 있는 돈 중에서 우리 회사의 상품/제품 구입에 쓰인 돈의 비율로서 실제로 구매한 점유율이다.

④ 생활점유율(Share of Life)

소비자/고객의 생활속에 기여하는 정도와 차지하는 정도를 나타내는 개념이다. 예를 들면, 경쟁제품을 생산하는 삼성전자와 LG전자 제품 중 특정회사 전자제품이 생활에 많이 차지하는 비율을 말한다. 일반적으로 소비자는 특정회사제품에 편중되는 경향이 있다.

⑤ 시장점유율(market share)

단기적으로 한 기업의 판매액과 그 기업의 상대적인 경쟁 우위를 말해주는 숫자이며, 특정 상품에 국한된 개념일 뿐이고 대체 상품의 위협을 간과하고 있다.

## 3. 로열티의 전략적 이해

로열티(loyalty)의 '오래 되었다'는 뜻은 긍정적인 의미와 부정적인 의미, 두 가지로 볼 수 있다. 부정적인 의미는 '낡다'란 단어와 같이 이제는 새로운 것에게 자리를 내주어야 할 대상으로 지칭할 때 사용하는 단어이다. 긍정적인 의미는 '숙성한'과 같은 깊은 맛과 향기, 그리고 그 내부에 진정한 무엇인가가 함축되어 있다.

고객은 기업의 입장에서 참으로 중요한 존재인 동시에 같이 성장해 나갈 동반자이다. 이와 같이 고객과의 관계는 깊으면 깊을수록 또 오래되면 오래될수록 기업과 고객은 동시에 이익을 보고 고객의 의미를 잘 알고 고객과의 관계의 중요성을 인식하는 기업은 '고객의 로열티'라는 또 하나의 선물을 기대할 수 있다.

이러한 로열티는 기업으로 하여금 개별화(personalization), 대량맞춤화(mass customization), 일대일마케팅(one-to-one marketing)을 수행할 수 있는 전략적 의미를 부여한다.

## (1) 로열티의 속성

기업과 고객 사이에 생겨나는 로열티는 일반적으로 '다른 기업의 제품이나 서비스를 구입하도록 하는 잠재적인 상황적 요인, 혹은 다른 기업의 적극적인 마케팅의 활동에도 불구하고 고객이 특정 제품이나 서비스를 일관되게 재구매하고 반복적으로 구매하고자 하는 고객의 깊은 몰입의 정도'라고 설명할 수 있다.

즉, 고객이 애써 또다시 찾아오고자 하는 강한 의지 및 이러한 재구매를 통해 스스로 기뻐하는 심리상태라고 볼 수 있다.

로열티는 상호성과 다중성의 두 가지 속성을 가지고 있다.

### 1) 상호성

로열티는 일방적으로 생기는 것이 아니다. 기업에서는 로열티를 형성하고 있는 고객에 대해 어떠한 물질적, 정신적 혜택을 제공해야 한다. 이른바 로열티의 상호성은 로열티의 형성준비단계에서나 로열티 계수의 증가단계 모두에 걸쳐서 고려되어야 한다.

### 2) 다중성

기업은 단지 한 명의 고객에게서만 로열티를 얻고자 애쓰지는 않는다. 마찬가지로 고객이 기업에 부여하는 로열티 역시 다양하다. 고객의 로열티는 거래하는 대상에 따라 다양하다. 따라서 각 사업별로, 또한 각 기업별로 로열티를 나름대로 정의함에 있어서 모두 다를 수밖에 없으므로 목표의 설정이나 실질적인 마케팅 활동을 계획함에 있어서 로열티의 다양한 속성을 고려한 현실적인 모습을 갖추어야 한다.

## (2) 고객만족과 로열티의 관계

고객만족이 높으면 높을수록 재구매율이 높고, 따라서 로열티도 높다. 로열티의 경제적 효과는 수익원천을 창출하고 있는 것이다. 기본적으로 이들이 구매함으로써 생기는 기본수익과 재구매 등으로 인한 수익증대, 단골고객과 거래함으로써, 혹은 고객들이 이미 제품이나 서비스에 익숙해 있음으로 해서 추가적인 비용이 감소하는 현상, 로열티계수가 높은 고객이 다른 사람에게 추천을 하거나 제품이나 서비스를 소개함으로써 신규고객이 창출되는 효과, 그리고 로열티가 높은 고객들이 이 회사 제품이나 서비스에 부여하는 적극적인 구매의사나 경쟁사의 가격전술에 휘말릴 위험이 줄어드는 가격 프리미엄 등이 로열티 경영을 시행함으로써 거두어들일 수 있는 다양한 경제적 효과이다. 그리고 로열티의 향상을 위해 지출되는 비용은 검증을 해야 한다. 즉, 기업의 비용지출은 의사결정의 적절성을 평가하기 위하여 투자대비 성과를 평가하는 과정이 반드시 필요하며, 단기적인 상황의 변화나 적절한 프로그램 믹스의 배합을 위해서도 ROI(return on investment)에 따른 접근이 요구된다.

## (3) 로열티의 유형

기업이 로열티를 통해 형성하고자 하는 소비자의 심리상태는 고객이 해당 기업에 가지게 되는 호감, 혹은 애착의 정도이다. 고객 로열티 유형의 분류는 실질적으로 고객들이 다시 구매하거나 방문함으로써 수익을 증대시키고자 하는 노력의 정도와 기업이 고객에게 제공하는 서비스의 수준을 결정하는 주요한 기준이다.

로열티의 유형은 잠재적 로열티, 비로열티, 타성적 로열티, 초우량 로열티 등이다.

### 1) 비로열티(no loyalty)

어떤 차선책을 찾을 수 없는 경우에 할 수 없이 선택하는 경우이다. 예를 들면, 동남아 해외여행하려고 하다가 전염병 때문에 제주도를 여행하는 경우이다.

### 2) 타성적 로열티(inertia loyalty)

그냥 예전부터 하던 대로 하는 경우이다. 예를 들면 사무실에서 매일 구두 닦는 일에 습관화되어 있는 경우이다.

### 3) 잠재적 로열티(latent loyalty)

반복구매의 정도는 낮지만 호감의 정도는 높은 경우이다. 예를 들면 외곽에 있는 할인점을 찾아가는 것과 같다.

### 4) 초우량 로열티(premium loyalty)

애착과 호감의 수준이 높고 반복구매가 빈번하게 발생하는 경우이다. 긍정적인 구전도 하는 경우가 이에 속한다.

그림 2-8 로열티의 유형 분류

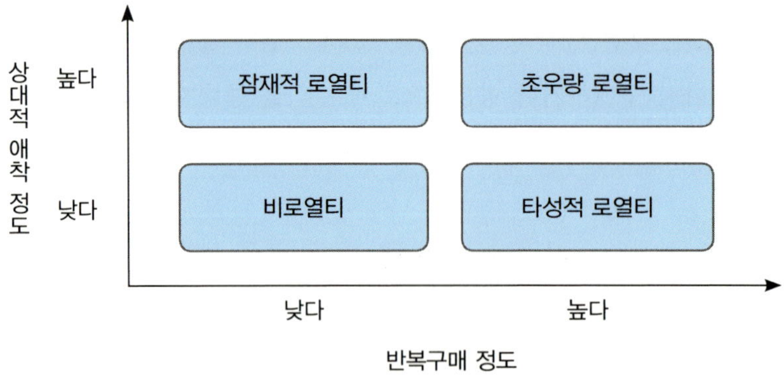


자료: Jill Griffin, Customer Loyalty, 1997, p.23; 최정환·이유재, 죽은 CRM 살아있는 CRM, 2001, p.49.

## 4. CRM의 전략적 틀

최근 마케팅의 환경변화에도 불구하고 국내 기업의 마케팅은 아직까지도 상품 위주의 매스마케팅으로서 마케팅 효율이 낮고 고객가치에 기반을 둔 서비스 차별화가 미흡한 실정이다. 즉, 국내 마케팅은 마케팅전략 측면, 고객관리 측면, 고객데이터 측면 등에서 〈표 2-4〉에서와 같은 현안 문제를 안고 있다.

이러한 마케팅현안문제를 해결할 수 있는 방안 중에 하나가 CRM이다. CRM의 이해와 연구목적에 따라서 여러 다양한 분야의 학문 즉, 마케팅 또는 통계 그리고 데이터베이스 측면에서의 연구 및 접근이 가능하다.

CRM의 어떤 측면에서 바라보고 접근하느냐에 따라서 CRM의 내용 및 중요도가 다르게 나타날 수 있다.

본서에서는 마케팅 관점에서 CRM을 이해하고 접근하고자 한다.

지금까지 우리는 CRM이 무엇이며, 왜 필요하고, 목적 및 특징은 무엇인지 살펴보았다.

CRM의 중심에는 고객이 있고, 고객을 제외하고서는 CRM을 결코 성공적으로 수행할 수 없다. 단순히 고객 중심적인 사고만으로는 부족하다. CRM의 전반적인 프로세스를 고객이 주도적으로 이끌어 나갈 수 있는 고객 주도적인 것

**표 2-4** 국내기업의 마케팅 현안 문제

| 구분 | 국내 마케팅 현안 문제 |
|---|---|
| 마케팅전략 측면 | • 대부분 기업이 아직 상품 중심의 매스마케팅<br>• 인바운드(inbound) 위주의 소극적인 영업 |
| 고객관리 측면 | • 고객과의 관계 강화를 위한 기법 미흡<br>• 영업 및 서비스 직원들의 생산성 저하<br>• cross-sell, up-sell로의 연결 미흡<br>• 고객접점에서 고객과의 상담기술 미흡 |
| 고객데이터 측면 | • 상품별/업무별로 고객DB가 산재해 있음<br>• 고객데이터 부족<br>• 데이터의 정확도에 문제가 있음<br>• 데이터 수집, 활용하는 정보관리 체계 미흡 |

이어야 한다. 이와 더불어 고객가치를 극대화하기 위해 CRM을 전략적으로 전개하여야 한다.

CRM의 전략적 활용은 두 가지 차원에서 이루어질 수 있다.

하나는 고객과의 관계에 따른 것이고, 다른 하나는 업무 영역에 관한 것이다.

이와 같은 CRM의 전략적 활용은 21세기 고객우위의 시대가 도래함에 따라 이로 인한 기업활동의 패러다임이 변하고 있기 때문이다. 지금까지 산업화 시대에 있어서의 기업활동은 주로 기업내부 문제에 대하여 효율적이고 효과적으로 경영하는 데 초점을 두어 왔었다. 그러나 90년대 후반부터 시작된 CRM은 지식정보사회의 핵심기반으로 자리 잡음에 따라 산업 전반을 변혁시키는 동인으로 작용하고 있다. 특히, 디지털기술을 바탕으로 한 인터넷은 생산과 소비를 포함한 사회 전반의 틀을 변화시킴으로써 기업경영의 기본 모델을 새로이 정립하도록 요구하고 있다.

따라서 앞으로 고객우위시대의 경영활동은 우리 기업 내부의 경영활동 관점에서 벗어나서 고객의 관점에서 경영의사결정이 이루어져야만이 기업의 경쟁력과 성장을 약속받을 수 있을 것이다.

이에 따라 본서에서는 정보화시대 고객우위시대에 있어서 CRM의 전략적 틀을 제시하고자 한다.

첫째, 우리 기업을 중심으로 고객과의 관계를 원활히 하기 위해서 기본 전략이 점차 기업활동의 규범화되고 있다. 이러한 내용들은 제3장 STP 전략, 제4장 고객관계 단계별 전략, 제5장 고객로열티 향상전략에서 다루고 있다.

그리고 CRM을 성공적으로 운영하기 위한 CRM의 믹스전략을 제6, 7, 8, 9장에서 다루고 있다.

둘째, 우리 기업 내부의 경영활동에서 CRM를 효율적으로 추구하기 위한 도구로서 CRM의 시스템 구축이 보편화되고 있는 추세이다. 이에 대하여 제10, 11장에서 설명하고 있다.

셋째, 최근 고객만족은 경영의 핵심의사결정의 잣대가 되고 있는 실정에서 고객과의 관계에서도 큰 변화가 일어나고 있다. 이에 대처하기 위한 정보 측면에서의 기법은 CRM이 대표적이라 할 수 있다. 또한 지금까지의 Off-line에서 사업활동이 주로 이루어졌으나 최근 On-line에서의 사업활동의 급속도로 발전하고 있다. 이러한 내용들은 제13장 eCRM에서 소개하고 있다.

마지막으로 CRM의 조직구조 및 기업문화는 그 중요성이 더해가고 있다. 지금까지의 계층별 조직구조에서 고객중심조직의 형태가 디지털시대에 보편적인 조직구조 형태로 자리 잡고 있다. 또한 디지털시대의 조직구조 및 기업문화는 지금까지의 산업화사회에서의 조직구조 및 기업문화와는 다른 모습으로 전개될 것이다. 이에 대하여 본서에서는 제12장에서 이러한 이슈들에 대한 내용을 소개하고 있다.

이에 더하여 최근 많은 사람들이 관심을 가지고 있는 CRM 화법에 대한 내용을 별도 장에서 설명하고 있다. 고객과의 관계를 우호적으로 전개하기 위해 커뮤니케이션, 즉 화법의 기본적인 틀을 제공하고 있다. CRM 화법에 대한 이해를 돕고자 별도로 제14장에서 다루고 있다.

그리고 CRM 개념의 앞으로의 변화 및 발전방향, 그리고 지속가능한 CRM에 대해 제15장에서 다루고 있다.

본서는 총 5부, 15장으로 [그림 2-9]와 같은 체계로 구성되어 있다.

그림 2-9 | 본서의 체계도

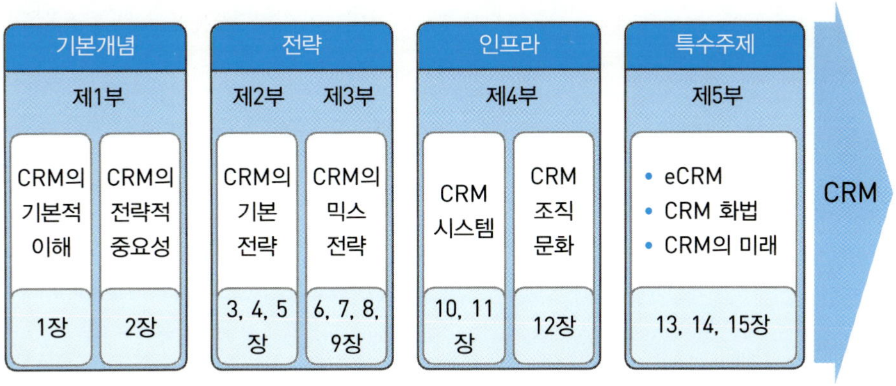

Part Ⅱ

# CRM의 기본전략

Chapter 3

# STP 전략

기업들은 고객들의 필요(needs)와 욕구(wants)를 적절한 방법으로 잘 대처해야 한다. 기업은 누가 최고의 가망고객이고 누가 아닌지를 구분할 필요가 있다. 기업은 모든 고객을 행복하게 만들기 위해 노력하는 대신 시장을 세분화하고 표적고객을 좁게 선정한 다음 자신의 포지셔닝을 정교하게 하는 고객중심전략을 전개해야 한다. 이를 위해 소비자의 포트폴리오를 분석할 필요가 있다.

기업의 활동영역 측면에서 특정한 유형의 고객이나 상품 또는 지역에 집중하는 CRM은 기업의 정보처리 부담을 경감할 수 있고 특화된 분야에 깊은 지식을 축적할 수 있다는 이점이 있다. 기업은 미약한 자분능력으로 인하여 시장전체를 포괄하는 전략보다 가용자분이 가장 큰 가치를 가질 수 있는 곳에 집중투자하는 마케팅 전략이 추천되고 있다. 이는 기업들이 갖는 일반적인 마케팅 전략유형을 따라가는 것이 아니라 기업이 처한 경영환경의 특성에 따라 전략내용을 달리하는 것이다. 특히 마케팅의 한 기능영역이나 기업정보 사이트의 한 부분이 아닌 전사적인 고객전략으로 인식되고 있는 CRM 전략은 전향적(proactive)이어야 하며, 후행적(react)이어서는 안된다. CRM의 목표는 고객과의 관계를 우호적으로 실행하여 기업과 소비자의 이익을 동시에 달성하는 것이지만 이를 보다 실행적으로 표현하면 매출액, 시장점유율, 이익의 증대 등이다. 이러한 CRM의 목표를 달성하기 위해 구체적인 행동전략으로서 STP전략을 활용한다.

표적고객에 대한 가치창출을 위해 고객관점의 CRM 전략 수립절차는 [그림 3-1]과 같다.

기업은 신중하게 시장을 세분화한 다음, 최고의 고객을 잘 관리하는 데에 신경을 기울어야 한다. 고객중심의 CRM 전략의 핵심은 STP 전략, 즉 시장세분화, 표적시장의 선정, 차별화 그리고 포지셔닝이다.

그림 3-1 고객관점의 CRM 전략 수립과정

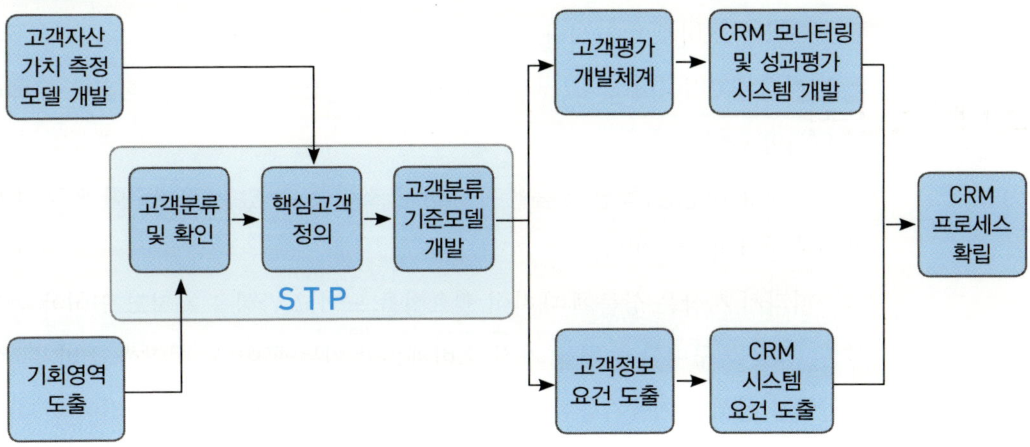


## 1. 시장세분화

### (1) 시장의 개념

모든 기업(조직)은 자신의 시장이 있다. 그 시장을 구성하는 소비자가 누구인지, 즉 우리 조직의 고객이 누구인지를 파악하여야 한다. 모든 소비자가 우리 기업의 고객이 될 수는 없는 것이다. 시장은 바로 소비자를 의미한다. 시장의 소비자를 설명하는 단어는 너무도 다양하여 consumer, customer, user, decider, buyer, purchaser 등으로 표현되고 있다.

시장은 소비자들로 구성된다. 그러나 모든 소비자가 고객은 아니다. 즉, 소비자보다는 고객의 수가 적은데, 모집단과 표본의 관계처럼 TV가 필요한 사람이 모두 소비자라면, 자사 점포에서 TV를 구매하는 사람은 고객이다. 모든 소비자가 반드시 고객이 되는 것은 아니다. 시장은 특정 상품을 필요로 하여 실제 이용하고 있는 소비자와 지금은 이용하지 않고 있지만 그것에 대하여 관심을 가지고 있는 소비자이다.

그런데 소비자의 관심만으로는 시장을 정의하기에는 부족하다. 특정 상품들은 자기만족적이어서, 그것을 소비하는 데 필요한 소득수준, 이른바 구매력이 있어야 한다.

그래서 시장은 특정 상품을 구매하여 소비할 수 있는 구매력이 있는 소비자와의 만남의 장소이다.

따라서 시장은 상품에 대하여 필요성을 느끼고 관심을 가지고 있어야 함은 물론, 그것을 구매할 능력을 가진 소비자들이 있는 곳이다. 이러한 소비자들이 기업에서 실제로 이용가능한 유효한 시장(available market)이 되는 것이다. 이를 통하여 시장의 규모와 성장가능성을 예측할 수 있다.

### (2) 시장세분화의 의의

시장을 구성하는 소비자들의 저마다 다양한 욕구를 충족시키기 위해서는 전체시장을 일정한 기준에 따라 시장을 세분하여 각 세분시장의 욕구에 적합한 마케팅믹스를 개발하는 것이 시장세분화이다. 다시 말하면, 시장세분화는 하나의 전체시장을 보다 작은 세분시장으로 세분하다 보면 그 가운데 충족되지 않은 매력적인 시장(세분시장)을 발견하게 되고, 그 시장을 표적시장으로 삼아 그들의 욕구를 충족시켜 줄 수 있는 상품을 제공하는 것이다.

이러한 시장세분화는 표적시장을 선정하기 위하여 시장을 세분화하게 되는데, 세분된 여러 시장 가운데 마케팅 기회를 제공해주는 매력적인 시장이 표적시장으로 선정된다. 선정된 표적시장에는 그들의 욕구에 적합한 마케팅믹스를 개발하게 된다. 여기에서 세분된 각각의 세분시장은 저마다 동질적인 욕구를 가진 소비자 집단으로 구성되며, 세분시장마다 다른 차별적 마케팅(differentiated marketing)의 수행이 가능하게 된다.

이처럼 시장세분화는 시장의 이질성, 즉 고객욕구가 이질적인 전체시장을 대상으로 동질적인 욕구를 가진 여러 개의 세분시장으로 나누고, 세분시장 가운데 마케팅 기회를 제공하여 기업목표를 달성할 수 있는 매력적인 시장을 표적시장으로 선정하고, 선정된 표적시장에는 다른 세분시장과는 다른 차별화된 특정 상품을 제공하게 된다. 각각의 세분시장마다 다른 차별적 마케팅의 적용이 가능하여 타사와의 경쟁에서 경쟁우위를 유지할 수 있고 나아가서 고객만족을 통하여 수익을 극대화할 수 있다.

그리고 시장세분화는 일정한 기준에 따라 전체시장을 세분하게 된다. 이때 사용되는 일정한 기준으로 여러 변수들—인구통계적 변수, 지리적 변수, 심리묘사적 변수, 행동분석적 변수—이 사용된다. 서로 다른 변수들을 이용하여 가장 유력한 마케팅 기회를 제공해주는 표적시장을 선정하게 된다.

시장세분화의 기준으로 사용되는 변수는 매우 다양하다. 이들 가운데 편익과 심리묘사적 변수가 시장세분화의 기준으로 널리 이용된다. 하지만 일반적으로 변수들이 단독으로 사용되기보다는 여러 변수들을 혼합하여 사용하는 게 바람직하다. 분명한 사실은 시장을 세분화하는 하나의 올바른 방법은 결코 없다는 것이다.

### (3) 시장세분화의 과정

기업의 목표는 차별적 마케팅을 통하여 경쟁우위를 유지하는 데 있다. 이를 위해서는 전체시장을 보다 작은 세분시장으로 세분(segmenting)하게 되고, 시장을 세분하는 과정에서 목표달성에 유리하고 마케팅 기회를 제공해주는 표적시장을 선정(targeting)하게 되고, 선정된 표적시장에서 경쟁기업과 차별성 있는 특성(differentiation)을 소비자의 마음속에 자리를 잡을 수 있는(positioning) 마케팅믹스를 개발하게 되는 것이다.

이러한 일련의 과정을 시장세분화 과정이라고 하며, 시장세분화, 표적화, 정위화의 과정을 거친다고 하여 STP 과정이라고도 한다. STP 과정은 [그림 3-2]에서 보는 바와 같이, 6단계를 거치게 된다. 시장을 세분화하기 위한 기준파악에서 시작하여, 세분시장의 윤곽을 그리고 세분시장의 매력을 유인할 수 있는 척도를 개발하고, 표적시장을 선정하고, 표적시장을 정위화하고, 표적시장에 적합한 마케팅믹스를 개발하게 된다.

그림 3-2 STP 과정

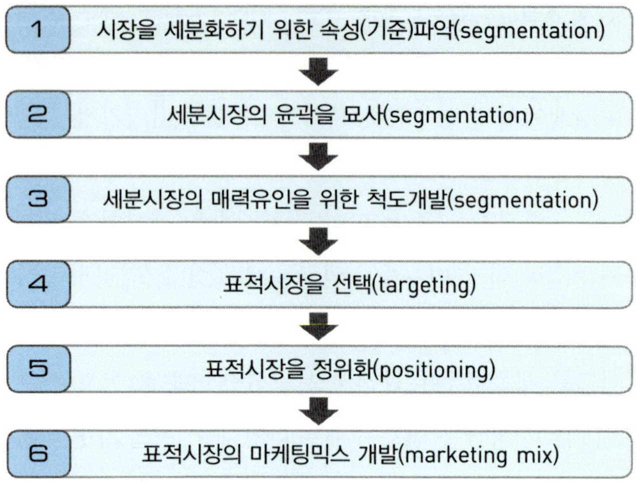


### (4) 시장세분화의 조건 및 효과

어떤 하나의 전체시장이 있을 때, 그 시장이 크다고 하여 시장을 분할할 수는 없는 것이다. 즉 시장을 나누어 가질 때, 나에게 돌아오는 몫(pies)이 있을 정도로 규모가 커야 하고, 또한 그 세분시장에 메시지를 전달할 수 있는 매체가 있어야 한다. 이를 위해 시장세분화를 하기 위해서는 적어도 다음의 조건은 충족되어야 한다.

첫째로, 규모성(size)이다.

시장을 세분해도 나에게 돌아올 몫이 있을 정도로 시장의 규모가 커야 한다. 즉 규모의 적정성(substantial)이다. 만일 그렇지 못하면 시장을 세분할 필요도 없는 것이다. 왜냐하면 시장을 세분할 때는 상당한 비용이 드는데 그 비용을 부담하고도 남는 이익이 있을 정도로 시장의 규모가 커야 하기 때문이다.

둘째로, 측정가능성(measurability)이다.

시장을 세분하여 여럿으로 분할하였을 때, 세분시장의 규모가 얼마나 되는지 측정할 수 있어야 한다. 예를 들어 어떤 출판사에서 책의 내용에는 관계없이 장식용으로 책을 사는 사람을 세분시장으로 삼는다면 이 세분시장의 인구와 구매력을 측정하기는 매우 어려울 것이다. 이들 각 세분시장의 규모를 측정할 수 있어야 한다. 즉 효과적인 프로그램을 수행할 수 있는 활용가능성(actionable)이 있어야 한다. 만일 그렇지 못하면 시장세분화를 할 수가 없다. 왜냐하면 그 세분시장에 알맞는 상품계획을 세울 수 없기 때문이다.

셋째로, 접근가능성(accessibility)이다.

세분시장의 규모가 크고 그것의 측정이 가능하다 하여도 그 세분시장에 도달할 수 있는 매체가 없다면 시장세분화의 의미도 없어지게 된다. 어떤 세분시장이 있으면 그 세분시장에 메시지를 전달할 수 있는 메시지가 있을 때 시장세분화의 효과를 거둘 수 있다. 가령, 병원선정에서 의사와 지속적이고 전문적인 관계를 유지하면서도 그들의 역할을 최소화하는 선정집단에 접근하기 위해서는, 그 집단의 소비자들이 즐겨 보거나 듣는 매체가 있어야 한다.

기업이 새로이 진출하고자 하는 표적시장이 선정되었으면, 표적시장이 하나의 시장으로서의 매력도를 평가하여야 한다. 세분시장의 매력도를 평가하는 기준(요인)으로서는 앞에서 설명한 바와 같다. 첫째는 세분시장의 조건이 충족되었느냐의 문제이다. 세분시장에 진출할 때 투입된 비용을 제하고도 이익이 산출될 정도로 적정규모 이상이어야 하고 또한 성장가능성이 있어야 한다. 둘째는 세분시장에서의 경쟁사와의 경쟁에서 이길 수 있는 풍부한 자원의 보유, 그리고 현재와 미래의 경쟁자에 대하여 경쟁우위를 확보할 수 있어야 한다. 표적시장의 선정은 세분시장이 시장으로서 매력성이 있는가의 평가를 통하여 그 시장에의 진입 여부가 결정된다(〈표 3-1〉).

**표 3-1** 세분시장의 평가기준

| 평가기준 | 내용 |
|---|---|
| 시장 | 시장으로서 적정규모와 성장가능성을 평가한다. |
| 경쟁사 | 현재의 경쟁자가 시장의 리더로서 얼마나 강하며 그들의 마케팅 전략은 무엇이며, 미래의 잠재적 경쟁자는 시장진입의 가능성이 어느 정도인가를 평가한다. |
| 자원 | 경쟁사와의 경쟁에서 우위에 설 수 있는 자원은 무엇이며, 충분한 양이 확보되어 있는가를 평가한다. |
| 목표 | 세분시장이 기업의 목표와 일치하는지를 평가한다. |
| 마케팅믹스 | 자원의 효율적 이용과 시너지효과를 위해 기존의 세분시장과 동일한 마케팅전략의 적용 여부를 평가한다. |

세분시장이 매력적인 표적시장으로 선정이 되면 비로소 시장세분화가 이루어지는 것이다. 시장세분화를 하면 다음과 같은 효과를 얻을 수 있다.

첫째, 시장수요의 변화에 신속히 대처할 수 있다. 고객의 욕구가 동질적인 시장을 대상으로 함으로써 수요 변화에 신속히 대응할 수 있다.

둘째, 기업의 경쟁적 강점과 약점을 평가하여 유리한 시장을 선정할 수 있다. 기업은 시장세분화를 통하여 경쟁적 우위의 효과를 얻을 수 있다.

셋째, 마케팅 기회를 보다 쉽게 찾아낼 수 있다.

넷째, 기업의 한정된 마케팅 자원을 효율적으로 배분할 수 있다.

다섯째, 시장세분화를 통해 표적시장을 쉽게 찾을 수 있다.

## 2. 표적시장의 선정

마케팅전략이란 표적시장을 선정하고 그곳에 적합한 마케팅수단을 개발하는 일이라고 전술한 바와 같다. 따라서 마케팅 전략개발의 매우 중요한 단계는 표적시장을 선정하는 일이다. 아무리 우수한 마케팅계획이 수립되었다 하더라도, 마케팅계획이 성공을 거둘 수 있는 하나의 세분시장을 표적시장으로 선정하지 않으면 안된다.

그 표적시장은 미충족된 소비자의 욕구가 있고, 기업의 한정된 보유자원을 효율적으로 배분하여 욕구충족을 위한 상품을 제공할 수 있는 곳이어야 한다.

표적시장을 선정하지 않으면 안 되는 이유는 기업의 보유자원이 한정되어 있어 전체시장을 상대로 마케팅 활동을 전개할 수 없으므로, 한정된 보유자원을 효율적 운영을 통하여 시장에서 성공을 거둘 수 있는 세분시장을 필요로 하게 되며, 그 세분시장에는 미충족된 욕구가 존재하기 때문이다.

일반적으로 표적시장을 선정하기 위해서는 일련의 STP(Segmentation, Targeting, Positioning) 과정을 거치게 된다. 이는 시장을 세분화하다 보면 다수의 세분시장을 발견하게 되고, 그 세분시장 가운데 하나를 표적시장으로 선정하여, 그 표적시장에서 소비자의 마음속에 자리를 잡을 수 있는 마케팅전략을 개발하게 된다. 세분된 표적시장에 대하여 기업은 차별적 마케팅전략을 실행할 수도 있고, 동질적인 시장으로 간주하여 비차별적 마케팅전략을 실행할 수도 있다.

여러 개의 세분시장들 중에서 표적시장을 선택하는 기준은 우리가 진입할 시장을 선택하는 기준과 동일하다. 즉, 표적시장은 다음과 같은 세 가지 조건을 충족시켜야 한다.

첫째, 그 세분시장이 높은 매력도를 갖고 있어야 한다.

둘째, 우리가 그 세분시장에서 높은 경쟁우위를 갖고 있어야 한다.

셋째, 그 세분시장이 우리 회사와 높은 적합성을 갖고 있어야 한다.

즉, 기업은 효과적인 CRM을 활용하여 높은 시장점유율을 달성할 수 있을 것이다. 다만 기업은 CRM 전략을 활용하여야만 하고 기업은 표적시장 마케팅전략을 활용하여야만 한다는 것을 의미하지는 않는다. 그보다도 목표는 각 요인의 가치가 표적시장에 대한 의사결정에 있어 유효한가를 밝히는 것이다.

그리고 CRM 전략의 첫 단계는 각 표적시장을 분석하고 평가하는 것이다. 표적시장을 평가할 때는 각 표적시장의 표적시장 매력도와 사업성에 대한 평가와 예상이익 평가를 행하는 것이 중요하다.

## (1) 표적시장의 매력도와 사업성에 대한 평가

첫 번째 평가는 각 표적시장의 매력도와 사업성에 대한 평가로서 이것은 시장과 경쟁에 대한 전체적 상황을 이해하는 데 유용하다. 이때 평가의 기초가 되는 것은 상품-시장이라기보다는 표적시장 그 자체가 된다는 점에 주의할 필요가 있다. 이 경우를 평가하기 위해서는 첫째, 각 표적시장의 규모와 성장잠재력, 둘째, 표적시장의 구조적 매력성, 셋째, 기업의 목표와 자원 등 세 요인을 분석해야 한다.

#### 1) 표적시장의 규모와 성장성

표적시장의 규모가 개척하기에 충분한 최적의 규모인가를 파악하는 것이다. 이는 상대적인 문제인데, 규모가 크다고 해서 반드시 적정하지 않는 것은 아니다. 성장성이 높은 표적시장에서는 판매나 수익성도 높아지나 반면 경쟁기업의 시장진입도 이루어지기 쉽다.

#### 2) 표적시장의 구조적 매력성

적정규모와 성장가능성이 좋은 세분시장 중에서도 수익성의 관점에서 구조적 매력성이 있는 것이 표적시장으로 적합하다. 표적시장의 수익성은 경쟁의 강도, 신규진입기업의 위협, 대체상품의 존재 등에 대한 분석을 통해 결정하며, 목표에 따른 각 시장의 수익성 분석결과는 세분화전략의 지침을 제공해 준다. 표적시장 수익성분석은 현재 세분시장과 고려되는 새로운 세분시장 사이에 시너지효과가 있는 경우와 기업의 잠재적 시장규모가 큰 경우에 그 가치가 정당화된다.

#### 3) 기업목적과 자원

표적시장에 주력하는 기업의 목적과 자원은 표적시장의 적당한 규모, 성장성, 구조적 매력성에 적합해야 한다.

### (2) 표적시장의 예상이익에 대한 평가

두 번째 평가는 수익, 비용 그리고 경영진의 기획영역에서의 표적시장의 예상이익의 정도로 구성된다. 이는 주로 재무분석을 통해 이루어지며 재무분석의 목적은 관심을 갖는 각 표적시장에 대한 매출액과 비용 등을 평가하는 것이다. 이 정보를 활용하여 표적시장의 추정이익공헌이 결정되며 또한 표적시장 지위평가와 재무적 예측을 활용하여 표적시장기회의 활용에 있어서 관련된 위험과 수익들이 고려되어야 한다.

## 3. 포지셔닝활동

포지셔닝활동은 표적고객들과 수익성있는 관계를 구축하기 위해 기업들은 경쟁기업들보다 고객의 욕구를 더 잘 이해하고 보다 많은 고객가치를 전달해야 한다. 기업은 탁월한 가치를 제공하는 것으로 자신을 차별화시키고 포지션 시킬 수 있는 수준까지 경쟁우위를 확보해야 한다. 표적시장이 선정되면 그곳에서 달성한 마케팅목표를 설정하게 된다. 마케팅목표의 설정은 상황분석을 토대로 이루어진다.

이 때 마케팅목표는 기업목표와 일관성을 유지할 수 있어야 하고 달성가능한 목표이어야 한다. 마케팅목표는 구체적이고 측정가능한 형태로 설정되어야 하고, 목표달성의 실행주체와 실행시기를 분명하게 제시하는 게 바람직하다.

일반적인 마케팅목표의 유형은 매출액 목표, 이익목표, 비용목표, 고객만족 목표 등으로 나타난다. 마케팅 관리자는 이들의 목표들을 계량화하고 측정가능한 지수를 개발하여 목표로 제시할 수 있어야 한다.

포지셔닝활동의 주요 내용은 기업사명, 기업목표의 설정, 핵심전략, 마케팅믹스요소의 개발 등이다.

### ① 기업사명

기업사명(mission)이란 조직의 원대한 목표로서 기업의 존재이유와 목적을 밝히고 있다. 우리의 사업은 무엇이며, 표적고객은 누구이며, 그들에게 무엇을 행할 것이며, 미래에 우리의 사업이 어떤 방향으로 나아가야 할 것인가의 내용이 사명문에서 분명히 밝힌다.

이러한 사명문에는 기업의 역사, 환경, 차별적 능력, 고객 등을 고려하여 설정되어야 하며, 기업의 구성원들이 어떠한 행동을 해야 되는가에 대한 명확한 제시가 가능하도록 구체적이면서도 동기유발적인 것이어야 한다. 그리고 경쟁기업과도 확연히 구분될 수 있어야 한다.

### ② 기업목표의 설정

기업목표란 기업사명을 달성하기 위한 장기적 목표이다. 기업이 장기적으로 달성해야 할 정도의 기대이익, 시장지위, 명성, 사회적 책임, 생산성 등을 설정하게 된다. 이러한 기업목표의 효율적 달성을 위해서는 측정가능하고 구체적이며 실현가능한 목표이어야 한다. 하지만 마케팅 목표처럼 반드시 측정가능하고 구체적이어야 하는 것은 아니다. 중요한 점은 구체적인 행동으로 실행될 수 있고 업무의 방향을 명확히 제시할 수 있도록 설정되어야 한다.

### ③ 핵심전략

마케팅전략 속에 반드시 포함되어야 하는 것이 핵심전략이다. 핵심전략은 경쟁우위의 확보를 위한 전략의 내용을 이룬다. 핵심전략이 마케팅목표를 달성하기 위한 전략이라고 한다면, 다음에 설명할 마케팅믹스는 그 전략을 수행하기 위한 전술에 해당한다. 경쟁우위 확보를 위한 전략중에서 핵심전략은 기업의 성장전략이다.

### ④ 마케팅믹스 요소의 개발

마케팅목표를 달성하기 위한 핵심전략을 수행하기 위해 사용되는 프로그램인 전술의 개발이 필요하다. 그것이 마케팅믹스 요소의 개발이다. 마케팅믹스 요소의 개발이란 표적시장을 구성하는 표적고객의 욕구를 충족시키기 위한 상품, 가격, 유통, 촉진 등의 4P를 효과적이고 효율적으로 결합하는 것을 말한다.

## (1) 포지셔닝의 의의

포지셔닝(positioning)은 시장을 세분화하고 표적시장을 선정한 다음에는 편익시장에서 자사의 상품을 소비자의 마음속에 자리 잡을 수 있도록 하는 일이다. 소비자의 마음속에 자리를 잡는 일은 다른 상품과 차별화될 수 있도록 표적고객들의 마음속에 명확하게 가치있는 자리를 잡도록 하는 것이다. 이를 수행하기 위해서는 상품(기업)이 무엇으로 지각되기보다는 어떤 편익을 주는 상품(어떤 일을 하는 기업)으로 지각되게 하느냐가 중요하다.

콘셉트(concept)란 기업이 고객들에게 어떠한 상품을 제공하겠다는 약속 내지 의사표명이다. 콘셉트는 보통 슬로건을 통하여 고객에 대한 약속을 하고 있다. 그러므로 기업이 의도하는 대로 콘셉트를 소비자들이 제공되는 상품의 질에서 인식할 수 있어야 한다.

즉, 포지셔닝이란 시장에 대한 기업의 종합적인 커뮤니케이션 조직적 활동이다. 우리 기업의 고객은 누구(표적고객)이며, 그들에게 어떤 이미지(콘셉트)를, 어떻게 전달하여(커뮤니케이션) 고객의 마음속에 명확하게 자리를 잡을 수 있도록 하는 커뮤니케이션전략이다. 기업이 자사의 의도대로 소비자의 마음속에 명확하게 자리를 잡게 하기 위해서는 시장분석, 기업내부 분석, 경쟁분석 등을 토대로 명확하게 차별적인 지각이 되도록 하여야 한다.

### (2) 포지셔닝전략의 개발

기업이 조직의 의도대로 시장에서 포지션을 정하여, 그것에 대한 소비자의 지각의 변화를 목적으로 하는 포지셔닝전략을 개발하기 위해서는 [그림 3-3]과 같이 기본적인 3가지 분석—시장분석, 기업내부분석, 경쟁분석—이 이루어져야 한다.

시장분석은 수요와 관련된 표적시장을 선정하는 데 필요한 정보—수요의 전반적인 수준과 추세, 그리고 지리적 위치—를 얻는 데 필요하다. 이를 통하여 세분시장(표적시장)의 규모와 잠재력을 결정하게 된다. 조사하는 세분시장을 구성하는 그들의 욕구와 선호도에 대한 통찰력을 가져야 한다.

기업 내부분석은 조직의 자원(재무, 인력, 노하우, 물적 자산), 그것에 대한 한계와 제약조건, 그리고 경영의 가치와 목표들(수익성, 안정성, 성장성 등)을 파악하는 데 필요하다. 이러한 분석을 통하여 조직은 기존의 상품 내지 새로운 상품을 기꺼이 제공하고 봉사할 수 있는 표적세분시장을 선정하게 된다.

경쟁분석은 경쟁사들에 대한 분석이다. 이 분석을 통하여 경쟁사의 강점

그림 3-3 포지셔닝전략의 개발

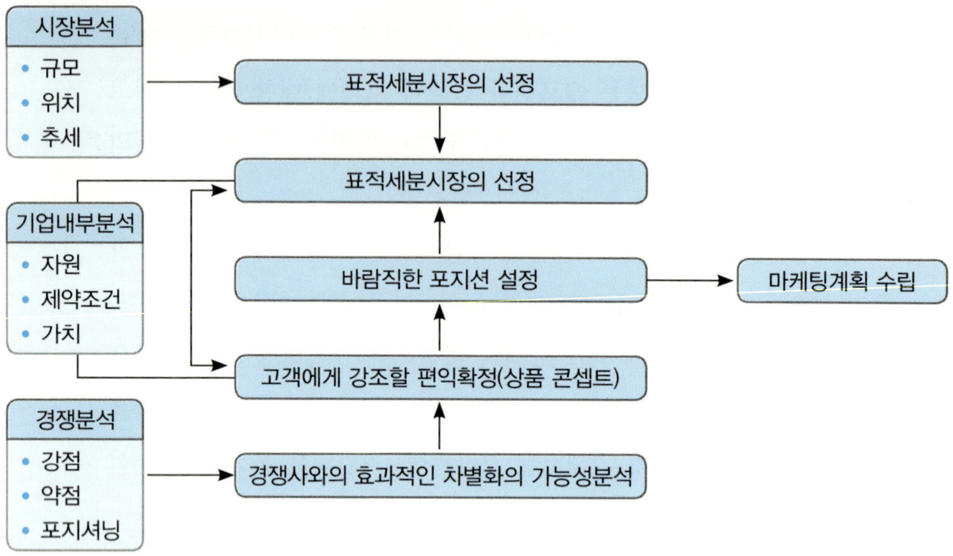


과 약점을 파악하는 한편, 그들과 차별화할 수 있는 기회를 포착할 수 있다. 그 결과 표적시장이 고객들에게 제공될 편익(benefit)이 결정된다.

이상의 3가지 분석을 통하여 기업은 시장에서의 바람직한(이상적인) 자리(포지션)를 선정하게 된다. 이렇게 하여 선정된 표적시장에 대하여 마케팅 계획을 수립하게 된다. 마케팅 계획의 실시에 따른 비용은 예상되는 기대수익과 관련하여 결정된다.

### (3) 포지션의 설정

시장분석, 기업내부 분석, 경쟁분석 등을 통하여 표적시장에서 이상적인 자리를 선정하게 된다. 이를 위해서는 자사상품과 경쟁상품이 현재 소비자들에게 어떻게 지각되고 평가되고 있는가를 분석하게 된다. 기업은 표적시장에서 고객들이 이용하는 상품의 평가기준을 파악하여, 그것을 기준으로 경쟁관계에 있는 타사의 상품이 자리잡고 있는 위치를 확인하여 지각도(perceptual map)를

**표 3-2 STP 전략의 사례**

고객 데이터가 어느 정도 축적되면 시장세분화와 고객세분화에 대하여 분석을 할 필요가 있다. 시장세분화를 통하여 목표 고객과 수익을 정확하게 분석하여 해당 영업점에 목표를 수립하고 전략을 수립할 수 있으며 고객세분화를 통하여 표적고객계층을 발굴하고 영업을 전개할 수 있다. 이러한 시장세분화와 고객세분화는 데이터가 풍부해지면서 계속적이고 반복적으로 분석해야 한다.

예를 들면, LG카드는 상권별로 차별화된 영업전략을 추진하기 위해 주요 상권별로 소비자 구매특성을 분석, 이를 데이터베이스로 만들어 카드회원 가맹점의 욕구에 부합하는 판촉활동을 펼치고 있다. 인트라넷을 이용해 전국 각 지점별로 관할 핵심상권에 대해 카드회원들의 인구통계적 특성과 구매 행태를 분석하고 가맹점들의 매출변화까지 분석해 영업효과를 극대화하고 있다. 이에 따라 각 지역별로 유명 외식업소 및 인기 있는 점포는 이 회사에서 최근 내놓은 하이카드 가맹점으로 가입하고 다양한 판촉활동을 지원받는다. 또한 여성들이 많이 이용하는 의류점포와 미용실 등에서는 여성전용 카드인 레이디카드 회원을 대상으로 사은품을 제공하고 다양한 문화행사에 초대하고 있다. 성장잠재력이 큰 신규입주 아파트단지 내 신규가맹점은 회원들에 대한 각종 DM 발송과 전화를 이용한 상담으로 회원확보와 고객불만 처리에 나서고 있다.

작성하게 되는 것이다. 지각도는 상품의 여러 평가기준들을 요인분석하거나 다차원 척도법 등을 이용하여 작성할 수 있다. 이 지각도상에 자리를 정하는 과정이 포지션의 설정이다.

## 4. 가치혁신전략

기업은 어떤 세분시장을 표적시장으로 삼을 것인가를 결정한 후, 어떻게 표적시장을 위해 차별화된 가치(value proposition)를 만들고, 그 세분화된 시장에서 어떤 포지션을 차지하기를 원하는지에 대한 의사결정을 해야 한다. 차별화의 핵심인 가치혁신전략은 STP의 결과를 활용할 수 있는 하나의 전략적 방안이다. 즉, 기업은 선정된 표적시장의 고객을 만족시키기 위해 시장에서 가치혁신을 통해 경쟁이 없는 블루오션으로 가야 한다.

### (1) 가치혁신의 개념과 특징

소비자는 가치 있는 것에 돈(가격)을 쓴다. 대체재가 있을 때는 보다 효용 가치가 있는 쪽을 선택한다. 따라서 공급자의 입장에서 보면 소비자가 바라는 가치−객관적 가치(기능과 편익) 또는 주관적 가치(디자인 스타일 따위의 감성적인)−를 경쟁자보다 먼저 찾아내어 소비자에게 제공해야 한다. 한마디로 '가치'가 경쟁력의 포인트이다.

소비자가 자기의 특정한 욕구를 충족시키는 상품을 선택하는 경우 일반적으로 그에게 가장 많은 만족을 제공해 주는 상품을 선택할 것이다.

여기에서 중요한 개념이 가치(value)이다. 소비자는 자기의 이상적인 상품을 상정하고 그것에 얼마나 근접하느냐 하지 않느냐에 따라 상품을 평가하고 있다. 가치란 소비자의 필요 및 욕구를 충족시킬 상품의 전반적인 역량을 평가한 것이다. 그런데 실질적인 상품의 가치는 그 상품이 소비자가 평가한 이상적인 상품에 얼마나 근접하느냐에 따라 좌우된다. 따라서 가치혁신은 필수적인 사항이다.

가치혁신(value innovation; VI)이란 구매자와 생산자(판매자)가 동시에 바라는 가치에로의 혁신을 가리킨다. 구매자와 기업을 위한 가치도약을 이뤄 비경쟁 시장공간을 창출함으로써 기업은 경쟁 자체에서 벗어난다. 이러한 가치혁신은 경쟁기반 전략에서 널리 수용되는 원칙들 중의 하나인 가치와 비용의 상충(trade-off)문제에서 자유롭다. 일반적으로 기업은 많은 비용으로 보다 높은 고객 가치를 창조하거나 적은 비용으로 적당한 가치를 고객에게 제공해왔다. 여기서의 전략은 경쟁전략으로서 차별화와 비용우위 전략을 활용하는 것이다. 이 전략의 흐름은 블루오션전략과 같은 맥락으로 볼 수 있다.

## (2) 블루오션전략의 이해

### 1) 블루오션전략의 개념과 특징

블루오션은 연구개발을 통한 가치혁신을 가리키므로 전적으로 새로운 개념은 아니다. 경쟁우위를 확보하기 위한 기본적인 경영전략과 관리의 지침으로 경쟁자보다 소비자가 원하는 상품을 먼저 개발하고 조직과 비즈니스 과정 및 공정의 혁신을 도모하는 것이다. 이는 그전부터 원천적으로 경쟁에서 이기기 위해 "황무지를 개척하자"고 한 것을 "푸른 바다로 나가자"고 구호를 바꾸면서 '전략 캔버스' 같은 다소 새로운 전술적 방법들을 제시한 점에서 다를 뿐이다.

블루오션에서 독점적 이익을 획득하기 위해서는 기술의 특허에 의한 보호는 물론이고 새로운 기술이 필요하며, 그 기술을 창출하기 위해 끊임없이 연구개발을 해야 한다. 왜냐하면 자본주의 시장은 기본적으로 혼자 즐기도록 경쟁자가 그냥 놔두지 않기 때문이다. 고객은 더 멋진 공급자의 제안에 쉽게 넘어간다. 따라서 혁신의 일꾼(innovators)을 확보하고 양성하는 일이 문제의 해법이다. 아이디어는 신선하고도 실현 가능해야 한다.

"블루오션전략이란 차별화(differentiation)와 저비용(low cost)을 동시에 추구해 기업과 고객 모두에게 가치의 비약적 증진을 제공함으로써 경쟁을 무의미하게 만드는 체계적 방법이다."

블루오션전략이란 특별한 경영방법론이 아니라 경쟁의 틀에서 벗어나 새로운 시장과 고객을 창출한다는 사고의 전환 그 자체에 있다.

**표 3-3** 레드오션전략 VS 블루오션전략의 특징

| 레드오션전략 | 블루오션전략 |
|---|---|
| 기존 시장 공간 안에서 경쟁 | 경쟁자 없는 새 시장 공간 창출 |
| 경쟁에서 이겨야 한다. | 경쟁을 무의미하게 만든다. |
| 기존 수요시장 공략 | 새 수요 창출 및 장악 |
| 가치-비용 가운데 택일 | 가치-비용 동시 추구 |
| 차별화나 저비용 가운데 하나를 택해 회사 전체 활동 체계를 정렬 | 차별화와 저비용을 동시에 추구하도록 회사 전체 활동 체계를 정렬 |

블루오션전략의 주안점으로 새로운 가치 창출에 대한 고민, 당장의 결과보다는 인재 확보, 연구·개발에 대한 노력, 시장 트렌드와의 적합성 등이다.

### 2) 블루오션의 전략적 활용

외환위기 이후 조개구이집, 찜닭 등 한때 유망하다고 각광받았던 사업들이 몇 년을 견디지 못하고 유행처럼 쉽게 사라져 버리는 이유는 뭘까?

처음에는 '블루오션(경쟁이 없는 새로운 시장)'으로 출발했지만, 사업 자체가 모방이 쉬운 아이디어였기 때문에 경쟁자가 쉽게 뛰어들어 '레드오션(경쟁이 치열한 시장)'으로 전락하고 말았기 때문이다. 블루오션의 전략적 활용을 살펴보면 다음과 같다.

#### ① 대안 산업을 관찰하라

대안 산업은 기능과 형태는 다르나 동일한 목적을 가진 산업을 의미한다. 예를 들어 영화관과 레스토랑은 완전히 기능이 다른 산업이다. 하지만 사람들이 영화관과 레스토랑에 가는 목적은 동일하다. 즉 저녁 외출을 즐기자는 것이다. 이렇게 대안 산업을 자세히 관찰하다 보면 산업에 대한 깊은 통찰을 얻을 수 있다.

#### ② 산업 내 전략적 그룹들을 관찰하라

유사한 전략을 추구하는 산업 내 기업 집단을 관찰해봄으로써 블루오션의 새로운 영역을 열 수도 있다. 미국의 챔피언 엔터프라이즈는 주택산업의 두 전략그룹인 조립식 주택업체와 시공업체를 관찰함으로써 시공기간이 짧고 건설비용이 저렴하면서도 개성이 넘치는 새로운 조립식 주택시장을 개척할 수 있었다.

#### ③ 블루오션 진입로를 좁혀라

방역 서비스 업체 '세스코'의 경우 단순한 아이디어 같지만 쉽게 모방하기 어려운 노하우로 오랫동안 독보적인 위치를 차지하고 있다. 경쟁자가 쉽게 진입하기 어렵도록 기술이나 특허 또는 노하우를 갖출 때 블루오션이 유지될 수 있다.

### ④ 열렬한 팬을 만든다

저가 화장품 미샤의 경우 10~20대 초반 네티즌들의 성원에 힘입어 빠른 속도로 입소문이 났으며 지금도 미샤 화장품을 애용하는 마니아들이 인터넷에서 화장 노하우 공개 등 적극적으로 활동하고 있다. 블루오션 영역을 지속적으로 확대해 나가기 위해서는 무엇보다 열렬한 팬을 확보해야 한다.

### ⑤ 움직이는 블루오션을 구축해야 한다

남성 전용 미용실 '블루클럽'은 머리감겨주기 등 서비스를 없앤 대신 가격파괴 전략을 구사했다. 그러나 곧 나이스가이, 바리깡 등 후발업체들의 도전을 맞게 됐다. 블루클럽은 젊은 세대의 취향에 맞춰 염색 등 새 서비스를 도입하면서 기존 고객들을 붙잡았고, 미국과 중국에 가맹점을 설치하는 등 해외시장 확장전략도 펼치고 있다. 일단 블루오션 진입에 성공하더라도, 치열한 경쟁이 일어나기 전에 새로운 블루오션 영역을 발빠르게 찾아 움직여야 한다.

### ⑥ 다른 구매자 집단에 관심을 가져라

기업들은 기존에 간과했던 구매자 집단으로부터 신사업 기회의 단서를 발견할 수 있다. 덴마크 제약업체인 노보 노르디스크는 구매자 집단을 그들의 전통적 고객인 의사에서 당뇨병 환자로 바꿈으로써 환자 스스로 인슐린을 투여할 수 있는 "노보펜"이라는 휴대용 인슐린 투약 카트리지 시장을 창조했다.

### ⑦ 상품의 기능적 또는 감성적 매력 요소를 관찰하라

감성에 호소하는 산업에서 기능에 집중하거나, 기능에 치중된 산업에서 고객의 감성에 호소함으로써 신시장을 개척할 수 있다. 일례로 감성 중심인 화장품 업계에서 기능적이고 실용적인 화장품을 개발한 바디샵, 반대로 기능성 저가 시계 산업에서 시계를 감성적 패션 도구로 바꾼 스와치 등이 있다.

### ⑧ 보완적 제품과 서비스 상품을 관찰하라

아직 발견되지 않은 가치는 흔히 보완적 제품과 서비스에 숨겨져 있는 경우가 있다. 영국인들이 차를 끓일 때 겪는 가장 큰 불편은 바로 수돗물에 들어 있는 석회를 떠내는 일이었다. 그래서 필립스는 주전자보다는 물이라는 보완품에 주목했다. 주전자에서 물을 따를 때 석회질을 효과적으로 거르는 필터를 주전자 주둥이에 부착한다면 영국 고객들이 크게 좋아할 것이라는 생각을 한 것이다. 필립스의 예상은 그대로 적중했다.

### ⑨ 시간의 흐름을 눈여겨보라

모든 산업은 시간의 흐름에 따른 트렌드에 영향을 받게 마련이다. 이런 트렌드를 제대로 된 관점에서 바라본다면 블루오션 기회를 창출할 수 있다. CNN은 세계화라는 큰 트렌드를 읽고 세계 최초로 24시간 뉴스 네트워크를 창조했다.

Chapter 4

# 고객관계 단계별 전략

## 1. 고객관계의 단계

### (1) 관계 단계의 이동

고객관계의 기본적인 4단계는 인식(awareness), 탐색(exploration)과 확장(expansion), 결속(commitment), 그리고 해소(dissolution)로 이루어진다. 고객들은 항상 모든 4단계를 반드시 통과하는 것은 아니다.

어떤 고객은 인식 단계에 머물면서 그 기업과 관계형성의 가능성을 결코 탐색하지 않는 경우도 있고, 바로 해소하기도 한다. 어떤 사람은 인식에서 결속으로 뛰어넘을 수도 있다. [그림 4-1]은 고객이 관계단계를 통과할 수 있는 가능성을 보여준다.

많은 고객은 관계해소를 시도하지 않고 끊임없이 기업과의 결속을 유지한다. 결속된 고객이 수익적이라면, 기업은 이 관계 단계에서 그들을 유지하고자 원할 것이다. 그러나 기업은 어떤 경우에 비수익적으로 되는 결속된 고객을 발견하는 경우도 있다.

기업은 결속 단계에서 고객을 바라 볼 때 두 가지 가능성을 고려해야 한다. 이때 사용되는 기본적인 틀은 기업으로 하여금 각 과정의 단계에서 고객의 비중이 얼마나 되는가를 분석하는 것이다. 고객의 수익성 여부와 만족수준은 가장 가치가 있고, 결속된 관계로 고객을 움직이는 데 사용될 수 있는 행동이나 판단기준이 된다.

그림 4-1 관계 단계의 이동

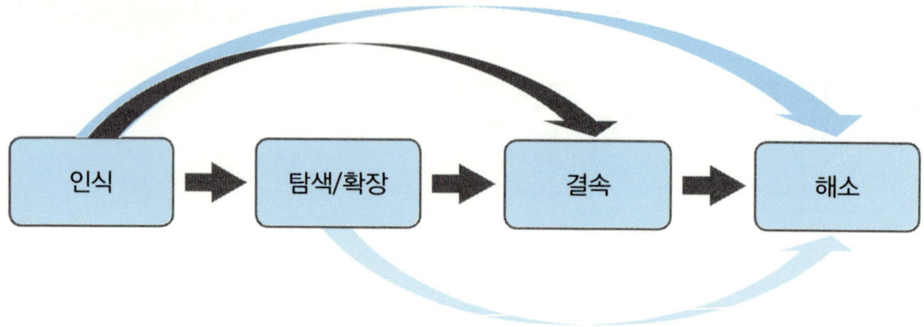


자료: R. Mohammed, Internet Marketing, McGraw-Hill, Irwin, 2002, p.246.

그림 4-2 결속 단계에서 고객에 대한 두 가지 대안

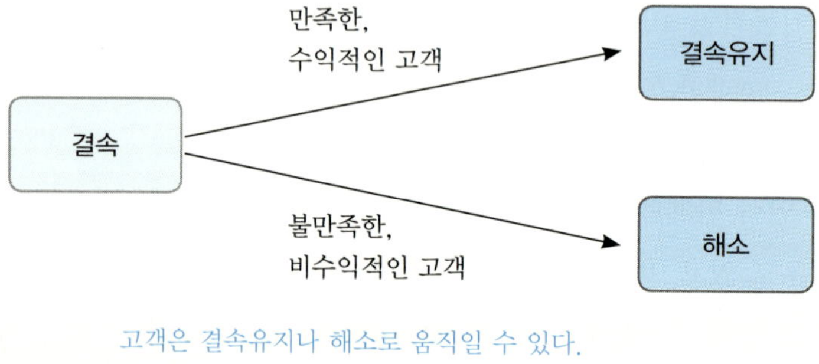


자료: R. Mohammed et al., p.247.

고객관계의 이동단계를 살펴보면 다음과 같다.

### 1) 인식(Awareness)

인식 단계에서, 고객은 기업의 교환 파트너이지만 아직 기업과의 주도적인 커뮤니케이션을 하지 않거나 어떤 상품도 구매하지 않는 단계이다. 여기에 주요한 수단은 광고를 통한 접근 방법이다.

광고는 인식을 창출하고 심지어 광고한 웹사이트에 방문하도록 약간의 소비자를 자극하나, 궁극적으로 그 사이트들이 성공하기 위해서는 가치를 전달해야 한다.

인식은 마더 브랜드(mother brand)와 인터넷 간의 일치에 의해 흔히 강화된다. BMW.com과 Sears.com은 그들의 오프라인과 온라인 간에 명백한 연결로부터 편익을 얻는다. 인식은 또한 온라인과 오프라인이 잘 교차할 수 있도록 하는 조정과정에서 강화된다. 그러나 인식은 분명히 첫 단계일 뿐이다. 온라인 존재로부터 편익을 얻기 위하여 인식은 적어도 웹사이트의 탐색으로 이끌 필요가 있다. 이러한 탐색은 구매행동과 상표관여로 이끌 수 있기 때문이다.

### 2) 탐색(Exploration)

탐색 단계에서, 고객은 교환의 가능성을 고려하고 시험구매를 먼저 시도하는 단계이다. 개인 간의 세계에서, 결속 단계가 결혼과 비슷하다면, 탐색 단계는 데이트에 해당된다.

탐색은 양당사자가 의사소통하기를 요구한다. B2B와 B2C에서 강조점은 다소 다르다. 왜냐하면 B2B는 고객수가 적으나 더 많은 구매량을 가지는 경향이 있기 때문이다. 그래서 B2B의 탐색은 가격, 지불조건, 수량할인, 거래지원, 그리고 상품설계에 관한 대면 협상이 더 포함되는 경향이 있다. 이것은 특히 신규거래나 신규과업일 경우 상당한 구매 리스크가 있기 때문이다. B2B와 B2C 관계는, 둘다 탐색 단계는 주의(attraction), 신뢰와 규범(trust and norms), 영향력(power)관계의 형성, 그리고 만족(satisfaction)에 초점을 둔다.

### 3) 결속(Commitment)

결속 단계에서 관계형성의 당사자는 서로에게 의무나 책임감을 느낀다. 예컨대, 한 개인이 관계형성을 원하는 언질을 줄 때, 사람들은 그들의 진술된 의도와 일치하는 방법으로 행동하려는 경향이 있다.

그러나 결속은 의도의 명시적 진술이나 계약적 협정에 의해서만 나타나는 것은 아니며, 결속은 또한 비공식적이거나 시사적일 수도 있다.

결속은 관계에서 당사자에 의해 나타낸 행동의 세 가지 유형으로 가장 잘 반영된다. 결속의 첫 번째 지표는 양당사자가 관계에 공헌하는 것이다. 고객의 관점에서, 공헌은 고객 생활의 한 부분이 되고 있는 상품이나 상표의 형태에 있어서 정서적인 부분도 있다. 예를 들어, 구매자–판매자 간의 대화는 제품이나 서비스에 대한 돈의 교환 이상일 수 있다. 고객과의 대화기회가 매우 중요하며, 이는 사용자 간에 사회적 유대를 형성시킨다.

결속의 두 번째 지표는 미래의 상호작용을 고무하는 관계형성의 측면에서 각 당사자가 투자하는 정도이다. 한 오프라인 상황에서, Brita 정수기를 구매하는 고객은 용기의 가능한 수명이 지난 뒤에 그 기업으로부터 교체필터의 구매를 기대한다. 이 결속은 신뢰와 만족의 기대를 요구한다. 온라인 세계에서, Excite 같은 포털(portal)의 웹 페이지를 고객에 맞추기 위하여 시간과 에너지를 쓰는 것은 결속의 전형적인 모습이다.

결속의 마지막 지표는 교환의 일관성이다. 여기서의 이 의미는 구매자–판매자간 상호작용의 예측가능성을 높이는 것은 관계의 안정성을 증가시킨다는 것이다. USA Today의 온라인의 편익의 하나는, 그 신문의 온라인과 오프라인 버전을 서로 강화한다는 점이다. USA Today의 온라인 버전의 창출은 표적시장에 있는 한 사람이 인쇄 버전을 구매할 기회를 갖지 못할 때, 고객은 톱 스토리의 파악, 스포츠 페이지 보기, 기타 기사를 읽기 위하여 USA Today.com에 갈 수 있다. 많은 사용자들은 금융 섹션(money front page)에 북마크를 하고 하루 중 그들의 투자상황을 자주 체크한다. 고객과 상호작용 빈도의 증가에 의해서, USA Today.com은 고객과의 결속을 증가시켰다.

#### 4) 해소(Dissolution)

한 연구에 의하면, 미국기업은 평균 5년마다 고객의 절반을 잃는다. 개인적 관계에서처럼, 구매자–판매자 관계의 실패나 해소 기능성은 언제나 존재한다. 궁극적으로 해소로 이끄는 결속의 손실원인은 무엇인가? 보다 나은 대안이 나타나거나, 고객이 다른 것을 원한다는 것이다.

온라인 세계에서의 관계는 태만이나 무감동의 직접적인 결과로서 해소될 것이다. 예로서, 웹사이트가 너무 많기 때문에 소비자는 e메일 주소 등을 자주 바꾸는 계기가 마련될 수 있다.

서비스 반응이 시원찮거나, 제품이나 서비스의 실패, 혹은 기업이나 종업원의 윤리적 문제 같은 핵심적 실패가 해소를 가져오는 데 결정적일 수 있다. 고객은 단순히 성장함으로써 어떤 제품 범주를 벗어난다. 예컨대, 인터넷에서 음악, 비디오 게임, 운동화를 구입하는 것은 10대를 넘으면 줄어든다.

신규고객의 창출은 기존고객의 유지보다 일반적으로 더 많은 비용이 들기 때문에, 기업은 전형적으로 해소를 피하고 싶어한다. 그래서 기업은 어떤 소비자는 기술지원, 제품반환 등으로 인하여 수익성 이상으로 추가비용이 들더라도 쉽게 관계해소를 하려 하지 않는다.

## (2) 상호작용 밀도(interaction intensity)

구매자와 판매자는 관계 단계를 통하여 움직이듯이, 거기에는 매우 제한된 상호작용 밀도가 있다. 고객은 단순한 배너광고만 보아 왔거나, 친구를 통해 그 사이트에 대해 들었을지도 모른다. 그러나 상호작용의 수는 탐색 단계 동안

그림 4-3 고객관계의 단계별 상호작용의 수준

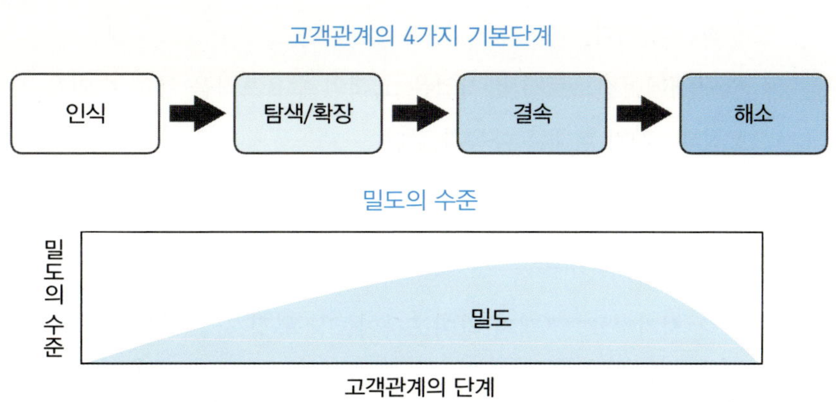


자료: R. Mohammed et al., Ibid, p.255.

매우 빠르게 증가한다.

결속된 사용자는 또한 개인화(personalization)를 통해서, 그리고 심지어는 그들의 홈페이지로써 그 사이트의 구축을 하는 상호작용을 한다. 구매자-판매자, 그리고 구매자-구매자 간의 사회적 유대는 양당사자가 관계에 있어서 정서적, 금융적 투자를 함으로써 개발된다. 상호작용의 빈도는 이 단계에서 지속적으로 높다. 고객이 다른 교환 파트너를 발견하거나 그 제품과 서비스를 구매하는 단계에서 상호작용의 수준이 감퇴된다면, 결속은 감퇴되고 관계는 해소된다. 관계단계와 상호작용 밀도 간의 관련은 [그림 4-3]에 나타나있다.

### (3) 고객관계의 변화과정

기업은 고객관계의 변화에 적절히 대응해야 한다. 만약에 기업CS(customer satisfaction) 활동이 고객관계의 변화에 적절히 대응하지 못하면 실패하는데, 그 주요 원인은 ① 고객은 일률적이지 않으나 기업CS 활동은 일률적이다. ② 이익이 되는 고객은 따로 있다. ③ 고객요구를 파악했더라도 구체적 해석과 행동에 실패했다 등이다.

고객관계 변화과정은 고객의 요구와 기업의 생산방법에 따라 4단계로 구성된다.

오늘날 기업의 과제는 고객관계의 재구축을 통해 3단계인 구매에이전트에 도달하는 것이다.

구매에이전트로서의 기업은 고객의 수요포착을 통해 수익을 창출한다. 수요포착의 4가지 형태는 다음과 같다.

① 교차판매(Cross Selling): 이미 구매한 상품의 관련 상품에 대한 수요 포착
② 시기수요: 고객의 라이프사이클상 특정 시점에 발생하는 수요 포착
③ After Market: 유지보수(AS)를 통한 수요 포착
④ 소개/학습이익: 고객과의 관계에서 부가적으로 발생하는 수요 포착

**표 4-1** 고객관계의 변화과정

| 고객관계변화단계 | 고객의 욕구 | 기업의 생산방법 |
|---|---|---|
| 1단계(배급) | 고객의 요구가 단일한 경우 물건을 잘 만들면 되는 단계 | 소품종 대량생산 |
| 2단계(판매) | 고객의 요구가 다양화됨에 따라 나눠진 시장요구에 맞추는 단계 | 다품종 소량생산 |
| 3단계(구매에이전트) | 고객의 요구가 애매모호하게 된 경우 기업이 고객편에서 구매 조언(유도)하는 단계 | |
| 4단계(공동창조파트너) | 고객과 기업이 요구와 가치를 함께 창조하는 단계 | |

이와 같이 수익기회를 포착하기 위해서 구매에이전트는 고객과 이루어지는 어떠한 접촉의 순간에도 고객을 개별고객으로서 이해해야 한다. 즉 마케팅(수요창출)→세일즈(고객획득)→서비스(고객유지)라는 일의 고객접점 프로세스 모든 면에서 고객의 정보는 취득되고 활용되어야 한다. 고객과의 관계를 재구축하는 과정에서는 이상과 같은 고객요구의 변화뿐 아니라 수단(정보기술적)의 변화 또한 적절히 대응해야 한다. 이러한 수단의 적절한 사용(개별적 사용이 아닌 효율적인 믹스를 통해)으로 높은 수준의 고객에 대한 이해와 식별, 고객과의 접촉이 가능하게 된다.

## 2. 고객관계 단계별 전략의 의의

기업의 CRM의 단계별 추진전략을 3단계로 구분하여 보면 다음과 같다.

CRM의 단계는 고객관계맺기, 고객관계유지, 고객관계강화단계로 구성되어 있는데 고객관계유지 측면에서 볼 때 고객을 유지한다는 것은 어렵고 고객은 언제든지 기업과의 관계에서 이탈할 수 있다. 기업이 고객과의 관계를 영속적으로 유지하기 위해서는 그들과 대화하고 고객의 변화에 따라 기업도 변화해야 한다. 고객의 변화는 기업이 적정 수준으로 따라갈 수 있다면 고객을 유지시킬 수 있으나 그들을 따라가지 못하면 고객을 잃게 될 것이다. 고객의 욕구와 사고의 변화는 고객과의 친밀한 관계에서 포착할 수 있으며 고객과 기업이 동반자로서의 역할을 수행하고 있음을 보여주어야 한다.

CRM의 궁극적인 목적은 고객 한 사람 한 사람과의 관계를 통해 고객과 기업 모두가 상호 가치를 공유하는 것이다. 즉, 기업이 보유하고 있는 고객 포트폴리오 관리를 통해 고객에게 알맞은 상품을 알맞은 시기에 알맞은 유통경로를 통해 공급하는 것이다.

이는 관계를 맺고 유지하기에 적합한 고객들을 파악, 획득 및 유지하는 활동이고, 여기에는 마케팅, 영업, 고객서비스 등이 포함된다. 그러나 가장 중요한 점은 이 모든 것이 고객과의 관계를 기반으로 가능하다는 것이다.

다양한 CRM 유통경로들을 통해 얻은 고객정보를 분석해 보면, 고객은 현재 기업이 고객에게 제공하고 있는 서비스나 제품 이외에 기업이 제공할 수 있는 여지가 있는 제품이나 서비스를 원한다는 것을 발견할 수 있다. 이럴 때 고객이 원하는 바로 그 제품이나 서비스를 적절한 시기에 제공한다면 고객은 자신의 욕구를 충족시킬 수 있고, 기업은 고객점유율, 혹은 고객당 매출액을 증가시킬 수 있다.

즉, CRM의 목적을 도모하기 위해서는 기업수익에 기여하는 거래단계 등을 통하여 적절한 전략을 수립하여야 한다. 즉, [그림 4-4]에서와 같이 고객의

그림 4-4 고객별 CRM 전략

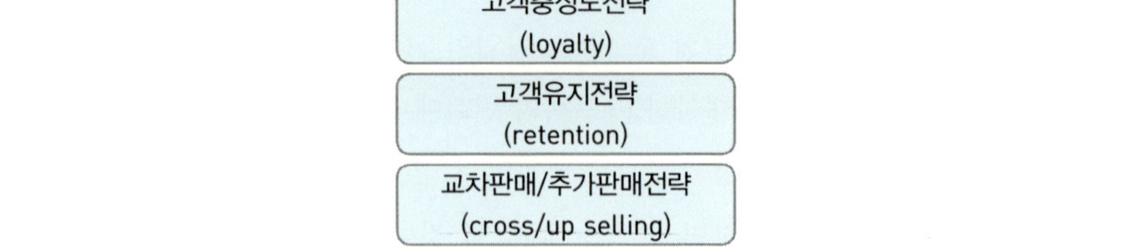

생성에서부터 소멸까지 기업은 고객을 확보·유지하고 수익을 창출하기 위한 다양한 전략을 적용하여야 할 것이다.

기업은 맨 처음 고객을 신규 고객으로 관계를 맺고 이렇게 고객과의 관계를 유지하기 위하여 노력한다. 이 과정에서 계속적으로 관계를 지속시켜 나가기 힘든 고객은 관계끊기 작업을 통해서 결별하는 수순이 필요하다. 또한 계속적으로 관계가 유지된 고객은 관계강화 노력을 통하여 우량고객화한다. 다음은 CRM에서 고객관리의 3단계이다.

## 3. 관계맺기

기업은 고객과의 관계형성 수준에서 수익성 높은 고객과의 관계 형성에 치중해야 한다. CRM은 근본적으로 고객평생가치가 높은 고객을 찾아 경쟁적으로 차별화될 수 있는 관계를 형성해야 하고 고객평생가치를 측정할 수 있는 모델을 개발해야 한다. 기업은 기업이 보유하고 있는 고객포트폴리오 관리를 통해 고객에게 알맞은 상품을 알맞은 시기에 알맞은 유통경로를 통해 공급할 수 있도록 고객과의 커뮤니케이션을 강화해야 한다. 즉 기업은 고객 하나 하나를 일일이 분석하고 각각의 고객에 대해 끊임없이 관계관리를 하고 상품도 고객의 변화에 맞추어 나가는 맞춤 서비스의 기능을 수반해야 하는데 고객별 취향과 계약행위에 대한 정보, 인구통계학적 변화, TV 및 여타 대중매체에 대한 고객들의 사용정보 등을 지속적으로 수집, 갱신하여 좀 더 효과적으로 표적시장 및 고객을 선택해야 한다.

그리고 잠재가치가 큰 고객을 기업의 전반적인 전략방향과 일치하도록 선택하는 전략도 필요하다. 고객 구분에 대한 실제적인 고객정보 및 고객 구분 모델에 대한 정교한 분석이 필요하며 이를 위해서는 현재 체계적으로 통합되어 있지 않은 필요한 고객 정보에 대한 지속적인 정립활동을 해야 한다. 또한 영업현장 및 본사/지사 마케팅부서의 지속적인 커뮤니케이션을 통하여 어떤 고객이 언제 어떤 상품을 원하는가를 분석하고 어떤 유통경로로 배달할 것인가에 대한 체계적인 전략을 수립할 수 있도록 하여야 한다. 관계맺기 단계에서는 수익성이 높은 신규고객을 보다 많이 창출함으로써 고객 포트폴리오에서 얻는 가치를 증대할 수 있다. 수익성뿐만 아니라 기업과의 장기적인 관계를 형성, 유지할 수 있는 고객을 선별하는 것 또한 중요하다. 기업의 잠재고객의 정보를 활용하여 이들을 대상으로 개별적인 커뮤니케이션을 전개함으로써, 신규 구매를 유도할 수 있는데, 중요한 것은 누가 더 가치있는 고객이 될 것인지를 판단하는 것이다.

따라서 우량고객의 특성을 잘 분석함으로써 유사한 성향을 지닌 잠재고객을 선별하고 이렇게 선별된 잠재고객을 집중적으로 공략하여 신규 수요를 확대하거나 경쟁사 고객에게 개별적으로 접근하여 상표 전환을 유도하는 전략을 활용할 수 있다.

한편, 기존의 우량고객이 추천해 준 신규고객은 장기고객이 될 가능성이 높은데, 그들에 의한 구전효과는 장기적인 관계를 맺을 가능성이 높은 신규고객의 유치를 용이하게 한다. 이 때, 구전에 의한 신규고객의 유치를 도모하기 위해 기업은 기존고객이 신규고객을 추천할 때 인센티브를 제공할 수 있다.

고객관계형성전략은 선천적 로열티가 높은 고객, 고객별 수익성이 높은 고객, 자기 기업과 상품에 적합성이 높은 고객을 중심으로 전략이 구사되어야 한다.

### (1) 자산개념으로서의 고객

금융산업에서 포트폴리오의 개념은 원래 여러 개념으로 구성된 증권, 또는 자산의 집합을 말한다. 일반적으로 투자자는 하나의 자산에만 투자하지 않고 여러 개의 자산에 동시에 투자하여 포트폴리오를 구성하는데, 투자를 분산시킴으로써 각 투자에 따른 위험을 분산시킬 수 있기 때문이다. 이 개념은 기업의 고객관리에도 적용할 수 있다. 여러 유형의 고객을 보유하고 있는 기업은 최적의 고객 포트폴리오를 구성하여 수익의 안정성을 확보해야 한다.

기업과 고객이 처음 만나 관계를 맺은 뒤, 계속된 만남을 통해 그 들의 관계가 발전해 가는 단계와 각 단계별로 기업이 행해야 할 활동, 즉 관계맺기, 관계유지, 그리고 관계강화를 나타내고 있다. 고객은 아직 첫 거래가 이루어지지 않은 상황에서도 잠재고객으로서의 의미를 가지며, 실재 거래가 이루어지면서 고객단계, 단골단계, 옹호자 단계를 거쳐서 동반자 단계까지 이르는 고객생애 단계의 연장선상에서 이해될 수 있다. 동반자 관계는 기업과 고객이 완전히 융합된 상태로, 고객이 기업의 의사결정에 참여하고 함께 이익을 나누는 고도화된 단계라고 할 수 있다.

한편, 모든 고객이 같은 수익을 창출하는 것은 아니다. 많은 기업이 각 고객의 수익성에 대해 관심을 두지 않고 고객의 수만을 강조하고 있다. 거래고객의 수는 상품 생산 또는 운영관리상 중요하지만 기업 전체의 입장에서는 수익성에 영향을 미치는 고객의 믹스(customer mix)가 더 중요하다고 볼 수 있다. 실제로 기업을 처분할 때 기업이 보유한 고객의 가치가 평가되어, 기업청산 가치의 중요한 부분을 차지하고 있다. 즉, 고객이 많고 각 고객이 높은 수익을 보장하는 경우 그 기업의 가치는 높아진다.

## (2) 신규고객과의 관계맺기

현재의 고객 및 우량고객의 특성을 잘 분석하여 이들과 유사한 성향을 지닌 잠재고객을 대상으로 첫 관계를 맺도록 시도하거나, 현재 경쟁사 제품을 사용하고 있는 고객 중에서 잠재고객을 추출한다. 또는 타 기업과의 전략적 제휴를 통해 잠재고객에게 접촉을 시도하거나 기존고객의 구전 효과를 통해 신규고객을 창출할 수 있다.

### 1) 잠재고객 데이터의 활용

간접적으로 잠재고객의 정보를 확보할 수 있는 방법으로는 타 업종과의 전략적 제휴 등을 통해 다른 기업이 보유하고 있는 고객에게 접촉을 시도하거나,

혹은 리스트 공급업체를 통해 고객 데이터를 구입하는 방법 등을 들 수 있다. 조직간 협력전략의 일종인 전략적 제휴(strategic alliance)는 개별 파트너의 특정한 목적뿐만 아니라 어떤 공동목적을 달성하기 위해 조직들이 특정한 자원과 능력을 서로 결합해서 협력하는 것이다. 전략적 제휴는 이종산업에 속하는 다른 기업들뿐만 아니라 동종산업에 속하는 다른 기업들과의 제휴, 더 나아가 국제적인 조직망의 형태로 전략적 제휴를 할 수 있다.

그러나 리스트 공급업체를 통한 외부 데이터를 이용하여 고객에게 접촉을 시도할 경우 잠재고객이 원하지 않는 판촉으로 오히려 부정적인 반응이 나타날 수 있다. 그러므로 기업이 고객으로부터 직접 인수한 내부 정보를 우선적으로 활용하면서 간접적인 외부 자료를 추가하는 것이 바람직하다.

### 2) 우량고객 특성 발견 및 활용

모든 산업에서 잠재고객을 발굴하는 첫 번째 요건은 기존고객에 대한 분석이다. 기존고객의 모습과 가장 비슷한 모습을 지닌 고객이 바로 잠재성이 가장 높은 고객이라고 할 수 있기 때문이다. 비슷한 모습을 지닌 그룹을 찾아내는 방법을 하우스-홀딩(House-holding)분석이라고 하는데, 단순히 가족뿐만 아니라 고객이 속해 있는 법인이나 단체 등도 포함된다. 우량고객의 하우스-홀딩 그룹에 속해 있는 고객은 미래에 우량고객이 될 확률이 높고 잠재성이 높은 고객이라고 할 수 있다.

### 3) 먼저 접촉해 온 고객유치

직접방문, 전화 문의, 홈페이지 방문, 조회 등을 통해 기업과의 관계를 먼저 시도한 고객은 기업의 고객이 될 수 있는 잠재성이 높다. 이러한 고객에 대한 분석과 마케팅 전개는 가장 신속하고 정성을 들여 추진할 필요가 있다. 이와 같이 기업이 고객의 접촉을 유도하기 위해 고객이 먼저 기업에게 접촉할 수 있도록 대중매체를 통한 직접반응 광고로 잠재고객의 관심을 끌어 추가적인 자료 요청이나 영업소로의 방문, 혹은 즉각적인 주문과 같은 반응을 유도해야 한다.

이를 통해 관심을 보이는 잠재고객의 정보를 입수하여 이들에게 후속적인 마케팅 노력을 전개하여 잠재고객의 관심을 실제구매로 연결하는 것이다. 이러한 후속 조치로는 메일이나 전화, 세일즈 방문 등을 통한 추가적인 제품정보 제공이나 인근 영업소 안내, 앙케이트 조사를 통한 고객정보의 추가 입수, 견본품이나 쿠폰 등 특별 구매 제안, 자료우송 후 재확인 전화 등이 있다. 일선 영업 담당자, 콜센터, 인터넷 고객 담당자 등 고객과의 접촉을 담당하고 있는 부서들의 고객자료를 일괄적으로 관리·분석하는 것이 필요하다.

### 4) 경쟁사 고객유치

새로운 고객을 확보할 수 있는 효과적인 방법은 경쟁기업의 고객을 직접 겨냥하여 고객들의 상표전환을 유도하는 것이다. 경쟁기업 고객 중 자기 기업의 올바른 고객 기준에 맞는 잠재고객을 정확히 식별하고 다양한 매체를 활용하여, 다양한 상황에서 목표고객을 보다 효율적으로 유치할 수 있어야 한다. 이들에 대한 정확한 분석을 통해 적절한 샘플과 자료를 제공하거나, 메시지 전달, 특별 할인, 쿠폰과 같은 특별한 제안을 할 수도 있다. 펩시콜라는 다이어트 코크 애용 가정 100만 세대를 대상으로 다이어트 펩시를 발송하여 선호도 설문조사를 시행하여 50만 명이 응하는 결과를 얻었다.

### 5) 구전을 통한 고객유치

회원을 통한 회원모집 혹은 친구소개 프로그램은 기존고객을 매개체로 하여 구전효과를 창출하고 신규고객의 소개를 유도하는 전략이다. 이는 기존고객이 기업의 판촉·유통경로의 역할을 담당하는 것을 의미할 뿐만 아니라 다른 판촉·유통경로에 비해 자연스럽고 친근한 접근과 설득이 가능하다는 장점이 있다. 또한 사회경제적인 환경이나 취미 등이 비슷한 집단 속에서 추천이 이루어지기 때문에 우량고객이 소개하는 잠재고객도 우량고객이 될 가능성이 매우 크다. 예를 들어, 보험사의 경우 기존고객이 추천하는 사람은 곧바로 우량고객이 될 가능성이 높다고 한다.

## (3) 올바른 고객의 판별기준

관계맺기 단계는 효과적인 고객 포트폴리오를 구성하는 것으로 무엇보다 기업과의 관계를 통해 서로 장기적인 이익을 얻고 지속적인 만족과 신뢰를 쌓아갈 수 있는 올바른 고객을 선별하는 것이 중요하다. 올바른 고객을 판별하는 기준은 다음과 같이 세 가지로 기업은 이 세 가지 기준 중 하나 이상에 속하는 고객을 유치하는 것이 좋다.

**표 4-2** 올바른 고객의 판별 기준

| 기 준 | 내 용 |
|---|---|
| 선천적 로열티 | 어떤 고객은 어떤 기업과 거래하든 간에 예측가능하고 충성스럽다. 그들은 안정되고 장기적인 관계를 선호한다. |
| 수익성 | 어떤 고객은 다른 고객보다 유익하다. 그들은 많이 구매하고, 신속하게 청구금액을 지불하며, 다른 고객에 비해 요구사항은 적은 편이다. |
| 적합성 | 어떤 고객은 기업이 제공하는 상품과 서비스가 경쟁사보다 가치 있다고 느낄 것이다. 모든 고객으로부터 선호받는 기업은 없다. 회사의 특별한 능력이 특정 고객의 요구와 기회에 상대적으로 더 적합한 경우가 있는 것이다. |

자료: 최정환·이유재, 죽은 CRM 살아있는 CRM, 2001, p.165.

### 1) 선천적 로열티가 높은 고객

선천적으로 높은 로열티를 가진 고객은 타고난 성향 자체가 다른 사람보다 더 충성스런 사람이다. 충성도의 경향 즉, 로열티 계수는 각기 다른 유형의 고객들을 경쟁사로 이동시키는 데 필요한 경쟁력을 말한다. 예를 들면 어떤 고객은 경쟁사의 5% 할인만으로도 이탈할 수 있는 반면 어떤 고객은 경쟁사가 20% 할인을 해도 그대로 남아 있으려 한다. 이 경우 후자가 로열티 계수가 더 높다고 말할 수 있다.

고객들의 인구통계학적 특성이나 구매상황을 살펴보면 고객들의 로열티 계수에 대한 단서를 찾아 낼 수 있다. 광고를 통해 상품을 구매한 고객보다 추천을 통해 기업과의 관계를 시작한 고객 그리고 가격 프로그램보다도 정상적인 가격에 구입한 고객의 로열티 계수가 더 높다고 한다. 새로운 고객을 유치할 때 기업은 이러한 단서들을 활용할 수 있을 것이다.

로열티 계수가 높은 고객은 일반적으로 거래지향적 구매자보다 관계지향적 구매자가 높다. 거래지향적 구매자는 오직 가격에만 관심이 있는 고객으로서 이들에겐 기업과의 신뢰적이고 장기적인 관계를 기대할 수 없다. 이들은 구매 전 조사를 통해 여러 경쟁업체들의 상품목록이나 가격을 파악하고 있고 자신의 예상보다 가격이 높다면 가차없이 돌아서며 최저가로 상품을 구매한 것을 자랑스러워하는 고객이다.

관계지향적 구매자는 가격이 아닌 무엇보다 신뢰할 수 있는 기업을 선택한다. 믿을 수 있는 상품을 보유한 친근한 기업, 고객을 인정하고 기억하며 여러 혜택을 부여하고 바람직한 관계를 형성할 수 있는 기업을 찾는다. 이들은 신뢰할 수 있는 기업과의 관계를 통해 상품구매에 드는 시간과 감정적 에너지의 낭비를 제거할 수 있다고 믿고 있다. 이들에게 적절한 혜택을 제공할 수 있다면 이들과 기업과의 관계는 계속 유지될 수 있다.

고객과의 장기적 관계를 통한 가치창출을 지향하는 기업에게 기업과의 관계를 형성, 유지할 의사가 없는 거래지향적 구매자는 좋은 고객일 수 없으며 수익성 측면에서 있어서도 항상 할인 품목만을 구매하므로 기업에게 별다른 수익원이 되지 못한다.

그렇다면 거래지향적 구매자와 관계지향적 구매자를 분류할 수 있는 기준은 무엇일까?

기업은 염가판매, 쿠폰 판매 등 각종 할인거래나 특별할인 기간을 통해 구매하는 고객을 분석하여 거래지향적 고객을 찾아 낼 수 있다. 이러한 분석을 통해 이 기업은 모든 고객을 대상으로 관계형성에 소모되는 노력과 비용을 적절히 배분할 수 있다. 잠재적 관계지향적 구매자, 즉 거래지향적 구매자는 제품이나 서비스에 대한 일반적인 만족 수준이 중요하고, 관계지향적 구매자는 기업에 대한 신뢰와 몰입 정도가 중요하게 작용하기 때문에 기업은 이를 참고할 수 있다.

이러한 정보를 바탕으로 기업은 자신이 보유한 고객들을 거래지향적 구매자와 관계지향적 구매자를 분류한 뒤 각 집단의 특성에 맞춰 상품에 대한 일반적 만족 수준을 강화하거나 기업에 대한 신뢰와 몰입 정도를 강화하는 전략을 수행할 수 있을 것이다.

### 2) 수익성이 높은 고객

새로운 고객을 유치할 때, 수익성을 기준으로 잠재고객을 구분하는 것은 수익성 예측 모델을 통해 새로이 유치하고자 하는 고객이 기업에게 얼마나 가치 있는지를 알아내고 그 고객을 유치하기 위해 얼마나 투자할 것인가를 결정하는 데 도움이 된다.

고객들은 기업에게 제공하는 가치 측면에서 각기 다르게 분석될 수 있다. 고객의 가치를 분석(CVA: customer value analysis)하기 위해 사용할 수 있는 측정 방법은 크게 두 가지로 구분할 수 있다. 하나는 RFM 분석이고, 다른 하나는 고객수익성 분석이다. RFM은 Recency, Frequency, Monetary, 즉 고객이 얼마나 최근에 구입했는가(recency), 얼마나 빈번하게 우리 상품을 구입했는가(frequency) 그리고 고객이 구입한 총금액은 어느 정도인가(monetary amount) 등에 관한 정보를 통해 상품 구입 가능성이 높은 고객들을 추려내는 간단하고 편리한 기법이다. 그러나 RFM 기법은 사용하기에는 편리하지만 개별고객별 수익기여도를 직접적으로 측정 못하는 한계점을 갖고 있다.

이러한 RFM의 한계를 극복한 것이 고객을 하나의 자산으로 인식하여 그 가치를 평가하는 기법인 고객 수익성 분석(customer profitability analysis)이다. 이 기법은 고객의 미래 수익 기여도를 예측하여 측정하는 기법인 고객생애가치 평가법(CLV: customer lifetime value measurement)과 과거의 일정 시점에서부터 현재까지의 고객 실적을 측정하여 고객 수익성의 대표값으로 사용하는 측정법인 고객실적 평가법(HPM: historical profitability measurement)으로 나누어진다.

#### ① 고객실적 평가법(HPM)

HPM 기법은 고객이 지금까지 기업의 수익성에 어느 정도 기여해 왔는가를 평가하는 기법으로서 과거의 일정 시점에서부터 현재까지 발생한 고객의 수익 기여분을 합하여 각 고객의 수익 기여도 값을 구하는 것이다. 그 방법은 다음과 같다.

- 영업이익과 마케팅비용을 산출한다(가격－원가).
- 고객의 수익 기여분(영업이익－마케팅비용)을 구한다.
- 고객의 현재 수익 기여분을 산정한다(현금의 시간가치효과 제거).

#### ② 고객생애가치 평가법(CLV)

고객생애가치는 기업이 특정고객과 지속적 관계를 유지하는 동안에 그 고객으로부터 얻을 수 있는 총수익을 말한다. 즉, 고객이 기업의 고객으로 존재하는 전체 기간 동안 기업에게 제공할 것으로 측정되는 재무적 공헌도의 합계가 고객생애가치인 것이다. 즉, 어떤 고객이 일생 동안 얼마만큼의 이익을 가져다 주는가를 돈으로 계산한 것이다. 이 개념은 단기적인 이익 창출에 초점을 맞추는 데에서 벗어나 장기적인 관점에서 수익성이 높은 고객과의 관계를 향상시켜 나가는 것이다. 고객생애가치를 높이기 위해서는 고객유지비율, 즉 로열티를 높이고, 할인율과 고객 1인당 평균 비용을 줄이고 고객 1일당 평균 매출을 높이면 된다.

이의 측정을 위해서는 우선 미래의 일정기간 동안 고객이 제공할 것으로 예측되는 수익 기여도의 값을 구해야 한다.

예를 들면, 한 고객이 현재 30세에서 70세까지 100만원짜리 냉장고를 10년 단위로 1대씩 교체한다면 이 고객의 상애가치는 100만원×5대＝500만원이 된다. 이 고객의 냉장고에 대한 생애가치는 5대, 총액은 500만원이 된다.

생애가치의 개념은 DB의 기초자료나 고객의 정보는 기업의 미래수익성과 현재수익성의 차원에서 분석되어야 한다. 즉, 기업에 있어서 고객의 가치는 과거와 현재의 가치뿐만 아니라 미래의 가치도 반영하여 지속적인 관계에서 비롯되는 모든 가치를 고려해야 한다는 것이다.

고객생애가치를 측정하기 위해서는 우선 미래의 일정기간 동안 고객이 제공할 것으로 예측되는 수익 기여도 값을 구해야 한다.

특히 기업은 단순하게 유지하는 것보다 잦은 구매행동자와 강한 관계를 형성하는 것이 매우 중요하다. 구매와 빈도의 정도에 의해 반영된 것처럼 관계의 깊이는 고객수익성의 중요한 구성요소이다. 따라서 기업은 수익성 있는 고객과의 관계를 개발해야 하며, 특히 충성도가 높은 고객과의 관계형성에 주력해야 한다.

한편, 전자적 뉴스레터, 고객관계 관리자 접촉, 그리고 개별화된 광고 같은 관계 관련의 투자는 비수익적 고객에게는 낭비가 될 것이다. 이러한 시각은, 기업은 특별한 상황에서만 수익적인 투자로서 '구매자－판매자'관계를 생각해야 한다.

기업은 그들의 고객의 생애가치를 측정하기 위해서는 기업은 고객활동의 데이터베이스를 개발하고 유지해야 한다. 그리고 기업은 고객에 대한 일련의 가정이 포함된 수익 모델을 만들고 시간경과에 따라 고객이 어떻게 행동하는가를 측정해야 한다.

여기에서 '누가 능동적이고 비능동적인 고객인가?'와 '고객의 순현가, 즉 고객의 생애 동안 얼마나 구매할까?' 등을 알기 위해서는 고객생애가치의 측정 모델을 활용할 수 있다.

**표 4-3 고객생애가치의 측정 모델**

Reinartz와 Kumar(2000)는 비계약적 관계(noncontractual relationship)의 관련으로서 고객생애가치를 측정하기 위한 모델을 개발하였다. 기업은 고객세분을 위하여 그리고 마케팅 비용의 효과성을 증가시키기 위하여 고객의 생애와 수익성을 평가한다.

고객이 생애가치의 파악에서 첫 번째 문제는 능동적/비능동적 고객을 구분하는 것이다. 이것은 쉬운 문제가 아니다. 왜냐하면, 구매행동은 예측하기 어렵고 직접적으로 관찰될 수 없기 때문이다. 그러므로 기업은 각 개별 고객이 확률평가의 기초 위에서 능동적인지 비능동적인지 예측해야 한다.

아래 공식에서, Reinartz와 Kumar는 개인적 고객(이 경우에, 36개월간)에 대한 순현재가치를 평가한다.

$$LT_{\pi i} = \sum (GC_{ti} - C_{ti}) \left( \frac{1}{1+0.125} \right)^t$$

여기서 $LT_{\pi i}$=개인적 순현재 생애 수익
$GC_{ti}$=고객 $i$에 대한 $t$달의 총공헌(gross contribution)
$C_{ti}$=고객 $i$에 대한 $t$달의 마케팅 비용
0.125=월 할인율(1년에 0.15% 기준으로)

$GC_{ti}$는 월 수익으로부터 계산된 총공헌인데, 매월 총가계 구매량으로서 표현된다.

자료: R. Mohammed et al, op. cit., p.245; 고경순, 경험마케팅, pp.301∼302.

### 3) 적합성이 높은 고객

기업은 자사의 파트너로서 찾아야 할 대상고객으로서 자기 기업에게 아주 적합한 고객을 발견하는 것이다. 앞에서 기업이 보유하고 있는 고객들을 그들의 가치와 관계지향 성향에 따라 분류했다면, 그 다음 단계는 고객들이 원하는 바를 기준으로 고객들을 분류하는 것이다.

CRM이 지향하는 고객과의 학습관계(Learning Relationship)를 성공적으로 만들어 가기 위해서는 고객을 기업전체 행동의 중심으로 삼아 모든 기업프로세스에 변화를 기해야 한다. 또한 고객과의 지속적인 관계를 만들어 가기 위해서는 고객이 원하는 것을, 고객이 원하는 장소에서, 원하는 시간에 적절히 제공하는 것이 중요하다. 이를 위해서는 무엇보다 고객이 필요로 하는 것을 정확하게 파악해야 한다.

각각의 고객들은 기업으로부터 각기 다른 것을 원하기 때문에 기업은 자기 기업이 제공할 수 있는 제품이나 서비스를 가치 있다고 느끼고 이를 원하는 고객을 찾아내어 유치해야 한다. 그 고객이 기업으로부터 무엇을 원하는지를 규정하는 것은 고객이 원하는 어떤 제품이나 서비스를 제공할 수 있는지를 알아내는 데 도움이 된다.

## 4. 관계유지 및 관계단절

고객유지활동은 고객의 로열티를 높여 고정고객화하여 지속적으로 계약을 유도하고 이탈을 방지하는 활동이다. 그리고 확보한 리스트를 충분히 활용하기 위해서는 지속적으로 자료를 보강·수정하는 것이 중요하다. 고객유지의 기본적인 전략은 모니터링이라는 수단을 통해서 관계를 유지하고 시간이 경과함에 따라 관계의 질을 평가하는 것이다. 모니터링의 기초는 고객만족도조사와 같은 고객관계조사(customer relationship survey)와 고객데이터베이스(customer data base) 등이다.

가장 가치가 있으면서 가장 구하기 쉬운 데이터베이스는 회사의 기존 고객의 리스트로서 기존 우량고객의 특성발견은 신규고객을 유치할 때도 유용하게 활용할 수 있다. 고객정보는 CRM을 성공적으로 수행하기 위한 기본 요건으로서 어떤 데이터를 어떻게 통합하여 관리할 것인가에 대한 체계를 확립하여 CRM에 활용해야 한다.

그리고 인터넷 거래의 확대로 고객과의 유통경로가 더욱 다양해지고 경쟁적 차별화가 힘들어지고 있는 현 경영환경에서 고객과의 거래를 구조적으로 형성할 수 있는 서비스 프로세스 및 유통경로의 조정/통합이 필요하다.

CRM 활동이 기업에게 가져다 줄 수 있는 혜택은 기업에게 좀 더 많은 가치를 부여해 줄 수 있는 고객을 유치하는 데에서 그치지 않는다. 기업이 지속적인 가치 제공을 통해 고객과의 관계를 유지해 나간다면 고객이 기업에 대해 지닌 잠재적인 가치까지도 기업의 수익으로 흡수할 수 있다. 그러기 위해서는 고객이 기업과의 관계를 끊고자 할 때, 고객이 이탈하고자 하는 원인을 분석하여 이를 기업활동 향상의 원동력으로 활용해야 하고, 그 시기를 적절히 예측하여 예방하는 활동을 펼칠 수 있어야 한다.

또한 고객의 불평을 적절히 관리해야 한다. 고객은 기업이 불평을 들어 주는 것만으로도 기업과의 관계를 유지할 마음이 생긴다. 기업은 고객의 불평요소들을 종합, 분석하여 이를 개선해 나가고 불평을 제기한 고객에게 그것을 제거하기 위해 어떠한 활동들을 전개하고 있는지 알려 주어야 한다. 고객관계를 잘 유지하기 위해서는 이탈고객관리전략, 고객불평관리전략, 불량고객관리전략을 잘 구사해야 한다.

### (1) 고객유지의 중요성

고객이 어느 날 갑자기 거래를 중단해 버리는 것은 기업이 성공할 수 있는 기반을 함께 가져간다고 볼 수 있다. 이는 고객이 기업과 관계를 맺은 후 관계를 유지하는 동안 고객은 기업에게 수익을 가져다주기 때문이다.

고객유지는 다음과 같은 이유에서 중요하다.

① 새로운 고객을 끌어들이는 비용은 기존 고객을 유지하는 비용보다 5배 이상이나 된다.
② 제품 및 서비스에 만족한 고객은 3명의 다른 사람에게 말한다.
③ 불평하여 문제를 해결한 불만족한 고객, 그들 중 80%는 고객으로 남는다.
④ 심지어 불평을 만족스럽게 해결하지 못한 고객 중 54% 반복고객이 된다.
⑤ 그러나 침묵을 지키는 고객은 불평이 없지만, 그들 중 약 1/3만이 되돌아온다.

이러한 수익을 관계기간에 따라 살펴보면 맨 처음 기업이 고객을 유치한 해에는 고객에게서 얻을 수 있는 수익보다 고객을 유치하는 데에 드는 비용이 더 커서 한 고객당 수익이 음(−)의 값을 기록할 수도 있지만 시간이 흐르면 흐를수록 고객의 수익성은 점점 높아지는 것을 알 수 있다.

즉, 고객과의 관계를 유지하는 데 드는 비용은 관계기간이 증가할수록 감소하므로 고객 한 사람을 유지하는 데 따른 수익성은 시간이 흐를수록 기하급수적으로 증가한다. 이는 고객과의 관계기관이 길어짐에 따라 기업이 고객에 대한 지식을 더 많이 갖게 되고 고객을 더 알게 되어 더욱 효과적으로 고객과의 관계를 유지해 나갈 수 있기 때문이다. 뿐만 아니라, 단골고객은 구전을 통해 비용이 전혀 안 드는 광고를 기업 대신 수행해 줄 뿐만 아니라 고객과의 관계기간이 길어질수록 그 고객이 제품이나 서비스를 더 많이 구매할 가능성은 커진다. 그런데 관계기간에 따른 고객 1인당 매출 증대 효과를 정확히 파악하기 위해서는 기업진입시기에 따라 고객을 분류하여 코호트(cohort; 같은 시기에 신규 고객으로 가입한 고객집단별) 분석을 실시하고 여기에서 획득한 정보를 활용해야 한다.

엘지 텔레콤(LG Telecom)은 이동통신 서비스의 가입 시기가 같은 고객들은 하나의 코호트로 묶어 이들의 추이를 분석하고 있다. 가입 시기가 동일한 고객들이 동일한 매출 증가 형태를 보이는 것은 가입 시기가 다른 고객 집단과 서로 다른 특성을 갖기 때문이다.

이동통신 서비스의 경우, 고객이 어떤 종류의 가입을 선택하는 데 결정적인 역할을 하는 요인은 새로운 핸드폰 모델이 출시되거나 새로운 가격 제도를 도입했을 때, 또는 보증금 제도를 폐지하기 직전 등과 같이 많이 다르다고 할 수 있다. 그리고 의무사용 기간이 있을 때에는 진입시기가 같은 고객들은 해지시기 또한 비슷한 경우가 많았다. 보통 의무사용기간이 곧 만료되는 코호트를 집어내어 그 집단에 속하는 고객들에게 이탈방지 활동을 펼칠 수도 있다.

고객유지의 효과는 그러나 양적 측면에서만 그치지 않는다. 고객유지 효과의 질적 측면에서는 고객과 기업과의 관계 기간이 증가하면 고객지식(Customer Knowledge)의 활용을 통해 고객의 평생가치를 공유할 수 있게 되어 기업은 수익성 향상을 실현할 수 있다. 즉, 고객유지율은 수익성 향상에 영향을 미친다.

## (2) 고객이탈 분석과 관리

### 1) 고객이탈 분석

보통 완전 이탈고객만을 이탈고객이라고 생각하기 쉽지만 그러나 고객이 어느 순간 한 기업과의 모든 거래를 정리하고 떠나가는 일은 그리 흔하지 않다. A은행과의 거래를 모두 청산하고 B은행으로 기존에 갖고 있던 모든 계좌를 옮긴 고객1은 분명히 A은행에서 이탈했다고 할 수 있다. 하지만 정기예금만을 다른 은행으로 옮기고 다른 거래는 A은행과 계속하는 고객2의 경우와 보통예금을 제외한 모든 계좌를 다른 은행으로 옮긴 고객3은 부분이탈에 해당된다. 고객점유율, 혹은 지갑점유율은 고객이 일정기간 동안 지출하는 금액 중에서 한 기업이 제공하는 제품이나 서비스를 구입하는 데 지출한 금액의 비중을 의미한다. 그렇다면 A은행은 고객2와 고객3을 완전히 잃어버리지는 않았지만 고객점유율은 낮아졌다고 할 수 있다. 고객2와 3을 비교하면 고객3에 대한 점유율은 고객2

에 비해 더 크게 낮아졌다.

기업이 이탈고객을 정의하는 데 있어 완전히 이탈한 고객만을 그 범주 안에 포함시킨다면 상당한 숫자의 부분 이탈고객들을 놓치게 된다. 그런데 부분 이탈고객 중 어느 정도로 고객점유율이 떨어진 고객을 이탈고객에 포함시킬 것인가라는 문제가 발생한다. 이는 사업의 특성, 그리고 기업이 처해 있는 경쟁 상황 등을 고려해 결정해야 한다. 가령 경쟁이 치열한 상황에서는 아주 조금 낮아진 고객점유율이라도 기업 수익성에 커다란 영향을 미칠 수 있기 때문이다. 따라서 기업은 고객의 불만사항을 미리 감지하여 고객의 이탈을 예방해야 한다.

인간관계에서 상대방이 자신에게 화난 이유를 알면 그 사람과 관계개선의 방법을 알 수 있듯이, 왜 고객이 기업을 이탈했는지를 알 수 있다면 고객을 다시 돌아오게 할 대책을 강구할 수 있다. 또 한 명의 고객이 이탈했다는 것은 곧 다른 고객들이 이탈할 가능성이 크다는 것을 의미하기 때문에 고객이탈 원인을 알면 그 원인을 제거하여 다른 고객들이 이탈하는 것을 예방할 수도 있다. 그러나 고객의 이탈의 원인을 파악하는 데에는 많은 시간과 노력, 경험이 필요하다.

기존고객의 가치가 얼마나 되며 어떻게 측정할까? 기존고객(고객유지)의 가치를 측정하는 방법은 1년간의 고객동요율, 고객이탈률, 고객생애가치 등을 측정하는 것이다. 고객 한 명이 이탈할 때 발생하는 비용을 계산함으로써 기존고객(고객유지)의 가치를 알 수 있다.

① 고객동요율(churn rate)은 1년 동안 떠나는 고객의 수를 신규고객의 수로 나눈 값이다.

$$\text{고객동요율} = \frac{\text{이탈고객의 수}}{\text{신규고객의 수}}$$

② 고객이탈률(defection rate)은 기존고객 중에서 1년 동안 떠나버린 고객의 비율이다.

$$\text{고객이탈률} = \frac{\text{이탈고객의 수}}{\text{기존고객의 수}}$$

③ 고객생애가치(CLV: Customer Lifetime Value)는 한 고객이 특정 기업의 고객으로 존재하는 평균적인 고객생애기간 동안 고객 한 명이 창출하는 총수익의 순현재가치(net present value)이다.

$$\text{고객생애가치} = \frac{\text{1년의 수익}}{\text{고객생애기간(년)}}$$

### 2) 고객이탈 예측

고객의 인구통계학적 데이터, 구매데이터 등 고객에 대한 방대한 데이터를 고도의 데이터마이닝기법을 통해 활용하면 왜 고객이 이탈하고 어떤 고객이 앞으로 이전할 확률이 높은가를 알 수 있다. 고객 개개인의 이탈스코어를 구해 고객이 이탈할 확률이 어느 정도인지를 예측하는 것이 가능하면 기업은 이탈 확률이 높은 고객을 구분할 수 있어 이들을 대상으로 한 로열티 프로그램을 실시하거나 관심을 가질 만한 제품이나 서비스를 제공해 이들의 이탈확률을 낮출 수 있다.

한편 모든 고객들의 이탈스코어를 주의깊게 살펴 유난히 이탈수준이 다른 고객범주를 찾아낼 필요가 있다. 은행의 경우 거래 초기에 특정 상품에 가입했던 고객이 평균 이하의 이탈스코어를 보이는 것을 발견했다면 이 상품을 통해 신규고객을 유치하는 전략을 세워야 할 것이고, 3개 이상의 계좌를 갖고 있는 고객의 이탈스코어가 낮음을 발견했다면 보통예금, 신용카드, 신탁 등을 조합한 새로운 상품을 만들 수 있다. 이렇게 이탈원인 분석과 특이한 이탈스코어를 보이는 고객집단에 대한 체계적인 분석을 함께하면 기업의 문제점을 밝혀 낼 수 있을 뿐만 아니라 이를 개선할 수 있는 방안까지도 모색할 수 있다.

그리고 고객 이탈 제로를 꿈꾸는 기업이라면 고객유지율, 혹은 고객이탈률, 고객생애 가치변화, 고객점유율, 지갑점유율 등은 기본적으로 항상 측정하고 작은 변화라도 그 원인을 추적하는 노력을 게을리해서는 안 된다. 그러나 여기서 한 걸음 더 나아가 자사가 속한 업계나 기업 환경에 맞게 다양한 종류의 매트릭스를 작성해 볼 수도 있다. 이 매트릭스는 우리 기업을 이탈한 고객이 그 후에 어떻게 움직이는지, 이탈로 인해 지갑점유율이 어느 정도 떨어졌는지를 이해하는 데 도움이 될 수 있기 때문이다.

### 3) 이탈고객에 대한 대응

#### ① 이탈고객 정보 활용

이탈한 고객을 추적하여 접촉한 이탈고객이 제공하는 정보는 어떠한 특성을 지닌 고객이 이탈확률이 높은지를 발견할 수 있고 기업 내에서 활동하는 사람이 접할 수 없었던 기업활동을 바라보는 색다른 시각을 배울 수 있게 하고 예전에는 볼 수 없었던 개선이 필요한 기업프로세스를 파악할 수 있게 한다.

또한 많은 비용과 노력을 들이는데도 불구하고 그 효과가 점점 떨어지고 있는 마케팅조사와는 달리 이탈고객으로부터의 피드백은 더욱 구체적이고 세부적인 정보인 경우가 많다.

예를 들면, 어떤 기업의 고객들이 구매가 뜸해지거나 몇몇 품목을 더 이상 구매하지 않거나 하면 고객에게 전화를 걸어 그 원인을 탐색하여 이러한 결과를 가격설정이나 재고량 결정, 카탈로그 제작 등에 활용할 수 있다. 이렇듯 이탈고객으로부터의 정보를 잘 활용하면 기업활동에 있어 잘못된 점을 파악할 수 있고 이 문제점을 적절히 개선한다면 고객이탈은 더 이상 기업에게 있어 위협이 아닌 더 견고한 토대 위에서 고객과의 관계를 쌓아갈 수 있는 좋은 기회가 될 수 있다.

#### ② 이탈고객의 복귀

이탈고객을 추적하는 것은 무엇보다 이탈한 고객이 다시 돌아오게 하는 것이다. 이탈고객의 복귀는 기업이 제공하는 상품에 고객이 실망할 시점에 계속 남아 있도록 설득하거나 이탈했을 때 다시 돌아오도록 하는 과정이다. 연구결과에 따르면 고객이 이탈한 후 7일 안에 고객에게 접촉이 이루어지는 경우가 4주 안에 고객과 접촉하는 경우보다 고객이 돌아올 확률이 4배 이상 높다고 한다.

그러나 이탈한 모든 고객을 다시 돌아오게 할 수는 없다. 성공적인 이탈고객의 복귀 프로그램은 처음에는 완전히 떠난 고객들을 대상으로만 고객 복귀 활동을 벌었지만 부분 이탈고객의 중요성이 인식되면서 복귀 활동의 대상이 부분 이탈고객에까지 넓혀지고 있다.

### ③ 휴면고객의 부활

휴면고객의 부활은 과거에는 이용했지만 최근에 이용하지 않은 소위 휴면고객을 다시 고객으로 환원시키는 전략이다. 고객이 잠시 쉬고 있는 이유를 분석하고 이에 대처함으로써 다시 고객을 되찾고자 하는 것이다.

카드회사의 경우 개인정보를 활용해 휴면카드의 활성화를 위해 노력하고 있다. 고객세분화를 하는 데에 드는 비용은 줄이고 시간효율성을 달성하기 위해 비사용자 대상 활성화조사를 실시하는 것이다. 이는 카드사용실적이 미미한 고객들을 대상으로 사용을 활성화하기 위한 프로그램이다.

먼저 카드를 사용하지 않는 사람들을 대상으로 돈이 없는 사람과 돈은 있지만 현금이나 다른 경쟁사의 카드를 사용하는 사람으로 나누어 후자에 속하는 사람을 집중적으로 공략하고자 하는 것이다.

비록 이 프로그램에 드는 비용은 많지만 시장조사를 해서 잠재고객을 발견하는 것이나 잠재력있는 고객을 잃고 새로이 확보하는 데에 드는 비용을 감안한다면 결코 비싼 것이 아니다.

### ④ 이탈률 제로 문화 형성

고객이탈률을 제로로 만들기 위해서는 기업 내의 모든 사람들이 제도의 목적과 이유 그리고 고객이탈률 제로가 기업의 중요한 목표 중 하나라는 것을 인식하고 있어야 한다.

추상적으로 고객유지를 강조하는 것보다는 구체적인 수치로 종업원들에게 알려주는 것도 효과적인 방법이다. 예를 들면, 피자가게의 경영자가 프랜차이징 10년 동안 일반적인 고객 한 명이 100만원 이상의 가치를 지닌다는 사실을, 주문을 받는 종업원, 배달을 하는 종업원, 지점 매니저에게 정확하게 말해 주는 경우이다.

기업의 모든 사람들이 고객유지의 중요성을 인식하고 보상체계 또한 얼마나 기존고객을 유지했는가에 따라 좌우된다면 이 기업 안에는 고객이탈률 제로를 향한 분위기가 형성되어 있다고 할 수 있다. 이는 종업원들로 하여금 고객의 문제를 고민하게끔 하고 고객의 불만을 제거하게끔 독려함으로써 종업원들과 고객들과의 관계를 우호적으로 발전시킬 수 있게 한다.

### (3) 고객불평의 관리

실제로 상표를 전환하는 고객들 중 14%가 그들의 불만사항이 만족스럽게 처리되지 못했기 때문에 상표를 전환한다고 한다. 그런데 제품이나 서비스에 만족하지 못한 대다수의 고객은 입이 무거운 편이며 불평을 하지 않는다. 문제는 불평을 하지 않은 고객들 중 91%는 두 번 다시 이 기업의 제품이나 서비스를 구매하지 않는 데 있다. 외면에 드러난 고객불만의 이면에는 그와 똑같은 불만을 갖고 있는 침묵한 고객들이 있기 때문이다.

반면 고객들이 자신의 불만사항을 다른 사람들에게 털어놓는 경우, 그들이 다시 제품이나 서비스를 구입할 확률은 2배 이상 증가한다고 한다. 한 연구에 따르면 중요한 불만사항이 있지만 표현을 하지 않은 고객의 재구매 의향률은 9% 정도이지만 불만을 표현한 사람은 결과에는 관계없이 약 19% 정도의 재구매 의향율을 보인다고 한다. 고객에게 접촉하여 불평을 들어주는 것만으로도 이탈 고객 35%를 잡을 수 있다고 하기도 한다. 이는 문제점의 조기 발견이나 기업의 부정적 구전의 최소화 등도 올바른 불평관리를 통해 얻을 수 있는 혜택이다.

이는 탁월한 상품이 제공된다고 하더라도 고객의 욕구를 충족시키지 못한다면 고객은 불평을 하고 불만을 가진다. 불평하는 고객에게 그들 자신의 부정적으로 지각한 것에 대해 긍정적으로 이해시킨다면, 그들 또한 시장기회를 제공한다. 그러나 한 고객에게 부정적이라면, 다른 고객 역시 그것을 부정적으로 지각하게 된다. 고객불평이 사소한 것으로 보이더라도, 불평을 하는 고객은 기업이 그들에게 호의를 베풀기를 원한다.

그들의 관심사를 평가하고, 불평에 감사하며, 불평에 보상을 해야 하고,

그러한 불평으로 다시 승리할 수 있는 도전을 만들어야 한다. 훌륭한 고객의 대부분은 부정적인 충돌로부터 생긴다. 한 사람의 불평자 뒤에는 12명의 불평자가 있다. 특히, 긍정적인 이야기보다는 부정적인 이야기가 더욱 오래 기억에 남으며 많은 사람들에게 전해진다.

따라서 기업은 고객의 불평관리에 잘 대응해야 한다. 특히 기업이나 경영자들이 고객의 불평을 그저 귀찮은 것이나 문제점으로만 인식하는 태도에서 과감히 탈피해야 한다. 이런 소극적인 태도를 고치지 않는 한 고객과의 관계는 계속 악화될 수밖에 없다. 고객불평이 많았던 부서에 오히려 물심양면으로 많은 지원을 해야 한다. 그럴 때 비로소 고객불평의 악순환 고리를 끊을 수 있고 고객의 불평을 줄여 나갈 수 있다.

### 1) 고객이 불평하는 원인을 규명한다

고객이 불평하는 원인은 다양하다. 기업이 고객의 불평을 통제하는 데에는 상당히 어렵지만 훌륭한 고객서비스 프로그램의 개발은 로열티 높은 고객을 확보할 수 있게 해준다.

고객은 기업으로부터 어떠한 자극이 없다고 하더라도, 기업에 의해 대우받는 느낌을 자신과 관계가 있는 사람들에게 전달하는 구전광고의 전달자가 된다. 만족한 고객은 3명의 다른 사람에게 자신의 좋은 이미지를 전달한다. 불만족한 고객은 12명의 다른 사람에게 말한다. 이러한 구전광고는 사업에 긍정적으로 또는 부정적으로 영향을 줄 수 있으며, 이것은 고객이 어떻게 대우받았느냐에 대한 느낌에 달려 있다. 많은 고객은 여러 가지 문제, 예를 들면 조악한 품질, 늦어진 배달, 판매원의 지식결여, 무관심한 태도, 상품관리의 소홀, 무리한 상품권유 등에 관하여 불평한다.

예컨대 한 연구는 특정한 점포에서 쇼핑한 고객 중 68%는 점원의 무관심이 원인임을 발견했다. 무관심은 고객에 대한 관심, 느낌이 결여될 때 나타난다. 특정한 점포에서 쇼핑하지 않는 가장 큰 이유는 그것은 고객에게 관심없는 판매원에 의해서 비롯된다는 것이다.

### 2) 불평의 원인을 인정하고 문제를 즉시 해결한다

항상 고객이 옳은 것은 아니지만 기업은 '항상 고객은 옳다'고 하는 사고를 가지고 있어야 한다. "전 담당자가 아닙니다. 다른 곳에 가보세요" 하고 다른 사람에게 미루는 행위는 고객에게 치명적인 불평의 원인이 된다.

불평의 원인에 대한 해결방안이 오래되면 될수록 그 결과는 나빠진다. 가능한 한 고객의 문제를 해결하는 과정에서 시간을 낭비하지 않도록 한다. 위기감을 가지고 신속하게 처리해야 한다. 기다림이 길어질수록 고객불평은 많아지고 처리해야 할 일 또한 많아진다.

### 3) 불평을 말할 수 있는 분위기를 조성하고 장려해야 한다

불만족을 느끼는 대부분의 고객은 이를 기업에 알리기보다는 부정적인 구전이나 구매거부를 함으로써 기업에 치명적인 영향을 미친다. 그 결과, 기업은 불만족을 초래하는 문제에 대한 파악이 어려워지게 되며, 이를 개선할 수 있는 기회도 얻지 못하게 된다. 따라서 기업은 불만족을 느끼는 고객으로 하여금 불평행동을 권장할 필요가 있으며, 이에 대한 적절한 관리를 해야 한다. 고객의 불평은 미충족된 욕구의 표현이자 기업의 정보원천이다. 그러나 고객의 불평을 말하는 과정에 기업이 저지를 수 있는 나쁜 일은 고객과의 말다툼이다. 그것은 고객의 불평을 들을 수 있는 기회를 봉쇄한다. 그렇게 된다면, 자연히 고객을 잃게 된다. 고객으로 하여금 문제를 상세히 말하도록 해야 한다. 자신에게 유리한 상황으로 반전시키기 위해서 무엇인가 할 필요가 있다는 것을 고객으로 하여금 말하도록 해야 한다.

가끔, 불평하는 고객은 기업이 해결할 수 있는 것 이상을 요구한다. 많은 경우 불합리할 수도 있다. 고객의 불평이 비합리적이고 공정하지 않다고 하더라도, 어떤 고객이든 믿음과 가치를 손상시키지 말아야 한다. 이러한 상황이 발생하기 전에, 어떻게 할 것인가, 생각하고 있는 것은 합리적인가, 어떠한 조치가 도덕적인가를 결정하는 것이 중요하다. 모든 것을 옳게 하더라도 고객을 잃게 되는 경우가 있다.

### 4) 사소한 것에도 주의하고 항상 고객과 가까이 한다

감동은 기억할 수 있고 고객에게 따스한 느낌을 주는 것과 같은 사소한 것에서 비롯된다. 어머니와 함께 방문한 아이에게 사탕을 주거나, 다정스런 말 한마디에도 감동을 준다. 또는 고객에게 다음 구매를 위한 선물증서를 주거나, 생일 혹은 기념카드를 제공하거나, 아내와 함께 온 남성을 위해 편한 자리를 마련해주는 등이다.

그리고 기업은 고객과 접촉하지 않으면 감동을 줄 수 없으며, 오래 생존하지 못한다. 고객을 만족시키기 위해 항상 고객의 가까이에 있다는 것을 고객에게 상기시켜야 한다. 전화를 하고, 엽서, 소식지, 혹은 이메일을 보내는 것이 도움이 될 수 있다. 기업이 고객을 항상 생각하고 있다는 것을 그들이 인식할 수 있도록 해야 한다.

### 5) 불평을 처리할 때 유의사항

기업은 불평소비자들을 기업에 유익한 정보를 제공하는 충성고객으로 인식해야 한다. 따라서 다음과 같은 사항에 유의해야 한다.

- 상대방에게 동조해 가면서 긍정적으로 듣는다.
- 논쟁이나 변명은 피한다.
- 고객의 입장에서 성의있는 자세로 임한다.
- 감정적 표현, 노출을 피하고 냉정하게 검토한다.
- 솔직하게 사과한다.
- 설명은 사실을 바탕으로 명확하게 한다.
- 신속하게 처리한다.

## (4) 불량고객의 관리

'고객이 항상 옳은 것은 아니다', 혹은 '모든 손님이 왕은 아니다'라는 것은 고객관계관리에 중요한 시사점을 제시해 준다. CRM을 추구하는 기업이 유치해야 하는 올바른 고객과는 반대로 기업이 관계를 맺지 않기 위해 노력해야 하는 고객도 있다. 이들은 기업에게 수익을 가져다주기보다는 오히려 손해만을 안겨주는 고객들이다.

기업이 피해야 할 고객들은 두 가지 부류로 나뉜다. 하나는 장래성이 없는 고객인데, 기업이 제공하는 제품이나 서비스에 의해 충족될 수 없는 욕구를 갖고 있어서 이러한 고객과의 관계를 지속하면 '불행한 결혼 생활'이라는 결말을 맞이할 수밖에 없는 불량고객들이다. 또 한 부류는 기업이 유치하고자 하는 고객의 특성은 갖고 있지만 종업원을 곤란하게 한다거나, 기업 시설을 파괴하거나 혹은 다른 고객들에게 피해를 주는 고객들이다.

이와 같이 서비스나 제품을 잘못 소비하거나 잘못 사용하는 불량고객은 이런 사람이라고 한마디로 잘라 이야기하기는 무척 어렵다. 또한 장래성이 없는 고객은 고객유형 분석에 기반한 신규고객 유치를 통해 어느 정도 해결할 수 있지만, 불량고객에 대한 근본적인 해결책을 찾아보기는 어렵다.

### 1) 불량고객 대처방안

한 보험회사는 불량고객에 대처하기 위해 고객이 업무를 보기 전에 상담실을 운영하여 각 고객을 위해 행할 업무처리 과정을 미리 이야기해 주고 그 고객과의 상담을 이끌어 낸다.

보험이란 상품 자체가 일반인이 이해하기에는 너무 복잡한 측면이 있으므로 고객이 이해하기 쉽게 설명해줌으로써 고객이 상품을 오해하는 것을 미리 막아, 처음부터 고객과 기업 사이의 오해로 인해 고객이 불량고객으로 전락하는 것을 예방하는 것이다. 또한 불량고객을 따로 전담하는 종업원을 선발해 교육하는 방법도 있다. 고객창구 근무사원은 안정성, 단호함, 예의바름, 동정심, 확신, 능력 등을 고려하여 선발하고 수시 및 정례적 교육을 통하여 그 자질 향상을 도모한다.

### 2) 불량고객 퇴출

물론 불량고객을 업그레이드시키거나 기회를 제공함으로써 우량고객화하는 방안도 생각해 볼 수 있으나, 상습적이고 고의적인 불량자들은 퇴출시킬 수밖에 없다. 말썽만 일으키고 수익성이 낮은 고객과의 관계에 엄청난 노력과 비용을 투자하는 것은 보다 수익성이 높은 다른 고객과의 관계에 투자할 수 있는 자원을 낭비하는 것이기 때문이다.

예를 들면, 콜센터에 문의해 오는 고객에게 친절하게 대하는 것을 원칙으로 하지만, 지나친 서비스를 요구하거나 무례한 행동을 하는 고객에 대해서는 예약이 어렵다는 이유로 정중히 거절하는 방식으로 불량고객을 퇴출시킨다.

그러나 더 중요한 것은 기업 내의 한 부서, 혹은 한 기업에서 선천적으로 타고난 불량고객을 퇴출시키는 것에 그치지 않고, 전 기업이나 업계차원에서 이들에 대한 정보를 공유하고자 하는 노력을 해야 한다는 것이다.

### 3) 불량고객 관리원칙

불량고객과의 관계를 지속시키면서 고객이 올바른 고객으로 거듭날 수 있도록 도와주든지, 혹은 불량고객과의 관계를 끊어 버리는 것 이외에도 모든 기업들이 명심해야 할 기본적인 원칙들은 다음과 같다.

#### ① 예방이 최선책이다

불량고객의 특성을 파악하여 기업이 신규고객을 유치할 때 이러한 특성을 가진 고객을 새로운 고객으로 맞이하지 않는 것이 최선이다.

#### ② 고객에게 올바른 제품이나 서비스 사용법을 제공하라

올바른 사용법을 몰라서 발생하는 고객들의 잘못된 행동은 올바른 사용법만 알려줌으로써 올바른 고객으로 전환할 수 있다.

#### ③ 고객과 직접 만나고 있는 종업원들이 중요하다

불량고객의 행동을 유형별로 분석하고 유형에 따라 종업원들이 어떻게 대처해야 하는지를 종업원들에게 알려 주어야 한다.

#### ④ CRM 고객정보시스템을 정비하라

어떤 고객이 불량고객인지, 각 불량고객별로 어떠한 대처 방안이 최선인지를 기업 모든 구성원들이 공유하면 각 불량고객별로 개별화된 대응을 할 수 있다.

#### ⑤ 선량한 고객을 불량고객으로 대하지 말라

불량고객을 미리 발견하여 대처하는 것은 좋으나, 대부분의 선량한 고객들에게 자신이 불량고객인 것처럼 대우받는다는 느낌을 주어서는 안 된다.

#### ⑥ 고객이 의심되는 점을 고객의 눈에서, 고객에게 유리하게 해석하라

모든 관계의 기본은 신뢰이다. 관계의 기본인 신뢰가 깨진다면 그 어떤 관계도 지속해 갈 수 없다. 기업이 지속하고자 하는 관계에 있어 파트너인 고객이 의심되더라도, 혹 고객의 입장에서 그럴 수밖에 없는 상황은 아닌지 고객의 입장에서 한 번 더 생각해 보는 것이 필요하다.

### (5) 블랙컨슈머 관리

고객을 관리하는 관계차원에서 고객의 유형은 보편적이고 평범한 good customer(white consumer)와 관심을 가져야 하는 bad customer(black consumer)로 구분할 수 있다. 일반적으로 거래 후 발생하는 불평·불만고객은 기업의 대처가 가능한 고객이지만, 원천적으로 기업의 적합성에 맞지 않는 불량고객은 기업이 대처하기가 어렵다. 따라서 불량고객은 예방차원에서 제외하는 것이 최선이다. 불량(진상)고객은 전형적인 블랙컨슈머(Black consumer)로서 상품을 구입한 고객이 특별한 이유 없이 환불을 요구하거나 말도 안되는 서비스를 강요하는 등 일반적인 사회 통념상 상식 수준을 벗어나는 행위를 하며 또한 구매한 상품의 하자를 문제 삼아 기업을 상대로 과도한 피해보상금을 요구하거나 거짓으로 피해를 본 것처럼 꾸며 보상을 요구하는 소비자이다. 블랙컨슈머(진상고객)는 악성을 뜻하는 블랙(Black)과 소비자를 뜻하는 컨슈머(Consumer)의 합성 신조어로 악성민원을 고의적, 상습적으로 제기하여 기업에 물적, 정신적 피해를 입히는 소비자이다.

### 1) 블랙컨슈머가 생기는 원인

블랙컨슈머가 늘어나는 원인은 다음과 같다.

| 유형 | 원인 |
|---|---|
| 소비자 | '소비자는 왕, 사업자는 가해자'라는 왜곡된 권리의식 |
| 사업자 | 부정확한 정보 제공, 판매 중시 경영 태도, 허위 과장광고, 미숙한 대응 |
| 정부 | 정책 및 법규정 미비, 소비자 교육 부족, 상담기관의 주먹구구식 태도 |
| 사회 | 인터넷 활성화, SNS 등 커뮤니케이션 수단 발달, 사회에 대한 불신 팽배 |

블랙컨슈머를 줄이기 위한 방법은 기업에서만 노력한다고 되는 것이 아니다. 기업(사업자)과 정부기관, 고객(소비자)과 사회구성원 모두가 블랙컨슈머를 감소시키기 위해 노력해야 한다. 블랙컨슈머의 발생 원인을 소비자와 사업자 측면에서 살펴보면 다음과 같다.

#### ① 소비자(고객)

- 높은 기대수준: 개인비서와 같은 서비스를 기대한다.
- 왜곡된 소비자권리 의식
- 무지: 작은 문제를 확대해석해 안전과 결부지어 생각
- 개인성향: 막연한 정의감

#### ② 기업(사업자)

- 과장광고, 부정확한 정보
- 제품이나 서비스의 부실
- 소비자의 문제행동에 미숙한 대응

### 2) black consumer에 대한 대처방안

E.A.R 기법, B.I.F.F 기법 등을 살펴보면 다음과 같다.

#### ① E.A.R 기법

Empathy(공감), Attention(경청 및 주의), Respect(존중): 몹시 흥분하거나 감정조절이 제대로 되지 않는 고객들을 진정시키고 차분히 응대할 수 있게 하는 응대방법이다. 고객의 불만족에 대한 상황을 이해하려고 노력하는 공감과 함께 경청 및 주의를 기울이고 동시에 존중하는 태도 및 자세를 통해 흥분한 고객을 진정시킨다.

E.A.R 기법은 감정을 이용하여 고객의 흥분을 가라앉히기 위해 거짓말을 해서는 안된다. 그리고 가능하면 고객의 입장이나 견해를 이해하도록 해야 한다.

#### ② B.I.F.F 기법

Brief(간결), Information(정보), Friendly(친절), Firm(확고): 일단 흥분한 고객을 진정시키고 잘못된 정보에 대해서 효과적으로 대응할 수 있게 해주는 응대방법이다. 보통 블랙컨슈머들은 지나치게 흥분하거나 직원들에게 공격적인 성향을 보이는 경우가 많다

이러한 경향을 보이는 고객들을 대상으로 짧게 물어보고 짧게 대답하며 정보 위주로 대응하고 친근감을 유지하며 자신의 언행에 대해서 확고한 자세를 유지하는 것이 중요하다.

### 3) 블랙컨슈머 응대

① 신속하게 대응하라.

② 과격한 언행을 삼가라.

③ 친절하게 대응해야 하지만 필요 이상으로 과잉 친절은 피해라.

④ 보상의 원칙을 제시하고 원칙에서 해결하라.

⑤ 효과적으로 담당자를 바꿔라.

⑥ 시간적 간격과 장소를 통해 분위기를 전환하라.

⑦ 과격한 언행에 대해서는 녹취하여 보관하라.

⑧ 협박에 흔들리지 마라.

⑨ 선제적으로 대응하라.

⑩ 민사, 형사상 책임을 지게 하라.

## 5. 관계강화 및 우량고객 만들기

기업은 기존고객에 대한 활성화 프로그램과 전략이 부족하다. 현재 기업에서 고객관계강화를 위해 제공되고 있는 고객프로그램은 수익성있는 고객관계를 강화하기 위하여 제공되고 있지만 이러한 고객프로그램이 기업간에 경쟁적 차별화의 요소로 작용하지 못하고 있을 뿐만 아니라 고객관계 활성화전략으로 작용하지 않고 있다. 따라서 저렴한 비용으로 고객의 가치를 극대화시킬 수 있는 차별적 경쟁우위를 확보할 수 있는 제휴 및 구조적인 네트워크 형성으로 시스템적인 차별화를 이룩해야 한다.

장기적인 관점과 단기적인 관점 등 고객과의 관계강화를 통하여 수익을 확대하기 위해서는 장기적인 관점에서 추진해야 할 목표와 단기적인 관점에서 추진해야 할 목표가 있다. 시스템 및 고객정보의 체계적인 확보는 단기적인 IT 프로젝트로는 의도했던 결과를 얻기 힘들다. 또한 단기적인 캠페인에 대한 계획 및 실행 또한 단순한 성과분석만으로 기업의 전반적인 마케팅 지향성을 향상하기 힘들다.

그렇지만 장기적인 관점에서 고객의 수익성에 대한 평가를 한다면 단기적으로 고객의 계약 활성화를 유도하기 어려울 수도 있다. 따라서 기업은 장기적인 비전을 설정하여 장기목표와 단기목표를 효과적으로 수립할 수 있는 마케팅 전략을 구사해야 한다. 특히 고객관계강화단계에서는 보통 개인적인 인간관계와 마찬가지로 고객과의 관계에서 견고성과 친밀성을 증가시킴으로써 시간이 지남에 따라 새로운 국면으로 접어들게 하는 것이 필요하다. 관계마케팅을 흔히 결혼에 비유하기도 한다.

처음엔 만나 지내는 친구단계, 그 후의 연인단계, 그리고 결혼단계, 부부단계로 시간이 지남에 따라 새로운 국면에 접어들 듯이 기업과 고객도 이와 같은 단계를 거치면서 친밀하고 견고한 관계를 이루어 가는 것으로 본다. 로열티가 높은 고객은 기업에게 견고한 사업기반이 될 뿐만 아니라 성장잠재력이 된다. 또한 기존 고객이 제공할 수 있는 가치를 극대화하는 전략으로는 현재의 고객으로부터 발생하는 현금흐름의 양을 증가시켜 일반 고객을 수익성 높은 우량고객으로 진화시켜 나가는 것을 들 수 있다.

기업의 현실에서는 고객이라고 다 같은 고객은 아니다. 기업이 관계를 맺고 있는 모든 고객들은 기업의 이익에 똑같이 기여하지 않고 있으며 대개의 경우 고객별로 상당한 편차를 보인다.

특히 고객만족과 로열티의 관계는 산업별 유형에 따라 [그림 4-5]와 같이 다양하게 나타난다.

그리고 같은 만족도 점수를 가지고 있는 기업이라고 하더라도 '매우 만족'

그림 4-5 상황요인에 따른 고객만족

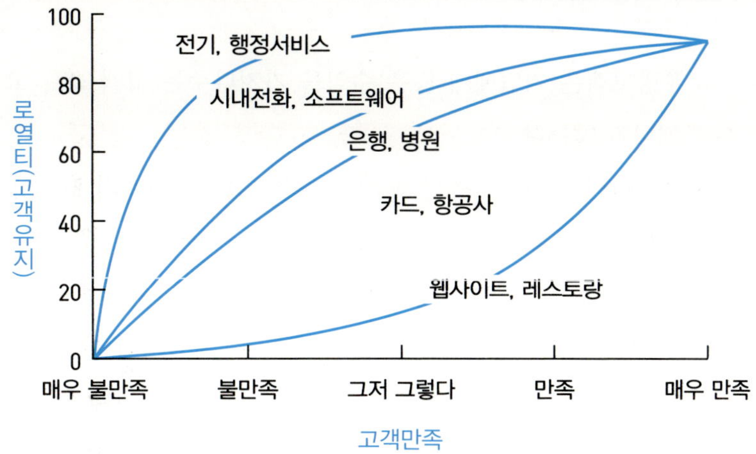


자료: 최정환·이유재, 전게서, p.46.

으로 응답한 고객을 얼마나 보유하느냐에 따라 [그림 4-6]과 같이 재구매율에 큰 차이가 나타난다.

그림 4-6 완전한 만족과 재구매율과의 관계

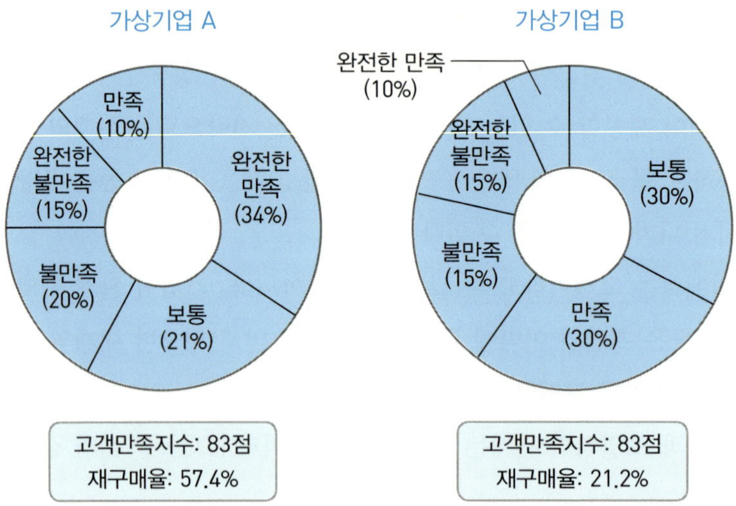


## (1) 우량고객의 의의와 응대

우량고객은 기업에게 많은 수익을 가져다주는 고객으로, 고객은 극히 일부에 지나지 않는다.

일반적인 기업에서는 전체 수익 중 80%를 단 20%의 고객이 제공한다. 이것을 '20:80의 법칙'(파레토 법칙)이라고 한다.

기업은 모든 고객들에게 똑같은 비용을 들인 천편일률적인 마케팅을 전개하는 데에서 벗어나 고객의 생애가치에 따른 차별화된 마케팅 활동을 수행하여야 한다. 이런 기업만이 생명줄 같은 우량고객과의 관계를 유지·강화해 나갈 수 있다.

아직도 많은 기업에서는 우량고객을 선정할 때 고객들의 실질적 기여도보

**표 4-4 할인과 쿠폰의 차이**

할인(Discount)과 쿠폰(Coupon)의 차이점은 쿠폰은 쿠폰을 가져간 사람들에게만 제공하는 것이고, Discount는 불특정 다수에게 똑같이 적용하는 것이라서 가격이 떨어지는 것이다. 쿠폰을 Category User가 아닌 사람에게는 제공할 필요가 없고 또한 Loyal User에게도 제공할 필요가 없다.

그리고 중간에 있는 가끔 사용하는 사람들에게는 쿠폰사용빈도를 고려해서 빈도가 높은 사람들에게는 연속적인 접근으로 낮은 가치의 쿠폰을 제공하고 빈도가 낮은 사람들에게는 연속적인 접근으로 중간가치의 쿠폰을 제공해야 한다.

실제 충성스러운 기업의 고객보다는 경쟁사의 고객을 분류하여, 그들에게 더 부가가치가 높은 쿠폰을 보내줌으로써 자사의 이윤을 극대화시킬 수 있다. 또한 충성도가 낮은 고객에게 부가가치가 높은 쿠폰을 보내는 것이 쿠폰 교환율이 높고, 이들을 주고객으로 전환시킬 수 있을 것이다.

다도 매출액이나 거래액, 잔고규모 등 양적 지표만을 사용하고 있다.

그러나 이러한 양적 지표만을 사용하면 잘못된 우량고객을 선정할 수 있다. 그러므로 진정한 우량고객을 구분하기 위해서는 이러한 양적 지표에서 탈피하여 수익기여도에 따른 질적 평가로의 전환이 필요하다.

우량고객에 대한 응대의 방안으로 시행되는 로열티 프로그램은 제품이나 서비스 제공자와 사용자 간의 장기적인 관계를 향상시키기 위해 만들어진 모든 프로그램을 포함한다. 쿠폰, 포인트제도를 활용한다.

그리고 고객은 보상의 금전적인 크기에 따라 만족감을 얻는 것이 아니다. 아주 작지만 고객을 자사의 가치있는 고객으로 인정해 주면 고객은 만족한다. 또한 진정으로 고객이 원하는 바를 채워주려고 노력하는 기업의 자세에서 고객은 감동한다. 기업이 이렇게 소비자가 원하는 감동을 주는 방법이 전략적 커스터머 케어(customer care), 즉 고객맞춤형 응대방법이다.

### (2) 기업과의 적합성과 고객수익기여도 분석

수익기여도가 높은 고객들이 전부 우량고객인 것은 아니다. 우량고객은 장래 기업과의 관계 속에서 실현할 수 있는 미래가치까지 고려했을 때, 기업의 수익에 기여하는 바가 많아야 하고, 기업이 제공하는 제품이나 서비스를 누구보다도 잘 알고 인정해주는 고객이다. 기업은 이러한 고객을 선택해야 한다.

특히 우량고객 중의 우량고객인 초우량고객은 높은 융통성과 적응성을 지니고 있어 신기술을 도입한 제품이나 새로운 형태의 서비스 등을 받아들이는 초기수용자로서 자신들과의 독점적인 지위를 기업에 허락한다. 즉, 기업은 이들과의 관계에서 높은 고객점유율을 달성할 수 있다.

### (3) 수익모델/기업의 수익성 증대 방안

기업의 수익성 증대를 위한 수익모델의 주요 내용은 보다 많은 고객의 확보, 비용의 절감, 관계기간의 연장, 고객당 매출액의 증대 등이다.

개별고객을 관리하고 이들의 기업에의 기여를 높이고자 하는 노력이 많이 시행되고 있는 고객당 매출증대방안 역시 효과적인 안목을 제시해 준다.

[그림 4-7]은 한 고객과의 관계개선이 가져올 수 있는 다양한 유형의 추가 가치증대를 그림으로 보여 주고 있다. 현재의 고객가치가 앞으로 이 고객이 우리 기업에 가져올 잠재적 가치의 사이에는 사용량의 증대, 교차판매의 활용, 관계기간의 연장, 마진율의 향상 등이 자리잡고 있다. 즉, 한 고객과의 관계가 지속되고 이들과의 보다 우호적인 상관관계가 형성됨에 따라, 반복구매가 이루어지고 고객정보를 바탕으로 한 교차판매나 업셀링 등이 이루어질 수 있다.

그림 4-7 고객가치의 상승과정

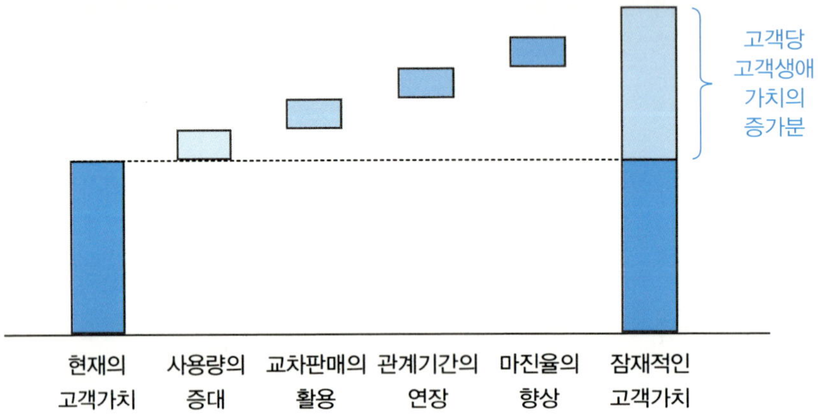


자료: 최정환·이유재, 전게서, 2001, p.247.

고객당 매출액 증대에 속하는 방안은 교차판매(cross-selling)나 업셀링(up-selling) 등이 있다. 예를 들면, 금융서비스는 일반 고객이 일상생활에서 없어서는 안 될 필수적인 것이다. 은행과 거래할 때, 고객은 거래은행으로부터 좋은 서비스나 대우를 받고, 또한 거래량의 증가에 따라 금전적 또는 비금전적인 보상을 받는 혜택이 있다. 반면 은행은 고객의 거래량의 증가로 인해 그 고객으로부터의 수익이 증가되는 혜택이 있다. 이렇게 상호간에 혜택이 있는 관계가 지속되어야만 고객과의 관계가 유지될 수 있다. 더욱이 이러한 고객관계를 강화시키기 위해서는 상호간에 혜택이 늘어나고, 이를 위한 노력이 지속될 것이라는 신뢰가 있어야 할 것이다. 은행의 경우에 고객 관계의 강화는 업셀링(up-selling)을 통해 거래량, 거래수를 늘리고 교차판매(cross-selling)를 통해 거래하는 거래상품 수, 계좌 수 등을 늘려 거래의 깊이와 폭을 확장시켜 나가는 것을 말한다.

이는 한 고객이 어느 특정 은행과 하는 거래의 깊이와 폭이 늘어날수록 그만큼 그 고객은 그 거래은행을 떠나기가 어려워지기 때문에 고객관계가 강화된다는 것이다. 그러므로 이 두 번째 고객생애 단계에서 은행은 고객의 필요를 잘 이해하고 그에 맞는 적절한 상품과 서비스를 제공해야 할 것이다. 동시에 차별화된 고객 서비스를 통해 고객과의 관계 강화를 통한 노력을 경주해야 할 것이다. 이 두 번째 단계의 조절로 기업은 초기의 음(−)의 수익성을 양(+)의 고객 수익성으로 전환시킬 수 있다.

신규고객의 확보, 우량고객관리, 불량고객의 단절, 이탈고객의 방지/복귀 등은 모두 CRM의 실행에 있어 중추가 되는 작업들이며 동시에 기업의 수익성을 위해 반드시 수반되어야 하는 관리활동들이다.

### 1) 교차판매

교차판매는 고객이 기존에 구매한 품목이외의 새로운 상품을 구매하도록 유도하는 활동이다. 예컨대, 은행에서 정기예금고객에게 신용카드를 권유하는 경우나 인터넷 서점에서 특정한 책을 구입한 고객에게 유사한 주제의 다른 책도 권유하는 경우이다. 이는 연계판매라고도 한다.

교차판매는 여러 가지의 상품라인을 가지고 고객에게 다양한 상품을 제공하는 회사의 경우, 전반적인 판매를 증가시키기 위해 매우 유용하고 도움이 되는 방법이다. 양복과 넥타이, 은행에서 예금과 융자, 저금 등의 다양한 상품을 하나의 패키지로 구성한다.

이는 바로 고객의 거래데이터에 기반하여 얻은 정보를 이용한 데이터베이스 마케팅에서 말하는 교차판매의 전형적인 예인 동시에 데이터를 가지고 수익성있는 고객과의 관계를 도모하려는 CRM에 있어서도 필요한 작업인 것이다.

### 2) 업셀링

업셀링은 격상판매 또는 추가판매라고 한다. 이는 특정한 상품범주 내에서 상품구매액을 늘리도록 유도하는 활동이다. 예컨대, 가격이 비싼 신모델을 추천하는 경우나 포인트 마일리지 프로그램 등의 방법으로 신용카드 등의 사용을 늘리도록 유도하는 경우이다.

고객의 생애가치는 기업이 장기적으로 관심을 가지고 나아가야 하는 항목이다. 이러한 고객생애가치의 확장을 위해서도 관계기간의 연장뿐만 아니라, 교차판매나 업셀링 등의 작업이 함께 이루어져야 그 성과를 높일 수 있다. 이처럼 업셀링은 기존고객의 이용률을 높이기 위해 전략적으로 중요한 의미를 가지는 고객발견에 초점을 두고 이것을 마케팅기회로 삼는 것이다.

### 3) 수익성 제고시 고려사항

고객수익성은 고객이 기업에게 제공하는 금전적, 비금전적 기여도라고 이해할 수 있으며, 이러한 수익성을 증대시키는 방안으로 교차판매와 업셀링을 중심으로 보았다.

은행 입장에서는 장기간 은행과 거래해 온 고객의 거래 종류나 형태는 이미 잘 알고 있으므로 그 고객과의 거래를 자동화시킴으로써 거래비용을 절감시킬 수도 있다. 서비스나 대우에서 차별화를 유지하는 과정에서 은행은 고객의 수익성을 한층 더 증진시킬 수도 있다.

수익성 제고시 고려 사항은 제안형 마케팅을 지향하고, 역선택의 함정을 피해야 하며, 고객의 소외감을 극복해야 하며, 고객의 역동성에 함께 발맞추어야 하고, 또 동시에 고객 중심으로 데이터를 통합해야 한다.

그리고 능동적인 고객참여(customer involvement)의 유도와 고객인맥, 소개관리(customer referral management) 등을 적극 활용해야 한다.

## (4) 고객관계의 가치 이해

장기적인 고객관계의 유지를 통해 수익성을 증가시키기 위해 기업은 비용측면에서, 고객의 선호, 구매유형, 가치 등을 파악하는 것에 투자를 한다. 그러한 정보는 더 강한 고객 유대를 창출하는 프로그램을 설계하는 데 사용된다. 기업은 매월 온라인 뉴스레터에 투자하고, 고객 서비스의 양식을 강화하거나 고객 인터페이스(interface) 기술을 업그레이드함으로써 고객관계의 가치를 향상시키려고 한다. 편익 측면에서, 고객관계가 수익성을 증가시키는 두 가지 이유가 있다.

첫째, 기존고객에게 서브하는 비용이 더 낮다(The costs of serving existing customers are lower).

**그림 4-8** 고객 기간의 길이와 수익성 간의 기대되는 관계

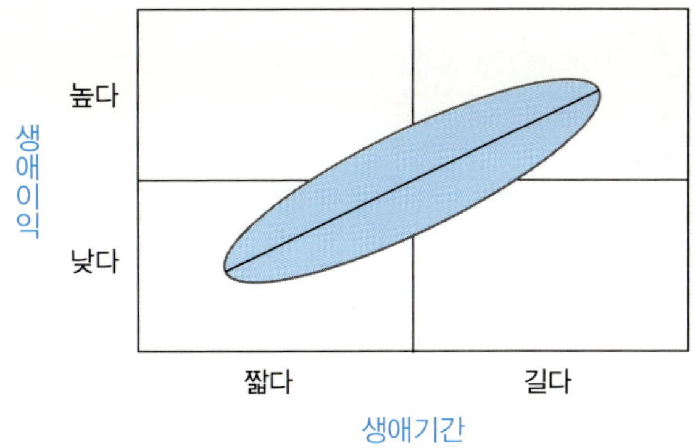


자료: R. Mohammed et al., op cit, p.244.

고객을 찾고 유인하는 것과 연관된 상당한 비용은 기존고객 기반의 존재에 의해서 크게 감소시킨다. 기존고객은 이미 기업에 대하여 인식을 하고 있고, 적어도 한번은 그 기업에서 구매를 한 적이 있다. 따라서 기업은 고객들에게 이전의 거래에서 적절한 제품과 서비스를 제공했는지를 확인하기 위한 전략에 투자해야 할 필요가 없고, 적절한 교환파트너임을 그들에게 설득해야 할 필요가 없다. 계약을 맺은 고객은 그 기업에 높은 신뢰도를 가지고 있기 때문이다. 그 결과로서 고객은 그 상품에 대하여 더 많은 구매의도를 가질 것이다.

둘째, 기존고객은 더 높은 가격을 지불할 의사가 있다(Existing customers are willing to pay higher prices).

기존고객은 신상품이 출시된다고 할지라도 신규고객이 지불할 의사보다 더 높은 가격을 기꺼이 지불할 의사를 가지고 있다.

또한 장기 고객은 관계의 비경제적 편익에 어떤 가치를 부여하고 있으며, 특별한 고객 서비스로서 묶는 하나의 보상 프로그램은 고객의 눈을 가격에서 떼어놓는다.

예를 들면, 잦은 탑승객/구매자 프로그램(frequent flier or shopper program)은 관계를 계속하는 데 있어서 그들의 경제적 투자 때문에 비회원처럼 가격에 민감하게 행동하지 않는다.

보다 낮은 비용, 보다 높은 마진, 그리고 아마도 보다 높은 판매량의 결과로서, 고객관계 기간과 수익성 간의 일반적인 관련은 강하고 긍정적인 연관성을 가지고 있다.

**표 4-5 | 판매 후 고객관리**

전자세일즈맨의 사후전략을 보면 고정고객 육성전략(고객관리의 3.1.3.1 작전)으로 판매 3일 후에는 전화로 감사 및 제품의 이상 유무를 확인하고 DM으로 감사와 제품 사용법, 주의점을 보내어 준다. 판매 1개월 후에는 제품 구입을 암시하고 이상 유무시 연락처를 DM으로 제시한다. 판매 3개월 후에는 전화로 이상 유무, 주의점, 사용 불편성을 확인하고 DM으로 감사, 제품 사용법, 신제품 소개 등을 보낸다. 판매 1년 후에는 전화로 무료서비스 제공, 재구매를 유도하고 DM으로 감사와 재구매 유도, 신상품 소개를 한다. 이러한 식의 전략을 도입해서 CRM에 적용하는 것이 필요하다.

*Chapter 5*

# 고객로열티 향상전략

## 1. 고객로열티의 의의

CRM의 구현은 기업의 수익을 극대화하고 지속적인 성장을 추구할 수 있다. 이는 고객과의 지속적인 관계유지를 위한 고객로열티의 형성이 필수적이라고 할 수 있다. 즉, 고객로열티는 CRM 구현을 통해 고객으로부터 얻어야 하는 최종 목적이자 지향점이다.

주요 고객의 로열티 강화는 고객당 거래건수, 거래단가, 거래기간 등을 증가시킨다. 즉, 고객의 양적 증대에서 질적 고도화로의 전환은 매출증가, 재고리스크 감소, 매출대비 마케팅 비용 감축 등의 효과를 발생시킨다. 그리고 핵심고객과 유사한 속성을 지닌 잠재고객을 선별하여 신규고객으로 유인함으로써

그림 5-1 고객만족도, 고객로열티, 수익률 간의 상관관계

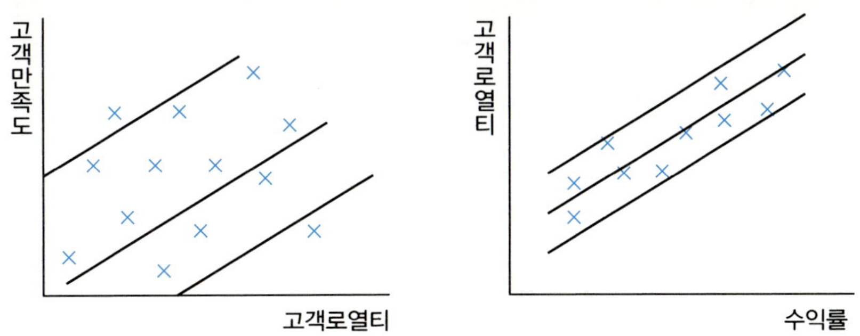


자료: Kebi R. Bhote, "Beyond customer satisfaction to customer loyalty," 1996.

수익을 극대화시킨다.

고객로열티 형성은 CRM의 궁극적인 지향점으로서 고객만족도와 수익률과의 관계를 살펴보아야 한다. 고객만족도와 고객로열티의 상관관계는 예측할 수 없으나, 고객로열티와 수익률과의 상관관계는 높은 것으로 나타났다.

과거의 많은 기업들은 고객의 욕구를 만족시키기 위해 많은 노력을 기울여왔다. 하지만 고객만족(customer satisfaction)경영은 고객의 '만족'에만 효과가 있었고 실질적으로 필요한 수익성은 향상되지 않았다.

고객 만족도에 대한 효과를 분석한 결과, 시간이 지날수록 제품, 서비스에 대한 만족도는 기술향상이나 서비스 질의 개선 등의 영향으로 꾸준히 증가하였다. 그러나 이에 비해 재구매나 추천 등은 떨어지고 고객이 이탈하는 현상까지 벌어졌다.

따라서 고객만족과 고객이탈간의 상관관계를 발견하기는 어렵다. 즉, 고객의 만족이 재구매로 이어지지 않고 있어 제품의 차별 자체에 한계가 있다는 것을 보여주고 있다.

"베인&컴퍼니"의 연구결과에 따르면 고객유지율로 대표되는 고객로열티

**그림 5-2** 업종별 고객유지율 증가(5%)에 따른 고객가치변화

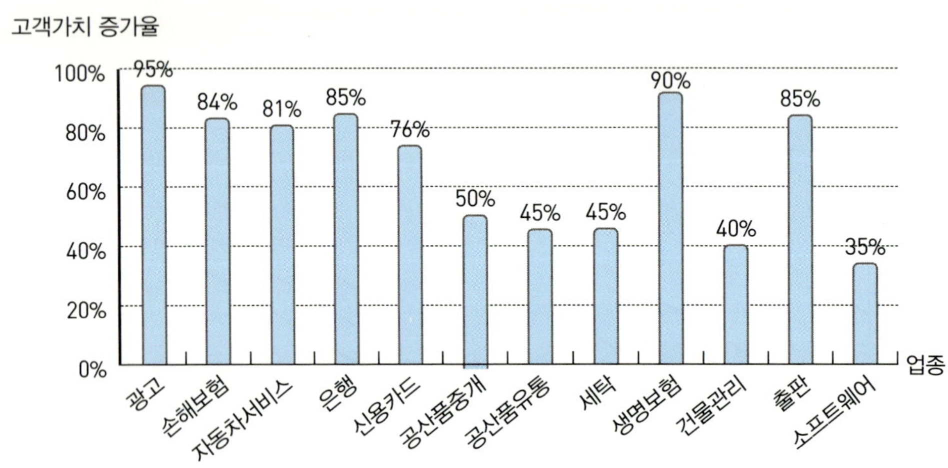


자료: 베인 & 컴퍼니, 백종성, 「Customer Loyalty에 대한 이해와 프로그램」, 2000.

**표 5-1** 삼성카드의 고객로열티향상전략 사례

삼성카드는 자사에서 주최하는 골프대회에 일부 고객을 초청하기로 했다. 대상은 수도권에 상주하는 골퍼로서 고객의 카드사용 실태를 분석해 1만 4천 명의 골퍼 중 8천 명을 추려내고 향후 1개월 간 카드실적 우수고객을 프로암 골프대회 초청한다는 안내문을 보냈다. 안내서를 받은 회원의 카드 구매실적이 30% 증가했으며 카드상한선을 없애달라는 요구까지 들어올 정도였다. 이 중 20명을 선정해 골프대회에 초청을 했으며 초청 받지 못한 회원에게는 골프용품 할인권을 교부하였다. 삼성카드로서는 고객들의 로열티 상승효과를 충분히 느낄 수 있는 사례이다.

가 수익성, 즉 고객가치에 미치는 영향을 조사한 결과는 다음과 같다.

[그림 5-2]와 같이 고객유지율을 5% 증가시키는 경우, 평균 고객의 가치(수익성)는 업종별로 35~100% 증가하는 것으로 조사되었다. 또한 신규고객획득에 소요되는 평균비용은 기존고객 유지비용보다 5~10배가 높은 것으로 조사되었다.

즉, CRM은 다양한 접점과 커뮤니케이션을 통하여 고객과의 친밀한 관계를 유지하고 고객의 로열티를 확보함으로써, 궁극적으로는 기업의 가치를 극대화함을 목적으로 한다.

고객에 대하여 로열티를 향상시키기 위해서는 통합적인 마케팅 커뮤니케이션 프로그램을 구축하여야 한다. 고객을 세분화하여 주고객층을 정하고 표적시장을 선정한 후, 주고객층이 애용하는 상점들을 대상으로 집중적인 마케팅 활동을 전개함으로써 고객 로열티를 향상시킬 수 있다.

## 2. 로열티 고객의 만족프로그램

진정한 마케팅은 고객이 구매한 후부터 시작된다. 고객의 구매행동은 시작했다가 곧 중단되는 것이 아니라, 일생에 걸쳐서 지속적이고 반복적으로 일어난다. 따라서 기업은 고객을 자주 방문하거나 접촉하고 유도하여, 구매행동을 유발하고 고객과의 관계를 장기적으로 맺는 것이 전략적 과제라고 할 수 있다. 특히 고객 개개인의 행동을 유발하는 프로그램이나 적극적인 마케팅 활동이 수반되어야 한다.

예를 들면, 고객 로열티를 극대화하기 위해서는 우량고객이 지니는 의미부터 정의하여야 한다. 일반적으로 계약한 상품이 이익을 가져다 주고 A/S 건수가 빈번하지 않아 운용 유지비가 적게 들며, 오랫동안 로열티를 갖고 있는 변함없는 고객이면서, 고객의 사업 자체가 확장되어 추가계획이 발생하거나 추가계획 잠재성이 높은 고객을 우량고객이라 할 수 있다. 일반적인 고객에게는 마케팅이 강화되어야 하지만 우량고객에게는 서비스가 강화되어야 한다. 아울러 기존 우량고객을 유지하는 비용이 새로운 비용의 1/6~1/8이라는 점을 인식하여 우량고객에 대한 정의, 파악, 유지에 대하여 전략적인 접근이 필요하며 이들의 로열티를 극대화하는 것이 가장 효과적인 마케팅전략일 것이다.

로열티 고객을 만족시키는 실천적인 행동전략으로서 6가지 프로그램은 다음과 같다.

### (1) 이익환원(benefit return)

고객으로부터 창출된 이익은 고객에게 환원되어야 한다. 즉, 고객이 회사에 기여한 금전·비금전적 기여도를 평가하여 정기적·비정기적으로 고객 개개인에게 직접 제공해야 한다. 예를 들면, 고객들에게 베푸는 누적 포인트의 경우, 회사 내에서만 적용할 것이 아니라 다른 기업이나 가맹점들과 전략적으로 제휴하여 고객이 어느 장소, 어느 가맹점을 이용하든 서로 교차·합산하여 하나의 새로운 서비스나 혜택으로 창출되도록 하는 것이다.

### (2) 일관성과 신뢰성의 부여

일관성 있는 말과 행동은 신뢰와 로열티 향상의 지름길이다. 제도, 정책, 영업방향, 고객혜택 등을 전개하는 데 있어 경쟁회사나 시장논리에 맞게 적극적으로 대응하는 것도 좋지만 항상 일관성과 신뢰성을 바탕으로 제공되어야 한다.

## (3) 긍정적인 태도와 고객 설득

종업원에 대한 접객예절, 전화예절, 방문예절 등의 서비스 교육과 인터넷 상에서의 고객 상담의 성실성, 조직 내에서의 긍정적인 고객상담 자세 갖추기 등을 통해 고객이 편안하고 자연스러운 가운데 구매나 상담의 즐거움을 만끽할 수 있도록 상담분위기를 연출한다.

## (4) 호감과 설레임

고객이 해당 기업에 요구하는 것이 무엇이며, 그리고 고객의 관심과 욕구는 무엇인가를 간파할 수 있어야 한다. 고객은 끝없는 욕심쟁이가 될 수도 있고 변덕쟁이가 될 수도 있다. 그러나 이들에게 항상 부정적인 자세나 편견, 불만만 있는 것은 아니다. 따라서 고객이 느끼는 호감, 그리고 설레임을 간파하여 마케팅 활동에 반영해야 한다.

## (5) 희귀성과 부가가치성

고객에게는 자신만의 특권을 누리고자 하는 본능이 있다. 그러므로 고객이 이해타산을 따지도록 하기보다 차라리 자신만의 특권을 누릴 수 있도록 특별대우하는 방법이 더욱 효과적이다. 일정 회원 등급 이상에게만 주어지는 특별우대, 마지막 기회, 남들에게는 비공개된 정보 등으로 특권을 부여하도록 한다.

## (6) 부귀와 명예

'고객님은 우리 회사에서만 제공하는 몇 안 되는 분만이 누릴 수 있는 권위와 명예의 표시이자 최고이십니다'라는 식으로 차별적인 기회와 혜택을 부여한다.

따라서 고객을 처음 만났을 때, 그의 이름을 부르지 않도록 한다. 이것은 사람의 직함을 사용해야 한다는 것을 의미한다. 아주머니보다는 아가씨 혹은 사모님을, 아저씨보다는 선생님, 사장님이란 호칭을 사용한다.

## 3. 인터넷상에서의 고객접점만족전략

인터넷 비즈니스에서 흑자를 내기 위해서는 실물 세계, 즉 오프라인 시장에서 들이는 노력 이상 늘 연구하고 신경을 써야 한다.

인터넷상에서의 고객접점 개선은 신규고객 확보와 반복이용에 결정적인

그림 5-3 성공적인 인터넷 고객센터 운영을 위한 회사의 역할

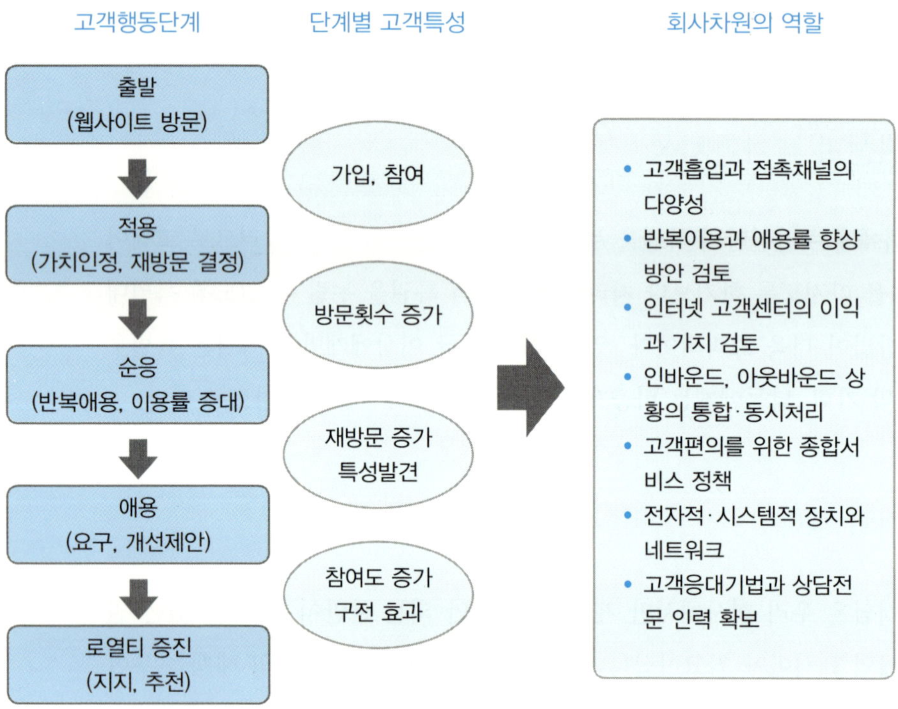


자료: 안철경·조혜원, 전게서, 2001.8, p.44.

영향을 미친다. 따라서 고객이 필요로 하는 혜택의 부여와 고객의 니즈를 충족시킬 수 있어야 하고, 고객이 스스로 판단하고 비교하여 결정할 수 있도록 해야 한다.

또한 고객정보의 철저한 보안유지에 신경을 써야 하며, 고객이 단순히 인터넷상에 머물게 하는 것이 아니라 행동을 하게끔 해야 한다.

eCRM으로 얻을 수 있는 혜택은 고객 1명에 들어가는 관리비용을 아낄 수 있는 것인데 이는 eCRM을 통해 인터넷에서의 고객관리 프로세스가 자동화되고 오프라인의 고객관리 시스템과 연동되기 때문이다. 한편 eCRM으로 확보한 고객에 대한 정보와 지식을 기반으로 고객 개개인이 필요로 하는 맞춤 서비스를 제공할 수 있기 때문에 고객 만족도를 높일 수 있다.

또한 인터넷 사용인구가 급속도로 늘어나면서 CRM시장이 그 적용범위를 확대하고 있다. 특히 휴대폰 상용화에 따른 무선인터넷 서비스의 저변 확대로 말미암아 최근에 이르러서는 고객데이터와 영업 실적 등 기업의 내·외 정보를 무선인터넷 단말기로 조회할 수 있는 mCRM(mobile CRM)이 주목받고 있다. 고객들이 무선으로 제품정보수집, 매입처선정, 배송, 주문 및 결제 등을 할 수 있게 됨에 따라 영업 사원들은 모빌 그룹웨어와 연동하여 실시간으로 고객관리를 할 수 있다. 시간과 장소에 구애받지 않고 이동전화나 개인휴대 정보단말기(personal digital assistants; PDA)를 통해 그때그때 고객관리가 가능한 셈이다.

인터넷상에서의 고객접점만족전략은 다음과 같다.

### (1) 제1전략: 고객이 필요로 하는 혜택과 욕구 충족

기업은 고객의 태도에 대처해야 하며, 고객이 원하는 실질적인 혜택과 욕구를 충족시켜야 한다. 즉, 고객의 관점에서 고객에게 꼭 필요하고 개인의 사정이나 상황에 따라 저마다의 다른 견해와 욕구를 충족시킬 수 있는 전략을 전개해야 한다.

### (2) 제2전략: 고객이 스스로 판단하여 결정하도록 한다

고객에게 유용한 인터넷 사이트가 되기 위해서는 고객의 욕구 충족뿐만 아니라 고객이 보다 편리하게 구매 의사결정을 내릴 수 있도록 정보와 비교데이터, 상품의 특성, 독특한 콘텐츠를 제공해 줄 수 있어야 한다. 즉, 고객은 인터넷 사이트 운영자(기업)가 제공하는 정보와 콘텐츠를 통해 즉시 비교, 판단함으로써 자신의 구매행동이나 의사결정이 옳다는 결정을 쉽게 내리려고 하기 때문이다.

### (3) 제3전략: 고객정보를 완벽하게 보호한다

인터넷 업체의 문제점 가운데 하나는 고객의 정보관리에 허점이 많아 개인 사생활 침해가 많다는 것이다. 특히 대리점이나 체인점을 많이 보유한 업체일수록 그 양상은 더욱 심각하다. 회원을 가입시킬 때 요구되는 정보는 필요 이상으로 많은 반면, 관리에 있어서는 너무 무책임하다는 지적이 많다.

### (4) 제4전략: 고객을 존중하고 구매욕구를 유발해야 한다

고객을 상대로 비즈니스를 창출하기 위해서는 인터넷상에서는 확보된 고객에 대한 감사의 표시나 존중의 표시는 물론 이들 고객이 반복구매나 반복활동이 촉발할 수 있도록 보다 적극적인 고객마케팅 활동이 필요하다.

인터넷 콘텐츠가 충실하고 정보가 풍부하다고 해서 고객이 많이 모이는 것은 아니다. 인터넷 업체들은 그저 회원수 확보에만 치중했지 정작 고객들의 사후관리에 있어서는 그 노하우나 경험이 매우 미약한 것이다. 특히 개별화된 이메일을 통해 마케팅을 전개하는 기업은 고객의 구매욕구를 유발할 수 있는 지속적인 콘텐츠 개발과 관리가 필요하다.

## (5) 제5전략: 인터넷 콜센터와 연동한다

인터넷 비즈니스도 IT 기술력과 마케팅이 연동되어야 한다. 가령, 인터넷을 기반으로 하는 실시간 콜센터의 운영으로 마케팅 프로모션을 강화하는 방법을 강구해야 한다.

예를 들면, 웹콜마케팅 활용방안이다. 웹콜마케팅은 전화 또는 인터넷 등의 온라인상에서 각종 상품안내, 시장정보, 거래주문 및 처리, 고객불만처리 등의 고객서비스업무와 고객만족도 및 니즈 조사, 각종 정보안내 및 고객관리업무를 수행할 수 있는 핵심적인 마케팅기법이다. 웹콜마케팅은 [그림 5-4]와 같은 구조로 이루어져 있다.

그림 5-4 웹콜마케팅 구조

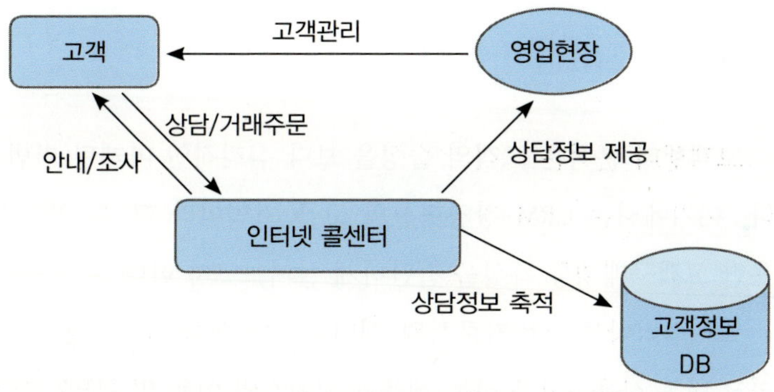


## (6) 제6전략: 고객을 개별화하고 차별화한다

인터넷마케팅은 동시성·신속성·편리성 등의 장점이 있기는 하지만 자칫 소극적이고 일방향적이라는 단점이 노출될 수도 있다. 따라서 STP 전략에 따라 고객을 개별화하고, 차별화할 수 있는 실질적인 전략이 효과적으로 발휘되어야 하며, 이 같은 전략은 CRM을 전개하는 데 있어서도 반드시 필요하다.

### (7) 제7전략: 독창성이 있어야 한다

인터넷 비즈니스의 성공 여부는 독창성, 시장성과 수익구조의 건전성, 비즈니스 전략 등에 달려 있다. 성공적인 인터넷 비즈니스가 되기 위해서는 다른 업체가 쉽게 모방하기 어려운 것을 담아야 하며, 해당 시장의 절대적인 규모가 어느 정도인지도 살펴보아야 한다. 그 다음 내용과 방식을 약간 변형시켰을 때, 다양한 형태가 나올 수 있는지 여부도 판단해야 한다.

## 4. 소비심리에 따른 CRM 강화전략

### (1) 고객의 소비심리 특성

고객행태 분석은 고객의 습성을 보다 심리적인 마케팅 기법으로 접근해야 한다. 여기에서는 CRM 경영혁신의 고급 기법이라 할 수 있는 '소비심리학'을 활용한 고객구매행동 특성을 간단하게 살펴보고자 한다.

소비심리학은 소비자로서의 개인이 일상생활에서 사용하고자 하는 욕구, 그리고 반복 사용하고자 하는 제품과 서비스의 이용 및 구입, 그리고 폐기·처분 행동에 관해 과학적으로 연구하는 학문이다. 즉, 고객은 자신의 니즈를 충족시킬 수 있는 제품과 서비스를 구매하기 위해 소비에 관련된 정보를 수집하기도 하고 대안들을 비교·평가하며 그중에서 최적의 것을 선택하는 과정을 반복하는데, 이 같은 일련의 심리적 과정이 어떻게 일어나며 이 과정에서 영향을 미치는 개인의 성격, 동기, 태도 등 심리적 특성이 어떻게 관련되는지를 연구하는 것이다.

소비심리는 고객을 둘러싼 내·외부 환경, 예를 들어 정부의 소비자에 대한 시책, 보호정책, 광고, 제조회사의 판촉활동과 같은 마케팅 활동, 인터넷 등 무점포 유통경로와 네트워크, 대중매체, 친구나 또래집단, 가족 등의 영향을 받아 고객의 생각과 태도, 선호 등이 변화하는 과정에서 다양한 CRM 현상을 도출하게 된다.

고객은 나름대로의 구매행동 특성을 갖고 있는데, 이것을 CRM 혁신 활동이나 마케팅에 활용하면 높은 성과는 물론 고객 로열티 증대에 큰 영향을 미칠 것으로 보인다.

고객의 구매행동 특성에 대해 구체적으로 살펴보면 다음과 같다.

### 1) 반복·애용의 법칙

고객은 자신이 선호하는 제품이나 서비스에 대해 만족하게 되면 반복·애용하는 습성이 있으며, 보다 우호적인 가치 인식을 통해 자신도 모르게 로열티를 향상시키는 경우가 많다.

### 2) 교환·폐기·처분의 법칙

고객은 안전, 이미지 관리, 새로운 것에 대한 기대감, 기대가치의 향상 등 여러 가지 이유로 인해 이전의 것을 교환·폐기 또는 처분하려는 습성이 있다. CRM은 이 같은 교환·폐기·처분의 이유와 시간, 간격 등을 파악할 수 있다.

### 3) 비교 평가의 법칙

고객은 때로는 충동구매를 하기도 하지만 사전에 제품의 특성, 가치, 성능, 디자인, 구입 후의 가치 등에 대하여 실제적인 이익 등을 고려하는 경우가 많다.

### 4) 구전에 의한 구매의욕 상승효과

기존에 즐겨 사용하던 고객이 추천 또는 우호적인 구전을 발휘한다면 CRM은 매우 높게 상승한다. 다른 사람들의 칭찬과 인정, 옹호는 구매행동에 결정적인 영향을 미친다.

### 5) 광고와 고객행동과의 관계

광고가 고객의 구매행동이나 반응에 어떻게 관련되는지를 알면 특정 제품이나 서비스에 대한 광고를 제작하여 활용하고자 할 때, 고려해야 하는 요인들이 무엇인지를 알 수 있다.

예를 들어 신제품인지, 고가품인지, 기호품인지, 희귀제품인지 등의 제품특성과 주로 사용하는 고객이 여성인지, 20대인지, 직장인인지 아니면 특정 지역에 거주하는 고객인지 등의 고객특성과 함께 경쟁제품 간의 차이를 알고 있는지, 구매하기는 편리한지 등의 시장 상황을 함께 고려할 수 있다.

### 6) 고객행동의 미래 예측분석

고객이 여러 제품이나 서비스 중에서 하나를 선택하는 데 관련되는 일련의 변수를 파악할 수 있다면, 인간의 행동을 이해하게 되고 나아가 행동을 예측할 수도 있다.

## (2) 고객확인 심리의 전략적 활용

고객은 물품을 구매하거나 서비스를 이용한 후, 과연 그러한 행동이 합리적인 것이었는지를 확인하고자 하는 욕구를 지니고 있다. 이 같은 확인 심리는 특히 제품의 질적 차이가 적은 가전제품, 자동차 등에서 많이 나타난다. 실제로 컬러 TV나 에어컨, 오디오 등의 가전제품을 냉철하게 비교하여 가격대비 성능 등을 체크해 보기란 결코 쉬운 일이 아니다. 기술적인 차이가 있다 하더라도 이에 대한 전문 지식이 없는 고객으로서는 제품의 좋고 나쁨을 구분하기가 어렵기 때문이다. 이 때 만약 판매회사들이 제품에 대한 사후관리 등을 제대로 해주지 않는다면 재구매나 고객로열티는 자연히 약화된다. 고객마케팅은 한 번 구매한 시점에서 끝나는 것이 아니라 제품의 효용가치가 소멸될 때 종료된다. 따라서 한 번 확보한 고객을 지속적으로 고정 고객으로 유지하기 위한 적극적인 노력이 필요하다.

### (3) 히트상품에 비쳐지는 소비심리

고객과의 1대1 관계개선을 통해 히트상품이나 히트서비스를 창안할 수 있다. 히트상품의 경우 업종별로 약간씩 차이가 있기는 하지만 대체로 뛰어난 아이디어, 우수한 품질, 시대 변화를 선도하는 마케팅 전략과 행동으로 고객을 감동시키는 차별성이 있다.

CRM에서 제품의 가치를 높이려면 제품의 내구성, 디자인, 제품개발 콘셉트, 활용 범위를 향상시켜야 한다. 선풍적인 인기를 누렸던 히트 상품의 속성을 고객의 관점에서 살펴보면 제품력, 마케팅력, 시장트렌드 적응, 브랜드의 질 확보라는 4박자가 들어맞을 때 이루어지는 경우가 대부분이다. 제품개발 콘셉트가 고객들에게 관심과 구매의욕을 유발시킬 수 있을 때 비로소 구매를 하게 되고 반복 구매로 이어진다.

## 5. 고객관리 프로세스의 체계화

CRM은 데이터베이스 마케팅이 수행해 온 역할들을 마케팅 분야에서뿐 아니라 기업이 구축하고 강화시키려는 고객과의 장기적인 관계관리를 위해 필요한 모든 분야로 경영을 한층 더 확장시킨 새로운 경영전략이라 할 수 있겠다. 기업들은 CRM 구현에 매우 적극적인 움직임을 취하고 있다. CRM이 빛을 발할 수 있는 부분은 로열 고객층을 표적으로 한 전략이다. 이러한 시대의 변화에 따라 기업은 전략을 바꾸어 가며 고객관리를 통한 수익성 향상을 추구해야 한다.

고객관리에서는 크게 '고객 만들기→고객으로 연결→고정 고객화' 등의 프로세스를 강화하여 궁극적으로 고객로열티를 증대시키는 능력이 요구된다. 이 때 회사나 조직의 실정에 맞는 구체적인 실행 계획을 수립하여 전개하면 더욱 효과적이다.

### (1) 고객 만들기

고객 만들기는 확보할 목표고객 대상을 정하여 고객으로 만들기 위한 환경을 조성하는 단계이다.

① 목표고객 설정: 수집된 정보를 분석하고 목표고객을 설정한다.
② 고객에게 접근: 명확히 파악된 고객에게 접근한다.
③ 고객확보: 접근한 고객을 끌어들인다.
④ 고객설득: 고객의 접근이 저항없이 받아들여졌다면 거래를 정중히 권유한다.
⑤ 상품 가입 유도: 고객이 될 수 있도록 거래로 연결시킨다.

### (2) 고객으로 연결

이 단계는 고정고객화의 전단계로서 고객에게 지속적인 관심과 참여, 구매를 유도하고 반복애용을 유지하는 단계이다.

① 최초 고객 특별관리: 거래가 처음으로 성립되면 고객데이터를 특별관리하고 사후 접촉빈도를 높인다.
② 지속적인 관심과 정보 제공: 정보를 제공해 주기도 하고 고객으로부터 정보를 수집하기도 한다.
③ 인간적인 관계 유지: 가정사의 전화, 문안전화 등으로 관계가 멀어지지 않도록 고객과의 유대를 강화한다.
④ 추가 서비스 제공: 각종 양질의 서비스를 제공하여 고객이탈을 사전에 방지한다.
⑤ 이탈고객의 극소화: 이탈하는 고객을 되돌리기 위해 노력을 기울인다.

## (3) 고객고정화

이 단계는 지금까지의 고객 구매행동을 데이터화하여 고객등급을 매김으로써 고객로열티가 높은 고객과 반복구매 빈도가 높은 고객, 수익 창출에 많은 공헌을 한 고객 등을 로열티고객화하는 단계이다.

① 고정고객화: 안심하고 고객으로서 양질의 비즈니스 관계를 유지한다.

② 휴먼 릴레이션 기법: 신뢰하는 마음을 갖고 고객과의 유대가 깊어지도록 신경을 쓴다.

③ 평생고객화: CRM 경영의 최종목표로서 한번 가입한 고객은 평생고객화를 실현할 수 있도록 한다.

④ 로열티고객 특수관리: 기간기여도, 수익기여도, 가치나 참여기여도가 높은 고객을 특별관리한다.

## (4) 고객관리 프로세스의 전략적 활용

### 1) 고객과의 관계에 따른 CRM의 전략적 활용

① 잠재고객을 발굴하는 것인데, 기존의 고객 데이터를 중심으로 우리 기업에 수익을 가져다 줄 수 있고 바람직한 관계를 지속할 수 있는 고객의 유형을 찾아내어 그들과 관계를 맺기 위해 다양한 유통경로를 통해서 접근하는 것이다.

② 고객의 충성도를 높이는 것인데, 지속적인 고객만족 프로그램과 다양한 커뮤니케이션 활동 및 로열티 프로그램 등을 통해 고객의 관여와 충성도를 높이고 장기적인 관계를 강화하는 것이다.

③ 교차판매와 업셀링을 통한 수익성의 증대인데, 고객의 거래 데이터 분석을 통해 고객 구매패턴을 발견하고 적절한 구매 시점을 파악하여 고객에게 제안함으로써 수익성을 증대시키는 것이다.

④ 고객의 이탈을 방지하고 이탈한 고객을 재탈환하는 것인데, 다양한 고객 정보를 기반으로 고객의 평가 및 이탈 시점 예측을 통해 이탈이 예상되는 고객에게 이탈방지 마케팅을 시도하거나 이탈한 고객을 다시 돌아오게 함으로써 고객이탈로 인한 비용의 손실을 줄이는 것이다.

### 2) 업무영역에 관한 CRM의 전략적 활용

업무 영역에 관한 CRM의 전략적 활용은 마케팅, 영업, 고객 서비스의 세 가지로 구분해 볼 수 있다. 마케팅에서는 고객의 가치 분석 및 평가를 통해 고객 세분화를 이루고, 표적마케팅 및 일대일 마케팅을 실천하는 것이다. 영업 측면에서는, 고객 접점에서 제품 및 서비스에 관한 다양한 정보를 제공할 수 있도록 하거나 과거 고객의 구매 패턴 및 정보 분석에 기초하여 적절한 업셀링 및 교차판매를 유도할 수 있다. 또한, 고객 서비스에 있어서는 고객의 구매 정보를 비롯한 각종 고객 접촉 정보를 통한 고객 불만 처리 및 고객의 목소리 청취, 또는 일대일 커뮤니케이션의 실천을 이룰 수 있다.

이러한 전략적 활용들은 모두 고객의 데이터에 기반을 두고 있으며, 고객 데이터의 수집을 위해 각 영역의 활동들은 각종 고객 접촉 지점을 통해 언제든지 고객의 데이터를 수집할 수 있는 기술적 기반 및 시스템상의 지원을 갖추어야 한다. 또한 업무 프로세스에 있어서도 이들 세 영역은 고객 접점을 중심으로 통합되어 중복된 업무를 제거시키고, 서로 유기적인 협조 체제하에서 고객관계 증진이라는 하나의 목표를 가지고 일관된 업무를 수행할 수 있어야 할 것이다.

## 6. 영업점에서의 CRM 전략

영업점에서는 영업사원의 영업 활동력 제고를 위해 정선된 고객 정보 및 이력정보, 상품 정보, 고객지향의 지식정보를 시스템화하여 제공해야 한다. 또한 영업사원의 비영업성 잡무 제거와 사무처리 자동화를 위해 접촉관리, 일정관리, DM관리, 수금관리를 자동화하여 제공해야 한다. 그리고 모든 필요한 정보는 데이터웨어하우스에 축적은 물론 해당 영업사원이 필요시 언제든지 조회할 수 있는 컴퓨팅 환경이 필요하다. 데이터의 입력이 용이하여 일일 활동보고서의 자동 작성, 시스템적 제출, 보고기능 제공은 물론이며 수익에 기여한 좋은 정보는 인센티브 제도를 활용하여 양질의 데이터가 풍부해지도록 해야 한다.

영업점에서의 주요 CRM 전략은 다음과 같다.

### (1) 영업점 고객발굴 확대를 통한 매출증대 전략

최근 기업간, 금융기관간, 특히 지역 경쟁점포 간의 경쟁이 심화되면서 고객서비스 지향적 체계, 본사와 지역점간에 통합고객정보관리체계를 구축함으로써 고객행동과 매출분석에 따른 경쟁비교우위의 확보에 대한 중요성이 증대되고 있다.

이에 따라 각 지역이나 기업별로 고객의 다양한 니즈에 즉각적으로 대응하고 개선하는 구체적인 전략을 수립함과 동시에 매출액 향상과 이익개선에 견인차 역할을 할 수 있는 고객개발전략 추진이 요구되고 있다.

### (2) 영업점의 지역마케팅 강화전략

영업점의 고객개발이 성과를 거두기 위해서는 점주의 특성과 고객구조 등에 근거한 합리적인 고객개발 전략의 수립이 필요하다. 이를 위해서는 영업점의 입지조건, 고객구조, 고객성향, 과거의 마케팅 성과와 문제점, 점주 여건 및 경쟁구조 등의 분석을 기초로 목표고객 설정, 접근 방법, 전략제품 및 서비스 전략이 구체화되어야 한다.

### (3) 본사와 영업점 연계 서비스 홍보전략

잠재고객의 발굴과 고객화를 위해서는 고객의 니즈에 부합하는 다양한 서비스 제공과 이에 따른 발빠르고 신뢰성 있는 홍보전략의 추진이 필요하다.

### (4) 개별 영업사원의 고객마케팅 강화전략

CRM 경영을 효과적으로 실현하기 위해서는 본사의 마케팅 전담부서에서 보유하고 있는 솔루션과 마케팅기법을 고객과 직접 접촉하는 개별 영업사원들이 이용함으로써 이를 실천할 수 있는 여건을 조성해야 한다. 특히 세일즈맨으로서의 전문능력을 키우기 위한 요건들을 살펴보면 다음과 같다.

① 고객의 이익을 먼저 의식한다.
② 항상 자기를 갈고 닦아 인간적인 매력과 전문능력을 높인다.
③ 주체성을 가지고 능동적, 자주적으로 모든 업무를 추진한다.
④ 목적의식을 가지고 행동하는 습관을 갖는다.
⑤ 사명과 긍지를 갖도록 해야 한다.

### (5) 판매원 관리

대부분의 점주는 판매원을 중요도가 낮은 사람들이라고 무의식적으로 생각하고 있다. 따라서 급료가 낮고, 훈련이나 능력개발대상이 되는 경우가 드물며, 승진하고 성장할 가능성은 가장 낮은 반면에, 이직률은 높다. 그러나 판매원이 불친절하고 믿을 만하지 못하며 비협조적이고 고객의 욕구에 관심을 두지 않는다면, 고객은 그 영업점에 나쁜 인상을 갖게 되어 불평이 많아지고 마침내 경쟁영업점으로 전환하게 된다. 반면 판매원의 훌륭한 태도와 행동은 고객의 지각하는 서비스품질을 향상시키며, 이는 다시 고객만족도와 점포충성도를 높인다. 판매원은 제품 및 서비스에 배달과정에서 품질을 결정하는 가장 중요한 요인이기 때문이다. 따라서 소매상은 고객만족도의 향상을 위해 훌륭한 서비스 품질을 창출하고 제공하기 위해서는 판매원의 선발·교육훈련·동기부여·유지에 신중해야 한다.

판매원은 다양한 역할을 수행하면서 사업의 전반적인 성공에 공헌한다. 다음과 같은 판매원의 역할을 인식한다면, 판매원에 대한 사고가 달라질 것이다.

### 1) 매출 수익 창출

판매원은 매장에서, 구매·판매·진열·촉진·서비스 그리고 기타의 사업분야의 모든 과정을 지원한다. 점주와 함께 판매원은 수익 창출에 의한 이익에 공헌할 책임을 지닌 중요한 지위에 있는 사람이다.

### 2) 고객 기대에의 부합

성공적인 소매 마케팅에 대한 핵심 사항은 고객욕구를 이해하여, 영업점의 제공물을 고객욕구에 부합하는 데 있다. 판매원은 영업점과 고객을 가장 직접적으로 연결해 주는 관계의 중심부에 있기 때문에, 영업점의 성공 여부에 가장 강력하게 영향을 미칠 수 있다. 최근의 고객우위의 경영환경은 소비자들로 하여금 판매원에 대해 더욱 큰 영향력을 행사하도록 하고 있다. 소비자들은 솔직하고 정직한 커뮤니케이션을 기대하며 전문적 지식과 기술에 따라 행동하기를 기대한다.

### 3) 시장 정보의 제공

판매는 구매자와 판매원 간의 상호작용을 통해서 이루어지기 때문에, 고객으로부터 적절한 정보를 취할 수 있어야 한다. 시장정보는 경쟁점포와 현재 그리고 잠재적 고객분석 및 시장의 분석에 관련된 정보로써, 판매 예측과 소매 마케팅믹스 전개에 유용하게 활용된다.

### 4) 판매활동

판매원은 고객과 상호작용을 하여, 직접적으로든 간접적으로든 제품과 서비스를 사용하는 개인 또는 조직에게 판매한다. 판매원은 영업점에 대해 다음과 같은 직무를 수행한다.

소비자와의 거래에서 영업점을 대표한다.

제품과 서비스를 판매한다.

- 비용을 통제한다: 생산성의 증대, 관리비와 에너지 비용의 감소, 재고 손실의 감소에 직접적인 역할을 한다.
- 상품관리를 한다: 상품진열과 유지, 신상품 도입 제안, 상품매입, 이벤트 기획 및 관리, 판매감소 상품 체크 등을 한다.
- 고객 서비스를 제공하며 의사결정을 지원한다.
- 신규고객과 시장을 확인한다.

## 7. 단골고객관리 원칙

단골고객은 누구이며 어떻게 단골고객이 되었는지 아는 것은 매우 중요하다. 이 경영기법은 단골고객 관리(loyalty management)로서 핵심은 단골고객을 집중 관리해야 기업의 이익이 극대화한다는 것이다.

베인&컴퍼니는 최근 10년 동안 서로 다른 30여 개 산업군을 대상으로 연구한 결과 단골고객에 대해 다음과 같은 흥미로운 사실을 발견했다.

첫째, 단골고객은 총 고객의 15~20% 정도이며, 기업 이익의 70~80%가

이들 단골고객으로부터 나온다.

둘째, 기회비용을 포함해서 신규고객을 확보하는 데 드는 총비용은 기존 고객에게 상품을 판매할 때 드는 비용보다 5배 이상 높으며 일부 산업은 10배 이상 높다. 다시 말해서 단골고객 한 명을 관리하기 위해 한 명의 영업사원이 필요하다면 신규고객 한 명을 얻기 위해서는 5명의 영업사원이 필요하다는 뜻이다.

셋째, 애프터서비스 및 서비스센터 운영비용의 대부분이 수익성이 낮은 고객 때문에 발생한다. 즉 단골고객이 많으면 많을수록 애프터서비스 비용이 적게 든다. 일례로 홈쇼핑 업체의 가장 큰 비용이 반품 서비스에 드는 비용인데 반품을 가장 많이 하는 고객들이 바로 '1회성' 고객들이다.

이와 같이 단골고객을 어떻게 관리하느냐는 기업의 수익성과 직결되는 사안이다. 단골고객을 제대로 관리하기 위해서는 최고경영자(CEO)들은 다음을 고려해야 한다.

### 1) 단골고객을 파악하고 세분화해야 한다

많은 사람들이 단골고객을 VIP 고객과 동일시하는데 반드시 그렇지는 않

그림 5-5 1명의 단골고객이 7년간 창출하는 부가가치

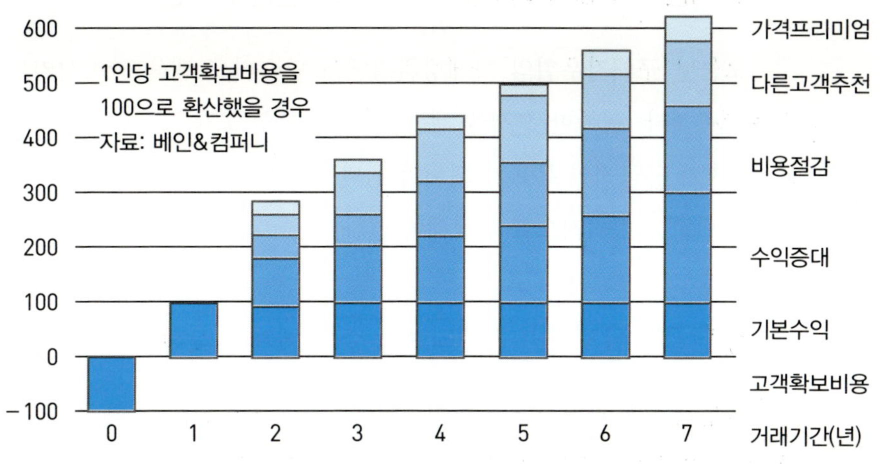

다. 예를 들어, 은행의 VIP 고객은 한 번 오면 거액의 돈을 입금하지만 막상 은행에는 1년에 한두 번 들러 기본적인 입출금 서비스만 이용하는 것이 고작일 수 있다. 반면 어떤 고객은 입금액은 크지 않지만 수시로 은행을 방문해 은행의 수익을 올려주는 거래를 자주 한다. 이런 고객은 VIP 고객은 아니지만 은행의 수익창출에 중요한 단골고객이다.

#### 2) 단골고객 전담조직을 구성해야 한다

단골은 모든 기업에게 가장 중요한 고객군이므로 적극적으로 관리해야 한다. 단골고객 관리 전담조직은 최고경영진에게 직접 보고해야 한다. 항공사의 경우 CEO와 임원의 중요한 업무 중 하나가 단골고객과 함께 만남의 기회를 만들고 고객의 의견을 듣는 일이다.

#### 3) 직원의 애사심을 높여야 한다

연구 결과에 따르면 회사에 애사심이 높고 충성스러운 직원이 늘어날수록 단골고객이 많아진다. 회사의 경영방식과 문화에 대한 직원들의 로열티를 측정할 수 있는 지표를 개발해서 정기적으로 지표를 측정해야 한다.

#### 4) 기존고객 유지 여부를 지속적으로 점검해야 한다

오늘날 구매자우위의 마케팅환경에서 단순히 고객을 만족시키는 것만으로는 부족하다. 만족한 고객을 계속 자사(自社)의 고객으로 남도록 하는 일, 즉 고객유지가 궁극적인 목표가 되어야 한다. 고객유지 비율을 측정할 수 있는 지표를 개발하고 정기적으로 점검해야 한다.

#### 5) 단골을 유지하면 인센티브를 주는 체계를 갖춰야 한다

영업사원은 판매수당을 받기 때문에 신규고객 확보에 더 신경을 쓰게 된다. 단골고객 유지를 영업사원의 인센티브 체계에 포함시켜 기존 고객에 대한 서비스를 강화해야 한다. 단골고객의 중요성은 일반적인 상식이지만 단골고객의 중요성을 진정으로 이해하고 체계적으로 관리하는 기업은 드물다. 단골고객 관리에 성공하는 소수의 기업이 결국 웃는다는 것을 명심해야 한다.

**표 5-2 단골고객관리 사례**

☞ 단골고객을 만드는 것은 쉬운 일이 아니다. 단골고객을 만들기 위해서는 불만만을 해결하면 좋다는 것이 아니라 만족을 창조해야 한다는 것이다. 예를 들면, 음식점에서는 적절한 operation, recognition, anticipation이 필요하다.

- 단골고객은 자기만을 위한 서비스를 좋아한다. 자기가 좋아하는 자리에 안내해 주는 것을 원하고 자기가 좋아하는 요리를 말이 없더라도 알아서 해결해주는 서비스를 좋아한다.(recognition: 인지)
- 자기가 지금 손을 닦고 싶은지, 음료수를 마시고 싶은지, 디저트를 먹고 싶은지, 추운지, 더운지, 말이 없더라도 해결해 주는 서비스를 좋아한다.(anticipation: 기대)
- 요리가 적절하게 제공되어야 고객은 기쁨을 느낀다.(operation: 실행)

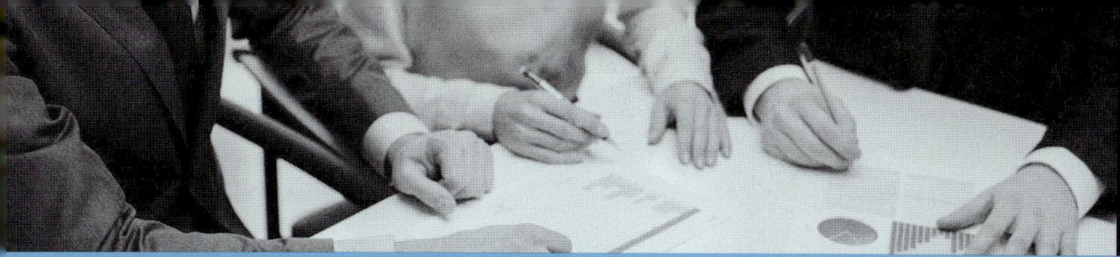

Part Ⅲ

# CRM의 믹스전략

## CRM 믹스전략의 의의

기업은 표적시장을 선정한 후 구체적인 CRM 목표달성을 위해 CRM 믹스 전략을 수행한다. CRM의 믹스전략은 특정시장에서 전문가로서의 역할을 수행하기 위하여 자원이 한정된 기업들에게 지속적 경쟁우위를 획득하기 위한 전략 대안으로서 적절한 전략이다. 마케팅믹스(marketing mix)란 기업이 자사의 가치 명제와 일관성이 있는 고객가치를 전달할 수 있도록 일단의 응집력 있는 마케팅활동을 입안하는 데 사용되는 여러 가지 전술적 마케팅수단을 말한다.

마케팅에서는 전통적으로 4P믹스(mix)의 관리를 핵심적으로 다루어 왔다. 4P란 상품(Product), 가격(Price), 유통(Place) 그리고 촉진(Promotion)을 뜻하는데, 오늘날에는 마케팅 환경이 복잡해짐에 따라 전통적인 4P란 개념을 확장하려는 시도가 늘고 있다.

예를 들어, 서비스분야에서는 사람(People/Participants), 물리적 증거(Physical evidence), 과정(Process)의 세 가지 요소를 추가하여 7P를 관리하거나, 권력/브랜드(Power), 패키징(Packaging), 프로그래밍(Programming)을 추가하여 10P로 확장하기도 한다. 그런데 중요한 것은 이와 같이 다양한 4P의 확장 시도에서도 기본요소는 여전히 4P라는 점이다.

그러나 4P라는 개념이 도입된 이후, 마케팅믹스에 관련된 두 가지 사항이 추가로 제안되었다. 첫째, 제조기업이 아닌 서비스기업, 기업간 거래(B2B) 및 소매기업에 맞도록 실행하기 위해 4P를 중심으로 하는 마케팅믹스의 내용을 확장해야 한다는 것이다. 둘째, 4P를 중심으로 하는 마케팅믹스는 고객(구매자)의 관점이 아닌 기업(판매자)의 관점에 입각하고 있기 때문에 바람직하지 못하다는 것이다. 이런 비판 때문에 전통적인 4P에 대한 고객이 관점을 반영하는 4C가 제안되었다.

## 3C 시대의 4P와 4C

시장에는 고객과 경쟁자가 존재한다. 기업은 항상 경쟁을 염두에 두고 고

**그림 1** 시장의 3C

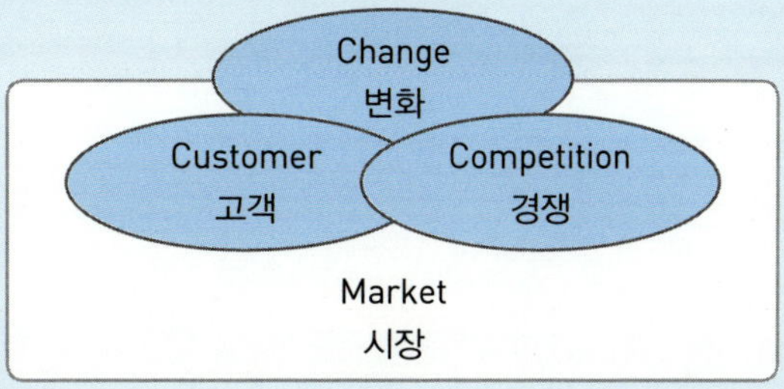


객을 파악해야 한다. 왜냐하면 고객과 경쟁자는 쉬지 않고 변화하기 때문이다. 그래서 시장에는 3C, 즉 고객(Customer)·경쟁(Competition) 그리고 변화(Change)가 있다. 따라서 기업은 시장의 한 복판에 있는 고객에게 초점을 맞추어야 한다.

전통적인 마케팅믹스는 4P, 즉 상품·가격·유통·촉진 등에 따른다. 그런데 이제는 4P를 대신해 고객 중심의 4C가 새로운 마케팅믹스가 되었다. 상품은 고객의 가치(Customer Value)로, 가격은 원가(Cost)로, 유통은 편리성(Convenience)으로 그리고 촉진은 커뮤니케이션(Communications)으로 변화하는 패러다임의 전환이 진행되고 있다. 그리고 이러한 변화의 중심에 고객이 존재한다.

**그림 2** 전통적 마케팅 개념의 변화

마케팅의 4P ➔ 4C

| 전통적 개념: 판매자관점의 4P | 새로운 개념: 고객관점의 4C |
|---|---|
| • Product | • Customer Value(고객의 가치) |
| • Price | • Cost to Customer(원가) |
| • Place | • Convenience(편리성) |
| • Promotion | • Communication(정보교류) |

자료: Philip Kotler, Kotler on Marketing: How to Create, Win and Dominate Markets, New York, NY: The Free Press, 1999, p.96.

Chapter 6

# 상품관리

상품관리는 표적시장에 기업이 시장수요의 다양화, 개성화 욕구에 초점을 맞추어 어떤 방법으로 상품을 특화하느냐 하는 것은 매우 중요하다. 일반적으로 가격이 비싸면 잘 팔리지 않는다고 짐작하지만 이는 단순한 환상에 불과하다. 고객은 값이 싸니까 사는 게 아니라, 갖고 싶으니까 구매하는 것이다. 상품을 팔지 말고 가치를 팔아야 한다.

상품이란 고객과 기업을 연결시켜 주는 마케팅활동의 가장 중요한 요소로서 어떠한 상품을 개발, 판매하느냐에 따라 가격, 촉진 등 마케팅프로그램의 요소들이 결정되며, 상품믹스의 내용은 기업의 수익성, 안정성, 유동성을 좌우하게 된다. 과거의 우리나라 기업들은 상품만을 개발해서 팔면 됐지만 이제는 시장개방으로 기업 간의 치열한 경쟁을 극복하기 위해서는 상품도 과거의 형식적인 상품과는 달리 철저히 특화되고 세분화되어야 한다. 따라서 기업들도 소비자가 만족하는 상품의 개발과 고객의 수요를 적절히 공략한 아이디어에 착안한 새로운 상품을 끊임없이 개발하고 새로운 기법으로 경쟁우위를 확보해야 한다.

이러한 상품관리의 성공요건은 시장요소에 적응할 수 있는 상품을 신속하게 공급하고 시장환경변화에 탄력적으로 대응하는 것이다. 기업은 지속적으로 고객의 요구에 부응하거나 고객의 욕구를 자극하는 상품개발과 수요 창출하는 시장유인형 상품을 개발해야 한다.

## 1. 상품의 의의

상품이 무엇인지 한마디로 정의하기가 어렵다. 상품의 종류도 많을 뿐 아니라, 상품을 보는 시각(소비자 또는 생산자)에 따라서도 다르게 정의할 수 있기 때문이다. 상품은 시장제공물(market offering)의 핵심 구성요소이다. 상품은 유형의 제품과 무형의 서비스로 구성되어 있다. 즉 상품이란 고객을 만족시키기 위한 물리적 재화(제품) 그리고 이에 부수되는 서비스 및 상징적 가치의 총체이다. 이는 마케팅에서 생산자로부터 소비자로의 재화(제품) 및 서비스의 흐름을 관리하기 위한 기업활동의 수행으로 정의하고 있는 것에 준해 확대개념을 적용하고 있다. 소비자는 시장에서 유형의 상품인 제품에서처럼 무형의 상품에서도 그것이 가지는 편익을 얻기 위해 서비스, 그리고 자사 제품 혹은 회사와의 경험(기억)을 구매하게 된다.

### (1) 상품의 결정

시장에 출시되는 상품에는 3단계의 상품수준—핵심상품, 유형상품, 부가상품—이 있다. 가장 기본적인 수준인 핵심상품은 소비자가 상품에서 실제로 추구하는 것으로, 소비자를 만족시켜 주는 핵심이다. 예로서 화장품을 구매하는 여성은 그 제품의 화학적·물리적 속성이 아니라 '아름다움'에 대한 희망을 구매하는 것이다. 바로 이러한 '아름다움'이 핵심상품이다. 유형상품은 소비자에게 전달해주는 대상으로 제품이 해당된다. 즉 핵심상품을 제공하는 데 있어서 함께 제공되지 않으면 안될 불가결의 것이다. 그리고 부가상품은 유형상품 이외의 부수적 서비스와 서비스보증 등 사후 서비스를 말한다.

두 번째 수준인 유형상품에는 실제 제품과 실제 제품을 지원하는 스타일, 제품특징, 상품의 질, 포장, 브랜드화 등으로 구성된다. 스타일(styling)은 상품이 주는 독특한 느낌이나 감촉을 말한다. 이런 스타일은 상품제공자 이외에도 기업의 물리적 환경을 통해서도 나타난다. 특징(feature)은 스타일이나 상품 질

그림 6-1 3단계의 상품수준

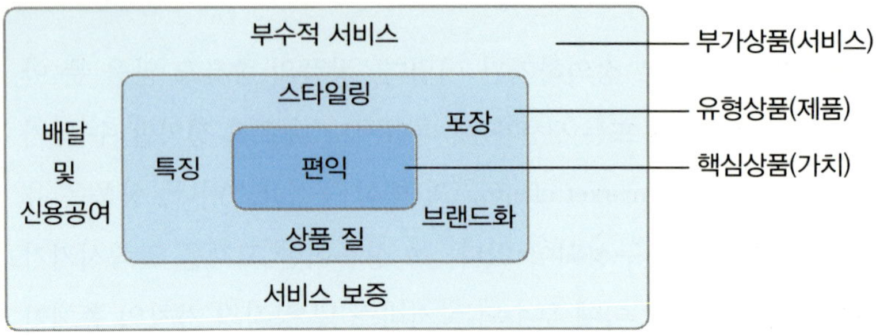


의 변화 없이 손쉽게 가감할 수 있는 예를 들어 영업시간의 연장 등을 말한다. 상품의 질은 제공된 상품에 대하여 소비자가 인식한 성과수준을 말한다. 포장(packaging)은 상품을 둘러싸고 있는 용기 또는 포장이다. 포장이 좋을수록 상품 그 자체가 가지는 것보다 더 많은 가치를 소비자는 인식하게 된다. 브랜드화(branding)는 이름, 기호, 심볼, 로고 등을 통해 상품제공자에게 가치를 더해주고 구매자에게는 만족을 주는 수단이다.

세 번째 수준에서는 핵심 편익과 실제 제품을 지원하는 추가적인 소비자 서비스, 서비스보증, 배달 및 신용공여와 편익들을 제공하는 것이다.

## (2) 상품믹스

상품믹스(product mix)란 기업이 판매하는 모든 상품의 집합을 말한다. 상품믹스는 상품계열(product line)과 상품품목(product item)으로 구성된다. 상품계열은 상품믹스 내에서 상품의 집단을 말하고, 상품품목은 상품믹스 내에서 명확한 단위를 말한다. 이러한 상품믹스는 상품계열의 수에 따라 폭(width)이 정해지며, 또한 평균 상품품목의 수에 따라 그 깊이(depth)가 정해진다. 가령, 금융상품의 경우 상품계열은 수신과 여신이 되며, 상품품목은 여수신의 이름(보통예금, 저축예금, 신용대출, 담보대출 등)이 된다.

상품믹스는 상품계열이나 상품품목이 추가되거나 폐지되면 변화하게 된다. 상품계열이 추가되면 상품믹스의 폭이 확대되어 상품다양화 내지 경영다각화가 이루어지는 반면, 상품계열이 폐지되면 이는 생산을 중단하는 것으로 상품믹스의 폭이 좁아져서 상품단순화가 이루어지게 된다. 한편 상품품목이 증가하면 상품믹스의 깊이가 깊어져 상품차별화의 정도가 높아지는 반면에, 상품품목이 폐지되면 상품믹스의 깊이가 얇아져 상품차별화의 정도가 약해지게 된다.

그런데, 상품차별화는 상품개선에 이루어짐이 보통이다. 기술혁신으로 신상품이 개발되어 상품품목이 새로이 추가되는 것은 상품계열의 추가로 이어진다. 이와 같은 상품믹스가 최적믹스가 될 수 있는 조건은 상품계열과 상품품목의 판매성장성, 판매 안정성, 그리고 수익성이 균형화되는 경우이다. 그러므로 판매가 급성장을 보이는 상품수명주기의 성장기에는 상품계열과 상품품목을 확대함으로서 상품다양화 내지 상품을 차별화하는 게 바람직하나, 판매가 격감하고 판매안정성을 보이는 성숙기에는 기술혁신을 통해 상품개선을 하여야 한다.

기업은 시장상황에 따라 상품믹스의 폭과 깊이를 조정할 수가 있다. 상품계열이 추가되면 상품믹스의 폭이 확대되어 상품다양화가 이루어지고, 상품품목이 증가하면 상품믹스의 깊이가 깊어져 상품차별화의 정도가 높아진다.

**그림 6-2** 상품믹스의 구성

| | 상품계열 1 | 상품계열 2 | 상품계열 3 | | |
|---|---|---|---|---|---|
| 상품목록 a | 1a | 2a | 3a | | |
| 상품목록 b | 1b | | 3b | 깊이 | 상품계열수: 3 |
| 상품목록 c | 1c | 2c | 3c | | 상품품목수: 9 |
| 상품목록 d | | | 3d | | 평균깊이: 3(9/3) |
| | 폭 | | | | |

## 2. 신상품의 개발과 수용

### (1) 신상품의 개발

기업이란 사회 및 이를 구성하는 소비자들의 욕구를 충족하여 삶을 이어가는 데 필요한 욕구충족성을 가진 상품(제품과 서비스)을 효율적(효과적 및 능률적)으로 개발·생산·제공하기 위해 설립·운영되는 협동적 생산실체이다.

기업이 성장하기 위해서는 고객욕구에 부응할 수 있는 새로운 상품을 지속적으로 개발하여야 한다. 새로이 설계된 상품의 콘셉트가 기존의 상품과 다르다고 하여 모든 상품이 시장에서 성공하는 것은 아니다. 새로이 개발된 상품이 고객으로부터 좋은 반응을 받지 못하면 시장에서 사라지게 된다.

시장에 도입된 새로운 상품이 성공하기 위해서는 무엇보다도 기존의 상품과는 다른 독특한 상품의 콘셉트와 그것을 전달할 수 있는 표적시장이 선정되어야 한다. 예를 들어, 에버랜드는 비를 적극적으로 이용하는「레인보우 페스티벌」이라는 신상품을 개발하여, 비 오는 날이면 인적이 드문 놀이공원을 연인들의 데이트 장소로서 활용하고 있다. 비가 오면 입장객들에게 일곱 색깔의 우산을 빌려준다. 또 연인들을 위하여 로즈가든 식당을 운영하며, 일부시설물의 무료이용권을 주고 있다. 여기에서 이 상품의 독특한 특성과 표적시장을 생각해 볼 수 있다.

이 외에도 새로운 상품이 기존의 상품과 중복되지 않도록 하고, 시기에 앞서서 혁신이 이루어지고, 그리고 상품의 배달과정상의 문제점과 그것의 측정이 이루어져야 한다. 그러나 여기에서 중요한 사실은 독특한 상품의 콘셉트가 고객으로 하여금 그것을 인식할 수 있도록 하여야 하고, 이를 위한 마케팅 개념의 효과적인 적용이 필요하다는 점이다. 새로운 상품의 독특한 콘셉트를 고객이 인식할 수가 없고, 그것을 전달할 표적시장을 잘못 선정하고, 상품 배달과정상의 문제점을 파악하고 개선하지 못하면 새로운 상품은 시장에서 성공할 수가 없다.

새로운 상품이 시장에서 성공하기 위해서는 다음의 3단계로 상품의 개발

그림 6-3 새로운 상품의 개발

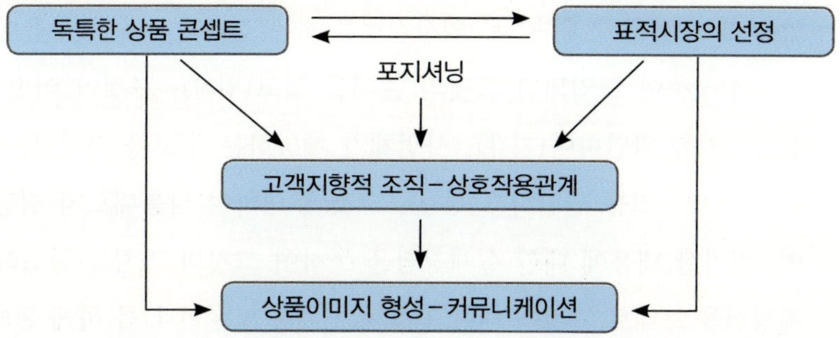


자료: Eric Langeard & Eiglier Pierre, "Strategic Management of Service Development," Emerging Perspectives on Service Marketing, AMA, 1989, p.69.

이 이루어져야 한다([그림 6-3]). 첫째 단계는 독특한 상품 콘셉트의 구현과 표적시장의 선정이다. 기존의 상품과는 차별화되는 독특한 상품의 콘셉트를 올바르게 선정된 표적시장에서 고객이 인식할 수 있도록 효과적인 마케팅활동이 이루어져야 한다.

두 번째 단계는 고객지향적 조직의 구성이다. 새로운 상품을 고객에게 배달하기 위해서는 상품 제공자와 고객 간의 상호작용을 통하여 일관성을 유지할 수 있고 전문상품을 반복적으로 배달할 수 있는 배달시스템의 구축이 필요한 것이다. 이는 시장에서 자리(위치)를 정하는 상품의 포지셔닝을 통하여 이루어진다.

세 번째 단계는 전달가능한 상품이미지의 형성이다. 소비자가 기억을 분명하면서도 용이하게 할 수 있도록 하는 상품이미지의 형성이 필요하다. 이는 상품제공자(또는 기업)와 고객 간의 원활한 커뮤니케이션을 통하여 가능하다.

## (2) 신상품의 수용

새로운 상품이 시장에 도입되었다 하여 소비자들이 그것을 구매하기까지에는 상당한 시간이 소요된다. 소비자가 새로운 상품을 수용하기 위해서는 그것에 대한 의사결정이 필요한데, 이 구매의사결정을 내리기까지 시간이 소요된다. 새로운 외식상품의 구매결정을 빨리 내리는 소비자는 그것을 빨리 수용할 것이며, 그렇지 않은 소비자는 그만큼 수용이 늦어질 것이다. 신상품이 도입되었을 때 그것을 구매하기로 의사결정을 하는 심리적 과정을 수용이라고 한다.

신상품이 도입되면 그것의 존재를 알고(인지), 그것이 어떤 편익을 주는 상품인지를 판단하여(지각), 사업체가 제공하는 정보를 가지고 그것을 구매할 가치가 있는지를 판단하고(평가), 그것에 대하여 나름대로의 정당성을 부여하여, 평가한 내용에 대한 실제경험을 통하여 그것의 가치를 확인하고(시용), 실제경험을 토대로 그것에 대한 최종평가(수용 또는 기각)를 하게 된다.

소비자들이 신상품의 수용시점에 따른 수용자의 범주는 혁신자, 조기수용자, 조기다수, 후기다수, 느림보의 5집단이 있다. 5개의 소비자 집단을 간략히 설명하면 다음과 같다.

### 1) 혁신자(innovators)

새로운 아이디어와 신상품을 열심히 받아들이는 집단으로, 전체 수용자의 2.5%에 해당한다. 이들은 고소득, 고학력자로서 보다 적극적이다. 또한 집단규범에 덜 의존하며 자기 과신적이다. 이들은 관련 자료나 전문가들로부터 정보를 획득한다. 최초수용자이다.

### 2) 조기수용자(early adopters)

전체 수용자의 13.5%에 해당한다. 이들은 상품수명주기의 초기에 수용한다. 이들은 집단규범이나 가치에 보다 의존적이다. 또한 이들은 집단에 밀접한 영향을 주기 때문에 의견선도적이다.

### 3) 조기다수(early majority)

전체 수용자의 34%에 해당한다. 이들은 신상품의 수용에 신중을 기한다. 많은 정보를 수집하여 많은 브랜드를 평가하기 때문에 수용과정이 오래 걸린다. 이들은 신상품 정보를 집단에 의존한다.

### 4) 후기다수(late majority)

이들 역시 전체 수용자의 34%에 해당한다. 이들은 신상품의 수용에 회의적 이다. 이들은 친구의 대부분이 이미 수용하였기 때문에 수용한다. 또한 이들은 집단규범에 의존하므로 수용은 일치에 대한 압력의 결과이다. 이 집단은 나이가 많고 소득과 학력이 평균적으로 낮다. 이들은 대중매체보다는 구전(mouth to mouth)에 주로 의존한다.

### 5) 지참자(laggards)

전체 수용자의 16%에 해당한다. 이들은 혁신자처럼 집단규범에 비의존적이어서 수용은 전통(과거의 조건)에 의하여 이뤄진다. 이들이 신상품을 수용할 시기에 그것이 다른 것에 의해 교체되게 된다. 이들은 최하의 사회경제적 신분이다. 최종 수용층이다.

**그림 6-4** 확산과정(diffusion process)과 PLC 간의 관계

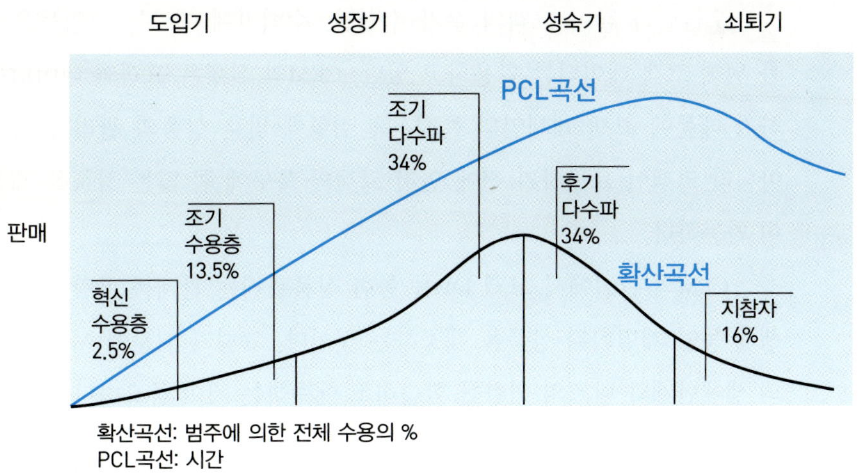


자료: Lamb et al., op. cit, p.337.

이상의 각 집단 사이에는 균열이 존재한다. 혁신자와 조기수용자 사이의 균열은 개발된 혁신상품이 하나의 상품으로서 그 가치를 인정받지 못할 때 나타난다. 조기수용자와 조기다수 사이에도 균열이 발생하는데, 이 균열은 시장을 갈라놓는 대단절(chasm)이라고 한다. 이 단절은 신상품의 수용목적이 상이한 데서 나타난다. 즉 조기수용자들은 효율성을 추구하지만, 조기다수의 수용자들은 상품 질을 추구하기 때문에 초기시장과 주류시장 사이에 대단절이 일어난다고 할 수 있다. 주류시장은 사업체들에게 이익을 보장해주는데, 조기다수와 후기다수의 소비자들로 구성된다. 조기다수와 후기다수를 갈라놓는 균열은 소비자들의 불편이 존재하기 때문이다. 소비자들의 불편을 해소해줌으로써 후기다수 시장을 개척해 나갈 수 있다.

## 3. CRM 상품관리

오늘날과 같이 고객의 수가 수십만, 수백만에 이르는 기업들은 상품관리를 위해 고객 데이터를 활용하고 있다. CRM의 실행은 고객의 데이터를 전제로 하기 때문에 고객 개개인의 특성, 즉 취향에 맞춘 상품의 관리가 가능할 뿐만 아니라 고객이 요구하기 전에 먼저 고객의 욕구에 꼭 맞는 상품을 제안하는 것이 가능하다.

CRM의 관점에서 고객 DB를 통한 상품관리는 관계를 바탕으로 고객의 전 생애 동안 개별화된 상품을 제공하는 것이다. 그렇기 때문에 시간에 따른 고객의 생애단계와 니즈의 변화를 학습하고 예측하는 것이 중요하다. 즉, 고객과 기업의 관계가 '학습관계(learning relationship)'를 지향하여야 한다.

상품관리는 과거에는 판매자가 상품을 정의하던 것에서 이제는 고객이 상품을 정의하는 것으로 변화되어야 하는 것을 의미한다.

CRM은 고객DB를 기반으로 일대일 관계를 유지해 나가는 것이다. 따라서 CRM에서의 상품관리의 목적은 고객DB 정보를 사용하여 각 고객에게 차별화되고 맞춤화된 상품, 즉 고객이 정의하는 상품을 지속적으로 제공해 주는 데 있다.

기업이 개인고객의 정보를 가지게 되는 순간부터 매스마케팅이나 시장세분화에서 해 오던 상품전략차원을 넘어서서 개인에게 최적의 상품솔루션을 제공할 수 있는 일대일 마케팅이 가능해진다. CRM의 최종 지향점이 일대일 마케팅이라는 점에 착안한다면 CRM에서의 상품관리는 일대일 개별화된 관리이어야 한다.

상품관리가 개별화된 관리가 필요한 이유는 다음과 같다.

### (1) 고객요구의 다양화

마케팅에서는 현 시대를 '다양성의 시대(the age of diversity)'라고 부른다. 다양한 시장들이 매일 새로운 니즈를 드러내고, 기업들은 이에 대응하기 위해 매일 새로운 상품들을 선보이며, 시장 전반은 매일 새롭고 다양한 상품들로 교체된다.

미국에서 1981년~1987년까지 시장의 상품구성 변화를 살펴보면, 이 기간 동안 상품구색의 다양성이 60%나 증가했다는 사실을 발견할 수 있다. 그러나 고객의 쇼핑 체류시간은 거의 증가하지 않았다. 상품의 폭발적인 다양화로 '고객들'의 니즈는 충족되었을지도 모르지만, 그러나 한 사람 한 사람의 '고객'에게는 여전히 만족시키지 못한 니즈가 남아 있다.

### (2) 세분시장과 틈새시장의 실패 및 DBM의 한계

생산기술의 급속한 발전은 상품의 다양화에 기여해 왔다. 이에 따라 기업들은 매스 마켓을 넘어 세분시장으로, 세분시장을 넘어 틈새시장으로 이르는 바쁜 여정을 시작하였다. 이와 같이 기업은 시장접근방안을 여러 가지로 시도해 왔지만 기업들은 더 이상 그들의 고객 베이스를 완전히 분류할 수 없는 현실에 봉착했다. 예를 들어, 고객이 기존에 선호하는 상품에서 의외의 상품을 구매한다거나 또는 한 고객이 동시에 여러 세분시장에 걸쳐 있기도 하고, 시간이 지남에 따라 다양한 세분시장을 거치기도 한다. 따라서 기업들은 세분시장 안의 고객들을 더 이상 같은 고객으로 간주할 수 없고, 고객의 변화하는 취향을 예측하는 것도 어렵게 되었다.

틈새시장에 눈을 돌린 기업들도 실패를 경험하고 있다. 틈새시장에 출시한 상품이 성공하기 위해서는 충분한 수의 시장규모가 뒷받침되어야 하지만, 실제로는 그렇지 못한 경우가 대부분이기 때문이다.

데이터베이스 마케팅에서는 고객 개개인의 DB를 갖추고 있는 기업이 고객의 구매이력(purchase history)과 인구통계적 변수 및 사회경제적 변수를 연결하여 표적시장을 선별한 후 표적시장을 선정하여 적중률(응답률)을 높이는 것에 역점을 둔다. 그러나 이러한 방식은 마케팅의 효율성을 높이는 데는 효과적이지만, 고객 개개인에게 지속적으로 최적의 상품 솔루션을 제공함으로써 고객과 기업 모두에게 윈-윈(win-win)관계를 달성하는 데까지는 이르지 못하고 있다. 세분시장이나 틈새시장에 기초한 마케팅뿐만 아니라, 고객 개개인과의 관계를 바탕으로 하지 않는 데이터베이스 마케팅으로는 개별고객의 니즈에 맞춘 진정한 상품관리가 불가능하다.

### (3) 상품관리를 위한 가이드라인

CRM의 궁극적 상품전략인 상품관리를 실행하기 위해서는 기업과 고객이 '학습관계'를 구축해야 한다. 고객들이 개인적으로 표출한 니즈를 충족시키기 위해 기업은 활동을 고객의 니즈에 적응시킬 필요가 있다. 이것은 상품의 생산 자체에 적용될 수도 있고 상품 자체보다는 상품을 둘러싼 서비스를 맞춤화시키는 형태, 예를 들어 상품의 포장단위 변화 등이 될 수도 있다.

중요한 것은 어느 형태에서든지 기업은 고객으로부터 배운 것을 바탕으로 한 사람 한 사람을 특별하게 다룰 수 있어야 한다는 점이다. 고객을 학습하는 것은 상품의 구매, 촉진 활동에 대한 반응 등을 포함해 고객이 기업과 접촉하는 모든 접점에서 가능하다.

학습관계를 전제로 상품관리를 실행하기 위해서는 다음과 같은 단계를 밟아야 한다. 첫 단계는 고객의 식별, 두 번째는 고객차별화, 세 번째는 고객과의 상호작용, 그리고 마지막 단계는 상품관리다.

고객은 자신의 니즈에 맞는 메시지를 받으면 즉각적인 반응을 보냄으로써 우선, 고객에게 어떤 메시지를 보내는 것이 가장 적절한지를 파악해야 한다. 고객의 마음을 열 수 있는 어떤 문장을 써야 한다. 다음에 고려할 사항은 언제, 어떻게 그 메시지를 전달할지를 결정하는 것이다. 그리고 어떻게 다가갈지도 중요한 고려 사항이다.

그 다음은 상대방이 내게서 무엇을 원하는지를 알아야 한다. 사실 상품관리를 실행할 때 고려할 사항은 한두 가지가 아니지만, 가장 대표적인 항목은 전사적 차원의 변화와 최고경영자의 적극적인 참여이다.

즉, 일반적으로 어떤 작은 변화라도 그것에 추진력이 붙기 위해서는 전사적인 차원으로 확대될 필요가 있다. 그러기 위해서는 최고경영층의 적극적인 참여와 후원이 필요하다. 최고경영자가 고객을 가장 잘 알아야 한다. 그래야 진정한 상품관리가 가능하다.

## (4) 상품관리의 4가지 유형

최근에는 정보기술의 발달과 업무 흐름의 유연성이 증가함에 따라 싼 비용으로 보다 많은 고객들에게 개별적인 상품의 제공이 가능해지고 있다. 이에 따라 기업들은 여러 가지 방법으로 상품관리를 제공하고 있지만, 정작 고객은 얼마나 가치 있는 것인지는 확인하지 않고 있다.

상품관리의 유형은 고객에게 주는 가치를 기본으로 다음과 같이 네 가지로 분류될 수 있다. 그림의 네 가지 상품관리 중 적응형 상품관리와 장식형 상품관리는 '표준화에서 창조된 다양성' 차원으로, 또한 투명형 상품관리와 협력형 상품관리는 '고객선호의 학습차원'으로 다시 묶을 수 있다.

그림 6-5 상품관리의 4가지 유형

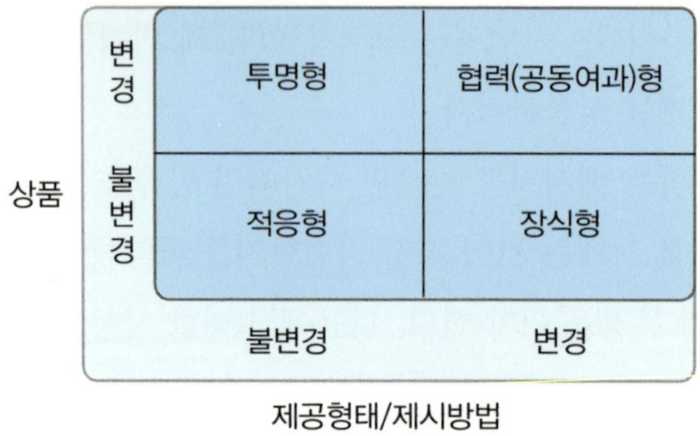


자료: Ward Hanson, Principles of Internet Marketing, South-Western College Publishing, 2002, p.198.

### 1) 표준화로부터 다양한 상품을 창조하기

#### ① 적응형 상품관리

적응형 상품관리는 하나의 표준을 제공하지만, 개별적으로 맞춤형이 가능하도록 하는 것이다. 즉, 고객이 스스로 상품을 변경할 수 있도록 설계하는 것이다. 예를 들어, 리복 펌프 운동화는 모든 고객에게 동일한 형태로 판매되지만, 고객이 원하는 만큼 공기를 넣어 자신의 발에 꼭 맞출 수 있도록 디자인되어 있다.

이 방식은 고객과 직접적인 상호작용이 없어도 맞춤형이 가능하다는 것이 특징이다. 이 외에도 퍼지(fuzzy)식 기술을 이용해서 제품이 고객에게 맞출 수 있도록 설계할 수 있다. 일반적인 유형의 고객희생은 선택가능한 완제품이나 부품이 너무 많이 주어지는 바람에 '고르기' 과정이 힘겨워지면서 발생한다. 이때 기업들은 적응형 고객맞춤의 접근법을 선택해야 한다. 적응형 상품관리는 이렇게 동일한 제품으로 판매되지만 고객 그 한 사람만을 위한 모양으로 변형될 수 있는 상품관리이다. 즉, 적응형 고객맞춤을 통해 고객들은 독립적으로 자신만의 고유한 가치를 찾아낼 수 있다.

### ② 장식형 상품관리

장식형 상품관리는 서로 다른 고객에게 서로 다른 표준을 제안하는 것이다. 즉, 상품의 사용 방식은 동일하지만, 제공 방식은 어떻게 제공되느냐가 고객에 따라 달라진다. 포장이나 제공형태를 약간 변형하는 것에 강조점이 있다. 주문포장, 개인전용 라벨, 여타 규정조건에 대한 개인 전용화, 개인 편의에 맞춘 배달 일정, 개인 취향에 맞춘 보너스 상품 등 맞춤양식으로 상품을 포장함으로써 각 고객이 "나한테 딱 맞는" 상품을 얻는 자아충족경험을 누리는 것이다.

이런 접근법은 우리들 각자의 마음속에 내재된 자기충족욕구에 호소한다. 이처럼 표준화된 상품을 장식적으로 고객맞춤을 함으로써 기업들은 고객들에게 개인적인 관심을 표현할 수 있게 되는 것이다.

이 방식은 기업의 표준화된 상품이 대다수의 고객을 만족시키지만, 상품의 형태만을 고객에 맞춰질 수 있는 업종에 적합하다. 동일한 상품을 제공하지만 고객에 대한 아주 간단한 정도, 예를 들어 고객의 이름과 같은 아주 단순한 정보만을 포함해서 쉽게 맞춤화하는 방법을 들 수 있다.

## 2) 고객의 선호 학습하기

CRM에서는 고객과의 관계가 '학습관계'를 지향해야 한다고 말하며, 학습관계란 고객과의 상호작용의 결과 해당고객에 대한 기업의 지식이 넓고 깊어지는 관계를 의미한다.

이러한 의미에서 CIF(Corporate Information Factory), 즉 '기업정보공장'이라는 용어를 사용하기도 한다. 기업의 모든 업무 시스템과 비즈니스 인텔리전스 시스템(데이터웨어하우스, 데이터마트), 그리고 기업 경영시스템이 마치 공장처럼 투입물을 가공하여 산출물을 만들어 낸다는 의미이다. 즉, CRM을 실행하는 기업은 고객이 기업에 최초로 접촉하는 순간에 발생하는 데이터를 투입 원자료로 삼는다. 이것이 업무 시스템에서 인텔리전스 시스템을 거치면서 유용한 고객정보로 변환, 산출되면 기업 경영시스템에 반영되어 일련의 과정을 거치는 정보 공장의 역할을 해야 한다.

### ① 협력(공동여과)형 상품관리

협력형 상품관리는 개인 고객과의 대화를 통해 그들의 니즈를 명료하게 파악한 후, 그 니즈를 충족시킬 수 있는 구체적인 상품을 식별하여 상품관리를 제공하는 것이다. 고객들로 하여금 그들이 필요로 하고 원하는 것을 말하게 하여 그러한 필요 및 욕구를 채워줄 수 있는 개념을 파악한 다음, 그 고객들을 위한 맞춤형 상품을 제공하는 경우이다.

특히 의류, 가구, 뉴스제공 등과 같은 업종에서는 이 방식을 사용하기 좋은데, 고객이 치수, 안락성, 기능의 복잡성 등과 같은 다차원적 특성을 일단 결정하기만 하면 그 협조에 부응하는 맞춤형 상품을 제공받을 수 있게 된다. 또한 상품의 디자인 단계에서부터 고객을 동참시켜 고객은 자신이 기업과의 의사결정에 협조한 만큼 그에 상응하는 안성맞춤의 상품을 제공받을 수 있다.

### ② 투명형 상품관리

투명형 상품관리는 고객이 알지 못하는 사이에 그들의 행동을 오랜 시간 관찰하여 예측가능한 선호나 취향을 발견함으로써 그들의 니즈를 맞춰 충족시켜 주는 것이다. 이때 속이 들여다 보이는(은근슬쩍형) 투명형 상품관리는 고객을 위해 맞춰져 있긴 하지만, 고객들 몰래(표현의 변화를 통해) 개인 고객들에게 잘 다듬어진 상품을 제공하는 트릭을 사용한다.

리츠 칼튼 호텔은 고객이 선택하는 것들을 면밀히 관찰하고 기록해 두었다가 그 고객이 재방문하였을 때 투명형(은근슬쩍)을 이용한다. 예를 들어 베개를 하나 더 요구했던 고객에게는 재방문할 때 처음부터 여분의 베개를 준비해 둔다.

이 방식은 기업이 고객에 대한 지식을 심화시킬 수 있는 충분한 시간을 요하며 고객의 선호에 더 가까이 다가갈 수 있는 적극성이 요구되는데, 특히 직접적인 협력(collaboration)으로부터 방해받고 싶어 하지 않는 고객들에게 적용하면 좋다.

### 3) 인식된 다양성

인식된 다양성은 알맞은 고객맞춤방식을 선택하는 것이다. 이 모든 개인화(personalization) 및 고객맞춤(customization)의 실현을 위해서는 고객정보가 필수이다. 위에서 설명한 4가지 상품관리유형은 모두 고객의 개별선택 및 취향에 관한 정보에 근거한다.

고객에게 원하는 옵션을 택하게 함으로써 자신의 니즈를 충족시킬 수 있도록 할 때, 기업에게 대두되는 중요한 질문은 다양성을 어느 정도 제공하느냐이다. 고객은 다양한 선택 대안 또는 옵션을 원하지만, 너무 많은 옵션은 오히려 고객을 혼란스럽게 만들기 때문이다. 따라서 다양성을 결정할 때, 초점은 고객의 인식된 다양성(perceived variety)이 어느 정도인지를 파악하는 것이다. '실제의 다양성'보다 '느껴지는 다양성'이 더 중요하다. 고객 입장에서 인식된 다양성을 감안하지 않고 기업측이 일방적으로 제시하는 여러 가지 옵션들이 고객에게는 중복, 불필요, 또는 과잉으로 느껴지고 결과적으로 고객의 의사결정을 저해하기도 한다. 그야말로 '선택의 고통'인 것이다.

예를 들어, 중국요리집은 주재료와 소스를 별도로 선택하게 함으로써 고객이 어느 재료와 소스를 선택해 조합하느냐에 따라 매우 다양한 요리를 제공받을 수 있도록 메뉴판을 제시한다. 이러한 상품관리는 기업 측에서 다루는 실제 다양성은 적어도 고객들이 느끼는 다양성은 매우 높은 예라고 할 수 있다.

## (5) 고객맞춤형 상품관리

고객맞춤형 상품관리전략은 기본적 전략과 부가적 전략으로 크게 나눌 수 있다. 기본적 상품관리에서는 원가절약형, 옵션믹스형, 고객참여형, 맞춤생산형, 고객제안형 등이 있다. 그리고 부가적 상품관리는 묶음상품, 컨피규레이션, 포장, 부대 서비스 등이다.

### 1) 기본적 상품관리

#### ① 원가절약형 상품관리

현실적인 상품관리의 가능한 개선에 대해 기업들은 의문을 가지게 된다. 완벽한 상품관리를 제공하기 위해 기업이 지나친 비용을 지불해야 한다면 절충이 필요할 것이다.

완전히 개인화된 상품관리의 반대쪽 끝은 완전한 표준화(pure standardization)라고 할 수 있다. 완전한 표준화의 예로는 포드의 T형 자동차를 들 수 있다. 기업은 고객의 고유한 니즈를 충족시키려는 사명감과 원가라는 제약이 있어서 두 극점 사이에서 절충할 수 있는 방법, 즉 원가절약적인 상품관리를 모색할 수 있다. 두 극점 사이에는 세분화된 표준화, 개별화된 표준화의 두 절충 방식이 있을 수 있다.

세분화된 표준화는 고객이 식별 가능한 세분시장으로 분류될 때, 각 세분시장마다 서로 다른 옵션을 제공하는 방식이다. 이에 반해 개별화된 표준화란 고객이 상품의 여러 구성요소들을 제공받고 자신이 가장 원하는 요소들을 선택할 수 있도록 만드는 것이다.

원가절약형 상품관리는 크게 두 가지 기본 요소들을 통해서 달성할 수 있다. 표준화된 구성 요소와 유연한 절차이다.

첫 번째 방식은 표준화된 구성 요소에 개인화된 요소를 추가하는 것이고, 두 번째 방식은 유연생산 시스템을 도입하여 표준화된 사양에 개인의 주문사항을 탑재할 수 있는 방식이다.

#### ② 옵션믹스형 상품관리

옵션믹스형은 개별화시킬 수 있는 옵션을 제품, 서비스, 커뮤니케이션의 세 가지로 분류할 수 있는데, 이 세 옵션을 어떻게 구성하느냐에 따라 고객에게 제공되는 상품관리가 달라질 수 있다.

ⓐ 표준제품, 표준 서비스, 맞춤 커뮤니케이션: 이러한 믹스전략은 제품이나 서비스를 변경하지 않고 커뮤니케이션만을 맞춤으로써 고객에게 가

치를 증대시킬 수 있는 업종에 적합하다.

ⓑ 표준 제품, 맞춤 서비스, 맞춤 커뮤니케이션: 이것은 고객의 사용패턴을 아는 경우, 고객이 미래에 어떠한 요구를 하게 될지를 예측할 수 있어, 고객에게 커뮤니케이션뿐만 아니라 가장 알맞은 서비스를 제안하는 것이다. 전화를 통한 서비스를 제공하는 업체에서는 고객의 이용패턴을 분석한 후 고객에게 가장 유리한 서비스를 직접 추천하고 있다.

ⓒ 맞춤 제품, 맞춤 서비스, 맞춤 커뮤니케이션: 완벽한 서비스관리 형태로서 컨설팅과 같은 업종에 적용할 수 있다.

### ③ 고객참여형 상품관리

고객의 표출된 니즈, 또는 잠재된 니즈를 충족시키는 제품을 만들기 위해서는 다양한 원천으로부터 제품 아이디어를 얻을 수 있어야 한다. 신제품개발과 제품향상을 위한 아이디어의 원천은 시장추세, R&D, 협력업체, 내부고객 등 여러 가지가 있을 수 있다. 그러나 그중 가장 핵심적인 정보 원천은 역시 고객이다.

맞춤형 상품을 개발하기 위한 최적의 방안은 고객을 신제품 개발과정에 참여시키는 방법이다. 기존 제품에 대한 고객의 의견 수렴과 고객들의 제품불만 데이터 등은 신제품 개발과정에 유용한 입력자료가 될 수 있다. 또한 고객들의 의견은 제품의 내용 및 포장이나 디자인 등과 같은 여러 가지 방면에 활용할 수 있다.

신제품 개발과정에 고객을 참여시킬 때 가장 중요한 점은 두 가지이다. 첫째는 고객이 자발적이고 적극적인 태도로 제품 아이디어를 피드백해 줄 수 있도록 동기부여하는 것이고, 둘째는 기업이 고객의 의견을 성의껏 제품에 반영하는 것이다.

### ④ 맞춤생산형 상품관리

주문을 받아 단 한 사람의 고객만을 위한 상품을 제작하여 판매하는 것은 CRM 상품관리의 궁극적인 목적이다.

이러한 방식의 상품관리가 적합한 산업으로 의류업체를 들 수 있다. 예를 들어, 청바지를 제작 판매하는 리바이스사는 개별 고객의 치수를 컴퓨터에 입력하여 단 한 사람의 고객을 위한 청바지를 제작, 판매함으로써 고객만족을 달성하고 있다.

캘리포니아의 소프트웨어 스포츠웨어(Soft wear Sports Wear)사에서 개발된 개별주문 생산기술을 채택하고 있는 세컨드 스킨은 컴퓨터가 연결된 디지털 카메라를 통해 고객의 신체치수를 자동적으로 측정할 수 있다. 측정을 마친 고객의 원하는 디자인을 선택하면 점원이 컴퓨터 화면에 그 고객이 고른 디자인의 수영복을 입은 이미지를 보내 목선, 가슴, 다리 등 그 고객의 신체에 꼭 맞도록 컴퓨터 펜으로 수정한다. 그렇게 하여 고객이 주문한 상품의 도면이 완성되면 고객은 150개가 넘는 원단샘플 중에서 가장 마음에 드는 원단을 고른다. 그러면 선택된 원단으로 완성된 수영복 이미지가 컴퓨터 화면에 나타난다. 고객은 그 후 이틀 정도 후에 세상에서 단 하나뿐인 자신만의 수영복을 배송받게 된다. 가격은 기성 수영복과 비슷한 수준이다.

오늘날은 기술의 발달로 인해 개별주문 상품화가 여러 산업에 적용될 수 있다. 그리고 고객의 선호와 치수 등의 데이터가 컴퓨터에 기억되어 있으므로 데이터를 갱신할 필요가 없는 한, 두 번째부터는 처음과 같은 번거로운 작업없이 고객은 원하는 상품을 지속적으로 제공받을 수 있다는 장점이 있다.

#### ⑤ 고객제안형 상품관리

고객제안 제도는 신제품을 개발할 때, 고객의 아이디어를 수용한 것과 비슷하다. 신제품 개발 이외에도 제품의 성능 개선이나 서비스품질 향상에 필요한 조언을 해 주는 고객은 기업의 중요한 자산으로 간주되어야 한다. 한 사람의 고객에게서 나온 의견이라도 모든 고객에게 적용될 수 있는 상품 향상으로 이어질 수도 있고, 새로운 사업 기회로 발전할 수도 있다. 이러한 고객은 과거의 구매이력이 없더라도 기업에 충분한 공헌을 하기 때문에 특별한 대우를 해 주는 것이 옳다. 고객의 지식(customer knowledge)을 활용해야 한다.

예를 들이, 모토로라는 콜센터에 접수된 고객의 불만이나 제안을 주기적으로 제품에 반영, 제품을 개선시킴으로써 고객만족을 향상시키고 있다. 이 외에도 고객제안 제도의 일환으로 인터넷 홈페이지에 고객제안 사이트를 마련해 두는 기업들이 많아지고 있다. 기업은 고객이 이러한 유통경로를 통해 제안해 준 의견을 검토하여 상품개선과 서비스 향상에 적극적으로 활용하는 것이 좋으며, 이에 마땅한 대우를 해 주는 것도 명심해야 한다.

### 2) 부가적 상품관리

#### ① 묶음 상품

묶음 상품 즉, 번들링(bundling)은 두 개 이상의 상품들을 함께 묶어서 제공하는 것이다. 이것은 고객 니즈의 핵심을 충족시키는 제품과 그와 관련된 부속품, 악세사리 등을 묶어서 고객이 일일이 개별 쇼핑을 하지 않고도 한번에 니즈를 쉽고 완벽하게 충족시킬 수 있도록 배려한 것이다. 예를 들어, 운동화와 양말, 컴퓨터와 모니터, 자동차와 보험을 묶는 것 등을 생각해 볼 수 있다.

번들링의 경우, 고객에게 맞추어 묶음 단위를 대량구매자, 중간구매자, 소량구매자에게 맞추어 판매단위를 변경하는 방법도 고려해 볼 수 있다. 다양한 묶음 상품의 형태를 개발해야 한다.

#### ② 컨피규레이션

컨피규레이션(configuration: 맞춤형 형태)은 상품을 물리적으로 변경하지 않고서도 고객의 스펙(spec)에 따라 맞춤화가 가능한 산업에 이용된다. 컴퓨터나 기타 사무기기 등이 좋은 예이다. 사무용 전화기기 제공업체는 주문한 회사의 요구에 맞춰 다이얼 속도를 미리 세팅해 놓을 수 있고, 각 부서와 직원들의 전화번호를 미리 저장해 놓은 상태로 공급할 수 있다.

#### ③ 포　장

포장(packaging)도 고객에 따라 원하는 방식이 다르다. 어느 고객은 포장 겉면에 자세한 설명서를 첨부해 주기를 원할 수 있고, 가볍고 부피가 작은 포장용지를 사용하기 원하는 고객도 있을 수 있다. 따라서 고객에게 맞는 포장을 제공하는 것 역시 상품관리의 한 전략이다.

### ④ 배 송

배송(delivery & logistics)에 있어서도 고객이 원하는 시간과 장소로 맞추어 주는 것이 중요하다. 기업측이 원가절감 등을 이유로 고객의 편의를 간과한다면 고객은 만족하지 않을 것이다. 항공편보다는 선박편을 선호하는 고객과 또는 그 반대로 선호하는 고객이 있다. 마찬가지로 인편과 우편 중에서도 선호도가 고객마다 다를 수 있다. 고객의 요구가 기업 측에서 제공 가능한 변경범위(variation) 내에 있다면 이 또한 상품관리의 한 수단으로 이용할 수 있다.

### ⑤ 부가 서비스

부가 서비스는 핵심 상품과 부가적인 서비스를 함께 제공하되 고객이 가장 선호하는 방식을 택하는 것이다. 예를 들어, 자동차를 판매하면서 2주일에 한 번씩 왁스세차를 제공한다든지, 가죽의류를 판매하면서 드라이클리닝 회원권을 제공하는 상품 등이 있다. 특히, 제품의 보증기간이나 범위를 고객의 사용패턴에 맞추어 변경하는 것도 간단한 상품관리 전략의 하나가 될 수 있다. 복사기 렌탈 고객의 월평균 복사수량, 자동차 구매 고객의 연평균 주행거리 등을 미리 말하게 한 다음 그에 맞추어 보증 서비스 기간과 범위를 맞춤화할 수 있다.

### ⑥ 서비스 향상

고객들 중에는 프리미엄 가격(premium price)을 지불하면서 더욱 특별한 서비스를 요구하는 사람들이 있다. 미국의 몇몇 랩탑 컴퓨터 제조업체들은 지역별로 큰 수선창고(depot)를 세워 두고, 의뢰가 들어온 PC를 밤샘작업으로 수선하여 다음 날 아침 일찍 고객의 문 앞까지 배달하고 있다.

### ⑦ 인보이스

인보이스(invoice)는 송장을 만들고 보내는 일로서, 이 역시 고객에 따라 달라질 수 있다. 고객이 쉽게 읽고 이해할 수 있는 형식으로 송장을 개발하거나, 웹상에서 디지털화된 송장을 발송하거나, 세부 내용을 융통성 있게 가감할 수 있다면 상품관리의 한 전략이 될 수 있다.

#### ⑧ 지불계약

고객에 따라 현금지불을 선호하는 사람도 있고, 신용카드 결제를 선호하는 사람도 있다. 적은 액수로 긴 기간 동안 지불하는 장기할부방식을 선호할 수도 있고, 어떤 고객은 선금을 납부하고 제품을 나중에 받는 것을 선호할 수도 있다. 대금지불방식은 기업들이 손쉽게 활용할 수 있는 상품관리 방법이다.

#### ⑨ 서비스 능률화

서비스 능률화는 이미 여러 은행에서 실행되고 있는데, 장기고객이나 우량고객에게 별도의 창구를 마련해 주는 것이 그 예이다. 이러한 방식은 복잡한 확인 절차와 서류작업 없이 특별한 고객을 특별하게 대우해 주는 절차상의 서비스관리 전략이라고 볼 수 있다.

## 4. 상품의 색채 마케팅

소비자의 생활이 감성화, 개성화, 색채화되어 감에 따라 색채화된 욕구에 대해 다양한 평가 기준이 있다. 색채의 선택은 바로 이미지의 선택이기 때문이다.

따라서 색채 이미지 스케일은 다양한 소비자들의 색채에 대한 욕구와 그에 대한 이미지를 통계적, 체계적으로 분류하여, 디자이너로 하여금 개별적인 색채 감각의 특성에 따라 색상을 선택하는 것을 피하고 색채 사용에 있어서 과학적이고 합리적이고 근거를 갖추도록 하는 데 의의가 있다.

마케팅전략에서 중요한 색채는 전체적인 인상(impression)과 회상(recall)을 통합, 강화시킨다. 색채가 의류, 미용, 화장품류, 가구, 실내장식품, 벽지 등과 같이 유행에 따라 급속하게 변하기 쉬운 대상물들이나 제품들을 우선적으로 촉진시키는 경우, 그것은 조정자(coordinator) 역할을 맡는다.

많은 산업이 색채에 있어 취향(taste)과 경향(trend)의 변화에 의존하고 있으며, 그들의 성공은 정확한 예상과 경향 상태(trend setting)에 따라 좌우된다.

그러나 유행, 디자인, 색채에 있어서 장래를 확실하게 예측하기란 어렵다. 그럼에도 불구하고 기업들은 히트할 만한 뭔가를 찾는다. 이런 목적을 위해 그들은 유행이 다가오는 경향을 예측하는 데 있어서 유행 주기도 고려한다.

색채가 이제는 효용가치에서 새로운 상품의 부가가치로 그 존재성을 주장하게 되었다. 이것은 컬러 혁명 이전과 이후와의 차이점을 설명할 수 있는 중요한 요인이 된다. 즉, 컬러가 부여할 수 있는 심리적 내지 생리적 효용, 커뮤니케이션 매체로서 시각적 전달에 사용하는 효용 이외에 컬러는 상품의 이미지를 구성하는 중요한 요소가 되었다.

현대의 상품은 이미지로서의 상품이 되지 않으면 안 된다. 이러한 이미지는 바로 상품의 기능가치에 부가적인 감성가치를 형성시키는 중요한 요소가 된다. 상품이 지닌 본질적인 속성 이상으로 기업은 상품의 이미지를 팔고 소비자도 상품의 이미지를 산다. 이미지를 산다는 것은 마치 그림자와 같이 실체가 없는 것을 사는 듯한 느낌도 주지만 그렇지는 않다. 예를 들어, 의복은 본래 몸의 보호, 보온 등의 기능성이 있지만, 현실적으로 이들의 기능이 상품가치의 중심적인 위치에서 차지하는 비율은 적다. 소비자가 구매하는 것은 패션디자이너 앙드레 김의 색이고 그 드레스다. 상품에 따라 정도의 차이는 있으나 기능을 완전하게 갖춘 제품만으로는 상품으로 될 수 없다. 기업이 상품의 기능성에 그 상품만의 독특한 속성과 이미지를 부가하는 것에 의해 완전한 상품이 되는 것이다.

특히 제품(상품)의 발전 단계와 색채이미지를 살펴보면 하나의 제품이 탄생하면 수명이 다할 때까지 발전 단계를 갖는데 소비자의 기호가 다양해지고 성숙해지면 상품도 다양해지고 성숙해진다. 상품의 색채도 소비자의 심리적 성숙에 따라 발전된다. 이를 단계별로 살펴보면 다음과 같다.

① 도입기

대부분의 상품은 기능성만으로 생산되며 컬러가 중요하지 않은 시기이다. 이 때는 시장 확립도 되어 있지 않고 경쟁 상대도 없는 상태이다.

② 성장기

자사 제품의 품목 수가 증가하고 특이성을 구별하기 위하여 품목을 차별화시킨다. 경쟁 상품이 나타나며 단순 구별을 위한 컬러가 증가한다. 적, 청, 황, 녹 등의 원색 계통이 나타난다.

③ 안정기

경쟁 기업이 증가하고 상품에 대한 소비자 판단 기준도 엄격하게 된다. 상품의 질이 높아지고 개성이 위하여 상품의 이미지에 맞게 컬러가 결정되며 중간 색조인 아이보리, 베이지 등의 파스텔조 색채가 등장한다. 그리고 이 때부터 감성 상품의 등장으로 컬러 마케팅이 필요하게 되는 때이기도 하다.

합리적이고 과학적인 근거 아래 상품 개발과 색채 계획을 해야 하며 종래의 경제성, 기술적 측면만의 생각이나 디자이너의 아집 등은 소비자로부터 점점 멀어지는 시기이다. 상품의 이미지화로 말미암아 감성 가치가 구매의 중심이 된다.

④ 성숙기

상품의 개성화, 다양화가 이루어지고 대체 수요기에 접어든다. 상품의 생활환경에서 위치 설정에서 컬러가 결정되며, 따라서 다른 분야의 정보가 필요하게 된다. 선택 기준이 라이프스타일에 따르며, 코디네이트 의식이 고조된다.

⑤ 포화기(난숙기)

개성이 극히 세분화되며 제품 콘셉트가 다양화된다. 상품을 만드는 개념에 공명해야 하며 새로운 의미의 브랜드 이미지가 확립된다.

이렇듯 우리의 상품(제품)이 어느 시기에 존재하고 있는가를 이해하면서 색채 마케팅을 전개해야만 비로소 경쟁력을 갖춘 상품으로서 시장에서 생존하게 된다.

**그림 6-6 상품의 발전단계**

라디오카세트의 추이

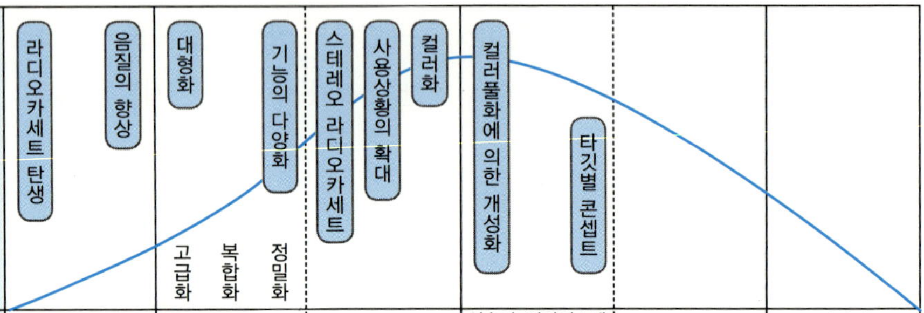


| 단계 | | | | | | |
|---|---|---|---|---|---|---|
| 단계 | 도입기 | 성장기 | 안정기 | 성숙기: 이미지스케일이 도움되는 시기 | 난숙기 | 쇠퇴기 재생기 |
| | 기능우선시기 | 상품메리트 시기 | | 생활자심리 시기 | | 기술혁신 |
| 특징 | 기술본위<br>기능본위 | 품목의 차별화<br>아이템별 대응 | 상품이미지<br>TPO이미지 | 개성화<br>패션화 | 시대이미지<br>브랜드이미지 | 기능본위 |
| 컬러경향 | 모노크롬<br>메카닉한 색<br>관용적 소재색 | 생생한 톤<br>원색조·적·백·감·황·<br>아이보리 | 컬러풀화<br>컬러코디<br>중간색 | 패션칼라<br>Lite 스타일<br>기호색<br>이미지코디 | 브랜드·<br>이미지컬러<br>커뮤니티컬러 | 새로운<br>의미 부여 |

상품의 발전단계

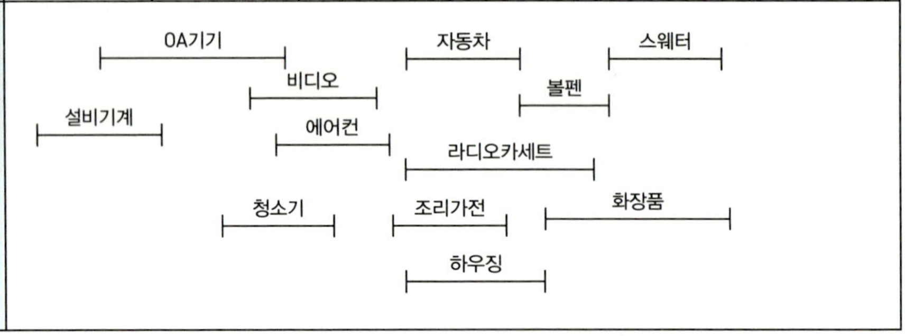


자료: 김훈철 외, 컬러마케팅전략, 다정원, 1998, p.79.

## 5. 브랜드관리

### (1) 브랜드 의사결정

브랜드는 상품의 얼굴이요 이름이다. 한 가지 상품 속에는 국내외에서 온 여러 경쟁상표가 있는데, 소비자들은 어느 한 상표를 선호하여 반복구매하는 상표 애호도(brand loyalty)를 지니기도 하고 여러 가지로 상표전환(brand switching)하기도 한다. 마케터의 입장에서 보면, 우선 소비자의 상표선택에 있어서 적어도 구매상표 고려군(consideration set)에는 들어가도록 마케팅 노력을 하여야 한다.

상표의 식별과 차별화 기능은 제조업자, 중간상, 소비자에게 모두 편익을 준다. 제조업자는 고객(중간상, 소비자)으로 하여금 자사 상표에 대한 애호도를 갖게 하기 위하여 상표를 만들 필요가 있다. 중간상도 상품선정에 있어서 소비자로부터 사랑 받는 상표를 우선 고려할 것이다. 소비자는 상표선택의 자유를 즐길 수 있고, 신분상징(status symbol)으로 상표를 활용하기도 한다. 예를 들어, 고급 'Benz'차를 탄 사람은 주위 사람들에게 은근히 위풍(prestige)을 과시할지도 모른다.

좋은 브랜드(상표)명의 요건은 ① 제품의 편익과 특성을 잘 나타낼 것, ② 말하고 식별하고 기억하기 쉬울 것, ③ 독특성이 있을 것, ④ 외국어로 쉽게 표현할 수 있을 것, ⑤ 등록과 법적 보호가 가능할 것 등이다.

또한 디지털 시대에서도 브랜드는 전 세계 어디에서나 쉽게 발음되고 쓰기 쉬워야 하며, 특히 인터넷상에서 좋은 사이버 브랜드로 성장하기 위한 도메인(domain) 네임은 간결성, 발음 연관성, 독창성, 기억 용이성의 요건을 갖추어야 한다. 즉 잠재고객들은 길고 어려운 도메인 네임보다는 짧고 발음하기 쉬우며, 독특하여 기억하기 쉬운 도메인 네임을 선호한다. 또한 강력한 사이버 브랜드 구축을 위해서는 이러한 도메인 네임 자체의 특성 외에도 사이트의 전문성, 확장성, 포괄성, 집중성에 관한 문제를 종합적으로 고려해야 한다.

### (2) 브랜드자산관리

브랜드자산은 제품에 브랜드를 부축함으로써 추가적으로 획득할 수 있는 가치를 의미한다. 소비자가 갈증을 느낄 때 코카콜라를 떠올린다든지, 핸드백이 필요할 때 루이비통을 떠올린다면, 이미 이런 브랜드들은 브랜드자산으로서의 가치를 갖게 되는 것이다.

잘 구축된 브랜드 자산은 기업의 이익을 확실하게 제공하여 주기 때문에 모든 기업들은 브랜드 자산의 육성에 관심을 기울이고 있다.

마케터가 소비자에게 제시되어야 할 브랜드의 모습이자 비전, 목표인 브랜드 아이덴티티(brand identity) 수립을 통해 최종적으로 달성하고자 하는 것은 바로 브랜드와 고객 간의 관계 구축이라 할 수 있다. 브랜드 아이덴티티 시스템에 있어서 가장 중요한 것이 브랜드와 소비자와의 관계이다. 브랜드 이미지가 어떤 브랜드에 대하여 현재 고객들이 갖고 있는 연상들의 집합이라면 브랜드 아이덴티티는 어떤 브랜드에 대하여 앞으로 고객들의 마음속에 심어주고자 하는 연상들의 집합이다.

이러한 브랜드와 고객간의 관계는 여러 경로를 통해 형성될 수 있지만, 그 브랜드를 지속적으로 사용하면서 느꼈던 3가지 유형의 편익, 그리고 조직이나 개인 측면의 브랜드 아이덴티티가 특히 중요한 작용을 한다. 따라서 고객과의 관계 구축을 강화하기 위해서는 고객의 사용상황과 관련된 매력적이고 기억에 남을 수 있는 다양한 경험을 체험할 수 있게 하는 프로그램을 제공하는 것이 무

**표 6-1** 유명 브랜드의 고객관계 강화 프로그램

| 브랜드 | 고객 Sweet Spot | 실행 아이디어 |
|---|---|---|
| 아디다스 | 주말의 팀 경기활동 | Addidas Street Challenge |
| 코카콜라 | 애국심과 축하의 즐거움 | 올림픽 성화 랠리 |
| 할리데이비슨 | 자유롭고 남성적인 느낌, 연대감 | Harley Owner's Group, Ralley |
| 맥기 | 가족과 친구를 위한 즐거운 요리 | Kochstudio |
| 스타벅스 | 일상적으로 즐기는 커피 시간이 기능적이고 사회적인 즐거움을 제공함 | 대리석이 반짝이는 유럽풍의 커피하우스 매장, 최고급 원두 |
| 태그호이어 | 요트와의 일체감 | Whitbread 요트 경주 후원 |

자료: 한은경, "브랜드 관리의 중심, 브랜드 아이덴티티," LG Ad, 2002. 03/04, p.34.

엇보다도 중요하다. 이를 위해서는 고객의 중요한 관심 사항이나 생활의 일부가 될 수 있는 문화적 코드(Aaker는 이를 '고객 sweet spot'이라 명명함)를 발견하여 이를 프로그램화할 수 있어야 한다. 〈표 6-1〉은 유명 브랜드의 고객관계 강화를 위한 대표적인 실행 프로그램을 보여주고 있다.

### (3) 포장디자인

포장은 브랜드 이미지를 연상시키는 데 많은 도움을 준다. Kodak은 노란색으로 밝고 선명함을 나타내고, 코카콜라는 빨간 색과 흰색을 조화시켜 경쾌한 이미지를 연상하게 한다. 이처럼 포장의 색상은 상품의 속성을 돋보이게 하는 역할을 하고, 상품의 개성을 표현하여 잠재고객의 뇌리에 깊이 각인시키는 역할을 한다. 즉 포장은 브랜드 이미지를 전달하는 효과적인 수단이 된다.

포장은 상품의 얼굴이며 구매시점에서 가장 중요한 요소로서 고객을 위하여 가치를 부가하는 가장 중요한 목적은 경쟁 제품과 그 제품을 식별할 수 있게 한다. 한 제품을 식별하기 위한 포장의 사용은 일정한 표적시장에 도달하기 위한 마케팅믹스의 중요한 부분이다. 예컨대, 나이든 소비자를 표적으로 삼기 위하여 마케터는 열기 쉬운 포장을 사용하고, 독신인 사람을 표적으로 하기 위하여 식료품 마케터는 더 작은, 혹은 단순한 포장을 할 것이다.

포장은 그 자체가 '전달 매체'로 보기 때문에 실제 연쇄점이나 소매점에서 상품이 포장 디자인 자체로 구매됨을 무시해서는 안 된다. 미국의 예를 들어, 진열상품의 50% 이상이 광고나 다른 판매촉진 행동을 하지 않고 패키지 자체로 판매되고 있다는 것이다. 오늘날의 소비자는 꼭 필요한 물건보다도 제품이나 포장의 외관이 좋으면 그 제품을 구입하는 경향으로 흐르고 있다. 즉 제품이 갖는 실용성이나 기능성보다는 표면 디자인이 구매충동을 더 자극한다는 것이다.

포장을 볼 때 소비자의 시선은 포장의 윗부분에서 아래로 본다든지 왼편에서 오른편으로 본다고만 말할 수 없으나 강조된 요소가 주의력을 끄는 것은 확실하다.

포장의 표면디자인에 있어서도 강한 시선을 끄는 것은 색채조화인데 색채는 각종 포장재료를 사용한 구조적 형태와 깊은 연관을 갖는 판매 포인트가 된다. 상품의 표면 디자인은 소비자의 구매동기를 유발하는 요소로 정보전달을 중요시한다.

색채는 무엇보다도 감정에 호소함으로써 제품이 팔릴 수 있는 배색이 되어야 한다. 오늘날 미국 슈퍼마켓에서 구매되는 상품의 70%가 소비자들이 그 상점 내에서 즉석으로 구매결심을 한다는 것이다. 이는 어떤 쇼핑 리스트가 없이도 포장의 표면 디자인에 의해 구매자극을 받는다는 것을 입증하는 결과이다. 특히 식품포장에 있어서 식욕을 돋우는 디자인은 천연색의 제품사진이나 일러스트와 이에 맞는 배경 색채를 선택하는 것이 제품의 인지도나 신빙성을 주기 때문에 가장 효과적이라 할 수 있다.

포장의 표면디자인의 색채는 시각언어(language of visual)인 여러 구성요소를 통합시켜 감각적 기분(emotional mood)을 북돋아 주어 소비자에게 다음과 같은 영향을 주어야 한다.

첫째, 포장 상품을 소유하고 싶은 마음과 즐거움을 주어야 한다.

둘째, 제품의 특성을 알기 쉽게 판별해 주어야 한다.

셋째, 경쟁사와 구별성을 가져야 한다.

넷째, 색의 연상을 장기간 기억하여 연속적으로 구매의욕을 심어주어야 한다.

그리고 대부분의 포장의 중요한 부분은 표찰(label)이다. 표찰은 사과 상자에 붙은 하나의 스티커(sticker)처럼 작고 간단하거나, 새 자동차의 차에 붙은 정보처럼 복잡할 수 있다. 표찰은 제품을 촉진함으로써, 그리고 제품선택과 사용정보를 제공하여 고객에게 가치를 덧붙임으로서 마케팅 노력을 지원할 수 있다.

표찰은 제품과 그 편익에 주의를 끌게 함으로써 조직의 촉진적 노력을 지원한다. 만일 촉진이 일정한 제품 특징이나 품질 메시지를 강조한다면, 이것은 그 표찰 위에서 강화될 수 있다. 많은 식료품이 표찰에 '살찌지 않는(fat free 혹은 low-fat)'을 강조하여 건강의식적인 소비자를 끈다. 표찰 위의 정보는 제품의 재판매자와 최종 사용자 양쪽에 다 도움을 줄 수 있다.

Chapter 7

# 가격관리

상품의 가격은 오늘날 가격자유화로 인해 경쟁수단으로 활용하고 있다. 좁은 의미에서 가격(price)은 제품(유형의 상품) 또는 서비스(무형의 상품)에 부과된 화폐량이다. 넓은 의미에서 보면, 가격은 제품 혹은 서비스의 소유나 사용으로 얻게 될 편익을 위해 고객이 포기해야 할 모든 가치들의 합이다. 가격은 구매자 선택에 영향을 주는 주요 요인으로서 마케팅믹스 가운데 수익(revenue)을 낳는 유일한 요소이며, 가장 유연성이 높은 요소이며, 기업의 시장점유율과 수익성을 결정짓는 가장 중요한 요소이다. 가격전략은 기업이 신상품을 개발하거나 새로운 경로 또는 새로운 지역에 상품을 도입할 때 당면하게 되는 문제이다. 특히 기업이 가격에 의한 특화를 할 때는 상황은 더욱 복잡해진다. 가격에 의한 특화란 동일한 상품이나 서비스를 원가의 차이에 의한 가격결정이 아니라 상품수준의 질에 따른 특정한 사회의 목표를 성취하기 위해서 여러 가지 가격을 책정하는 것을 의미한다. 따라서 가격전략에서 최근 들어 중요한 변수로 작용하는 것이 비가격경쟁부문이다. 즉, 기업 이미지, 신속한 서비스의 수행 등은 시장에 진입한 후 주요 경쟁자의 공격을 방어할 수 있는 중요한 수단이 될 수 있으므로 이 부문에 대한 경쟁전략도 수립해야 한다. 그리고 경영의 자율화가 확대되고 전산부문의 발전으로 정보화가 빠른 속도로 진전됨에 따라 소비자에게 좋은 인식을 줄 수 있는 다양한 정보 특히 가격에 관한 정보를 개발·공급하는 것도 효과적인 전략이 될 수 있을 것이다.

# 1. 가격결정

CRM 믹스전략에서 가격은 가장 쉽게 변화시킬 수 있는 분야이다. 가격을 결정하는 것은 광고 또는 위치의 변경과 같이 시간과 투자가 필요한 것은 아니다. 결국 기업에서 가장 빠르고 효율적으로 이익극대화를 실현하기 위한 방법은 가격을 올바르게 책정하는 것이다.

## (1) 가격결정의 목적

### ① 이윤의 극대화

기업에서 이윤은 기업의 생존과 성장에 결정적 영향을 준다. 영리기관과 마찬가지로 비영리기관도 이윤을 추구하고 있으며 이윤을 추구할 필요가 있다. 사실 비영리기관은 영리위주는 아니었지만 영업손실의 방지를 위해 이윤추구를 해오고 있다. 가격과 수익성과의 관계는 영리성 여부에 관계없이 중요하다. 특히 영리행위를 비난받아 온 의료기관들이 "환자들을 대상으로 돈을 번다는 것은 나쁘다"고 생각하기보다는 미래의 자본투자를 위한 적립금을 형성하기 위하여 잉여금을 남길 필요성을 인식하고 있다.

### ② 이용의 극대화

기업들은 그들의 인적·물적 자원의 낭비없이 효율적인 운영을 위해 이용의 극대화를 추구해야 한다. 호텔이나 병원에 객실(병실)이 남아돈다면 생산시설의 낭비를 초래하여, 이의 이용을 극대화하여야 한다. 생산시설의 낭비가 없도록 기업들은 이윤의 극대화를 위해 상품의 가격을 인하하거나 할인해줌으로써 재이용의 증대를 기할 수 있다.

특정상품에 대한 일정비율의 가격변화는 동일한 비용의 광고지출로 인한 변화보다 매출액에 10~20배 더 강한 영향을 미칠 수 있다.

### ③ 고객의 단골화

모든 기업들과 마찬가지로, 신설 기업의 경우 경쟁의 극심화로 고객의 유치 및 확보가 사실상 어렵게 되었다. 고객들이 손쉽게 상품을 구매하고, 구매를 자극하기 위하여 판촉활동과 가격할인이 자주 이용된다. 한번 이용한 고객이 다시 이용할 수 있도록 고객의 지불능력에 맞는 가격결정과 다양한 지불방법에 적합하도록 가격의 결정이 이루어져야 한다.

### ④ 공중관계의 증진

어떤 기업이던지 공중관계의 증진에 목적을 두고 가격을 결정한다. 보건, 교육, 예술, 도심교통 등과 같은 공공이나 비영리조직에 의해 서비스가 제공되는 경우와 생활필수품의 경우에 보편적으로 이용된다.

## (2) 가격결정의 고려사항

상품의 가격은 상품의 수요에 영향을 미칠 뿐 아니라, 기업이 고객에게 어떠한 상품을 판매하고 있는가를 알려주는 기능도 담당한다. 왜냐하면 고객에게 제시해 보일 수 있는 유형의 대상이 아니어서, 고객은 가격과 같은 부차적 근거를 기초로 자신들의 상품에 대한 기대수준을 결정하기 때문이다. 만일, 기업이 그들이 제공하는 상품의 가격을 소비자들에게 알린다면, 그들의 기대수준을 통하여 소비자들은 자신들이 어느 수준의 상품을 기대해야 되는가를 결정하게 되는 것이다.

이러한 점에서, 기업의 상품에 대한 가격결정은 매우 중요하다. 가격수준이 수요에 영향을 미침은 물론, 상품에 대한 기대수준을 형성하기 때문에, 상품의 가격이 광고의 허용범위에서 중요한 역할을 하고 있다. 기업이 상품의 가격결정에 관련된 중요한 이슈들은 다음과 같다.

- 표적고객은 누구인가?
- 고객이 바라는 편익은 무엇인가?
- 편익에 대한 고객의 부가가치는 어느 정도인가?

#### ① 표적고객은 누구인가?

표적고객에 적합한 상품의 개발도 중요하지만 가격결정 또한 중요하다. 가령, 표적고객의 소득수준에 따라 동일한 상품이라도 가격이 다르게 책정되어야 한다. 아무리 우수한 상품이라고 하더라도 그들이 지불할 수 없는 가격수준이라면 그것의 구매는 불가능하기 때문이다. 표적고객의 특성에 따라 가격결정이 이루어질 필요가 있다.

#### ② 고객이 바라는 편익은 무엇인가?

바람직한 표적고객이 선정되었으면 그들이 원하는 편익이 무엇인가를 알아야 한다. 그들이 원하는 편익을 충족시켜 줄 때 높은 수준의 상품 가격을 책정할 수 있다. 고객의 편익요소에 따라 상품 가격범위가 달라진다. 고객이 필요로 하고 원하는 편익요소를 충족시켜 주는 상품의 개발을 통하여 상품의 부가가치를 높일 수 있다.

#### ③ 편익에 대한 고객의 부가가치는 어느 정도인가?

고객이 원하는 편익요소의 충족은 상품의 부가가치를 높여준다. 하지만 상품의 가치에 대한 고객의 인식은 고객의 만족 여하에 따라 다를 수 있다. 동일한 상품에 대하여 기업은 그 가치를 높게 인식하더라도, 고객은 상대적으로 그 만큼 인식을 하지 않을 수 있다. 기업은 고객으로 하여금 높은 가치를 인식할 수 있도록 상품의 편익요소를 강조할 필요가 있다. 상품에 대하여 고객이 인식하는 가치의 정도를 파악하여 그것을 높일 때 상품의 부가가치는 증대된다.

### (3) 가격결정상의 문제

기업의 가격결정과 관련되는 7개의 주요 문제를 살펴보면 다음과 같다.

#### ① 가격의 수준

소비자가 지불할 상품가격의 수준을 어느 정도로 유지할 것인가의 문제이다. 가격수준을 결정하기 위해 보전할 비용(고정비, 변동비, 총비용 등), 소비자의 가격에 대한 민감성, 경쟁업자의 가격, 가격할인의 폭, 심리적 가격결정의 이용여부 등에 대한 조사가 이루어져야 한다.

#### ② 가격결정의 기초(기준)

특정 상품의 가격은 무엇을 기초로 결정되어야 하는가의 문제이다. 가격결정의 기초로 행위(세탁, 이미용)의 종결, 입장료(극장, 스포츠관람 등), 이용시간(렌트카, 객실 등), 물적 자원의 소비량(식음료, 전기, 가스 등), 지리적 거리(고속버스, 열차 등), 상품의 중량(화물수송), 패키지 상품의 경우 단일가격으로의 제공 여부 등을 조사하여야 한다.

#### ③ 상품 가격의 수령자

소비자가 이용한 상품의 가격을 누가 받을 것인가의 문제이다. 상품 가격의 수령자로 상품 제공자가 직접 받을 수 있고, 전문적인 중개인(여행사, 은행 등)이 받을 수도 있다. 중개인이 상품 제공자의 업무를 대리하는 경우 중개인은 수수료를 받게 된다.

#### ④ 가격의 지불장소

상품 가격의 지불장소를 어디로 할 것인가의 문제이다. 가격의 지불장소로서 상품이 제공되는 장소, 중개인을 통한 가격지불, 상품을 제공받은 소비자의 가정 등이 이용된다. 소비자들이 편리한 지불방법의 선정이 필요하다.

#### ⑤ 가격지불의 시기

상품 가격의 지불시기를 언제로 할 것인가의 문제이다. 가격의 지불시기로서 상품의 구매 이전이나 구매 이후에 지불할 수도 있다. 경우에 따라서는 상품을 구매한 이후에 지불하는 것보다 구매 이전에 지불하는 것이 상품 제공자와 소비자 모두에게 유리한 경우가 있다. 예를 들어, 지하철 승차권을 매번 구입하는 것은 소비자에게 불편을 안겨주므로 정기승차권의 구매로 불편을 들게 할 수 있다.

### ⑥ 가격의 지불방법

상품 가격을 어떠한 방법으로 지불하게 하느냐의 문제이다. 가장 일상적인 가격의 지불방법은 현금이다. 안전과 보관상의 문제로 다른 지불방법이 이용된다. 예를 들어 수표, 신용카드, 자동이체, 외상 등이 그것이다. 고객지향적인 지불방법이 필요하다. 지금까지 현금으로만 납부가 가능한 지방세가 자동이체와 신용카드로의 납부가 가능해지고, 게다가 신용카드는 할부로의 납부도 가능한 경우이다.

### ⑦ 가격의 전달

상품의 가격을 어떠한 방법으로 전달하느냐의 문제이다. 경쟁업자와 비교될 수 있는 수단과 방법이 강구되어야 한다. 소비자들이 가격의 내용을 알기 쉽도록 명확한 방법으로 가격이 전달되어야 한다.

# 2. 소비자의 가격지각과 책정방법

## (1) 소비자의 가격지각

지금까지의 실증연구 결과에 따르면 소비자들의 가격지각은 다음과 같다.

- 낮은 사회계층에 속하는 소비자일수록 가격에 대해 더 잘 알고 있다. 다만 가장 낮은 계층의 경우는 예외이다.
- 검소한 소비자일수록 가격에 대해 더 정확히 알고 있다.
- 대체로 소비자들은 가격에 대해 상당히 잘 알고 있으며, 그들이 진술한 가격의 약 70% 정도는 실제 가격과 거의 같았다.
- 어떤 경우에는 비록 소비자들이 가격을 정확하게 기억하지 못한다고 할

지라도, 그들은 가격이 어느 정도일 것이라는 데에 대한 상당히 정확한 감(感)을 갖고 있었다.

- 그러나 때에 따라서는 지각된 가격과 실제가격 사이에 아무런 관계가 없는 경우도 있었다. 소비자들이 얼마나 정확히 가격을 지각하느냐는 상황에 따라 다르다는 보고도 있다.

소비자의 지각된 가치에 기초한 가격책정 방법(perceived-value pricing)은 원가가 아니라 소비자가 그 제품에 대하여 지각하는 가치이다. 제품에 대한 소비자들의 지각된 가치를 측정하는 것은 상당히 어려운 일이다. 그러므로 조사 비용도 많이 든다. 만약 소비자의 가치를 과대평가하였다면 가격은 높게 책정될 것이고, 과소평가하였다면 획득가능한 이익기회를 잃을 것이다. 따라서 소비자가 지각하는 가치에 대한 정확한 조사가 이 가격책정 방법의 성공을 결정하는 핵심요소이다. 따라서 이 가격결정법에서는 소비자들이 자사의 제품에 대한 가치를 어떻게 지각하고 있는지를 알아내는 것이 중요하다. 이를 위해 사용할 수 있는 방법은 다음과 같은 세 가지가 있다.

#### ① 직접가격 평가법(Direct price-rating method)

소비자들에게 제품에 대해 지각하는 가치를 직접 물어보는 방법으로 실제로 자주 활용되는 방법이다. 소비자들에게 상품을 보여준 후, 얼마나 지불할 용의가 있는지를 물어보는 것이 이에 해당된다.

#### ② 직접지각가치 평가법(Direct perceived value-rating method)

여러 개의 상품을 놓고 소비자의 상대적인 지각가치를 직접 조사하는 방법이다. 예를 들어, 냉장고 1, 2, 3을 놓고 전체 100점을 세 제품에 나누어 점수를 부과하게 하여 각각의 가치를 평가하는 방법이다.

#### ③ 진단적 방법(Diagnostic method)

조사 제품에 대하여 제품속성의 중요도와 속성별 신념을 평가하도록 하고 이를 토대로 지각된 가치를 추정하는 방법이다.

## (2) 가격책정 방법

가격책정 방법에는 원가기초, 수요기초, 경쟁자기초, 그리고 추가적인 고려 사항들이 많다. 여기서는 수요기초의 심리적 가격책정 방법과 추가적인 여러 고려 사항들을 선별적으로 살펴보고자 한다.

두 종류의 주요한 심리적 가격결정(psychological pricing) 기법으로서 홀·짝수가격책정(odd-even pricing)과 명성가격책정(prestige pricing) 등을 들 수 있다. 이들은 가격결정 방법이라기보다는 하나의 기법이다. 가격 범위가 결정된 후에, 이러한 기법들은 특정한 가격의 선택에 대한 의사결정에 영향을 미친다.

### 1) 홀수가격책정(Odd pricing)

홀수가격책정은 소비자가 어떤 가격을 높은 가격 또는 낮은 가격으로 인지하느냐 하는 사실에 기초를 둔 기법이다. 예를 들어, 소비자들은 10,000원이라는 가격보다 9,900원에 더 호의적으로 반응하는 경향이 있다. 구매빈도가 높은 소매품들의 가격은 흔히 9, 5, 3 같은 홀수로 끝난다. 이 가정은 가격이 홀수가격보다 낮추어져서 짝수가격(even price)이 되어도 수요는 변하지 않는다는 것이다. 이러한 홀수 가격책정은 가격문턱(수요점화 가격수준; price thresholds; 제품가격이 어떤 문턱을 넘어서면 판매가 급격히 떨어질 것이라고 경영자들이 믿고 있는 수준)이라고 생각되는 숫자보다 조금 낮게 가격을 책정하는 방법이다. 그러나 이러한 홀수 가격책정은 이론적 근거가 약할 뿐만 아니라 회사의 이미지('낮은 가격, 낮은 품질')에 좋지 않은 영향을 준다는 반론도 있다.

### 2) 수요점화 가격수준(price threshold)

소비자마다 최하 얼마 이상 최고 얼마 미만의 가격이라면 사겠다고 생각하는 범위(수용범위; acceptable range)가 존재한다.

이와 같이 구매자가 구매하려고 고려하게 되는 가격범위는 구매자의 소득수준에 따라 다르다. 소득수준이 증가하면 수요점화 가격수준도 증가할 것이다. 이러한 가격을 판단의 기준으로 삼는 준거가격(reference price), 즉 가격범위가 수요점화 가격수준이라 할 수 있다. 수요점화 가격의 상한가격(highend price)의 제품은 수요점화 가격의 하한가격(lowend price)의 제품보다 품질이 더 좋다고 믿을 수도 있다. 또한 하한가격의 제품은 품질수준이 별 차이가 없는데도 불구하고 기준가격보다 가격이 싸다는 소비자의 선호를 얻을 수도 있다. 그러므로 대부분의 기업인은 상한가격의 제품에 따른 가격, 판촉계획을 추진하거나 또는 하한제품의 가격, 품질, 판촉계획을 추진하기도 한다. 그렇지만 수요점화 가격수준보다 지나치게 가격이 높거나 낮은 상품은 전혀 새로운 차원의 상품으로 소비자들이 인식하게 되므로 새로운 차원에서 광고·판촉을 통해 이미지관리를 할 필요가 있다.

### 3) 명성 가격책정(Prestige goods pricing)

전통적인 우하향(右下向) 수요곡선은 소비자들의 수요가 가격이 상승(하락)하면 줄어든다(증가한다)는 가정에 기초하고 있다. 그렇지만, 소비자들은 디자이너의 의류나 주류, 향수와 같은 제품에 대해서는 항상 이렇게 합리적 방식으로 가격에 반응하지는 않는다. 소비자들은 가격을 품질이나 지위의 상징으로 여긴다. 그러므로 이렇게 명성이 높은 종류의 제품(명품; 위풍재)은 가격이 예상되는 범위 이하로 낮추어지면 오히려 수요가 감퇴될 수 있다.

이와 같이 소비자가 "가격이 곧 품질을 반영한다(price-quality association)"고 생각하는 경우에, 수요곡선은 [그림 7-1]에 나타나듯이 윗 부분이 다시 구부러지는 뒤로 굽은 형태를 띠게 된다. 이 경우에 소비자들은 기대하는 가격범위(그와 연관된 품질수준)를 가지고 시장으로 들어간다고 가정된다. 이 범위의 하한보다 낮은 가격(P4와 P5 사이)이면 소비자들은 기준 이하의 품질제품이라고 거부한다. 기대하는 가격범위의 상한을 초과하는 가격(P1와 P3 사이)에서는 소비자들은 가격의 변화에 대해 전통적인, 우하향(negatively sloped) 수요곡선에 부합되는 방식으로 반응한다. 기대하는 가격범위(P3와 P4 사이)에서의 수요는 가격변화에 상대적으로 거의 영향을 받지 않는다.

그림 7-1 후방 굴곡 수요곡선재

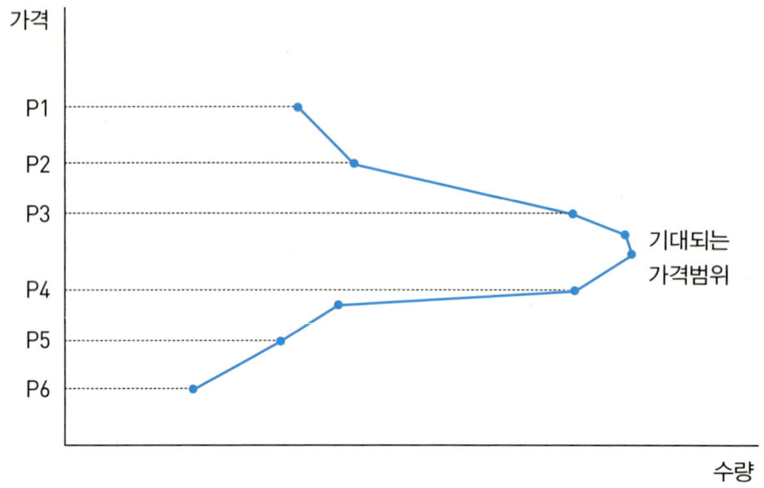


자료: 오세조 외, 마케팅, 박영사, 1999, p.375.

### 4) 품질의 지표가 가격인 경우

품질에 대한 평가에 따라 가격이 책정되는 것이 일반적이나 제품경험도 없고 품질평가를 위한 다른 잣대가 발견되지 않을 경우 가격이 품질평가의 지표 구실을 할 수 있다. 소비자들은 때로는 불완전한 정보와 불확실한 식별력을 가지고 유사하게 보이는 대체품(경쟁재)들 중에서 자신들의 기대에 못 미치는 품목을 선택할지도 모른다. 그래서 그들은 이러한 위험을 줄이는 방법으로 상표명, 가격, 점포, 제조업체, 유통경로, 원산지 등 품질의 지표(indicator of quality)라고 생각되는 지표들의 도움을 빌어 제품의 품질을 가능하면 정확히 파악하려고 노력한다. 유명상표의 상표를 떼고 실시한 동일 제품에 대한 장님 테스트(blind test)의 결과는 품질보다 비싼 가격을 매긴 상표에 따라 품질 지각이 이루어질 수 있음을 말해준다. 이러한 소비자들의 품질평가 방식은 경제적으로 합리적이라고 할 수 있다. 왜냐하면, 그들이 손수 품질에 대한 객관적인 정보를 구하려면 많은 시간과 비용을 투자해야 하기 때문이다. 이렇게 많은 시간과 비용을 투자해서 괜찮은 품질의 제품을 사는 것보다는, 비싸지만 비싼 만큼 품질도 믿을 만하다고 생각되는 제품을 사는 것이 사실상 더 쌀지도 모른다.

그러나 소비자들의 제품에 대한 지식과 경험이 쌓여감에 따라 품질평가의 자료로서 가격의 중요성은 상대적으로 낮아진다.

### 5) 가격선 설정(price lining)

어떤 제품에 대해 소비자들이 믿고 있는 가격이 있다면 가격이 어느 정도 상승, 혹은 하락하더라도 판매량이 변화하지 않는 가격변화폭이 [그림 7-2]에서의 수요곡선에서 직선(line)으로 나타나 있으므로 가격선(price line)이라고 한다.

이러한 가격선이 존재하는 경우에 새로운 포장, 좀 더 멋있는 광고, 새로운 상표, 소비자에 대한 서비스의 증가를 실천하면서 가격선상의 상한가격을 책정하면 하한가격의 제품보다 더 고급품이라는 신뢰성을 얻게 된다. 소비자들이 동일한 가격수준이라고 믿는 상품들 중에서 약간 더 비싼 상품을 구입하는 것은 더 품질이 좋은 상품을 비슷한 가격으로 구입하게 된다는 착각을 무의식적으로 일으키게 되는 경우가 많다. 그러므로 가격선상에서 하한가격을 책정하는 것은 저질품이라는 이미지를 소비자에게 심어주는 위험도 있을 수 있다. 가격선의 길이, 즉 수요증감에 영향을 미치지 않는 가격변화의 폭은 소비자의 가격변화에 대한 민감 정도(price consciousness)에 따라 다르다.

그림 7-2 가격선 설정

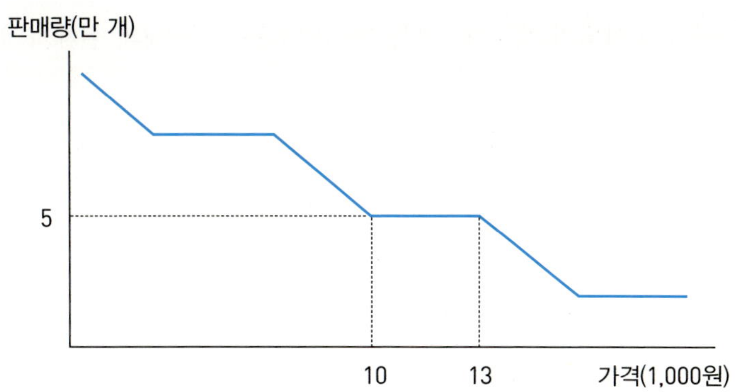


자료: 임종원, 현대마케팅원론, 법문사, 1990, p.334.

## 3. CRM 가격관리

CRM에 있어서 가격전략은 고객관계를 장기적으로 발전시키기 위해 가격은 매우 중요한 역할을 한다. 즉, 고객과의 관계를 제고하여 수익성 극대화를 꾀하려는 CRM에 있어서, 가격은 기업의 수익성에 직접적인 영향을 미치는 수단이 되는 것이다.

그러나 이러한 가격의 중요성에도 불구하고, 다른 마케팅믹스 요소에 비해 가격정책이나 가격에 관한 실천방안에 대해서는 이렇다 할 정보가 없는 실정이다. 기업은 CRM에 있어서 개별고객의 수익극대화라는 목적 달성을 위해 가격이 어떻게 활용될 수 있는가에 대해, 고객의 입장에서 검토해야 한다.

### (1) 가격관행의 과제

가격을 중심으로 제안된 전통적인 이론이나 실천방안에서, CRM을 위한 가격정책은 어떠해야 하며 어떤 과제가 있는가 살펴보면 다음과 같다.

#### 1) 가격인하의 과제

명분없는 가격인하는 실시하지 말아야 한다. 모든 가격인하는 상이한 이유에서 실시되기 때문에, 모든 가격인하는 그 자체의 실체가 있고 독자성을 가지도록 해야 한다.

모든 고객에게 천편일률적으로 동일한 상품을 항상 싼 가격으로 제시한다고 해서 모든 고객들이 기뻐하지는 않는다. 저가전략만을 고집한다면 싼 가격에만 반응하는 소비자들을 유인할 뿐인 것이다. 그들은 가격인하가 이루어지지 않았으면 정상가격을 기꺼이 지불했을 뜨내기 고객들에 불과한 것이다. 반면에, 우량고객들은 때때로 그들이 받을 만한 할인된 가격을 받는다면 더 충성적인 고객이 될 것이다.

싼 가격을 보고 찾아온 고객이라면 더 싼 가격을 보면 떠나갈 것이 분명하다. 그러므로 뜨내기 고객들에게 제공되었던 비용을 자기 기업의 우량고객에게 보답하는 데 모두 사용하는 것이 효과적이다.

### 2) 공급자 결정형 가격의 과제

전통적으로 가격책정은 주로 생산비용이나 공급 측면의 정보에 의해 결정되거나 소비자의 심리에 기반한 단수가격 관행에 의해 이루어지고 있다. 단수가격(odd-even pricing)은 가격의 끝자리 수에 홀수(7 또는 9)를 이용하여 끝자리를 남기고 거스름돈을 줌으로써, 상대적으로 저렴하게 느끼도록 하는 방법이다.

그런데, 이러한 가격책정은 정작 상품을 살 고객들의 수요정보를 충분히 반영하지 못하고 있다. 그러므로 고객이 특정상품에 대한 필요를 얼마나 느끼고 있고, 어떤 가격에서 구매의향이 가장 높아질 수 있는지 등에 대한 거래 데이터를 수집, 분석하고 이를 가격정책에 활용해야 할 것이다.

### 3) 차별가격의 과제

차별가격은 동일한 상품을 다양한 가격으로 상이한 구매자에게 판매하는 것이다. 차별가격은 시장이 이질적이거나 단순히 시장에서의 개별소비자 또는 소비자 세 분들 간에 가격에 대한 반응차이가 있기 때문에 적응된다. 그런데 기존의 가격책정은 대부분 모든 고객을 동일시하여 하나의 가격을 적용하는 시장 전체 수준에서 이루어졌다. 다시 말하면 개별고객이 갖고 있는 가격에 대한 민감성이나 필요의 정도에 따른 가격수준을 반영하지 못하고 모든 고객을 동일하게 취급하는 가격정책이었던 것이다. 그러나 오늘날 개별고객의 거래 데이터를 수집하는 기술과 다양한 시장조사 기법들은 개별고객에 대한 중요한 가격정보를 손쉽게 얻을 수 있게 해주었고, 이러한 정보를 통해 기업들은 CRM의 핵심이 되는 가격차별화를 통한 고객차별화를 이룰 수 있게 되었다.

### 4) 고객의 변화를 무시한 가격의 과제

CRM은 고객과의 거래관계를 장기적으로 지속하고 고객의 생애단계에 따라 다른 마케팅믹스 요소를 전개하여 개별고객의 수익성을 극대화시키는 방법이다. 그러나 기존의 가격책정은 신규고객과 우량고객에게 동일한 할인혜택을 주어 고객차별화가 효과적으로 전개될 수 없고 궁극적으로 수익성 극대화를 달성하기 어렵다.

고객별 가격차별화전략의 한 예로서 신규고객에게는 높은 가격을 부과하고 우량고객에게는 상대적으로 낮은 가격을 부과하는 것 등이다.

### 5) 나홀로 가격의 과제

지금까지는 가격과 그 외의 마케팅믹스 변수 간에 긴밀한 통합이 이루어지지 않았고, 이에 따라 상품의 수익성 극대화를 위한 최적가격점(optimal price point)을 찾는 일이 독립적인 작업으로 이뤄졌다. 그러나 상품의 질, 서비스 또는 상품묶음 등과 관련하여 이러한 독립적인 가격책정이 아닌, 계량적인 고객 구매결정 모델을 통한 가격책정이 이뤄지면 수익성이나 판매액 증가를 위해 훨씬 효과적일 수 있다.

묶음가격은 두 개 이상의 상품을 하나의 패키지로 묶어서 단일가격으로 책정하는 것이다. 스키패키지, 관광패키지, 호텔서비스, 레스토랑의 식사, 컴퓨터시스템 등과 같은 상품에서 찾아볼 수 있다.

가격에 따른 고객의 구매결정 변화에 대해 고객의 민감성에 대한 유용한 정보를 얻게 되고 이를 기반으로 가격을 책정하면 그 고객의 구매량이나 수익성을 증가시킬 수 있다.

### 6) 고객이 직접 가격을 정할 수 없다는 편견의 과제

가격은 상품의 가치를 의미하므로 상품이 어떻게 제시되느냐에 따라 가격책정이 달라질 수밖에 없다. CRM 상품관리는 고객이 필요한 상품의 속성을 정하여 고객별 맞춤화된 상품을 결정하고 이를 구입하기 위해 기꺼이 지불할 가격을 제시하게 되는 가격책정 방법이 가능하다. 예를 들면, 우리나라에서는 각 이동통신 회사마다 다양한 핸드폰 요금가격제도를 시도하고 있듯이 고객에게 가격을 스스로 통제할 수 있는 결정권을 주어 고객이 원하는 상품을 고객이 인식하는 가치에 맞는 가격으로 구매할 수 있는 가격전략이 CRM의 궁극적 가격전략이다.

## (2) 고객생애단계에 따른 가격전략

고객의 생애단계가 달라진다는 것은 반복·구매하는 상품에 대한 가치인식도 달라진다는 것을 의미한다. 예를 들면, 신규고객보다 장기간 거래해 온 오랜 고객일수록 신규고객에 비해 가격변화에 대한 민감성이 낮다는 사실이 자주 거론된다.

이처럼 고객생애 단계에 따라 가격민감성이 변하거나 신규고객과 장기고객 사이에서 발견되는 가격민감성의 차이는 CRM을 위한 가격책정에 중요한 단서를 제공하고 있다. 이를 기업과 고객의 관계 단계에 접목시켜 보면 다음과 같다.

### 1) 고객확보 단계

고객확보 단계에서는 고객의 수익성 극대화보다는 고객으로 관계맺기가 주된 목적이다. 그러므로 가격할인이나 리베이트(rebate) 등을 포함해 가격과 관련된 유인을 하는 것이 효과적일 수 있다. 하지만 이 과정에서도 습관적으로 가격사냥을 하는 구매자와 비교적 가격에 민감하지 않은 구매자들을 구분하여 각각에 맞는 가격정책을 사용함으로써 수익성을 증가시킬 수 있다.

신규고객을 확보하기 위해 가장 많이 사용되는 기법은 기존의 우량고객의 특성, 특히 인구통계적인 특성을 밝혀내고 그 특성을 가지고 있거나 이와 닮은 신규고객들을 찾아내는 것이다. 이러한 기법을 통해 신규고객의 유형을 구분했으며, 각 고객유형에 적합한 마케팅 프로그램을 만들어 나가야 한다. 예를 들어, 가격사냥을 하는 신규고객은 일반적으로 수익성이 낮으므로 되도록 거래량을 늘려 나갈 수 있는 마케팅 프로그램을 고안하는 것이 좋은 반면, 비교적 가격에 민감하지 않은 구매자들에 대해서는 가격을 높이거나 거래량을 늘리고 또는 이를 동시에 늘려 나갈 수 있는 마케팅 프로그램을 개발하는 한편, 적절히 차별화된 상품을 겸하여 제공하는 것이 좋다.

### 2) 고객유지 단계

고객유지 단계에서는 고객과의 관계를 유지, 또는 강화하고자 업셀링과 교차판매를 위한 마케팅 프로그램을 많이 사용하게 된다.

먼저 업셀링에서는 활용할 수 있는 가격정책을 살펴보면, 대량구매를 하는 고객은 소량구매를 하는 고객보다 단위당 지불하려는 가격수준이 낮아지기 때문에, 대량구매의 고객에게는 소량구매 고객보다 단위당 더 낮은 가격을 제시하는 것이 적절한 가격차별화가 될 수 있다. 여기에서 중요한 것은 얼마나 많은 양을 구입하는 고객에게 얼마나 낮은 가격을 제시할 것인가 하는 것이다. 이에 대한 대답은 장기간에 걸쳐 수집된 거래 데이터나 개별고객이 갖고 있는 가격지불의향에 대한 정보, 그리고 시장조사 등을 통해 얻은 데이터를 분석하여 찾아낼 수 있다. 결국 얼마나 많은 고객정보를 얻느냐에 따라 더욱 성공적인 가격차별화가 될 수 있는 것이다. 이러한 가격책정의 유형으로는 구매량이 일정단위 이상일 때의 단가를 이하일 때의 단가보다 더 싸게 제시하는 방식인 전량수량할인, 상품을 몇 단위 주문하든지 상관없이 기본요금을 부과하고 모든 단위마다 균일가격을 적용하는 방식인 이중요율제, 고객이 원하는 상품 구매량이 기준 이상일 때는 기준에 초과하는 양에 대해서만 할인된 단가를 적용하는 이단계요율제, 고객이 기업이 제안하는 가격대안 중 하나만을 선택하여 적용받을 수 있는 복수 이중요율제, 이용횟수가 증가함에 따라 단가를 점차 할인해서 제시하는 방법인 가격포인트 등이 있다.

고객유지를 위해 적응가격전략도 고려할 수 있다. 적응가격전략이란 동일하거나 유사한 상품으로 다양한 소비자들의 구매를 유인하고 구매량을 늘리도록 유도하기 위하여 가격을 다르게 적용하는 전략을 의미한다. 제조업체들은 동일한 상품의 유통경로를 달리하거나 포장을 달리하거나 포지셔닝을 달리하면서 서로 다른 가격을 적용하여 판매를 늘리거나 수익을 증진시키는 전략을 사용한다. 적응가격 전략의 대표적인 수단으로는 심리적 가격결정, 촉진가격결정, 가격할인, 지역별로 가격구조를 달리하는 방법, 차별가격 등이 활용되고 있다.

다음으로 교차판매와 관련한 가격정책에 대해 살펴보면, 교차판매란 관련된 상품을 묶어서 판매하려는 마케팅의 전략이다. 이를 위한 가격정책으로 묶음가격을 예로 들 수 있다. 일반적으로 묶음가격은 고객이 관련 상품을 개별적으로 구입하는 것보다 더 낮게 제시되므로 그만큼 판매 가능성이 더 높아진다. 예를 들어, 여행사에서는 항공료, 자동차 렌탈료, 호텔 숙박비 등의 패키지 가격이 각각의 상품을 별도로 구매하는 경우보다 더 싸게 제시하는 것이다. 이렇게 묶음 가격을 통해 교차판매를 하게 되면 고객과의 거래 수, 또는 거래 폭이 넓어져 거래관계가 더욱 강화된다.

### 3) 관계강화 단계

관계강화 단계는 고객이 기업과 동반자로서 관계를 형성하고 이를 제고시켜 나가는 단계이다. 기업과 장기적으로 거래관계를 유지하면, 고객은 기업으로부터 특별한 대우나 혜택을 받게 되고 이에 따라 그 고객의 기업에 대한 충성도는 점점 높아진다. 그러므로 이 단계에서 고객은 그 기업과의 거래를 필수적인 것으로 여기면서 가격에 덜 민감해지고, 이에 따라 고객이탈의 위험은 거의 사라진다.

이런 단계에서는 차별화된 고객대우와 더불어 프리미엄 가격을 적용하여 수익성 극대화를 꾀할 수 있다. 즉, 어떤 고객들은 자신에게 맞춤화된 상품을 편리한 방식으로 제공해 주는 기업에게 프리미엄 가격을 지불할 용의가 있으므로 기업은 이러한 고객에게 특별한 서비스를 제공하는 대신 프리미엄 가격을 받을 수 있는 것이다. 특히 우량고객들에게 특별히 맞춤화된 상품을 제공하거나 구매의 편리를 최대한 제공함으로써 고객이 기업에게 기꺼이 더 높은 가격을 지불하게 될 때 프리미엄 가격전략은 성공을 거둘 수 있다.

### (3) RFM 구매결정모델에 기반한 가격전략

기업은 고객의 구매패턴을 이용하기 위해서 흔히 RFM(Recency, Frequency, Monetary value)을 연구하게 된다. 즉, 고객이 가장 최근에 한 구매는 언제였고, 얼마나 잦은 거래빈도를 보이는가, 그리고 거래액은 얼마나 되는가를 분석함으로써 고객의 구매형태에 대한 많은 것을 파악하는 것이다. 또 기업은 RFM을 통해 고객의 세 가지 의사결정에 대한 예측도 할 수 있다. 즉, 언제 살 것인가(when to buy), 얼마나 자주 살 것인가(how often to buy), 그리고 얼마나 많이 살 것인가(how much to buy)의 세 가지 구매결정에 대한 암시를 얻을 수 있는 것이다. 따라서 이 세 가지 구매결정에 가격이 어떠한 영향을 미치는가를 알아내는 것은 매우 중요하다.

CRM에서는 개별고객의 수익성을 증진시키기 위해 개개인의 거래데이터를 바탕으로 계량화된 모형을 만들고 이를 통해 구체적인 행동을 유도할 수 있는 프로그램을 개발, 실행할 필요가 있다.

### (4) 고객결정형 가격전략

고객은 어느 상품을 선택할 것인가, 얼마나 살 것인가, 언제 살 것인가 등등 모든 면에서 스스로 통제하고 싶어 하는 경향이 있다.

따라서 고객이 스스로 가격을 책정하는 방식을 생각해 볼 수 있을 것이다. 고객이 특정 상품을 살 때, 구입에 관련된 모든 결정을 하고 고객 자신이 기꺼이 지불할 의향이 있는 가격을 제시한다. 기업은 그 고객이 제시한 가격이 고객의 신분, 거래기간, 또는 고객의 과거 구매이력에 비추어 수용할 만하면 받아들이고 그렇지 않으면 다른 가격을 제시하도록 하는 것이다.

### (5) 동적 가격전략

구매량과 구매가격에 대한 데이터를 일정기간 동안 수집하게 되면 개별고객에 대한 데이터가 계량적인 모델을 적용할 수 있을 정도로 충분히 축적되고 이렇게 축적된 데이터를 분석하면 개별고객의 가격탄력성을 정확히 알아 낼 수 있다. 이로써 기업은 시간에 따라 변하는 개별고객의 가격탄력성을 기반으로 차별화된 가격을 책정하여 고객의 수익성을 극대화할 수 있는 동적 가격전략(dynamic pricing)을 활용할 수 있다.

차별화된 가격정책은 동일한 품질의 상품을 구입하는 고객에게 여러 가지 관점에서 각기 다른 차별가격을 적용시키는 가격정책이다. 차별가격 정책은 여러 나라에서 불공정거래 방법으로 보는 경우가 많아서 공정거래법이나 독점금지법의 테두리에서 엄격한 규제대상이 되고 있다. 차별가격의 형태는 고객별 차별가격과 용도별 차별가격으로 분류할 수 있다.

#### 1) 고객별 차별가격

고객의 일부에게 특수한 자격을 부여해서 일반 구매자보다도 싸게 판매하는 차별가격으로서 예컨대, 학생에 대해서는 20% 할인요금으로 판매한다든지 쿠폰을 지참한 구매자에게 할인한다든지 하는 방식이 그 예이다. 또 조조나 심야의 고객에게는 각별히 싸게 판다든가 하는 방식도 이에 해당되며, 극장가의 조조할인 제도가 이 구체적인 예이다.

#### 2) 용도별 차별가격

동일한 종류의 상품이라 하더라도 상품에 따라서는 여러 가지로 다른 용도가 있으며 용도별로 수요의 크기도 다르다. 따라서 각기 다른 용도에 따라 차별가격을 붙여 판매하고자 하는 차별가격으로서 예를 들어 같은 우유라는 상품을 용도에 따라 식탁용 생우유, 크림용, 버터용, 제과용, 기타 가공용 등 여러 가지 상이한 용도대로 차별가격을 두는 제도이다. 이러한 제도의 이유로서 가공품은 저장보관, 장거리 수송을 할 수 있으므로 수요는 탄력적이나 비가공품은 그렇지 못하고 또 소량소비이므로 그 수요는 비탄력적이라는 점을 들 수 있다. 따라서 가공용은 저가로 하고 비가공용은 고가로 하면 총수익은 증대될 수 있다. 그리고 또 다른 예는 일반가정용과 공장용으로 차별가격을 설정하는 전기료나 수도요금 등이 있다.

## (6) 촉진가격전략

촉진가격은 기업이 판매량을 증대시키기 위해 일시적으로 정가 또는 원가 이하로 파는 경우이다. 이때의 가격을 촉진가격이라고 한다. 촉진가격은 소비자의 구매행동을 직접적으로 유인하여 매출에 영향을 주며, 그 결정 주체(예 제조업체, 유통업체)의 이미지에도 영향을 준다. 또한 이러한 소비자의 구매경험은 차후 상표 및 점포선택에 영향을 줄 수 있다. 일시적으로 또는 짧은 기간 동안 최종소비자에게 가격인하(price reduction)의 혜택을 직접 부여함으로써 판매를 촉진하려는 가격결정을 촉진가격 결정(promotional pricing)이라고 한다. 촉진가격으로 사용되는 사례는 다음과 같다.

① 한 개의 가격으로 두 개를 주는 경우
② 품목을 한두 개 끼워주는 경우
③ 샘플을 무료로 제공하는 경우
④ 구매하면 일정한 금액을 되돌려 주는 경우
⑤ 쿠폰(coupon) 소지자에게 쿠폰에 약정된 만큼 가격할인을 하는 경우

촉진가격의 결정방법은 대체로 다음과 같다.

### 1) 유인 가격결정

일시적으로 기업의 매출을 증대시키기 위해 자사제품을 원가 이하로 판매하는 경우이다. 슈퍼마켓에서 몇 가지의 품목을 손실유도품(loss leader)으로 선

정하고 이 품목에 대해서는 원가 이하로 판매해서 많은 소비자들을 유인(誘引)한 후 일반제품들의 매출을 늘리려는 전략이다.

### 2) 특별행사 가격

이는 특별행사 기간에 맞추어 가격을 인하하는 방법이다. 백화점에서 바겐세일 기간 동안 제품의 가격을 인하하는 경우이다.

### 3) 현금환불

이는 특정기간 내 제품을 구매하도록 하기 위해 구매자가 지불한 가격 중 일부를 일정기간이 지난 후 되돌려 주는 방법이다.

### 4) 저리융자

저리융자란 가격을 인하하지 않고 판매를 촉진시키는 방법으로 자동차회사에서 판매량을 증대시키기 위해 무이자 할부판매나 장기 할부구매 기회를 고객에게 제공하는 것이 그 예이다.

### 5) 보증 및 서비스 계약

이는 제품의 보증 또는 서비스를 무료로 제공한다는 것을 고객에게 알려주어 판매량을 증대시키는 방법이다. 예를 들어, 최근 외제자동차의 판매가 부진하자 일부 외제차 판매회사들이 자동차의 보증기간을 연장하거나 부품교환 서비스를 무료로 제공한다는 광고를 내보내서 판매증대를 꾀하고 있다.

### 6) 심리적 할인

이는 특정제품에 의도적으로 높은 가격을 책정했다가 일정기간이 지난 후 대폭 할인된 가격으로 판매하여 심리적으로 싸게 구매했다는 안도감을 주는 방법이다.

## (7) 신상품의 시장진입전략

신상품을 개발해 시장에 진입하려고 할 때 마케팅관리자는 초기고가격(market skimming)전략을 사용할 것인지 아니면 시장침투가격(market penetration)전략을 사용할 것인지를 결정해야 한다.

### 1) 초기고가격전략

신상품에 대해 비교적 높은 초기가격을 설정하는 방법을 초기고가격설정방법이라고 한다. 이때의 가격은 대개 표적시장의 기대가격범위보다 높게 설정된다. 즉 상품의 가격은 가장 관심을 갖는 소비자들만이 신상품에 대해 지불할 수 있을 정도로 높게 매겨진다.

초기고가격전략은 다음과 같은 상황하에서 적합하다.

① 신상품이 소비자들이 열망하는 명백한 특성을 갖추고 있을 때
② 수요가 상당히 비탄력적일 때. 이러한 상황에서는 상품가격인하가 총수익 증대에 별다른 영향을 미치지 못한다.
③ 신상품이 진입장벽에 의해 경쟁으로부터 보호받고 있을 때

### 2) 시장침투가격전략

시장침투가격전략에서는 신상품에 대해 상대적으로 낮은 최초가격이 설정된다. 이때의 가격은 표적시장의 기대가격범위보다 낮다. 이 전략의 주된 목적은 대중시장에 신속히 침투하기 위한 것으로, 그렇게 함으로써 상당한 매출액을 올리고 높은 시장점유율을 창출할 수 있다. 동시에 다른 외식사업체로 하여금 경쟁상품을 도입할 의도를 갖지 못하도록 한다.

시장침투가격전략은 다음과 같은 상황에 가장 적합하다.

① 상품에 대한 대량수요가 존재할 때
② 수요가 아주 탄력적일 때

③ 규모의 경제에 의해 상당한 비용절감이 달성될 수 있을 때

④ 상품에 대한 치열한 경쟁이 이미 존재하거나 예상될 때

### (8) 묶음상품 가격결정전략

묶음상품 가격결정(product bundle pricing)은 기업이 몇 개의 제품들을 묶어서 할인된 가격으로 판매하는 것이다. 예를 들어, 패스트푸드점들은 햄버거, 프렌치프라이, 청량음료를 묶어서 콤보가격으로 판매한다. 리조트들도 항공료, 숙박료, 식사비, 유흥비 등을 묶어 특별 할인된 가격의 휴가용 패키지를 판매한다. 묶음가격(price bundling)은 이러한 가격책정방식을 도입하지 않을 경우에는 구매하지 않았을 상품들의 판매를 촉진시킬 수 있지만, 묶음가격은 묶음상품의 구매를 유도할 만큼 충분히 저렴해야 한다.

Chapter 8

# 유통경로관리

## 1. 유통경로의 이해

시장세분화에 의하여 하나의 매력적인 표적시장을 선정하여 표적고객의 욕구를 충족시킬 수 있는 상품을 생산하였어도, 그것을 표적시장에 접근시킬 수가 없다면 그 상품은 상품으로서의 가치를 상실한다. 표적시장에의 접근가능성은 매우 중요하다. 표적시장에의 접근을 용이하게 해주는 것이 유통경로이다. 즉 상품의 유통경로는 상품의 전달체계이며, 이것의 관리가 유통경로관리이다.

유통은 고객을 위한 마케팅기능의 흐름이며, 유통경로관리는 그 흐름에 대한 효과적이며 효율적인 관리활동이다. 유통경로 또는 마케팅경로란 생산자와 소비자 간의 가교 역할을 하는 모든 분배경로로서 개인, 기업, 경로목적을 달성하기 위해 상호작용하는 사람과 기업으로 된 복잡한 행동적 시스템이다. 즉, 제품 혹은 서비스를 개인 소비자나 기업 고객이 사용하고, 소비할 수 있도록 하는 상호의존적인 조직의 일체이다. 이를 위해서 생산자는 소비자에게 적절한 시간에, 적절한 위치에, 적절한 가격에, 적절한 수량으로 제공되어져야 유통경로의 기능이 효과적으로 창출될 것이다. 요컨대, 유통경로가 수행하는 기능에는 저장·보관·운반하는 물적 유통기능, 고객과 접촉하는 기능, 교환과정의 촉진기능, 주문기능, 경로활동을 위한 자금조달기능, 거래를 협상하는 기능, 위험부담기능, 정보를 제공해 주는 기능 등이 있다.

기업은 많은 고객을 위한 가치를 창출하고 기업에게 이익이 될 수 있는 고객관계를 구축하는 작업은 단독으로 수행할 수 없다. 따라서 개별 기업의 성공은 자사의 마케팅 채널을 효과적으로 운영하는 것뿐만 아니라 전체적인 마케팅 채널이 경쟁사의 채널에 비해 얼마나 우수한 경쟁력을 갖느냐에 달려 있다. 또한 기업이 경쟁력이 있기 위해서는 고객관계관리만큼이나 파트너관계관리도 잘 수행해야 한다. CRM에서의 유통경로는 전통적인 의미의 유통경로로서 즉, '시장에 제품과 서비스를 전달하는 독립적인 중간상의 집단과 온라인 쇼핑몰 등 직접경로를 말한다. 전통적인 의미의 유통경로는 예를 들어 도매상, 소매상, 브로커, 인적판매사원 등을 말한다. 이 중 도매상, 소매상, 브로커 등은 사업 파트너 유통경로(business partner channel)라고 볼 수 있고, 인적판매사원은 면대면 유통경로(face-to-face channel)라고 볼 수 있다.

## 2. 유통경로의 고려사항

### (1) 접근가능성

고객은 표적시장에 쉽게 접근할 수 있어야 한다. 상품과 가격이 매력적이라고 하더라도, 그것을 소비자가 필요한 시간에 필요한 장소에서 구매할 수 없다면, 그 상품은 상품으로서의 가치를 상실하게 된다. 상품이 가치를 지니기 위해서는 고객이 필요로 하는 시간에 상품의 이용이 가능해야 하고, 또한 고객이 편리한 장소에서 그것을 손쉽게 구매할 수 있어야 한다. 즉 시간효용(time utility)과 장소효용(place utility)의 창출이 이루어질 때, 상품 전달이 효율적으로 이루어지고, 상품 또한 상품으로서 가치를 지니게 된다. 또한 생산자로부터 소비자에게로 제품의 소유권을 이전함으로써 그 가치는 커지며 이에 따라 유통기능은 소유효용(possession utility)을 창조한다.

시간효용의 창출은 고객이 상품을 필요로 하는 시간에 그것의 이용이 가능하도록 해주는 것이다. 예를 들어, 항공기는 승객이 그것을 이용하고 싶은 시간에 언제든지 이용할 수 있어야 한다. 특히 은행은 이러한 욕구충족을 위해 24시간 서비스하는 은행이 생겨나게 되었다. 한편 장소효용의 창출은 고객이 서비스를 필요로 할 때는 장소에 구애됨이 없이 어디 어느 곳에서든지 그것을 이용할 수 있도록 해주는 것이다. 예를 들어, 얼마 전만 하여도 우리가 금융상품을 받기 위해서는 은행에 갔어야 했었다. 하지만 지금은 집에서도 금융상품의 이용(home banking)이 가능하고 사무실에서도 그것의 이용(firm banking)이 가능하게 되었다.

이러한 시간효용과 장소효용의 창출이 가능하게 해주는 것이 유통경로이고, 이의 수단이 접근가능성이다. 유통경로에는 다음 3가지의 접근가능성—물리적 접근, 시간적 접근, 정보촉진적 접근—이 있다.

### 1) 물리적 접근

상품의 전달이 효율적으로 이루어지고 장소효용을 창출하기 위해서는, 소비자들이 이용하기 편리한 곳에 거래가 이루어져야 한다. 따라서 소비자들과 가까운 곳에서 상품의 전달을 위한 유통경로가 개발되고 있다. 특히 상품의 전달체계 중 새로운 것은 가정방문이다. 이는 상품의 공급과잉으로 경쟁이 치열해지자 도시지역을 중심으로 높은 수준의 상품을 전달하기 위하여 생겨났다. 예를 들어, 방판 중심의 화장품기업은 종전의 인쇄매체, 방송매체와는 달리 소비자의 가정을 방문하여 상품을 전달한다. 또한 가정건강간호서비스(home health care service)는 의료서비스를 가정으로 전달하는 새로운 유통경로의 하나이다. 새로운 유통경로를 이용하는 현저한 추세는 소비자가 기업으로 다가가기보다는 기업이 소비자에게로 접근하는 경향이다.

기업의 물리적 접근을 용이하게 하기 위해서는 기업이 소비자와 가까운 곳에 위치하여야 한다. 상품은 입지의 분산성으로 기업은 여러 곳에 위치하여야 한다. 이를 위해, 기업들은 지점이나 가맹점을 활용한다. 예를 들어, 은행들은 서울에 본점을 두고 전국의 각 지역마다 지점 내지 영업소를 두고 있으며, 보험사들 역시 여러 지역에 지점, 영업소, 대리점을 통하여 상품을 전달하고 있다.

위치선정은 기업의 중요한 마케팅 결정사항 중의 하나이다. 그것은 상품의 시장은 기업과의 근접성 여하에 따라 소비자와의 근접성이 기업을 선정하는 요인으로 작용하기 때문이다. 병원의 응급실 선정, 금융기관의 선정 등 대개의 서비스기업의 선정은 소비자들과 근접성이 중요한 요인이 된다. 하지만 서비스의 구매에 다른 불안요인이 줄어들고, 소비자들의 높은 교육수준과 소득수준의 향상으로 기업의 선정에서 거리의 중요성을 들고 있다. 예를 들어, 의료와 법률 등 전문서비스의 경우는 아무리 거리가 멀고 비용이 많이 소요되더라도 유명한 서비스제공자가 있는 곳으로 달려간다.

### 2) 시간적 접근

상품의 접근가능성에서 물리적 접근과 함께 중요한 것이 시간적 접근이다. 소비자들이 상품의 구매를 편리하도록 기업들은 그들의 영업시간을 조정할 필요가 있다. 상품구매자들이 그들의 편리에 따라 그것을 구매할 수 있도록 시간적 접근이 용이해야 한다. 시간적 접근을 용이하도록 하기 위한 새로운 유통경로가 개발되고 있으며, 종래의 유통경로들은 그들의 시간을 변화시키고 있다. 예를 들어, 24시간 사이버공간의 쇼핑몰, 그리고 직통통신선 등이 도입되고 있다. 백화점들은 경쟁을 위하여 영업시간을 연장하고 있다.

### 3) 정보촉진적 접근

기업은 소비자에게 다가가지 않으면 안된다. 즉 기업이 소비자들에게 어떻게 다가가느냐 하는 것이 문제이다. 재화는 생산이 이루어진 다음에 유통경로에 올려지지만, 서비스는 유통과정의 끝에 생산과 소비가 이루어진다. 이 때, 상품 제공자의 정보전달과 촉진이 상품의 구매(소비)에 영향을 미친다. 상품에서 특히 서비스를 제공하는 유통경로의 중간상은 일반적으로 전문인이다. 예를 들어, 병원은 의사, 법무법인은 변호사가 중간상이다.

기업들은 중간상인 상품 제공자를 통하여 마케팅 전략을 실시해오고 시작하고 있다. 그것은 상품 제공자들의 조언(권고)이 해당 상품의 구매에서 중요한 역할을 하고 있음을 인식하였기 때문이다. 상품제공자들은 그들이 제공하는 정보촉진적 접근을 통하여 조직의 이익을 가져다 줄 수 있어야 하고, 조직은 그들에게 가치를 제공해주어야 한다.

## (2) 물리적 환경

물리적 환경은 상품이 제공되는 물증을 말한다. 물리적 환경은 점포의 외부환경과 내부환경으로 구성된다. 외부환경은 건물의 입지와 외장, 외관 등이며, 내부환경은 건물내부의 장비 및 설비, 조명, 색상, 배경음악, 분위기, 편의시설, 공간배치 등이다.

물리적 환경은 상품의 제공과 의사소통을 용이하게 해주는 유형적인 물적 환경이다. 즉 건물장식, 기구, 조명, 색채, 조형물, 그리고 분위기 등을 고객이 경험하게 함으로써 고객이 어떻게 행동하여 주기를 은연중에 암시하는 것이라고 할 수 있다.

또한 물리적 환경은 고객이 상품을 제공받기 전에 직접 경험함으로써 구매여부의 판단기준으로 작용한다. 소비자가 상품의 질을 평가하고 판단할 수 있는 기준 내지 근거는 소비자의 주관적인 경향에 많이 좌우된다. 따라서 물리적 환경은 상품 질을 평가하는 유형적 단서(실마리)로서 작용하여 구매에 따른 위험을 감소시켜 주는 역할을 한다.

물리적 환경은 소비자(고객)로 하여금 점포 내에서 적극적으로 또는 은연중에 구매를 하게끔 암시하므로, 구매에 따르는 두려움, 불확실성, 위험을 감소시켜 줄 수 있도록 유형적 단서가 가능한 한 많이 제공되도록 물리적 환경을 설계할 필요가 있다.

이러한 물리적 환경은 상품에 대한 상징적 가치를 지녀 상품 질의 평가에 영향을 주게 된다. 그 결과 물리적 환경이 고객만족에 영향에 미친다. 즉, 물리적 환경은 상품 질의 평가에서 중요하게 작용한다.

기업은 유형적 단서가 많이 제공될 수 있도록 물리적 환경을 설계할 필요가 있다. 또한 시설이나 장비를 자동화 내지 컴퓨터로 생산성의 향상은 물론 비용절감에도 영향을 미치므로, 이를 이용하여 상품 제공자와 고객간의 상호작용적 관계를 강화할 필요가 있다.

건물, 장비 및 설비, 색상, 분위기, 조명, 공간배치, 편의시설, 배경음악 등은 일반 유통기관을 대상으로 한 연구에서 고객의 인상에 영향을 미침이 밝혀졌다. 특히 설비와 분위기는 서비스기업을 대상으로 한 여러 연구에서도 검증이 되었다. 물리적 환경이 고객이 인상형성에 영향을 미친다는 의미에서, 이를 인상관리(impression management)라고 하기도 한다.

### (3) 전달과정의 관리

유통경로의 과정관리는 상품이 고객에게 전달되는 과정이나 절차에 관한 요소들의 관리이다. 고객이 언제, 어느 때 찾아와서 상품을 요구하게 되더라도 신속한 상품제공과 일정수준 이상의 상품이 제공되도록 고객에게 만족을 줄 수 있는 방안이 강구되어야 한다. 이를 위해 효율적으로 상품 제공을 위한 정책은 사전에 명확하게 결정되어 있어야 하며, 상품 제공의 흐름을 우연에 맡겨서는 안 되고 인위적으로 통제할 수 있어야 한다. 기업을 찾아온 고객은 만족한 상품 제공에 앞서 먼저 신속하게 서비스를 받을 수 있도록 하여야 한다. 고객 또한 그들의 바쁜 시간을 틈내어 기업을 찾아온 것이다. 시간에 대하여 환산된 금전적 비용이 상품 가격에 포함된다.

고객들이 기업에서 기다리는 시간은 고객의 소득에 반비례한다고 할 수 있다. 고객이 자신의 시간을 중요시하여 그것을 금전적 비용으로 환산하는 사람일수록 신속히 상품을 받을 수 있다면 얼마라도 기꺼이 지불하려고 할 것이다. 시간절약을 기할 수 있는 모든 수단과 방법을 동원하려고 한다. 따라서 또한 상품제공의 흐름에서 상품제공 행위의 연속성은 유통경로의 과정관리에서 매우 중요하다.

즉, 상품의 전달과정에 대한 관리의 성공 여부가 경영성과에 영향을 미치며, 혁신적이고 효율적으로 상품을 전달하기 위해서는 계획화(scheduling)의 개발이 중요하다는 연구결과로 미루어 볼 때, 상품의 전달과정에 대한 관리는 매우 중요하다.

## (4) 유통경로와 커뮤니케이션의 통합

전통적인 마케팅의 관점에서 보면 유통경로는 상품이 이동하는 유통단계와 유통기구들이다. 그러나 CRM에서는 유통경로를 상품뿐만이 아니라 정보가 흐르는 수로(conduit)라고 본다. 따라서 커뮤니케이션을, 대화를 매개로 한 정보의 공유와 교환이라고 보는 CRM의 관점에서 볼 때 유통경로에서의 활동과 커뮤니케이션은 동시에 이루어지고 있다고 볼 수 있다.

그 결과, 유통경로의 관리는 곧 커뮤니케이션 관리를 동반하게 되었고, 이와 동시에 커뮤니케이션 프로세스와 유통경로의 통합 관리가 필요하게 되었다. CRM 나침반은 세 가지 바늘을 가지고 있는데, 그것은 고객, 메시지, 상호작용성이다. 그리고 각 바늘의 양 끝점은 관계－교환, 언어－정보, 유통경로－피드백으로 이루어져 있다. 즉, 당신의 기업이 하고 있는 CRM이 제대로 방향을 잡고 있는지 아닌지를 항상 확인시켜 주는 나침반의 바늘로서 커뮤니케이션과 유통경로는 통합 관리되어야 한다.

유통경로가 커뮤니케이션과 동반되기 때문에 기업은 고객의 마음이 열리는 유통경로가 무엇인지를 알아낼 필요가 있다. 고객의 마음이 열리는 순간 고객과 기업이 진심어린 커뮤니케이션을 주고받을 수 있기 때문이다.

### 1) 유통경로 간의 공통적인 전략

#### ① 고객접점으로서의 유통경로관리

유통경로의 종류는 고객을 향한 진행방향에서 볼 때와 역방향에서 볼 때로 크게 분류될 수 있다. 상점은 고객과의 접점(contact point)이 되는 유통경로이고 창고, 공장 등은 공급업자와의 접점이 되는 유통경로이다.

여기서는 주로 고객과의 접점으로서의 유통경로관리를 다룬다.

접점에는 상점과 같은 '본래적 의미의 접점(intrinsic contact point)'도 있지만, '만들어지는 접점(created contact point)'도 있다. 본래의 접점은 고객이 상품을 구매하거나 상품을 이용하는 순간에 자동적으로 발생하는 접점이다. 그러나 만들어진 접점은 계획적으로 고객과 마주치기 위해 전략적으로 유통경로를 활용할 때를 말하며 고객과의 상호작용이 필요하다고 판단되거나 고객에 대한 정밀한 분석이 필요할 때 사용할 수 있다. 예를 들어, 온라인과 오프라인을 병행하는 기업에서는 인터넷 구매 고객으로 하여금 매장에 나와 보도록 유도하여 직접적인 접촉을 발생시키는 것 등이다.

기업이 여러 종류의 유통경로를 가진 경우 고객과 기업이 만나는 접점이 서로 다른 '얼굴(face)'로 고객을 대하는 잘못을 범하기 쉽다. 예를 들어, 어떤 은행 고객이 본점을 이용할 때와 지점을 이용할 때, 예금 창구를 이용할 때와 대출 창구를 이용할 때, ATM을 이용할 때와 직접 창구를 이용할 때, 받는 상품이 각기 달라진다면 고객은 혼란에 빠지게 될 것이다. 따라서 모든 유통경로를 고객과의 접점으로서, 기업을 대표하는 하나의 얼굴과 하나의 메시지를 제공할 수 있도록 관리하는 것이 중요하다.

따라서 기업은 각 유통경로마다 동일한 고객 DB를 공유하여 고객을 어느 접점에서 만나더라도 접점 종업원은 고객의 프로파일과 상호작용 이력을 열어볼 수 있도록 하는 것이다.

### ② 점포의 정보교환 기능활성화

점포는 고객과 기업이, 고객과 상품이 만나는 장소이자 고객과 얼굴을 마주보고 대화를 할 수 있는 생생한 정보교환의 장소로서 과거에는 점포를 상품의 보관과 거래가 이루어지는 장소이었지만, 오늘날의 CRM에서는 그 외에도 정보교환이 이루어지는 장소라는 시각에 무게를 싣고 있다.

IT의 발달로 인해 물리적 상점의 중요성이 떨어지고는 있지만, 온라인기업들이 오프라인에도 진출하는 것을 보면 물리적 상점은 여전히 필요한 것으로 보인다. 고객은 상품에 대한 정보를 더 많이 알기 위한 장소로, 기업은 고객에 대한 정보를 더 많이 알기 위한 장소로 상점을 바라보기 때문이다.

상점의 주요 역할은 물적 유통이지만 정보흐름도 담당하기 위해서는 고객을 맞이하는 순간 고객카드나 신용카드 등의 간단한 입력으로 그 고객을 확인할 수 있어야 한다. 그렇게 되면 과거의 구매이력과 취향 등에 대한 정보를 미리 검토한 후 최상의 상품을 제안할 수 있게 된다. 또한 상점에서 고객과 나눈 대화와 관찰을 통해 얻어진 정보가 고객의 DB를 업데이트 할 수 있도록 반영되어야 한다.

### ③ 유통경로 파트너관리

유통경로 파트너를 관리하기 위해 가장 먼저 해야 할 일은 유통경로 파트너를 확인하는 일이다. 도매업자, 소매업자, 딜러, 인터넷 쇼핑몰 등 기업이 관계하고 있는 유통경로 파트너들을 모두 확인해야 한다. 그 다음엔, 그들이 기업의 상품에 가치를 더할 수 있는지를 알아야 한다. 예를 들어 고객에게 상담이나 컨설팅을 해 줄 수 있다면 가치를 더하는 유통경로 파트너라 할 만하다. 또한 수익성 측면에서 유통경로 파트너를 관리하는 것도 필요하며, 유통경로 파트너를 훈련하고 교육하는 비용이 매출을 초과하고 있다면 적절한 조치를 취해야 한다. 파트너관리는 기업이 영업 파트너와 협력하고 이들을 활용함으로써 최종 고객에게 보다 나은 제품과 서비스를 제공하기 위한 비즈니스 전략이다.

파트너관리는 CRM에서와 같이 동일한 다수의 데이터, 도구, 그리고 시스템을 이용하여 기업과 판매 파트너 간의 협력을 향상시킨다.

CRM을 효과적으로 실행하기 위해서는 고객과의 관계를 긴밀하게 해 줄 수 있는 유통경로 파트너와의 협력관계가 중요하다. 그러기 위해서는 유통경로 파트너들에게 재정적 지원 및 고객상품 지원, 정보 지원, 물류 지원 등을 제공해야 한다. 그리고 고객과의 관계를 효과적으로 만들어 가는 데 도움이 되는 파트너들에게는 인센티브나 보상을 제공하도록 한다.

기업은 판매 파트너에게 정보 교환 및 고객에 대한 업무와 데이터를 할당하는 기능을 제공하고 특히 주문 정보, 고객 정보, 판매 정보, 상품 정보 등의 상호 커뮤니케이션 및 정보 공유, 지식 기반 support service 관리, 최신 뉴스 정보를 제공해야 한다.

반면에 유통경로간 갈등을 해소하고 상호 협동적으로 업무를 진행시킬 수 있는 분위기 조성에 신경을 써야 한다.

유통경로간 갈등은 유통경로 활동영역의 중복에서 비롯된다. 따라서 중복이 최소화되도록 유통경로를 차별화할 필요가 있다. 유통경로 차별화는 각 유통경로의 이점을 최대한 살리는 쪽으로 역할을 재정립하는 것이다. 인터넷으로 제공해도 고객이 가치를 인정할 수 있는 부문은 온라인화하고, 오프라인에서만 제공할 수 있는 고부가가치 업무는 종래의 물리적 유통경로를 활용할 수 있다. 예를 들어, 회사는 간단한 정보를 웹(web)으로 제공하고 매장의 종업원은 전문적 지식을 갖추고 고객을 응대하는 것이다.

### 2) e유통경로 전략

인터넷에는 기업, 상점, 콜센터 등이 무엇이든 의도하는 것을 지을 수 있는 가능성과 기회들이 있다. 인터넷은 기업에게 기회와 새로운 유통경로(eChannel)를 제공하기도 한다.

e유통경로는 매우 잘 활용하고 있는 예로, 의료 상품의 경우를 들 수 있다. 아무리 인터넷 시대라고 해도 의료 상품만은 의사와 환자가 '직접' 만나야만 가능한 것으로 생각해 왔다. 그러나 우리나라를 포함한 많은 나라에서 인터넷으로 의료서비스의 일부분을 담당하고 있다. 예를 들어, 의사를 직접 찾아가기 전에 자신이 앓고 있는 증상이 어떤 질병에 속하는 것인지를 미리 알아볼 수 있으며 의사와 인터넷으로 상당하다가 진료 날짜를 예약하기도 한다. 또는 어떤 질병에 관한 환자나 보호자 또는 관심있는 의사들이 함께 커뮤니티를 만들어 서로 정보를 교환함으로써 지식을 확장하고 효과적인 치유방법을 얻기도 한다.

바이탈(vitalspring.com)사의 사이트에서는 의료기기 공급업체, 각종 병원이나 의료진, 환자들이 방문하여 서로의 의료정보를 교환하고 대화하는데, 환자들은 후원그룹을 만나고 의사들은 정보를 교환하며 의사와 환자가 만난다. 이 사이트에서 특이한 점은 환자의 장소, 의료경험, 환자의 조건 및 상태 등에 맞게 정보와 자원을 제공한다는 점이다.

### ① eCRM 환경 구축

진정한 eCRM 환경을 구축하기 위해서는 다음과 같은 요소를 갖추어야 한다.

첫째, 일관성을 유지하기 위해 고객의 정보가 조직 전체에 공유되고 지속적으로 업데이트되어야 한다. 또한, 어떤 유형의 고객에서는 어떤 유형의 상호작용이 적합하며 그러기 위해서는 어떤 유형의 유통경로와 상호작용할 것인지를 결정하여야 한다.

둘째, 균형은 웹에 기반한 셀프상품식 유통경로와 전통적인 유통경로 간의 조화를 의미한다. 오늘날 웹기술의 발달로 사람을 매개로 하는 전통적 유통경로가 아니라도 실시간으로 그와 유사한 서비스를 제공할 수 있게 되었다. 따라서 웹에 기반한 유통경로와 다른 유통경로 간의 공존이 필요하다. 기존 유통경로의 문제를 방치한 채 인터넷만을 유일한 유통경로로 삼는다면 위험천만한 발상이 될 수 있다.

셋째, 기술은 다양하다. 기술을 응용할 때 유의할 점으로는 고객의 수용가능성, 기술에 대한 고객의 기대관리, 구기술과 신기술의 통합 여부, 최적의 기술 도입과 설계, 기술 진부화에 대한 대처방안 등이다.

넷째, 변화관리는 조직의 각 분야, 즉 조직 설계, 사람의 조직문화, 업무프로세스, 관리 프로세스, 훈련과 선발, 성과측정 등의 각 분야에서 eCRM 도입으로 인해 파급되는 변화를 관리해야 한다.

다섯째, 신기술을 도입할 때 고객을 유형별로 분류하여 가장 손쉽고 편안한 방식으로 접근할 수 있도록 해야 한다. 기업 입장에서 원가를 효율적으로 관리하기 위해 인터넷 유통경로를 활성화시키고자 한다면, 항공사나 증권사의 경우처럼 인터넷 유통경로를 이용해 주문이나 표적으로 하는 고객에게는 가격할인이나 수수료인하 등의 인센티브를 줄 수 있다.

### ② e로열티와 웹사이트 디자인

일반적으로 온라인 고객은 가격에 민감해 저가전략을 펼치는 기업들을 향해 몰려다니고 충성도가 없는 것으로 생각한다. 그러나 실제 조사에 따르면 온라인 고객이 편의추구적이며 오히려 더 브랜드 충성적이라는 것이 발견되었다.

따라서 온라인 고객 e로열티의 결정 요인은 고품질의 고객지원, 적시배송, 설득적인 상품제안, 합리적인 택배운임과 편의성 그리고 신뢰성 있는 고객 프라이버시 관리 등으로 나타났다.

그리고 웹사이트 구축 또는 디자인할 때 다음의 조건을 고려해야 한다.

첫째, 로그인에 대한 인센티브를 줌으로써 모든 방문자를 식별할 수 있어야 한다.

둘째, 과거와 미래의 욕구에 기초하여 각각의 방문자를 차별화할 수 있도록 웹사이트를 디자인해야 한다.

셋째, 복잡한 질문이나 절차 없이도 방문자에 대한 모든 정보를 알 수 있어야 한다.

넷째, 웹사이트를 방문하고 활용하는 데 있어 발생할 수 있는 문제점을 분석할 수 있어야 한다.

다섯째, 고객의 니즈를 분석하고, 이에 맞는 웹－상품관리가 가능하도록 해야 한다.

마지막으로는 웹상에서 직접 대화를 원하는 고객을 위해 전화하기(call-me-back)버튼 등을 만들어 놓을 필요가 있다.

위에서 말한 웹사이트 구축조건은 웹－서비스관리를 eCRM의 차세대 엔진이라고 부를 정도로 매우 중요한 역할을 담당하고 있다. 서비스관리 엔진은 역동적이고 표적화된 메시지를 고객의 프로파일, 선호, 요청 등에 따라 다양하게 생성할 수 있어, 이것을 소매유통경로로 활용하는 경우 지금까지 해오던 어떤 마케팅 방법보다도 효과적이고 효율적인 수단이 될 수 있다.

### 3) 유통경로통합전략

CRM은 고객과의 관계를 과거의 기업주도적인 것으로부터 고객주도적인 것으로 전환하는 것으로, 더 나아가 기업과 고객이 상호협조하는 단계로 발전하고 있다. 따라서 CRM에서는 다양한 유통경로들을 어떻게 효율적으로 통합할 것인가 하는 과제는 CRM 실행의 필수적인 실천사항이다.

### ① 웹과 다른 유통경로의 통합

인터넷은 저렴한 거래비용, 새로운 가치창조, 고객참여 등을 장점으로 하지만 기존의 콜센터나 유통경로와 별개로 독점적으로 운영된다면 많은 위험이 따를 수 있다. 따라서 인터넷과 다른 유통경로 간의 갈등을 줄이고 통합하는 전략이 필요하다.

일례를 들면 신규고객의 70% 이상은 오프라인 점포를 방문한 후에야 인터넷 고객으로 등록시키는 것이다. 이러한 인터넷 사이트, 콜센터를 유기적으로 연결하여 상호보완적으로 고객을 지원하도록 하는 것이다. 즉, 고객을 형식상은 지점에 귀속시키고, 대면업무 및 고객교육의 장으로 활용한다. 고객이 24시간 이용가능한 콜센터는 지점의 담당자와 고객정보를 공유하면서 접촉할 수 있는 유통경로로서, 인터넷은 실시간으로 비용발생이 거의 없이 고객의 특성을 고려한 정보를 제공해 주는 유통경로로 활용할 수 있다.

### ② 고객정보의 통합

고객에 대한 정보가 마케팅 부서에서 따로, 콜센터에서 따로 흩어져 있다 보면 일관성 있는 고객 접점관리가 곤란하다. 이렇게 각 유통경로에 산발적, 중복적으로 떠돌아다니는 고객정보를 한 군데로 모으기 위해서는 유통경로간 고객 DB의 통합이 급선무이다.

시티뱅크도 전세계의 고객정보를 통합적으로 운영한다. 한국인 고객이 독일에서 ATM을 통해 시티뱅크 카드로 현금을 인출하려 할 때, 현금자동지급기(ATM: Automated Teller Machine) 화면은 카드를 읽은 순간 한국어 화면으로 전환된다. 로얄뱅크(Royal Bank)캐나다는 고객접점관리 시스템을 향상시킴으로써 고객이 어느 지점을 방문하여 거래를 하려는 순간 그 거래에 대한 정보를 즉각 콜센터와 다른 유통경로에 이용할 수 있도록 하였다. 플리트 뱅크는 고객을 수익성을 기준으로 분류하여 차별화된 서비스를 일관적으로 제공하고 있다. 고객이 지점을 방문하든 전화를 걸든 일단 은행과 접촉하는 순간부터 이미 자신도 모르는 사이에 자신의 등급에 해당하는 차별화된 서비스를 받고 있는 것이다.

고객에게 최적의 상품 솔루션이나 문제 해결을 제공하기 위해서는 다양한 유통경로들에서 생성되는 고객정보를 하나로 통합해야 한다.

## 3. CRM 콜센터관리

CRM 콜센터는 마케팅, 영업, 서비스에 대한 실시간 데이터를 고객정보 및 비즈니스 데이터와 연동으로 인하여 고객관계의 효율성을 증대시킨다.

콜센터(call center)는 고객의 전화를 단순히 받는 곳에서 최근에는 정보제공, 기업이미지 제고, 마케팅, 고객서비스 등과 관련된 고객의 전화를 응대하면서 부가가치를 창조해 내는 장소이다. 기업은 콜센터가 전화, 팩스, 인터넷 등 어떤 방법으로 연결되더라도 항상 친절하게 응대하고 신속하게 대처할 수 있도록 관련시설을 갖추고 또 고객의 요구를 정확히 파악해 그 정보를 바탕으로 적절한 때에 고객이 원하는 제품이나 서비스를 제공하는 이익창출 창구 역할을 수행한다. CRM 콜센터는 고객의 전화 통화를 조직적으로 처리하는 컴퓨터 자동화가 되어 있는 중추적인 장소로서 고객과 상담원 모두에게 다양한 서비스를 제공하는 'One-Stop, One-Call' 서비스 장소이다.

070, 060, 080, 15××, …. 이 번호들은 대부분의 기업에서 사용하고 있는 콜센터 서비스전화번호의 앞자리이다. CRM에서는 콜센터를 고객과의 접점으로 전략적으로 중요하게 다루어야 한다. 과거와 같이 단순히 전화를 주고받는 기능을 하던 콜센터에서, 이제는 고객과 가장 활발하게 상호작용을 하는 콜센터로서 역할을 하도록 해야 한다.

### (1) 콜센터의 활동

CRM에서 콜센터는 고객과 가장 가깝게 위치하고 있으며, 상담원의 역할에 따라 기업 전체의 매출증대에 많은 영향을 주기 때문에 CRM에서 아주 중요한 역할을 담당하고 있다. 고객과의 상호작용이 가장 많이, 그리고 가장 집중적으로 일어나는 곳이고, 고객이 만나는 '기업의 얼굴', 즉 '기업 이미지'를 형성하는 곳이기 때문이다.

사람에 따라서 콜센터를 다소 부정적으로 기억할 수도 있지만, 콜센터는 원래 고객과의 상호작용에 대한 필요성과 원가절감을 이유로 만들어졌다. 초창기는 콜센터는 대개 진땀나고 짜증나는 열악한 업무 환경 속에 있었다.

콜센터 상담원의 성과는 판매와 관련한 양적인 부분에서 많이 평가되었고, 더 중요한 이슈인 고객만족이나 불만처리 수준, 또는 충성도 등은 등한시하였다.

그러나 기업에서 고객만족, 불만의 효과적인 처리 등이 고객유지에 선행요인이라는 점을 자각하면서 콜센터에 대한 역할 변화가 요구되고, 오늘날 콜센터의 역할은 고객만족을 향상시키고 고객 유지율을 증가시키는 활동을 하는 고객접점으로 인식되고 있다.

## (2) 콜센터의 역할

### 1) 고객생애 단계와 콜센터

CRM 통합모델에서 고객생애 단계에 따라 기본전략이 바뀌듯 콜센터도 기본전략에 따라 목표와 역할을 변경해야 한다. 즉, 고객유치 단계의 기본전략이 '관계맺기'이고 그에 따라 마케팅 캠페인도 '관계유지' 단계에서의 마케팅 캠페인과 다른 목적을 갖는 것처럼, 콜센터의 목표와 역할도 생애 단계별 마케팅 캠페인 목표에 따라 변화해야 한다.

기업이 전략적이고도 일관된 얼굴을 보여주기 위해 서로 다른 단계의 고객들에게는 서로 다른 마케팅목표를 가지고 접근해야 한다. 단계별로 콜센터의 역할을 예로 들면, '관계맺기'에서는 예상고객 명단을 가지고 신상품의 출시를 알린다거나 판촉행사를 알린다거나 지금 가입하시면 어떤 혜택을 받을 수 있는지를 알려주면서 자연스럽게 고객의 손을 잡아끄는 역할이 필요하다. '관계유지' 단계에서 고객이탈 원인분석을 수행하려 한다면, 이탈고객의 명단을 가지고 정중히 거래를 단절한 이유를 묻을 필요가 있다. 고객의 불만을 접수하여 기업의 실수나 고객의 특수한 상황을 알게 되면 문제를 해결할 수 있는 실마리를 찾을 수 있고, 다시 자사의 고객으로 전환시킬 수 있기 때문이다. '관계강화' 단계에서는 우량고객을 관리하는 목적으로 콜센터를 활용할 경우, 우량고객에게 포인트가 얼마나 적립되었는지를 먼저 알려주면서 감사의 메시지를 전달하고 고객이 받을 수 있는 혜택을 알려 준다. 또는 새로운 고객을 추천하면 인센티브를 제공하고 있다는 메시지를 전달할 수도 있고 우량고객에게는 기업의 파트너로서 기업을 위한 조언을 구할 수도 있다.

모든 고객에게 동일한 목소리로 동일한 내용을 말해서는 안된다. 모든 고객은 생애 단계와 고객진화수준이 다르기 때문이다. 콜센터도 고객에 맞춰 서비스를 제공해야 하며 항상 개인화된 접근을 해야 한다.

### 2) 정보의 보고로서의 콜센터

콜센터가 줄 수 있는 가장 흥미로운 정보는 신상품 아이디어일 것이다. 콜센터로 흘러 들어가는 정보는 가공되어 다시 콜센터로부터 흘러나올 수 있다. 콜센터 직원은 고객의 전화를 통해 빈번하게 들어오는 문의사항과 반복되는 불만사항, 또 고객제안들을 검토해볼 수 있다.

거기서 그치지 않고 상담원은 콜센터에 기록 저장된 정보들을 규칙적으로 마케팅 시스템에 반영하고 고객들과 전화하는 동안 그 고객의 잠재된 욕구를 탐사해야 한다. 이런 의미에서 콜센터는 고객의 전화에 수동적으로 반응하는 자세보다는 적극적으로 행동하는 자세로 전환할 필요가 있다.

그렇게 해서 얻어진 정보를 가진 상담원은 제품과 서비스의 개발에 중요한 공헌자가 될 수 있다. 고객으로부터 직접 나온 최신 정보를 기초로 새로운 아이디어를 도출하고 옛것을 새로운 시각에서 조망하게 해주기 때문이다. 이런 의미에서 콜센터는 고객들로부터는 값진 정보를 얻을 수 있는 조직 내 '가장 창의적인 부서'라고 할 수 있다.

더욱이 콜센터에서 이루어지는 데이터 수집은 지속적이기 때문에 항상 최신의 정보를 보유하게 된다. 데이터 수집과정은 콜센터 내에서 자체적으로 쉽게 통제되고 지속적으로 갱신된다. 그리고 고객정보는 신속하게 기업의 각 부문으로 전달되어 신속한 수정, 문제해결 및 신상품 아이디어로 다시 태어난다.

### 3) 고객과의 상호작용과 기회를 창조하는 콜센터

콜센터는 조직의 다른 어떤 부서보다도 고객과의 접점이 많은 곳이다. 고객과의 접점이 많다는 것은 고객과의 상호작용성이 높은 곳이라는 의미이다. 예를 들어, 이동통신 업종이나 소매금융업의 경우 고객과의 상호작용 중 40% 이상이 콜센터에서 나온다. 고객은 콜센터에 전화, 팩스, 이메일 등을 이용하여 접촉하게 되는데, 이곳을 통하여 고객은 자신의 계좌를 체크해 볼 수도 있고, 신상품에 대한 정보를 얻을 수도 있으며, 기술적인 지원을 받을 수도 있다.

CRM의 중심에는 콜센터가 자리 잡고 있고, 이러한 콜센터가 CRM를 실행하기 위한 가장 이상적인 매체라고 말할 수 있다. 그 이유는 한 번에 한 고객씩 관계한다는 최대 장점을 가지고 있고, 고객 개개인과 일대일 관계를 구축할 수 있기 때문이다.

CRM 실행의 가장 이상적 매체인 콜센터는 효과성과 효율성을 동시에 달성할 수 있도록 설계되어야 한다. 예를 들어, 자동화나 셀프 서비스 인터페이스(self-service interface)를 사람이 매개하는 직접적인 인적 대화와 분리, 운영함으로써 효율성을 높이되, 직접 대화를 원하는 고객이나 수익성이 높은 고객에 한해서는 인적 대응을 제공함으로써 효과성을 높이는 방법을 선택할 수 있다.

이는 어떤 고객과의 과거 접촉을 통해 획득된 정보를 콜스크립트(calling script) 입력정보로 전환시킴으로써 진정한 일대일 대화를 가능하게 해주는 방법이다.

그리고 기업은 강력한 판매가능성과 엄청난 마케팅 기회를 내포하고 있는 콜센터를 고객과의 전략적 중간 매개체로 활용해야 한다.

## (3) 콜센터와 인터넷의 역할

### 1) 콜센터와 인터넷의 상호보완성

인터넷만으로 고객의 모든 문의를 해결해 줄 수 있다면, 비용이 많이 드는 콜센터를 철수할 것이다. 그러나 기업은 저마다 웹에서 처리 가능한 부분이 있고 콜센터에서 처리해야 하는 부분이 있어, 웹 처리용과 콜센터 처리용으로 분리하여 상호보완적으로 두 유통경로를 모두 활용해야 한다.

웹사이트는 복잡한 고객의 문제를 해결해 줄 수는 없지만 반복적이고 단순한 문제인 경우에는 웹상에서 해결이 가능하다. 고객이 직접 문제해결에 대한 정보를 찾을 수 있도록 웹에 문제 유형별 해결방안을 제시해 놓으면 되는 것이다.

한편, 웹에서는 제공하기 힘든 복잡하고 까다로운 문제들은 콜센터의 상담원에게 곧바로 연결되도록 웹사이트를 디자인함으로써 콜센터의 자원 낭비를 막을 수 있다.

### 2) 콜센터와 인터넷의 통합

최근 콜센터와 웹을 통합할 수 있는 기술적 발전에 따라 인터넷과 콜센터의 두 유통경로를 통합시킬 필요성도 커진다.

통합접촉센터(Integrated Contact Center)라고 불리는 고객지원 소프트웨어는 전화를 건 고객을 적합한 정보원에게 즉각적으로 손쉽게 연결시켜 주는 도구로서, 이 기술은 컴퓨터와 전화를 통합시켜 기존의 분리된 전화업무와 컴퓨터 업무를 하나로 처리할 수 있게 구성된 통합전산 기술인 CTI(Computer-Telephony Integration) 기술이다.

CTI 기술은 더 나은 고객서비스를 위해 웹사이트에 지능성을 부여한다는 취지에서 개발된 지능형 통합 전산 기술로 전화뿐 아니라 웹사이트에서도 고객과 직원의 상호작용을 지원할 수 있도록 디자인된, 다중 상호작용 방식을 구현하는 멀티미디어 콜센터 또는 인터넷 콜센터의 근간이 되는 기술이다. 새로운 CTI 기술은 IVR(Integrated Voice Response) 기술로서 웹이 교환원의 역할을 대신해 주는 것이다. 전화가 걸려오면 상담원은 단말기의 '전화받기' 버튼을 클릭하여 고객과 상담을 시작할 수 있다.

오늘날 ITI(Internet Telephony Integration) 솔루션을 CTI 기술에 인터넷 솔루

션을 확장한 개념의 기술로 인터넷의 음성통신, 기존의 전화업무, 전산컴퓨터 시스템을 하나로 통합시킨 콜센터 구축의 최고의 기술이다.

최근 인터넷 환경의 급성장으로 인하여 ITI 솔루션은 인터넷의 일방향 고객서비스가 이제 ITI 솔루션에 의하여 양방향서비스로 고객에 대한 온라인서비스가 일반화되는 추세이다. ITI 솔루션을 응용한 온라인 콜센터가 바로 "인터넷 콜센터"이다.

이러한 새로운 현상을 극명하게 보여주는 예가 바로 웹사이트상에 추가되고 있는 'Call-Me' 아이콘이다. 이 아이콘을 누르면 전화번호 목록이 나타나며 고객은 원하는 분야의 직원과 직접 대화를 나눌 수 있다. 이 기술을 통해 콜센터와 웹이 통합되는 전기를 맞게 되었다.

## (4) 콜센터의 활용

### 1) 콜 데이터마이닝

콜센터에 축적된 데이터를 기업에서 활용할 수 있는 정보의 형태로 분석하고 가공하는 것을 콜 데이터마이닝(call data mining)이라고 한다.

콜 데이터마이닝은 세 가지 과제를 가지고 있다.

첫째, 정보를 획득하여야 한다. 여기서 정보란 단순한 콜 데이터 수준을 의미하는 것이 아니라 분석시 이용할 수 있도록 분류되고 정리된 정보이다.

둘째, 정보를 사용 가능한 통찰력(insights)으로 전환하여야 한다. 그러기 위해서는 기능간, 또는 부서간 데이터 공유와 철저한 분석이 요구된다.

셋째, 통찰력을 전사차원에서의 개선이나 향상(improvement)으로 연결시켜야 한다. 이때, 고객과의 접점에서부터 성과측정에 이르기까지의 과정을 전체적으로 포괄하여야 한다.

콜 데이터마이닝을 활용하면 기업은 고가치 콜(High Value Calls), 중가치 콜(Medium Value Calls), 저가치 콜(Low Value Calls) 종류에 따라, 즉 각 콜의 가치의 중요도에 따라 어느 정도의 역량을 기울여야 할지를 결정할 수 있다.

### 2) 콜센터와 고객만족과의 관계

콜센터는 고객의 소리를 들을 수 있는 곳이기 때문에 고객의 불만이나 만족을 즉각 측정할 수 있다. 콜센터에서 밖으로 걸려 나가는 전화, 즉 아웃바운드콜(Out-bound Call)은 주로 고객의 만족도를 조사하거나 텔레세일을 하는 경우이고 반면에 콜센터로 걸려 들어오는 전화, 즉 인바운드콜(In-bound Call)로는 고객의 불만과 주문이 많다. 그런데 중요한 것은 불만을 들을 수 있다는 것을 행복하게 여겨야 한다는 점이다. 실제로 불만있는 고객 중 4%만이 불평하는 반면 65~90%의 고객은 불평하는 대신, 두 번 다시 해당 제품을 구매하지 않는다는 통계가 있다. 불평을 활성화시켜야 기업은 생존과 발전의 동반자인 진정한 고객을 획득하게 된다. 만족과 불만족은 동일차원의 양끝점일 수도 있고 서로 독립적인 다른 차원일 수도 있다. 후자의 견해에서 본다면, 콜 데이터를 통해 고객불만과 고객만족을 가져오는 요인은 무엇인지 파악할 수 있을 것이다.

기업은 콜센터를 통해 만족, 불만족 요인을 확인하여, 고객들의 문제를 성공적으로 해결해 주면 오히려 불만이 없었던 고객보다 더 충성적인 고객으로 만들 수도 있다. 일반적으로 불만이 만족스럽게 해결된 고객 중 82%가 다시 제품을 구매한다고 한다.

여기서 한 가지 주목해야 할 점은 성공적인 불만처리는 기업 혼자만의 힘으로 이루어질 수 없다는 점이다. 고객과의 협력 없이는 불만처리를 제대로 할 수 없기 때문에 협력의 도구로서 고객 불만족을 활용하는 것이다. 불만처리 활동은 일대일 활동이기 때문에 고객은 자신이 기업으로부터 중요한 존재로 대우

**표 8-1** 고객을 협조자로 만드는 7계명

1계명: 고객을 당신과 대립하고 있는 사람으로 생각하지 마라.
2계명: 당신이 제공하는 상품의 품질이 자신을 가질 만한 수준으로 만들어라.
3계명: 고객의 이야기를 일대일로 경청하라.
4계명: 과거에 가졌던 고객과의 상호작용을 모두 기억하라.
5계명: 단골고객이 되지 못하도록 방해하는 장애물이 무엇인지 알아내라.
6계명: 고객불만을 새로운 사업기회로 생각하라.
7계명: 고객이 당신과 협력할 수 있는 기회를 제공하라.

받고 있다는 느낌을 갖게 되고 기업의 노력하는 모습 또한 고객의 마음을 흐뭇하게 만든다.

〈표 8-1〉은 고객을 협력자로 만드는 7계명을 제시하고 있다.

### (5) 웹콜마케팅으로의 활용

웹콜마케팅(web-call marketing)은 웹(web)과 콜(call)의 하드웨어적 소프트웨어 통신 수단, 즉 인터넷을 중심으로 웹과 콜이 상호결합 연동된 환경에서 종래의 콜센터를 통하여 고객관리나 각종 상황처리를 수행하는 마케팅을 말한다.

웹콜마케팅은 텔레마케팅과 인터넷마케팅을 모두 포함하는 마케팅 기법이다. 대부분의 전자상거래가 일방적인 상품정보만을 고객에게 전달하고 있는 현실 속에 점차 고객들은 비인격적인 컴퓨터 통신매체에 대한 반발과 방문판매의 비효율성을 피부로 느끼고 있다. 이러한 고객의 정보갈증과 불만을 바로 응답처리하는 부분에 효과적인 텔레마케팅과 웹적인 기반과 사람 대 사람의 커뮤니케이션이 적절히 조합된 것이 웹콜마케팅이다.

종전의 콜센터를 통한 텔레마케팅이 주로 유무선 전화나 팩스 등 음성과 문자 중심의 커뮤니케이션이었다면, 웹콜마케팅은 콜센터와 인터넷 고객센터를 연계하여 인터넷과 전화, 이메일, 팩스 등 각종 통신수단으로 고객접점 경로를 보다 다양하게 활용하고 관리한다고 볼 수 있다. 넓은 의미에서는 텔레마케팅의 한 분야로서 인터넷 환경 중심에서 웹콜데이터를 동시에 처리하는 커뮤니케이션 마케팅으로 볼 수 있다.

웹콜마케팅은 고객과의 1대1 관계는 물론 1대다수도 동시 접점에서 커뮤니케이션이 가능하다. 전화나 인터넷 네트워크를 동시에 활용하거나 인터넷 폰을 활용하여 각종 웹상에서 구현할 수 있는 커뮤니케이션 접촉경로를 다양하게 활용할 수 있기 때문에 1대다수의 커뮤니케이션 및 정보전달이 가능한 것이다.

웹콜마케팅은 다양한 네트워크(B2B, B2C, C2C 등)의 중심연결 고리역할을 수행하여 기업이 고객과 신속하고 저렴하고 효과적으로 의사소통하고 정보를 교류하여 마케팅의 성과와 생산성을 높이는 데 기여한다.

## 4. 유통경로의 점포관리

점포 안으로 고객의 발길을 끌려면, 우선 고객의 눈과 귀가 그 점포에 쏠리도록 분위기를 조성하는 설계와 운영이 요망된다. 그러나 백화점 바겐 세일에서 보듯이 가격의식적인 소비자는 그 기간 중에 몰려오지만 품질의식적인 소비자는 오히려 혼잡과 품위를 의식하여 그 기간을 피하는 경향이 있다.

점포관리에서 가장 먼저 생각할 점은 오감에 호소하는 점포 분위기의 구성이다. 고객을 점포로 유인하고 내점고객들로 하여금 제품을 구입하도록 하려면 전체적인 분위기가 먼저 조성되어야만 한다. 점포 분위기 조성에서 염두에 둘 것은 점포는 항상 고객들과 무언의 대화를 나눈다는 점과 고객들의 행동과 점포의 판매고는 점포분위기에 의해 영향을 받을 수밖에 없다는 사실이다. 따라서 점포 분위기 조성은 구축하고자 하는 점포 이미지에 대한 개념을 중심으로 감각적 호소, 테마를 활용하는 극장 개념 도입 등을 최대한 활용하여 완성할 필요가 있다.

### (1) 점포 이미지

점포 이미지란 소비자가 보유하고 있는 점포에 대한 객관적인 지식과 주관적인 의견, 느낌 등이 혼합되어 기억에서 재생되는 각종 연상들의 집합체를 의미한다. 점포 이미지는 외부 이미지와 내부 이미지로 구성되며, 고객의 점포 방문, 구매의사 결정, 점포 및 제품에 대한 만족 등을 결정하는 데 매우 큰 영향을 미친다. 소비자들은 자신의 이미지와 일치하는 이미지를 지닌 점포를 이용하는 경향이 있다. 따라서 점포가 표적으로 삼는 고객들로 하여금 계속적으로 점포를 이용하도록 하려면 점포의 이미지가 표적고객들의 이미지와 일치하도록 분위기를 꾸밀 필요가 있다. 실제로 많은 점포들은 고객들이 원하는 이미지가 형성될 수 있도록 점포를 디자인하고 고객들의 이미지와 어울리는 상품을 진열하고 있다.

### 1) 외부 이미지

점포의 외부적 이미지를 형성하는 요인들로는 점포의 위치, 점포 주변환경, 건물 형태, 건물 전면, 출입구, 윈도우, 주차장, 간판이나 사인 등을 들 수 있다. 이러한 것들은 일반적으로 소비자들에게 점포에 대한 첫인상을 심어주는 경우가 많을 뿐 아니라 고객의 점포유인에 지대한 영향을 미친다. 특히 점포 외관은 고객들에게 무언의 메시지를 강력하게 전달하므로 점포 이미지 구축과 관련하여 매우 신중하게 다루어야만 한다. 실제로 화려하고 고급스러운 느낌을 주는 점포 외관은 가격에 민감한 저소득층 고객의 점포 진입을 차단하는 억제효과를 발휘한다.

### 2) 내부 이미지

내부적으로 점포의 이미지 형성에 영향을 미치는 요인들로는 점포 레이아웃, 통로로의 구조 및 넓이, 시설물, 조명과 색상, 상품 디스플레이, 집기류 형태와 크기, 설비 등이 있다. 이러한 요인들은 고객들의 점포 내에서의 구매행동과 반복구매에 특히 영향을 많이 미치므로 표적고객들의 선호 경향, 행동패턴, 생활유형 등 세분시장과 관련된 요인들을 염두에 두고 각종 내부시설 및 인테리어에 대한 활용 및 배치계획을 세워야 한다.

## (2) 점포 분위기(store's atmosphere)

점포 분위기(store's atmosphere)는 시각적 커뮤니케이션, 조명, 감각적 호소(색상, 음악, 향기), 극장개념의 도입, 그리고 인적 요소 등을 통해 고객들에게 제공되는 환경 디자인을 말한다. 이것은 궁극적으로 인지적이고 감성적인 감각기관들을 자극하여 고객의 구매 행동에 영향을 주기 위함이다. 많은 소매업체들은 점포 설계 및 상품의 다른 면들을 보충해 줄 수 있는 섬세한 분위기 연출법을 고안해 내었다. 이제 좋은 분위기를 만들기 위한 기본적인 원칙들을 살펴보면 다음과 같다.

### 1) 시각적인 커뮤니케이션(Visual communications)

점포 및 창문의 그래픽과 간판, 극장 효과를 모두 포함하고 있는 시각적 커뮤니케이션은 상품에 대한 정보를 제공하고 특정 품목이나 특정 구매를 제안함으로써 매출을 높이는 데 기여하고 있다. 간판과 그래픽은 고객이 매장이나 상품을 쉽게 발견할 수 있도록 도와준다. 점포 이미지에 그래픽(사진 패널과 같은)은 개성, 아름다움, 로맨스를 덧붙일 수 있는 것이다. 특히 점포에 조명을 잘 해놓는다는 것은 단순히 빛을 잘 비추는 것 이상의 역할을 한다. 조명은 상품을 돋보이게 하고, 공간을 장식하며, 점포에 좋은 인상을 주기 위해 사용된다. 조명은 또한, 고치기 힘들고 보기 싫은 부분들을 가리는 데에도 사용될 수 있다.

### 2) 상품 조명

적절한 조명 시스템은 고객이 점포에 들어섰을 때, 즐거운 분위기를 느끼도록 도와줄 뿐만 아니라 특정 상품이나 품목에 집중해서 조명할 수 있다. 그리고 조명은 상품에 맞는 색상을 연출해야 한다. 초록색 실크 넥타이를 전시할 때, 일상의 사무실에서 볼 수 있는 색상을 매장에서 그대로 보여줄 수 있어야 한다. 뿐만 아니라 고객들의 기분도 맞추어야 하는 것이다. 예를 들어, 백화점 화장품 코너는 대부분의 식료품 점포에서 볼 수 있는 일상의 형광등 조명보다 훨씬 더 비싼 조명을 설치할 필요가 있다. 상품의 전략적인 판매에 초점을 맞추어 조명을 하면, 쇼핑 고객들의 시선을 끌면서 점포로 유인하는 효과도 얻을 수 있다.

### 3) 감각적 호소

내점 고객들로 하여금 제품을 구매하게끔 유도하기 위한 효과적인 점포분위기 조성은 점포 내외의 각종 감각적 요소들을 활용하여 소비자들의 감정 변화, 무드 형성, 심미적인 요소의 음미 등이 발생하도록 유도하여 구매가 자연스럽게 이루어질 수 있도록 하는 것이다. 즉 고객들로 하여금 편안하고 상쾌하며 무엇인가 즐거운 마음이 들게 하여 구매가 기꺼이 일어날 수 있도록 유도해야 한다. 소비자의 감정을 자극하거나 쾌락적(hedonic), 혹은 심미적 경험을 강조하여 제품 자체의 성능에 대한 합리적인 평가보다는 전반적인 느낌을 바탕으로 하는 감정적 평가방식에 의존하는 구매가 자연스럽게 일어나도록 하기 위해서는 점포가 제공하는 직·간접적인 유형·무형의 분위기 조성은 물론 제품구매와 직결된 브랜드, 가격 등의 활용과 구매와 직접적인 관련이 없더라도 감각기관을 자극하는 요인의 활용 등이 수반되어야 한다. 소비자의 구매결정에 영향을 미치는 오감의 수준을 살펴보면, 보고 구매한다(시각): 87%, 듣고 구매한다(청각): 7%, 만져보고 구매한다(촉각): 3%, 냄새를 맡고 구매한다(후각): 2%, 맛보고 구매한다(미각): 1% 등이다. 고객들의 감각기관을 자극하여 점포에 대한 긍정적인 분위기 혹은 감정을 조성하는 방법은 다음과 같다.

#### ① 시각적 호소

인간의 감각기관 중 시각은 특히 많은 정보를 한꺼번에 처리할 수 있다. 또한 '백문이 불여일견(百聞不如一見)'과 같은 속담에서도 잘 나타나듯이 시각적 호소는 강렬하고 결정적인 영향을 주는 경우가 많으므로 특히 관심을 기울여야 한다. 시각적으로 고객을 자극하는 정보의 주요 요소들은 형태, 대조, 혹은 갈등 등이다.

#### ② 청각적 호소

청각적 호소는 소비자들의 구매 분위기와 밀접한 관련이 있다. 소리는 정보 전달, 주의집중, 무드조절 등 다양한 기능을 가지고 있으며 실제로 할인점, 슈퍼마켓 등에서의 호객 행위는 난전 분위기 조성을 통하여 고객들의 구매욕구를 자극하는 효과를 발휘하고 있다. 이 외에도 특정한 소리, 음악, 음향 등을 이용하여 제품의 특성을 전달하거나(예: 맥주의 마개를 딸 때 나는 소리 … 상쾌한 맛) 특정 시즌을 알리는 방식(예: 크리스마스 캐롤의 이용) 등도 자주 이용되고 있다.

### ③ 후각적 호소

후각적 호소는 주로 향내를 이용하여 소비자들의 구매분위기를 조장하는 것을 의미한다. 은은한 꽃향기 혹은 신선한 자연향 등은 소비자들에게 상쾌함과 구매의욕을 불러일으킨다. 음식점이나 제과점 등의 경우에는 흔히 요리 냄새 혹은 갓 구운 과자나 빵의 냄새를 이용하여 고객들을 점포로 유인한다. 커피점, 담배점, 꽃집, 향수점 등도 제품의 냄새를 이용하는 대표적인 경우이다. 후각적 호소에서 주의할 점은 점포에서 불쾌한 냄새가 나는 것은 방지해야 한다.

### ④ 촉각적 호소

소비자들은 제품을 구매할 때 흔히 만져 보거나 당겨 보거나 눌러 보거나 하는 등 촉각을 동원한다. 점포를 디자인할 때 소비자들이 이러한 촉감을 즐길 수 있도록 레이아웃을 짜고 설비나 집기를 배치하고 제품을 전시해야 한다. 촉각적 호소는 소비자들이 직접 제품을 만져보거나 느낄 수 없는 홈쇼핑 등의 분야에서 특히 주의를 요한다. 촉감이 특히 요구되는 제품의 경우 소비자들의 촉각적 욕구를 비록 간접적으로라도 전달할 수 있는 방안에 대하여 연구를 할 필요가 있다. 미국의 대표적인 카달로그 전화 주문 소매업인 Land's End사의 경우 자사의 판매사원인 전화교환원들로 하여금 소비자들이 직접 경험하는 것과 유사한 느낌을 가지도록 설명을 잘 하도록 집중적으로 교육하여 판매뿐 아니라 고객 신뢰를 동시에 증진시키고 있다.

### ⑤ 미각적 호소

미각적 호소는 주로 음식료품을 판매하는 경우에 해당되는 것인데 슈퍼마켓 등에서 소시지 등을 직접 요리하여 고객들에게 시식을 권장하는 것이나 아이스크림점이나 패스트푸드점 등에서 샘플을 고객들에게 무료로 제공하는 것이 대표적이다. 미각적 호소에서 주의할 점은 샘플의 제공시 항상 청결과 위생을 강조하여 고객들의 건강을 해치거나 나쁜 인상을 주는 일이 일어나지 않도록 해야 한다.

## 5. 유통경로의 접객관리

마케팅 촉진에 있어서 광고, 홍보, 판매촉진은 비인적 요소인 데 대하여 인적판매는 글자 그대로 인적요소이다. 판매원은 판매 현장에서 고객과 대면 서비스를 하면서 판매 활동과 함께 불만고객의 1차적 관리를 맡는다.

소비자는 정형화된, 기계적, 획일적 대접을 원하지 않는다. 거의 대부분의 서비스에는 인간적인 접촉이 필요하다. 판매자와 구매자가 접촉함으로써 비로소 서비스가 창출되는 것이다. 생산지향적 사고를 가진 경영자들은 생산현장에서 사람대신에 자동기계로 대체하였지만 큰 효과는 거둘 수 없었다.

인간적 접촉을 배제한 서비스의 좋은 예로서 현금자동지급기(ATM)는 처리비용을 절감하고 오랜 기다림과 조잡한 서비스에 대한 고객의 불만을 해소하기 위하여 고안된 기계 은행원이다. 그러나 ATM의 편리성에도 불구하고 이 기계의 이용률은 미국의 경우 은행고객의 48%이며 단골 이용자는 1/3에 불과하다고 한다.

이와 같이 고객은 서비스 제공자와 인간적 대면 접촉을 원하고 있으며 그러한 대면에 가치를 두고 있는 것이다. 또한 물리적 접촉을 포함한 서비스 전달시스템 측면과 접촉하게 된다. 따라서 서비스 제공자는 고객만족을 창출하기 위해 이러한 서비스 대면, 접촉하는 인적, 물리적 서비스 만남의 중요성과 관리방법을 숙지하여 활용해야 한다.

서비스 대면의 관리는 '고객－종업원', '고객－고객', '고객－서비스 환경'의 세 측면에서 이루어진다. 고객과 종업원 사이의 대면 관리에서는 만족과 불만족 사건의 규명이 우선되어야 하며, 종업원의 훈련, 동기부여, 그리고 보상에 관한 관리가 따라야 한다.

3개의 고접촉 서비스 회사(호텔, 식당, 항공사)의 고객을 대상으로 조사·연구한 결과에 의하면, 가장 큰 만족을 준 사건은 종업원들의 자발적인 행동으로부터 나왔으며, 가장 크게 불만족한 사건은 종업원의 무기력과 불성실에서 나왔다.

서비스가 실패했을 때 고객이 느끼는 감정에는 분노와 배신감이라는 두 가지 종류가 있다. 고객이 단지 불편함을 느끼는 정도가 아니라 방치되어 있다고 느끼거나, 약간 속이 끓는 정도가 아니라 진짜 화가 나 있다면 고객을 배신하고 있는 셈이다. 서비스 제공자는 고객과의 좋은 관계를 이끌어나가기 위해 촉매 혹은 조정 역할을 하여야 한다.

서비스 제공자는 서비스 환경에서 종업원과 고객 모두에게 영향을 미칠 수 있기 때문에 잘 관리하여야 한다. 서비스 환경의 영역은 다음과 같이 세 가지로 구분된다.

- 공간 조건(공기의 쾌적도, 온도, 소음, 냄새 등)
- 공간 배치와 기능적 시설(전반적 배치 형태, 설비, 가구 등)
- 상징, 기호, 인공물(장식 형태, 표지)

그리고 사람은 다른 사람과의 첫 만남, 특히 첫인상으로 그 사람을 평가하는 경향이 있다.

### (1) 진실의 순간

진실의 순간(MOT: moments of truth)은 고객이 기업의 어떤 일면과 마주치는 접점에서 서비스를 제공하는 조직과 그 품질에 대한 이미지를 결정하게 되는 15초 내외의 짧은 순간을 일컫는 마케팅 용어이다.

고객과의 상호작용이 시작되는 '진실의 순간', 즉 기업과 고객이 접촉하는 순간을 관리해야 한다. 마치 맞선보는 청춘남녀의 관계처럼 고객과 기업이 얼굴을 마주친 다음, 기본적으로 기억에 남는 사건과 그 사건을 일으킨 결정적 순간이 있다.

이러한 진실의 순간은 광고, 전화 대화, 얼굴을 맞댄 대화, 서비스를 이용할 때, 청구서를 받았을 때, 불만을 토로할 때 등 여러 경우에서 시간과 장소에 구애됨이 없이 발생하며, 고객은 이것에 의해 그 기업이 제공하는 서비스의 질과 함께 심지어 재방문, 혹은 재구매 여부까지도 판단해 버린다.

**표 8-2 | 레스토랑의 진실의 순간**

| 고객 행동 | 종업원 행동 |
|---|---|
| 고객입장(식당에 들어간다.) | 종업원이 인사한다.(어서 오십시오) |
| 착석 | 고객이 원하는 자리 안내 |
| 메뉴 선택 | 종업원이 물과 메뉴판을 가지고 온다. |
| 주문 | 주문접수(포스 입력) |
| 식사 | 식사전달 |
| 추가식사/즉석요리 신청 | 추가식사 또는 즉석요리 제공/빈그릇 치우기 |
| 테이블에서 퇴장 | 테이블 정리/세팅 |
| 카운터에 식대를 지불한다 | 계산(신용/포인트 카드시스템) |
| 만족도 답변 | 만족도 조사(만족했습니까) |
| 식당을 떠난다 | 종업원이 인사한다.(감사합니다.) |

따라서 효과적, 효율적 서비스를 제공하기 위해서는 개개의 결정적 순간이 전체 서비스의 질에 미치는 영향을 파악하고 그 영향력을 크기 순서로 구분할 필요가 있다. 또한 이러한 조치는 서비스 전략을 수립하고 그 전략을 실행하기 위한 시스템을 디자인하는 데 필요한 자원분배와 보완에 필수적 요소로 작용하게 된다.

한편, 어느 인간관계에서와 마찬가지로 고객과 종업원 사이의 진실의 순간에도 당사자들은 각자의 경험, 심리상태, 작업목표, 가치관과 기대에 따라 행동한다. 예를 들어 레스토랑의 process과정에서 고객과 홀 종업원의 행동이 행해지는 진실의 순간의 접점을 살펴보면 〈표 8-2〉와 같다.

## (2) 종업원의 고객서비스관리

최종소비자, 즉 외부고객을 창출하고 확대 재생산하는 핵심적인 역할을 하는 종업원은 고객이 평생고객이 될 수도, 단발성 고객이 될 수도 있으며, 우리 회사의 태도에 감동을 받을 수 있게 한다. 오늘날과 같은 서비스 중심적 경제에서 종업원의 탁월한 서비스는 기업의 생존전략이다. 고객을 확보하고 유지하는 핵심적인 역할을 하는 종업원은 고객을 만족시키기 위해 인간의 행동을 지배하는 고객의 감정상태의 중요성을 인식해야 한다. 종업원이 고객의 감정에서 고려해야 할 핵심 내용은 다음과 같다.

① 고객을 판매의 대상으로 볼 것이 아니라 상생의 파트너로 생각해야 한다.
② 고객이 원하는 것을 구매할 수 있게 도움을 주어야 한다.
③ 사람들은 사는 것은 좋아하지만, 판매 당하는 것은 싫어한다.
④ 고객은 제품이 아닌 가치를 구매한다.

고객은 회사, 제품, 서비스에 만족을 느낄 때만 구매 행위를 한다. 고객을 기쁘게, 고객이 기꺼이 비용을 지불하게 하려면 고객들에게 좋은 감정을 느낄 수 있도록 고객관계를 관리해야 한다. 고객이 회사와 제품, 그리고 서비스에 긍정적인 감정에 영향을 미치는 것은 종업원의 논리적 지식과 고객지향적인 감정관리이다. 따라서 감정적으로 고객을 응대하면 고객은 다시 찾아오고, 이성적으로 제품에 집중하면 고객은 다시 찾아오지 않는다. 예를 들어, 고객이 첫 대면에서 종업원으로부터의 친절에 대한 경험은 회사와 종업원을 분리해서 별개로 생각하지 않는다. 종업원이 제공하는 서비스는 곧 회사가 고객에게 제공하는 것으로 받아들인다. 첫 대면에 친절한 종업원과 마주하게 된다면 앞으로 회사에서 제공받을 다른 서비스에 대해서도 긍정적으로 받아들일 확률이 높다.

미국품질관리학회에서는 고객이 거래를 중단하는 이유로서 고객 서비스상의 문제: 68%, 제품의 품질: 14%, 경쟁사의 권유: 9%, 친구의 추천: 5%, 이사: 3%, 사망: 1% 등이다.

이처럼 고객이 거래를 중단하는 이유가 서비스의 비중이 크듯이 고객과 접하는 모든 순간의 품질에 대한 관리를 통해 서비스 품질을 향상시켜야 한다. 진실의 순간 접점에서 서비스의 공급주체인 종업원의 역량은 고객과 관계를 맺고 고객을 만족시켜 그 관계를 유지한 다음, 관계를 더욱 강화시키고 고객을 지속적으로 만족시켜 고객 이탈을 최소화하는 데 의의가 있다.

고객서비스관리를 잘하기 위해서 종업원은 고객관리목표를 명확히 설정하고 특정 고객을 통해 특정기간 동안 달성하여야 할 특정의 커뮤니케이션 과업을 수행해야 한다. 또한 고객관리목표를 계량화가 가능한 수치로 정해야 한다.

목표를 세우고 평가를 내린다는 것은 어디까지나 주관적인 것이 아니라 객관적인 것이어야 한다. 이러한 객관적 평가를 받기 위해서는 실행계획이 필요하다. 고객관리 실행계획원칙을 SMART(Specific Measurable Action Realistic Timely) 기법에 따라 살펴보면,

① Specific

계획은 언제나 구체적이어야 한다. 추구하고자 하는 목표에 대한 계획은 최소한 구체화시키려는 노력을 해야 한다.

② Measurable

측정이 가능해야 한다.
추진된 사항을 숫자로 양적으로 평가가 가능해야 한다.

③ Action

도달할 수 있는 혹은, 수긍할 수 있는 목표이어야 한다.
회사차원에서 구성원들이 공감할 수 있는 목표이어야 한다.

④ Realistic

현실성이 있어야 한다.
도달할 수 있는 목표를 세워 단계적으로 접근해야 한다.

⑤ Timely

반드시 시간의 범위, 즉 제한 시간을 정해 두어야 한다.

Chapter 9

# 촉진관리

광의의 촉진(promotion)이란 마케팅 커뮤니케이션을 의미하며 마케팅믹스 요소의 모든 요소를 도구로 포괄하지만, 협의의 촉진이란 본질적으로 잠재고객에게 정보를 제공하고 설득하는 기능을 수행하는 광고(advertising), 판매촉진(sales promotion), 전시(display), 포장(packaging) 등이 포함된다. 그런데 기존의 마케팅에서 사용해 오던 '촉진'이라는 용어는 기업과 고객 간의 대화라는 상호 작용성보다는 기업에서 고객에게로 던져지는 일방적인 독백이라는 느낌이 더 강했다. 그러나 CRM에서는 일방성을 상호 작용성으로, 독백을 대화로 만들어야 할 필요가 있다. 따라서 이러한 의미를 담고 있는 커뮤니케이션이라는 용어는 광의의 촉진개념이다.

## 1. 촉진관리의 일반적 이해

### (1) 촉진활동의 의의 및 목적

#### 1) 촉진활동의 의의

촉진이란 기업의 마케팅활동에 있어 직접·간접으로 구매결정에 영향을 미칠 수 있는 잠재적 구매자들에게 판매자가 자사상품에 대하여 우호적이고 설득적인 정보를 상호 교환할 수 있는 모든 기법을 말한다. 따라서 촉진은 먼저 판매자가 소비자들에게 자사상품을 알리고 우호적인 태도를 형성하는 데 필요한 우호적 정보를 제공하는 데 있다. 다음으로 자사상품을 구매하도록 설득할 수 있는 설득적 정보를 제공하는 데 그 목적이 있다.

촉진과 마케팅 커뮤니케이션은 일반적으로는 상호 교환적으로 사용된다. 촉진 또는 마케팅 커뮤니케이션은 조직체가 판매하는 제품과 해당 브랜드에 대해서 직접 또는 간접적으로 소비자들에게 정보를 제공하고 설득하고 해당 브랜드를 생각하도록 시도하는 수단들이다. 촉진보다 광의의 의미로 해석되는 마케팅 커뮤니케이션은 전통적인 촉진믹스 외에 브랜드명, 로고, 패키지, 가격 등 브랜드 관련 요소들이나 다른 마케팅믹스 요소들도 포함될 수도 있다.

기업은 다양한 촉진믹스를 사용하여 고객들의 관심을 끌고, 매출 및 수익을 증진시키는 애호도가 있는 고객들을 유치, 유지하려고 한다. 기업은 촉진을 통해 상징물, 로고, 광고모델, 장소, 행사 등을 브랜드나 해당 기업과 연결시키고 주주의 가치에 영향을 준다. 촉진은 브랜드의 인지도, 연상, 이미지 등을 통해 브랜드 자산에도 큰 영향을 준다. 촉진믹스는 기업의 총체적 마케팅 커뮤니케이션 프로그램으로 기업이 마케팅 목표 달성을 위해 사용하는 공식적인 5대 촉진믹스는 광고, 인적판매, 판매촉진, 홍보, 다이렉트 마케팅을 포함하고 비공식적인 촉진믹스의 대표적인 예에는 구전마케팅이 있다.

촉진이 빈번하게 이루어지는 이유는 규제가 풀린 산업에서 나타난다. 경험이 부족한 기업들은 가격의 할인을 어떤 방식으로 고객에게 알려야 하는지에 관해 잘 알지 못한 경우가 많다. 따라서 기업은 이러한 과제를 해결하기 위해 촉진의 한 수단을 선택하게 되는 것이다.

### 2) 촉진활동의 목적

촉진활동의 목적은 각 산업이나 기업, 상품의 특성에 따라 상이하지만, 궁극적으로는 정보전달(informing), 설득(persuading), 기억(reminding)을 통하여 판매를 한다는 점에서는 동일하다. 이러한 촉진활동의 목적을 구체적으로 표현하면 다음과 같다.

① 기업과 상품에 대한 지각이나 관심을 형성하기 위하여
② 경쟁사와 자사의 서비스와 조직을 차별화하기 위하여
③ 이용가능한 상품의 편익을 구체화하여 고객에게 전달하기 위하여
④ 조직에 대한 이미지와 명성을 구축하고 유지하기 위하여
⑤ 고객으로 하여금 상품을 구매하도록 설득하기 위하여

### (2) 촉진의 수단과 믹스

기업의 마케팅관리자가 관리할 수 있는 촉진수단은 다양하지만, 일반적으로 판매촉진, 인적판매, 광고, 홍보, 다이렉트 마케팅 등 5가지가 있다. 이러한 촉진수단의 효과는 소비자의 심리과정의 변화에 따라 다르기 때문에, 촉진수단들을 언제 어떻게 사용하는 것이 가장 효과적인가를 고려하여 촉진믹스가 이루어져야 한다.

잠재적 소비자를 설득적 커뮤니케이션을 통해 구매행동으로 이어지게 하려면, 먼저 소비자에게 그 상품을 인지시켜 주의(Attention)를 끈 다음, 관심(Interest)을 유발하고, 그 다음 구매하고 싶은 욕구(Desire)를 자아낸 다음, 그것을 기억(Memory)시켜, 구매행동(Action)으로 이어지게 하여야 한다. 소비자의 심리단계별 촉진효과를 보면, 상품에 대한 소비자의 주의를 끄는 데는 광고가 가장 효과적이고, 관심을 유발시켜 구매욕구를 자아내는 데는 입에서 입으로 전달하는 구전 커뮤니케이션이 효과적이고, 소비자의 머릿속에 기억된 것을 구매행동으로 이끄는 데는 인적판매가 가장 효과적임을 알 수 있다.

특히 종업원의 관리차원을 넘어서 대고객 커뮤니케이션의 일환으로 종업원의 촉진활동을 관리할 필요성이 대두된다.

기업의 촉진활동은 외부고객은 물론, 내부고객에 대해서도 이루어져야 한다.

## 2. 촉진믹스전략

기업은 표적시장의 경쟁력 원천이라고 할 수 있는 전문화에 바탕을 둔 차별적 우위성도 중요하지만, 급변하는 시장환경에 대한 감시, 즉 소비자와의 관계개선을 위해 끊임없이 노력하는 촉진전략의 수립도 필요하다. 과거에는 어느 정도 세분화된 불특정다수집단을 대상으로 광고 등의 촉진활동을 하였으나 정보혁명이 심화되면서 정보의 효율적인 수집이 가능하게 되고 이러한 정보를 기초로 개별고객에 대한 마케팅 대응이 가능하게 되었다. 예를 들면 직접우편광고(direct mail)의 경우도 고객의 반응을 순차적으로 분석함으로써, 고객의 구매취향 등을 보다 세밀하고 정확하게 알 수 있어 고객에 따른 상품 메시지도 선택할 수 있게 되었다. 이러한 환경하에서 표적시장을 겨냥하는 기업이 전개할 수 있는 가능한 촉진전략은 어떤 유형의 전문화 전략을 추구하느냐에 따라서 달라질 수 있겠으나 대체로 전국적인 촉진활동보다는 개별적인 촉진방법이 더 효과적이다. 데이터베이스 마케팅의 하나로서, 개인에 대한 정보를 기반으로 차별화된 촉진전략을 수행하는 것이다. 이러한 개인별 다이렉트마케팅은 대중광고 위주의 매스마케팅보다 개인소비자 시대에서는 보다 효과가 크기 때문이다.

촉진메시지 작성에 있어서 지역시장집중화전략을 수행하는 기업은 특정지역의 문화나 기질을 이용한 촉진전략을 개발하는 것이 바람직하다. 이를 위해 기업은 장기적인 촉진전략을 수립하고, 시장 및 이미지조사로 시장세분화를 하고, 표적소비자의 행동과 구매관행을 파악해서 기업 및 상품에 대한 이미지 구축·개선 및 시장에서의 경쟁력을 제고를 위한 고객감동의 촉진전략을 전개해 나가야 할 것이다.

그리고 제한된 시장에서 마케팅 활동을 수행하는 표적시장을 겨냥한 기업이 촉진전략의 효과를 높이기 위해서는 판매촉진, 인적판매, 홍보, 광고, 다이렉트 마케팅과 같은 다른 촉진수단과의 최적의 결합이 이루어져야 하며, 각 수단별 예산도 적절히 배분이 되어야 할 것이다. 기업이 표적시장을 공략하고 잠재적 수요를 발굴하기 위해서는 기업의 일방적인 정보전달보다는 고객과의 상호 커뮤니케이션이 필요하다.

## (1) 광 고

광고(Advertising)는 대가를 지불하고 비인적 수단(대중매체)을 통하여 기업의 정보를 알리는 촉진수단이다. 광고는 짧은 시간 내에 불특정 다수의 고객에게 접근할 수 있어 비용이 비교적 저렴한 장점은 있으나, 그것의 효과측정이 어려운 단점이 있다. 광고가 대중매체를 이용한다는 점에서는 유사하나 직접적인 비용지불이 없는 점에서는 상이한 홍보에 비하여 정보의 신뢰도가 떨어지는 단점도 있다.

### 1) 상품 광고의 필요성

광고에 대하여 찬성과 반대의 논란이 있다. 광고는 경쟁을 야기시켜 가격인하, 상품 질의 향상 및 정보제공의 효과를 가져다준다는 이유로 찬성을 하고 있다. 하지만 광고는 비용증대에 따른 가격인상, 상품 질의 저하, 현혹적 광고가 범람하게 된다는 이유로 반대를 하고 있다. 소비자가 상품의 구매 전에 제대로 알고 구매하기 위해서는 상품에 대한 정보제공이 필요하다. 하지만 광고의 폐단을 들어 전문상품의 광고를 반대하는 주장도 팽팽하다.

찬성과 반대의 어느 쪽이 옳으냐를 판단하는 것은 현실적으로 어렵다. 하지만 소비자에게 정보제공이라는 측면에서 볼 때, 광고는 이루어질 필요가 있다는 찬성론으로 기울 것으로 보인다. 사실은 그 어느 쪽도 실증적 검증절차도 없이 주장된 것이어서 체계적인 검증이 이루어져야 할 것이다. 이를 위해 특정지역에 대하여 광고를 실시하여 결과를 보아가면서 전체지역으로 점차 광고를 허용하는 것이 바람직하다.

특히 광고는 소비자를 설득하기 위한 것보다는 사실 그대로의 정보제공을 통하여 소비자가 판단을 하는 데 도움을 주자는 방향으로 이루어져야 한다.

### 2) 상품의 광고지침

효과적인 광고활동을 위한 지침으로 다음 사항을 들 수 있다.

#### ① 명백하고 분명한 메시지를 사용한다

광고내용은 추상적이고 복잡하지 않게 이를 효과적으로 전달할 수 있는 간결한 메시지의 구성으로 구성하여야 한다. 이를 위하여 심볼, 그림, 표식 등을 적절히 사용하여 창의적인 커뮤니케이션이 가능하도록 하여야 한다.

#### ② 편익을 강조한다

어떠한 효과 내지 편익이 있는가를 강조하는 광고는 고객욕구를 충족시킬 수 있는 편익을 강조하는 메시지일수록 소비자에게 편익이 효과적으로 전달된다.

#### ③ 제공가능한 상품만 약속한다

노동집약적인 상품은 제공자와 구매시의 상황에 따라 상품의 질은 달라진다. 그러므로 제공가능한 최고 수준의 상품만을 고객에게 약속하여야 한다. 과도한 상품의 약속은 오히려 고객의 불만을 야기시킨다.

#### ④ 종업원에게 먼저 광고를 한다

고객에 있어서 종업원은 중요한 위치를 차지한다. 고객에게 상품의 광고를 하기 전에 종업원들에게 먼저 광고를 행함으로써 고객만족을 기할 수 있다. 종업원이 이해하고 만족할 수 있는 상품이라면, 그 상품은 외부고객에게도 이해시킬 수 있고 만족도 줄 수 있다.

#### ⑤ 구전 커뮤니케이션을 활용한다

상품의 구매에 영향을 주는 정보원천은 과거 상품을 이용해 본 경험이 있는 사람들의 구전이다. 상품에 만족을 느낀 고객들로 하여금 잠재고객에게 호의적인 말을 전할 수 있게 하며, 또한 기존고객과 잠재고객의 연결고리가 되게 한다.

#### ⑥ 유형의 실마리를 제공한다

소비자로 하여금 제공되는 상품을 파악할 수 있는 단서로서 유형의 실마리를 제공하는 게 필요하다. 유형적 실마리의 제공을 통하여 상품 광고의 효과를 증대시킬 수 있다.

#### ⑦ 광고를 지속적으로 한다

특정 이미지를 형성하거나 경쟁사의 상품과 차별화하기 위해 실시하는 광고는 심볼이나 테마, 형식 등을 지속적이면서 일관성있게 사용함으로써 특정 이미지의 구축이나 차별화가 가능하도록 해야 한다.

#### ⑧ 구매 후의 두려움을 제거한다

상품은 구매 전뿐 아니라 구매 후에도 고객은 두려움을 느낀다. 구매 후에도 두려움이 제거되지 않으면 인지부조화(cognitive dissonance) 현상을 느끼게 된다. 이의 방지를 위해 기존고객의 구매만족을 강화하기 위한 광고가 수행되어야 한다.

### (2) 홍 보

홍보(Publicity)란 매체기관이 제품이나 서비스 또는 아이디어에 관한 뉴스나 기사를 스폰서 대신에 공개(보도, 게재, 방송)하여 주지만 스폰서인 광고주는 대금을 지불하지 않는 정보제공활동을 말한다. 따라서 이는 신문이나 잡지의 편집자나 방송국의 프로그램감독이 그것을 기사화하거나 프로그램화하고자 할 정도의 정보가치를 가지고 있어야 한다. 스폰서는 완전히 그들의 의사를 따르며, 광고처럼 매체비용은 부담하지 않으나 기사를 게재하는 매체기관과 그 기업 사이에서는 평상시에 호의적인 관계를 유지하는 경우가 많다. 홍보는 브랜드, 상품, 사람, 장소, 아이디어, 조직의 촉진을 불러일으키게 하는 역할을 한다.

### 1) 홍보활동의 유형과 기능

기업의 장래성이나 이미지를 향상시키기 위한 홍보활동에는 다음의 여러 유형들이 있다.

#### ① 공중에 대한 연설이나 집필

공중에 대하여 효과적으로 연설할 수 있는 기회를 찾는 동시에, 많은 잠재적 고객들에게 읽힐 수 있는 잡지에 좋은 내용의 논문을 싣도록 한다.

#### ② 세미나 개발

공중이 관심을 갖는 주제에 대하여 세미나를 개최한다.

#### ③ 공중관계(PR)

기업에 대한 호의적인 사회여론이 형성되도록 기업과 관계를 가지는 모든 공중과 좋은 관계가 형성·유지되도록 하려는 활동이다. 즉 고객과 기업, 지역주민들과의 좋은 관계의 형성유지를 위하여 장학금을 지급하고, 보수와 고용 및 전문적 훈련프로그램의 후원 등은 공중이 기업에 대하여 호의적인 관심을 갖도록 한다.

#### ④ PR 광고

이는 광고의 형식을 빌어 수행되는 PR 활동으로 정보전달활동만을 담당하는 고지광고라고 할 수 있다. 파업문제를 해결한다던가, 공장 증축, 새로운 공해방지시설 설치, 또는 지역주민이 공장에 견학을 오도록 초대하는 등을 들 수 있다.

#### ⑤ 커뮤니케이션

지역주민과의 커뮤니케이션은 기업의 이미지 향상에 도움을 준다. 이를 위해 건강에 관한 책자를 발행하며, 고객만족도를 실시하고, 고객의 조언을 들으며, 지역활동에 적극적으로 참여를 한다.

⑥ 기타(특집기사의 제공, 기자회견, 기업의 내부공개, 레코드와 필름의 제공, 자원봉사 활동, 강연회, 강습회, 건강교육 등)

그리고 홍보활동을 효과적으로 하기 위해서는 공중들인 입법기관, 대중매체, 금융기관, 의료기관 등의 유관기관과 같은 구체적 청중들을 명확히 하여야 한다. 해당 상품의 사용자 및 해당 기업에 영향을 미칠 추세의 흐름을 파악할 필요가 있다. 홍보활동을 담당하는 기능은 기업과 상품에 대한 호의적이고 긍정적인 이미지를 구축하거나, 인지도를 제고한다. 또한 공적 이익을 보호하기 위한 자율적 규제를 대중에게 이해시키고, 정부 및 규제기관에의 긍정적이고 공헌적인 관계를 유지하는 것이다.

### 2) 효과적인 홍보활동

홍보활동을 위한 대상은 4가지—고객, 대중매체, 정부, 지역사회—로 분류되는데, 이를 중심으로 효과적인 홍보활동의 방안을 살펴본다.

① 청중관계

대고객 홍보활동을 효율적으로 수행하는 방안은 회의, 세미나, 공청회의 개최, 소책자, 회람의 발행, 해당 상품과 관련된 전문잡지 무료배포 등이다.

② 대중매체 관계

고객의 입장에서 대중매체는 비교적 객관적이어서 제3자에게 신뢰성을 줄 수 있다. 효과적인 대중매체를 이용함으로써 홍보목표의 달성이 가능하다. 대중매체를 호의적으로 유지하기 위해서는 인터뷰와 좌담회의 참석, 뉴스 배포, 강연회 참석 등이 있다.

③ 정부관계

정부기관은 기업의 좋은 홍보기관이 될 수 있다. 정부기관은 상품에 관련된 법규제정이나 규제활동의 수행 등을 통하여 소비자의 권익보호를 담당하여 청중들이 정부기관의 활동을 가장 신뢰하기 때문이다. 호의적 정부관계의 유지를 위해 정부기관의 움직임에 민감해야 하며 입법기관에도 적극적인 로비가 필요하다.

#### ④ 지역사회관계

지역사회에의 홍보를 위해 주요 인사들과의 긴밀한 관계유지, 강연회 개최, 장학제도 지원, 지역봉사활동, 출판 등이 있다. 이외에도 상공회의소, 종교단체, 시민단체, 정당, 전문인 협회 등과의 관계유지도 중요하다.

## (3) 판매촉진

판매촉진(Sales Promotion)이란 강력한 표적시장의 구매를 자극하기 위한 단기적 유인책으로서의 성격을 가지는 여러 가지의 촉진수단을 말한다. 이에는 광고, 인적판매, 홍보를 제외한 모든 촉진활동이 포함된다.

### 1) 판매촉진의 필요성 및 한계

판매촉진은 새로운 상품이 소개될 때, 기존 상품상의 질적 개선이 이루어졌을 때, 경쟁이 심할 때, 조직의 유통망을 확장시킬 때, 기존 상품의 광고가 이미 이루어졌을 경우에 실시하면 더욱 효과적이다.

하지만, 상품의 판매촉진은 많은 한계점을 가진다. 먼저 판매촉진은 반복사용이 어렵고, 다른 촉진수단들과의 협조가 없이는 효과가 없다. 효과 또한 단기적이고 일시적이다. 그리고 지나친 판매촉진은 자사 상품의 이미지를 해친다. 따라서 상품의 판매촉진은 제한적으로 신중히 다루어져야 한다.

그리고 일반적인 판매촉진 수단은 샘플제공, 쿠폰, 경연회와 추첨, 보너스 등이 있다. 이러한 촉진수단들은 기업에게는 한정되어 있지만, 개별고객에게 맞는 차별성도 고려해야 한다.

### 2) 판매촉진의 유형

판매촉진에는 2가지 유형—구매자 촉진과 중간상 촉진—이 있다. 구매자

촉진은 상품의 구매자들에게 판촉물을 제공함으로써 판매 증대를 위한 촉진활동이며, 중간상 촉진은 기업의 중간상들에게 판촉물을 제공함으로써 판매 증대를 위한 촉진활동이다. 이러한 판매촉진은 광고와 인적판매의 보조수단으로 이용된다. 구매자 촉진을 풀(pull)전략이라 하고, 중간상 촉진을 푸시(push)전략이라 한다. 즉 풀전략이란 광고를 통하여 소비자를 끌어당기는 촉진활동이고, 푸시전략은 중간상들을 이용하여 소비자의 수요를 자극하는 촉진활동이다. 기업에서 이용가능한 판매촉진의 유형으로 다음 사항들이 있다.

#### ① 구매자 촉진

프리미엄(premium)은 구매를 유도하기 위하여 또는 고객을 확보하기 위하여 사은품을 주는 촉진활동이다. 주유소나 신용카드 회사에서는 고정고객을 확보하고 매출증대를 위하여 이용실적에 따라 일정한 사은품을 지급하고 있다. 또한 항공회사는 일정한 마일리지 이상을 여행한 고객에게 특정지역을 여행할 수 있는 항공권을 선물로 준다.

쿠폰(coupon)은 일정금액의 쿠폰을 가져오는 고객에게 부대상품을 제공하는 촉진활동이다. 주유소에서는 주유고객에게 일정금액에 따라 세차나 한정된 자동차정비서비스를 제공하고 있으며, 미용실에서는 특별한 서비스를 추가로 제공하고 있다. 한편 호텔에서는 비성수기나 새로운 시설의 개장시 이용확대를 위해 제공하는 쿠폰도 있다. 샘플(sample)은 제조상품에 널리 이용되고 있다. 경품은 기업의 상품관련 행사에 참가한 소비자에게 경품을 제공하는 촉진활동이다. 많은 기업들이 퀴즈행사를 통하여 당첨고객들에게 일정상품을 제공하고 있다.

#### ② 중간상 촉진

기업의 대리점이나 지점 또는 가맹점(프랜차이즈점)을 통한 판매촉진으로 중간상 지원프로그램, 협력광고, 컨테스트, 대리점회의 등이 있다.

중간상 지원프로그램은 기업의 중간상들에게 촉진이나 재정지원을 하기 위한 것이다. 항공사나 호텔에서는 여행사의 안내와 홍보를 위한 책자 또는 수수료제공 등을 들 수 있다. 프랜차이즈 시스템의 가맹점들에게 종업원의 교육 및 관리, 광고 및 촉진행사, 상품 질의 관리 등 일체의 경영실무를 지원해주고 있다.

협력광고는 기업이 중간상과 비용을 공동으로 분담하여 광고를 행하는 촉진활동이다. 항공사나 호텔 등이 여행사와 공동으로 광고를 함으로써 이들의 협력관계 증진은 물론 매출증대도 기할 수 있다.

컨테스트는 특별히 설정된 목표를 달성하기 위한 촉진활동이다. 비수기나 판매가 부진한 경우 이용증대와 판매증대를 위해 이용되고 있으며, 금융기관이나 보험사 등에서는 목표달성을 장려하기 위하여 대리점이나 지점 간에 경쟁을 유도하여 성적이 우수한 대리점(지점)에 포상을 하고 있다. 대리점(가맹점)회의는 기업의 대리점이나 가맹점의 사장들과 정기적 회의를 통하여 경영과 관련된 애로사항 청취 등 여러 사안들을 주고받으며 함께 성장할 수 있는 기회를 갖고 있다.

## (4) 인적판매

인적판매(personal selling)는 판매원과 고객과의 직접적인 대면을 통하여 이루어지는 촉진활동이다. 상품의 판매에는 어떤 촉진수단들보다도 판매원의 역할이 크다. 왜냐하면 판매원과 고객들과의 커뮤니케이션을 통하여 구매에 따른 불확실성과 위험 등을 줄일 수 있기 때문이다. 판매원을 통한 상품의 판매는 고객들을 확신시키고 설득시킬 수 있는 주요한 수단이 되고 있다.

이에 인적판매의 중심에 있는 판매원에 대해 살펴보기로 한다.

### 1) 판매원의 자질과 훈련

상품의 제공자인 판매원은 거래에서 중심적 역할을 한다. 상품의 제공자와 고객 간의 상호작용이 상품의 구매에 영향을 미친다. 상품의 제공자와 고객 간의 상호작용을 통하여 상품의 성공적인 판매를 할 수 있는 자질을 갖춘 인력의 선발, 훈련, 보상은 기업에서 중요한 문제이다.

#### ① 판매원의 자질

상품의 판매를 성공적으로 이끌어내기 위해서는 판매원으로서의 자질이 있는 사람을 선발과 그들의 지속적이고 집중적인 훈련이 필요하다. 유능한 판매원을 선발하는 데에는 개성과 판매재능의 테스트가 일반적으로 이용된다. 먼저, 판매원은 2가지 특성—감정이입과 자아동인—을 지녀야 한다. 감정이입(empathy)은 다른 사람이 느끼는 것을 거의 자동적으로 즉시 감지하는 능력이다. 자아동인(self drive)은 성공에 대한 강력한 욕구와 욕망으로, 실패와 거절에 의해 좌절하기보다는 박차나가는 능력이다. 다음으로, 판매원은 판매가 사회적인 상호작용으로 이루어짐을 알아야 한다. 판매는 양당사자 각각의 경제적 사회적 그리고 개성특성에 의존하는 만큼, 양당사자의 입장에서 판매과정을 이해하는 안목이 필요하다. 그리고 판매원은 고객으로 하여금 자신과 동일한 개성이나 감정을 공유하고 있음을 느끼게 함은 물론, 신뢰를 가질 수 있도록 하여야 한다.

#### ② 판매원의 훈련

판매원이 마케팅 담당자로서의 역할을 성공적으로 수행하는 데 필요한 훈련 또한 중요하다. 판매원의 훈련에서는 고객에게 접근하는 방법, 접근하여 판매를 제시하는 방법, 판매제시를 구매로 이끄는 방법, 그리고 고객의 반대를 처리하는 방법 등을 배우게 된다. 일반적으로 고객에게 접근하여 구매로 이끄는 과정을 AIDMA 패턴으로 설명된다.

AIDMA는 가장 오래된 인적판매 패턴의 하나로, 여기에는 5가지의 심리단계—주의, 관심, 욕망, 기억, 구매—가 있다. 즉 무관심을 보이거나 적대감을 가지고 있는 잠재고객으로 하여금 판매원 자신에게 주의를 끌게 한 다음(Attention), 판매원 자신의 이야기에 귀를 기울이게 하여(Interest), 구매욕구를 자아내게 하고(Desire), 기억(Memory)시켜, 구매행동으로 이끌어내는(Action) 일련의 연속과정이다.

이러한 연속과정을 통하여 잠재고객을 구매로 이끌게 하는 행동도 중요하지만, 더욱더 중요한 것은 판매를 한 이후의 사후관리이다. 사후관리를 잘 하느냐 잘못하느냐에 따라 판매가 판매로 끝날 수 있고, 판매가 마케팅으로 연결될 수도 있다. 판매가 마케팅으로 연결될 때 고객으로 하여금 반복구매를 이끌게 하여 영원한 고객으로 만들 수도 있다.

#### ③ 판매원의 보상

판매원이 판매원의 자질을 구비하였고 훈련을 잘 받았다고 하여도, 이들에 대한 보상이 제대로 이루어지지 못하면 판매성과를 기대할 수 없다. 판매원의 보상은 유능한 판매원을 유인하고 판매를 자극하는 중요한 요인이다. 매력적인 보상계획의 개발을 위해, 마케팅 관리자는 2가지 사항—보상의 수준과 보상방법—을 결정하여야 한다. 판매원에 대한 보상은 시장의 일반적 수준에 따라 결정되어야 한다. 그런데 대개의 기업에서는 판매원에 대한 저수준의 보상으로 유능한 판매원의 유인과 매출 증대에 상당한 영향을 받고 있다. 한편 보상방법에는 고정급의 방식인 철저한 급여계획, 수수료에 의해 지불되는 철저한 수수료계획, 그리고 이들이 결합된 조합계획이 있다.

### 2) 인적판매의 지침

효과적인 인적판매를 위한 지침은 다음의 몇 가지를 들 수 있다.

#### ① 고객과의 개인적 친분관계를 형성한다

판매원이 상품을 판매하기 전에 고객과의 개인적인 친분관계를 형성함으로써 상호간의 원활한 의사소통이 이루어지고, 고객욕구를 파악하여 그것을 충족시켜 고객만족을 가져올 수 있다.

#### ② 판매원은 전문가로서의 자질을 함양한다

고객이 생각하기에 판매원답다고 느끼는 태도, 용모, 지식, 기술 등을 갖춤으로써 고객에 대한 신뢰도를 형성하여 상품의 판매가 용이하여진다. 판매원이 고객에게 신뢰를 주지 못한다면 상품의 판매는 불가능한 것이다.

#### ③ 호의적인 이미지를 구축하고 유지한다

판매원의 호의적인 이미지는 매우 중요하다. 판매원의 호의적인 이미지는 소비자의 주관적 판단, 인상, 명성 등이 그들의 구매결정에 영향을 미친다. 판매원은 상품의 구매에 영향을 줄 수 있는 호의적인 이미지를 구축하고 유지하는데 자기개발에 신경을 써야 한다.

#### ④ 구매과정의 편리성을 강화한다

판매원은 무형성과 동시성을 지니고 있기 때문에 상품의 전달과정, 즉 상품의 판매과정이 매우 중요하다. 그러므로 판매원은 소비자들이 구매과정에서 위험과 불편함을 인식하지 않도록 보다 편리하고 보다 안락한 상황에서 상품을 구매할 수 있는 여건을 갖추어야 한다.

## (5) 다이렉트 마케팅

### 1) 다이렉트 마케팅의 개념과 혜택

다이렉트 마케팅(direct marketing)은 즉각적인 반응을 확보하고 지속적인 고객관계를 유지하기 위하여 주의깊게 선별되고 표적화된 개별 소비자들과 직접 연결하는 기법이다. 기업은 상세한 데이터베이스를 이용하여 표적화된 세분영역 또는 개인 구매자의 필요를 충족시키고 커뮤니케이션한다. 브랜드 구축과 고객관계구축을 넘어, 다이렉트 마케터는 직접적이고, 즉각적이며, 측정 가능한 고객의 반응을 얻고자 한다. 특정의 고객들과 직접 의사소통하기 위하여 직접우편, 전화, 직접반응 TV, 이메일, 인터넷, 그리고 기타 도구들을 사용한다.

오늘날 다이렉트 마케팅은 많은 기업들에게 보완적인 역할을 하는 채널이나 매체 그 이상의 역할을 하고 있다. 다이렉트 마케팅의 혜택을 커뮤니케이션 당사자, 즉 구매자와 판매자별로 살펴보면 다음과 같다.

#### ① 구매자에게 주는 혜택

- 구매자에게 다이렉트 마케팅은 편리하고, 쉽고, 비공개적이다.
- 시간과 장소에 관계없이 구매할 수 있다.
- 구매자가 다양한 제품을 쉽게 접할 수 있도록 해준다.
- 구매자에게 기업, 제품, 경쟁자를 비교할 수 있는 풍부한 정보에 접근할 수 있게 해준다.
- 다이렉트 마케팅은 쌍방향이며, 즉각적이다.
- 소비자 스스로가 어떤 카탈로그를 볼 것인지, 어떤 웹사이트를 방문할 것인지 결정한다.

#### ② 판매자에게 주는 혜택

판매자에게 다이렉트 마케팅은 고객관계구축을 위한 강력한 도구이다. 데이터베이스 마케팅을 이용하여, 오늘날의 마케터는 소그룹, 개인 고객을 공략할 수 있고, 개인화된 커뮤니케이션으로 제공물의 판매를 촉진한다. 다이렉트 마케팅의 일대일 특징 때문에, 기업은 전화나 온라인으로 고객과 상호작용할 수 있고, 고객의 필요를 알 수 있으며, 특정 고객의 취향에 제품과 서비스를 맞출 수 있다. 그 반대로 고객은 질문할 수 있고, 동시에 자발적인 피드백을 제공한다. 다이렉트 마케팅은 또한 판매자에게 시장을 낮은 비용으로, 효율적이고, 빠른 속도로 도달하게 해주는 하나의 대안 역할을 한다. 다이렉트 마케팅은 기업 간 마케팅에서 계속 증가하는 판매인력에 대한 비용에 대응해 급속히 성장하고 있다.

### 2) 다이렉트 마케팅의 형태

다이렉트 마케팅의 주요 형태로 인적판매(personal selling), 다이렉트 메일 마케팅(direct mail marketing), 카탈로그 마케팅(catalog marketing), 전화 마케팅(telephone marketing), 직접반응 텔레비전 마케팅(direct response television marketing), 키오스크 마케팅(kiosk marketing), 새로운 디지털 다이렉트 마케팅 기

술(new digital direct marketing technologies), 온라인 마케팅(online marketing)이 있다.

① 다이렉트 메일 마케팅(direct mail marketing)

어떤 제안이나 짧은 메시지, 기념품 혹은 다른 품목을 한 개인의 특정 주소로 발송하는 것을 의미한다. 다이렉트 마케터는 해마다 수백만의 우편물을 발송한다. 이 우편물에는 편지, 카탈로그, 광고, 홍보 소책자, 샘플, DVD, '판매원의 이력이 기록된 명함' 등이 포함된다. 다이렉트 메일은 가장 규모가 큰 다이렉트 마케팅 매체이다.

② 카탈로그 마케팅(catalog marketing)

특정 고객에게 발송하는 인쇄물, 영상, 디지털 카탈로그를 통한 다이렉트 마케팅으로, 매장에서 구할 수 있거나 온라인으로 제공된다.

③ 직접반응 텔레비전 마케팅(direct response television marketing)

직접반응 텔레비전 광고(정보성 광고)와 홈쇼핑 채널을 포함하는, 텔레비전을 통한 다이렉트 마케팅이다.

④ 키오스크 마케팅(kiosk marketing)

소비자가 컴퓨터와 디지털 기술에 점점 더 익숙해짐에 따라, 많은 기업이 키오스크라고 하는 정보제공기능을 갖춘 주문기기를 상점, 공항, 기타 장소에 설치하여 물건을 팔거나, 주문할 수 있게 한 다이렉트 마케팅이다.

⑤ 새로운 디지털 다이렉트 마케팅 기술(new digital direct marketing technologies)

다이렉트 마케터는 어디서나, 아무 때나, 어떤 것에서도 고객과 상호작용할 수 있으며, 영향을 미칠 수 있다. 주요 수단은 이동전화(mobile/smart phone) 쌍방향 TV(ITV, interactive TV) 등이 있다.

## 3. CRM 커뮤니케이션의 활용

커뮤니케이션의 그 목적은 발신자와 수신자에 아이디어의 공통성을 형성하려고 하는 데 있다. 즉, 커뮤니케이션이 발생하기 위해서는 발신자와 수신자간에 관념의 공통성이 존재해야만 가능하다. 따라서 커뮤니케이션이란 발신자와 수신자간에 "정보의 전달", "아이디어의 전달" 또는 교환을 통해 어떤 의미를 공유하는 것을 의미한다. 이처럼 기업이 고객에게 마케팅목적을 위해 의도적으로 기업의 정보를 전달하는 활동을 마케팅 커뮤니케이션(marketing communication)이라 하며, 이를 기업의 입장에서 보면 궁극적으로 판매를 촉진하려는 것이므로 촉진(promotion)이라고도 한다.

### (1) CRM 커뮤니케이션의 의의

오늘날의 고객들은 시간을 소중하게 여기기 때문에, 우리 상품에 대해 생각해 보도록 유도하고 구매를 진지하게 고려하고 실제로 구매하도록 돕기 위해서는 고객의 승낙이 먼저 있어야 한다. 고객의 승낙을 받기 위해서는 대화가 선행되어야 하고 고객과의 대화란 다름 아닌 고객과의 상호작용이다.

CRM의 커뮤니케이션 관리에서 대화가 중요한 것은 상호작용성과 쌍방향성을 전제로 하는 커뮤니케이션은 그 시작도 대화이고, 그 마지막도 대화이기 때문이다. 유통경로가 혈관이라면 커뮤니케이션은 혈액의 흐름인 것이다.

### (2) CRM 커뮤니케이션 과정의 흐름

대화는 그때 그때마다 서로의 정보로 채워지고 교환된다.

정보는 정보의 원천→보내는 사람→받는 사람으로 이어지는 일련의 과정(process)을 거쳐 공유된다. CRM에서의 커뮤니케이션 과정은 기업에서 출발하여 고객에게 도달하는 일련의 과정이다. 이러한 마케팅의 전체적인 과정은

그림 9-1 마케팅 과정과 CRM 커뮤니케이션 과정

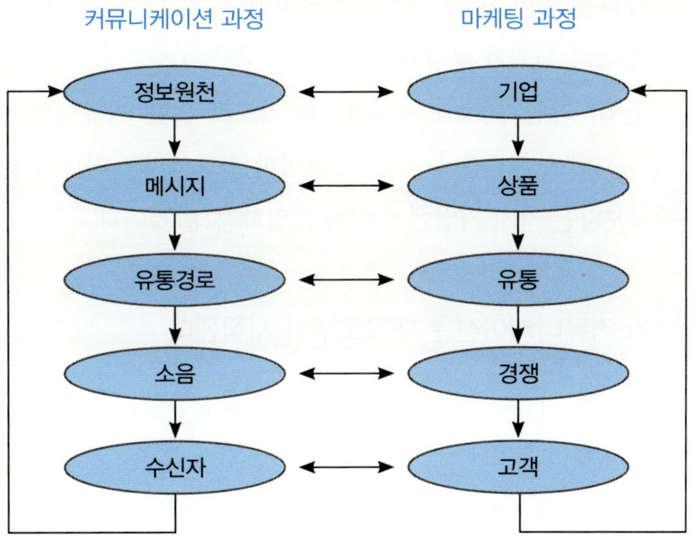


자료: 최정환·이유재, 전게서, p.337.

CRM 커뮤니케이션 프로세스 그 자체이다.

효과적인 CRM 커뮤니케이션을 개발하기 위해서는 ① 표적고객의 선정, ② 목표의 선정, ③ 메시지의 선정, ④ 전달매체의 선정, ⑤ 효과의 선정이라는 과정을 거쳐야 한다.

[그림 9-1]은 마케팅 과정과 커뮤니케이션 과정이 일대일로 대응되는 모습을 보여주고 있다. 이것은 마케팅 과정의 각 부분이 고객과의 정보공유가 이루어질 수 있는 소중한 마디가 될 수 있다는 것을 의미한다.

여기서 중요한 것은 커뮤니케이션 과정은 수신자의 피드백을 정보원천으로 삼아 출발하며, 마케팅 과정 역시 고객의 피드백을 받은 기업에서 출발한다는 점이다. 즉, 수신자인 고객은 커뮤니케이션과 마케팅 과정의 출발점에 서 있는 사람이다. CRM에서 커뮤니케이션의 주도권을 잡는 사람은 바로 고객이어야 한다는 의미이다.

### 1) 대화는 신뢰와 몰입을 가져온다

대화를 많이 해 온 관계일수록 비밀을 잘 털어놓는다. 이는 안심할 수 있는 믿음에서 신뢰가 쌓이기 때문이다.

만일, 기업과 고객 사이에 집중적으로 많은 커뮤니케이션이 오고간다면 고객은 기업에 신뢰를 느끼고 더 세밀한 정보까지도 자발적으로 제공할 것이며 경쟁사보다는 자기 기업에게 더욱 몰입하게 될 것이다.

### 2) 커뮤니케이션은 대화로부터 시작된다

교환적 커뮤니케이션이라는 용어는 쌍방향성과 주고받음이라는 단어가 함축되어 있다.

다시 말해, 커뮤니케이션은 서로가 주고받는 것이 있어야 한다는 말이다. 어느 한쪽에서 더 많이 주거나 또는 계속 받기만 한다면 그 관계는 공정하지 못하고 오래 지속될 수가 없다. 공정성을 가지기 위해서는 균형(balance), 대칭(symmetry), 그리고 상호성(reciprocity) 이 세 가지가 갖추어져야 한다.

대화의 전제는 공유된 언어체계(shared language)를 갖는다는 것이다. 언어가 같으면 상대방의 말을 해석할 때도 그 의미를 공유할 수 있게 되고(shared interpretation), 결국 서로에 대한 이해도 공유할 수 있을 것이다(shared understanding). 서로에 대한 이해가 지속적으로 쌓이면서 상대방에 대한 정보의 공유도 많아지게 된다(shared information).

다시 말해, CRM 커뮤니케이션의 출발은 고객과 공유할 수 있는 언어를 사용하는 것에서부터 시작된다.

## 4. CRM 마케팅 캠페인

### (1) CRM 마케팅 캠페인의 의의

CRM 마케팅 캠페인이란 고객생애 단계에 맞추어 적절한 제안을 하기 위해 계획하고 집행하는 기업의 모든 마케팅 활동이다. 본래 어떤 성과를 얻기 위해 일정기간 동안 시행하면서 특정 개념을 누적해서 깊이 각인시키는 유효성을 보여주는 캠페인 활동은 4P를 포함한 모든 마케팅 요소들이 목표에 맞게 가장 효과적으로 통합·집행되는 것으로, 고객에 맞추어 상품을 가장 적절한 가격정책과 가장 효과적인 촉진 매체를 이용하여 이메일이나 전화, 팩스, 영업사원들의 각종 유통경로 중 최적의 유통경로를 선택해 고객에게 전달하는 활동이다.

하지만 마케팅 캠페인은 단순한 판매촉진뿐 아니라, 많은 목적을 달성할 수 있는 잠재력을 가진 마케팅 활동으로서 다이렉트 마케팅을 위하여 많이 쓰이고 있다. 예를 들면, 차세대 상품에 대한 정보를 전달하거나 브랜드인식을 심기 위해서 어느 정도의 광고도 하는 것이다.

무엇보다도 마케팅 캠페인이 CRM에서 중요성을 갖는 이유는 마케팅 캠페인이 고객의 로열티를 제고할 수 있고 업셀링, 교차판매, 재판매 등으로 고객과의 관계를 강화하여 평생고객으로 진화시킬 수 있기 때문이다. 또한 마케팅 캠페인은 축적된 고객 데이터를 활용하여 적절한 프로그램을 입안하고 실행해 나가는 과정에서 새로운 경험과 지식을 얻어 지속적으로 마케팅 효율을 높여 나갈 수 있는 좋은 실천방안이기 때문이다. 그리고 마케팅 캠페인이 CRM에서 중요성을 갖는 또 다른 이유는 다른 CRM 도입 프로그램과는 달리 경제적인 효과가 직접 측정될 수 있다는 점이다. 전술적으로 ROI 주도(ROI-driven)의 마케팅 캠페인을 통해 마케팅의 효율을 높이고 CRM 관련 목표를 구체적으로 가시화할 수 있다는 것이다. 이런 장점을 이용하여 담당 부서나 활동의 책임을 분명히 할 수 있어 조직의 생산성 제고를 추진하는 데도 유용하게 쓰일 수 있다.

### (2) CRM 마케팅 캠페인의 개발과 실행과정

마케팅 캠페인의 과정은 마케팅전략에 맞는 계획, 실행, 측정 그리고 분석, 이 네 가지를 순서로 한다.

이러한 CRM 마케팅 캠페인 과정은 반복적이며 지속적인 비개방형 과정으로서 독립된 별개의 마케팅 활동이 아니라 전체 영업의 목적과 이를 달성하기 위한 마케팅전략과 일관성이 있는 관련마케팅 활동이다. 즉, 기업의 목적을 위해 장기적으로 정해진 기업의 행동 방향과 밀접하게 연결되고 일관성 있게 추진되는 특성이 있다.

마케팅 캠페인은 정해진 전략 내에서 수행되는 단기적인 전술로 계획, 실행, 측정 그리고 분석의 마케팅 캠페인은 네 가지 단계로 구분된다.

첫째, 계획단계에서 하는 것은 보통 두 가지인데, 하나는 캠페인의 구체적인 목적을 세우는 것이고, 다른 하나는 구체화된 캠페인 계획을 수립하는 것이다.

둘째, 실행단계에서는 목표 고객을 선정하고, 그 목표 고객들에게 적합한 제안과 캠페인에서 사용할 유통경로를 선택하는 일들을 수행한다. 또한 제안의

그림 9-2 마케팅 캠페인의 구체적인 활동

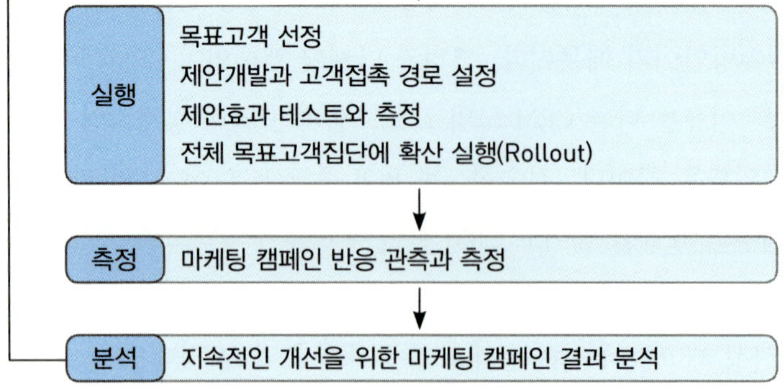

효과를 테스트하고 전체 목표 고객을 대상으로 확산해서 실시하는 롤아웃(roll-out)까지의 작업도 이 단계에 속한다.

세 번째 단계에서는 이미 실행하고 있는 캠페인을 관측하고 주어진 제안에 대한 고객 반응을 측정하는 작업들이 진행된다.

마지막 단계는 실행된 마케팅 캠페인의 결과를 여러 가지로 분석하고, 과거의 캠페인과 비교도 하면서 미래 캠페인의 지속적인 개선점을 찾고 보완할 수 있는 방법들을 찾는다.

단계별 구체적인 활동들은 계획, 실행, 측정, 분석을 중심으로 이루어진다.

다음은 위에서 그림으로 가시화한 마케팅 캠페인의 전체 과정을 단계별로 고객의 현 단계에서 수익성을 더욱 증대하기 위한 업셀링 전략을 중심으로 살펴보면 다음과 같다.

### 1) 마케팅 캠페인의 목적 설정

첫 번째 단계는 무엇보다도 마케팅 전략과 일관성 있는 마케팅 캠페인의 목적을 가능한 한 구체적으로 측정할 수 있는 형태로 설정하여야 한다. CRM의 중요한 부분이 되는 마케팅 캠페인은 그 결과가 구체적으로 측정될 수 있다는 것이 특징이다. 이는 실제로 나타나는 결과와 대조하여 설정된 목적과 실제 결과와 차이가 있으면 차이에 대한 갭 분석을 하고 개선점을 찾는 데 그 중요성이 있다.

### 2) 구체적인 계획 수립

주어진 목적에 맞는 캠페인 계획, 즉 고객을 세분화하고, 표적고객을 선정하여 그 고객목록을 작성하는 작업의 흐름이다. 그리고 제안 개발, 매체선정, 크리에이티브 개발, 측정방법 개발, 제안 효과를 테스트하기 위한 실험 디자인, 차선책 개발과 준비, 전체 표적고객에게 롤아웃(roll-out), 고객반응의 관측과 측정, 결과 분석 등의 구체적인 활동 사항들의 흐름을 정리하면서 전체 계획을 수립한다.

### 3) 표적고객의 선정

마케팅 캠페인의 성공은 여러 요인에 의해 영향을 받지만 중요한 것은 '표적고객을 누구로 정하느냐' 하는 것이다. 표적고객의 선정을 위한 고객 세분화 과정 중 어떤 세분화 변수를 사용하고 어떤 계량적인 기법을 사용하느냐가 중요한 결정 사안이다. 세분화 변수들은 거래에 관련된 변수, 인구통계 변수, 사이코그래픽 변수, 생애단계 관련변수, 추구하는 혜택 등이 있다. 세분화 변수를 정하는 것도 중요하지만 세분화 기법에 따라 선정되는 표적고객리스트가 달라지므로 세분화 기법을 신중히 선택하는 것도 중요하다.

### 4) 제안의 개발과 고객 접촉경로 설정

고객세분화를 통해 표적고객을 확정한 후의 단계에서는 크게 두 가지 작업을 해야 한다. 하나는 표적고객에게 제공할 제안을 개발해야 할 일이고, 다른 하나는 고객에게 그 제안을 제공하고 커뮤니케이션을 나눈 접촉경로를 설정하여야 한다. 이 두 가지 일에 관련되어 구체적으로 생각해 보아야 하는 사항이 있다.

① 표적고객들이 가치를 느끼는 또는 호소력 있는 제안이 되어야 한다. 무엇보다도 먼저 표적고객들이 필요해 찾는 제안들이 금전적인 제안 또는 비금전적인 제안이 어떤 것인지를 알아내야 한다.

② 제공하는 제안은 관련된 비용과 결과로 돌아오는 경제적인 혜택에 기반해서 비용대비 효과가 있어야 한다. 지나치게 비용이 많이 드는 제안을 선택하면 정해진 ROI 달성이 어렵기 때문이다.

③ 개발된 제안은 전체 기업전략이나 다른 영업전략과 상충되지 않아야 한다. 예를 들면, 최상급 호텔체인의 이미지를 갖고 있는 회사에서 할인쿠폰을 남발하여 누구든지 이용을 하게 되면 전반적인 호텔이미지를 흐릴 수 있어 기업브랜드의 전략과 충돌을 야기시킬 수도 있다.

④ 최적의 제안은 마케팅 캠페인의 예산에 의해 결정된다. 그러므로 제안을 선택할 때 비용에 대한 많은 정보를 모아 마케팅 비용의 효율을 극

대화하는 것이 필요하다.

⑤ 매체별로 반응당 비용을 감안하여 매체를 선택해야 한다. 다이렉트 메일(DM), 전화, 이메일, 팩스, 웹 등에 대해 매체별 총비용과 매체별 반응률로 반응당 비용을 계산하여 비용대비 효과가 가장 큰 고객 접촉경로를 찾아야 한다.

⑥ 캠페인을 통해 얻은 고객 반응을 어떻게 측정할 것인지 미리 충분히 생각하도록 해야 한다.

### 5) 제안의 효과에 대한 테스트

제안의 효과에 대한 테스트는 제안과 관련된 위험과 시행착오를 줄이기 위한 과학적인 경영 결정을 하려는 의도로 시행된다. 제안이 목표반응률과 ROI를 달성하는데 효과적이 아니면, 제안이 효과적이 될 수 있도록 제안을 수정해야 한다. 여러 개의 제안을 사용할 때는 그 테스트 결과를 여러 제안들 간의 자원을 효율적으로 배분하는 데 적용시킬 수 있다.

이 테스트에는 보통 테스트 집단과 통제 집단을 사용하여 제안의 효과를 통계적으로 검증한다. 여러 개의 제안을 여러 개의 접촉경로로, 여러 집단을 사용할 때는 제안별로, 고객별로, 또는 접촉경로별로 다양하게 통계 검증을 할 수 있다.

### 6) 전체 표적고객에 확산 적용

개발된 제안이 유효하면 이제 이 제안을 전체 고객에게 확산해서 적용해야 하는데, 이를 보통 롤아웃(roll-out)이라고 한다. 이 확산적용은 세부적으로 짜여진 계획하에 선정한 고객 접촉경로를 통해 조심스럽게 실행해 나가야 한다. 텔레마케팅의 경우, 사용할 스크립트(script)를 소수의 표적고객에게 먼저 시도하여 반응을 본 후 필요한 부분은 변형 또는 수정한 후 진행해야 할 것이다. 롤아웃을 실행할 때는 예기치 못했던 일들이 자주 생기게 되는데 이를 대비하기 위한 차선책의 계획 구상도 준비해 놓는 것도 필요하다.

### 7) 고객반응 관측과 측정

일단 롤아웃이 시작되고 기술적으로 가능하면 지속적이면서 실시간으로 고객의 반응을 추적함으로써 캠페인의 진행상황을 관측해야 한다. 과거의 캠페인 결과와 비교해 볼 때 진행상황이 나쁠 수도 있다. 이때는 실행상의 문제가 있는지 살펴보고 필요하면 즉각적인 대책을 수립하여야 한다. 이를 대비해서 보통 차선책 계획을 준비하는 것이다. 또한 차후의 분석을 위해 예측했던 반응률과 실제의 반응률 간의 격차를 지속적으로 측정하는 것도 꼭 필요하다.

### 8) 지속적인 개선을 위한 분석

캠페인을 위한 정해진 기간이 지나가면 계획되었던 것들과 실제 결과와 비교 분석을 해야 한다. 최종적으로 ROI를 계산하면 처음에 설정했던 목적과 비교해 보고 격차가 있는지를 검토해야 한다. 만약 목표했던 ROI 수준에 미달했을 때는 그 원인이 무엇인지를 파악해야 하는데 차이분석은 미래의 캠페인을 위해 특히 중요한 정보를 제공한다. 그리하여 미래의 마케팅 캠페인의 개선을 위한 정보를 정리하고 조직의 지식으로 관리하여 장기적으로 영업결과를 한층 개선하는 전사적인 자산으로 만들어 나가야 한다.

## (3) 마케팅 캠페인의 추세

위에서 단계별로 자세히 살펴본 마케팅 캠페인은 메일링을 통한 전형적인 마케팅 캠페인이라고 할 수 있다. 마케팅 캠페인의 관리와 운영에 대한 지식축적과 반복되는 마케팅 캠페인 과정의 자동화에 대한 필요성이 금융업계를 포함한 여러 업계에서 크게 부각됨에 따라 여러 캠페인 관리도구들이 등장하게 되었고 많은 업계에서 사용하고 있다.

이 도구들도 기능과 목적에 따라 날로 급변하고 있는데, 이는 마케팅 캠페인 자체의 변화로서 이러한 캠페인 관리도구의 변화는 마케팅 캠페인의 실질적인 역할과 위상을 바꾸어 놓는다고 해도 과언이 아니다.

캠페인관리도구의 변화는 기술의 변화에 의해서도 많은 영향을 받고 마케팅 캠페인의 차원을 변화시키는데, 이 부분에서 뚜렷하게 관찰되는 몇 가지 중요한 변화를 살펴보면 다음과 같다.

첫째, 무엇보다도 마케팅 캠페인에서의 뚜렷한 변화는 개인화의 등장이다. 과거에는 마케팅 캠페인이 아무에게나 무차별적으로 실행되던 대중 마케팅에서 표적고객설정이란 개념이 확산되면서 특정 고객집단을 표적고객으로 선정하고 마케팅 캠페인을 실행하는 고객집단차원으로 변해갔다. 그리고 최근에는 기술의 급격한 진전으로 개별 고객의 데이터를 실시간으로 분석하고 그 고객에게 적합한 제안을 제공하는 개인화는 이른바 일대일 마케팅 캠페인의 시대를 열게 되었다. 이것이야말로 진정한 고객 중심의 마케팅이 실현되고 있는 현상이라 할 수 있겠다.

둘째, 고객의 입장에서가 아니라 기업에서 일방적으로 실행했던 마케팅 캠페인은 고객과 관련이 없는 것으로 기업의 기대에 부응하지 못하고, 심지어 관심 없는 제안과의 접촉으로 인해 실상 반응률이 많이 저하되어 가고 있다. 미국에서 신용카드 업계의 경우 다이렉트 메일 캠페인의 반응률이 2% 정도면 큰 성공으로 간주하는 것이 현실이다. 이러한 관련 없는 메시지나 제안으로 사생활에 침해를 줄 수 있는 일방적인 마케팅 캠페인은 시간이 지남에 따라 반응률이 더욱 저하될 것으로 전망된다.

마지막으로, CRM에 있어서의 마케팅 캠페인의 기능이나 역할이 점차 다른 기능과 합쳐지고 통합되고 있어 앞으로는 마케팅 캠페인만의 유일한 영역은 없어질 것으로 보인다. 특히 고객과의 쌍방적인 커뮤니케이션, 고객접점 통합으로 인한 고객과의 상호작용, SFA(Sales Force Automation: 영업조직자동화)에 의한 판매 등의 기능통합과 일대일 마케팅 캠페인의 결합으로 고객서비스, 고객돌보기, 고객과의 커뮤니케이션, 개별고객에게 직접판매 등을 구분하는 경계가 허물어지고 있다. 이렇게 DB마케팅에서 핵심적인 역할을 수행하던 마케팅 캠페인이 CRM에서도 그 역할과 중요성이 주요한 위치를 차지하고 있으며, 따라서 마케팅 캠페인은 여전히 전반적인 영업결과를 향상시킬 수 있는 많은 잠재력을 갖고 있는 중요한 CRM의 실천 방안이다.

## (4) 마케팅의 효율화를 위한 캠페인매니지먼트 시스템

### 1) 캠페인매니지먼트의 정의

"캠페인매니지먼트(Campaign Management)"란 데이터웨어하우스나 데이터 마이닝에 의해 유용한 마케팅 관련 부가가치 자료가 산출되면 이를 전략적으로 접근하는 솔루션이다. "전략적인 접근"이란 고객관리의 효율성을 제고하면서 계획을 세워 각 채널(전화, 우편, 인터넷…)별로 원활하게 실행할 수 있도록 지원하는 것을 말한다. 또한 이로 인해 전략구축의 자동화로 마케팅 캠페인의 라이프 사이클을 단축시키기도 한다. 그리고 마케팅의 모든 캠페인을 통합하여 관리하므로 한 고객에게 중복된 캠페인을 하지 않을 뿐만 아니라 일관된 서비스를 제공할 수 있다.

캠페인매니지먼트 솔루션은 그 자체로서 역량을 발휘하지는 못한다.

이 솔루션은 단지 유용한 부가가치 데이터와 여러 가지의 고객 접점의 채널 사이에서 전략을 만들어 주고, 이를 최적으로 조정해 줄 뿐이다. 때문에 부가가치 자료를 만들어 줄 데이터웨어하우스나 훌륭한 분석틀이 없다면 이 시스템은 의미가 없으며, 또 고객 위주의 편리하고 완벽한 채널이 없다면 아무리 훌륭한 전략이라도 그 효력이 크게 감소될 것이다.

그러므로 기업의 마케팅 캠페인이 최적화를 이루려면 다음 3가지 환경을 반드시 갖춰야 한다.

#### ① 고객 정보의 통합 데이터베이스 구축

기업이 보유하고 있는 고객과의 거래 데이터와 고객 서비스, 웹사이트, 콜센터, 캠페인 반응들을 통해 생성된 고객 반응 정보, 그리고 인구통계학 데이터를 데이터하우스 관점에 기초하여 통합, 즉 CRM을 위해서는 고객과 관련된 전사적인 정보의 공유 체제가 반드시 확립되어야만 한다.

고객이 생각하고 표현하는 말 한마디를 사내 정보망을 통해 공유하고, 이러한 정보가 충분히 분석된다면, 향후 고객에 대한 마케팅을 실시할 때에 고객에 대해 훨씬 다양하고 의미있는 분석을 실시할 수 있게 된다.

② 전략적 의사결정을 도울 수 있는 시스템

구축된 고객 통합데이터베이스를 대상으로 평생고객가치(Life Time Value), 행동 평점(Behavioral Scoring), 수익 평점(Profit Scoring) 등을 만들고 세분화(segmentation)할 수 있는 시스템을 갖춰야 하며, 이를 바탕으로 차별화된 전략을 구사할 수 있는 전략적 의사결정 시스템 구축이 필요하다.

③ 마케팅 활동을 통합할 수 있는 시스템

전략적 의사결정 시스템에서 제안된 평점과 시나리오를 검증하여 바로 마케팅 활동을 "계획·실행·평가"할 수 있는 통합 캠페인 관리 시스템이 필요하다.

### 2) 캠페인매니지먼트 솔루션의 개요

캠페인매니지먼트 솔루션은 기업의 마케팅 실행, 즉 의사결정 시스템을 통한 마케팅 캠페인 전략에 따라 선정된 회원을 대상으로 전략 시나리오를 각 채널별로 실행하고 진행 경과 및 반응률을 추적 관리하며, 분석시스템에 그 자료를 제공하여 향후의 캠페인 세련화의 기반을 제공하는 일련의 마케팅 사이클을 자동화하는 시스템이다.

오늘날의 기업들은 고객관리(CRM)를 위한 도구, 즉 통합고객 데이터베이스, 고객별 점수 생성을 위한 데이터마이닝, 마케팅 목표 수립을 위한 의사결정 시스템, 다양한 고객 접촉 채널 등을 이미 갖추고 있어 이를 전략적으로 활용해야 한다.

그러나 이러한 구성 요소들을 유기적으로 결합시켜 캠페인 전략을 실행하고 체계적으로 관리할 수 있는 캠페인 관리시스템의 부재로 인해 기존의 구성 요소들이 지닌 능력을 십분 활용하지 못하고 있으며, 마케팅에서 변수로 작용하는 "타이밍"을 놓침으로써 기존의 구성 요소들에 의해 창출된 효과를 반감시키고 있다. 또한, 실행한 캠페인의 반응정보 및 고객별 캠페인 이력이 제대로 관리하지 못하여, 좀 더 세련된 전략결정 기회를 획득하지 못하고 있다.

바로 이러한 문제를 해결하기 위해 캠페인매니지먼트 솔루션의 도입이 필요한 것이다.

### 캠페인매니지먼트 솔루션의 주요 기능

- 캠페인 고객을 발췌하기 위한 비교값 생성 및 추출
- 판단을 정확하게 하기 위한 캠페인 설계 및 조회의 시각화된 인터페이스
- 캠페인 수행 소요비용 및 ROI 예측
- 각종 채널 시스템과의 연계를 위한 채널 이관 정보 형식 정의
- 정해진 캠페인 수행일정에 따른 각 채널에의 정보 전송
- 응답정의 및 응답 일정 정의에 따른 응답 자동 수집
- 캠페인 진행 및 중간 정의에 따른 응답 자동 수집
- 캠페인 진행 및 중간 실적 감독관리
- 각 고객별 수행 캠페인 이력의 완벽한 추적
- 수집된 응답에 기인한 캠페인 효과 분석

### 3) 캠페인매니지먼트 솔루션의 운영절차

캠페인매니지먼트 솔루션에 의한 마케팅 캠페인 관리는 다음 5가지 단계를 거치게 된다.

#### ① 기회 탐색 단계(Opportunity Identification) – 언제쯤 서비스 아이디어를 고객에게 실행할까?

의사결정 시스템, 데이터마이닝, 분석틀 등을 이용하여, 고객·잠재 고객 데이터에 대해 데이터웨어하우징 및 CRM 데이터베이스 등에서 검색하여 마케팅의 기회 가능성을 착안하는 단계이다.

#### ② 계획 단계(Planning) – 실행 계획을 구체적으로 생각한다

선정된 고객에게, 정확한 서비스 품목을, 정확한 일정에 따라, 정확한 채널을 통해 제공하기 위해, 기회 탐색 단계에서 착안된 자료를 등록하여 캠페인

을 설계하고 일정을 정의하는 단계이다.

### ③ 실행 단계(Execution) – 실행 직전 계획서를 확인한다

설계된 캠페인에 대해, 일정에 따라 자동적으로 각 채널에 대해 적합한 형식으로 미리 정해진 정보(대상 고객리스트, 캠페인 정보 등) 등을 추출하여 변환, 전송하는 단계이다.

### ④ 반응 수집 단계(Response Acquisition) – 고객들의 반응을 본다

실행된 캠페인에 대해 고객의 반응을, 캠페인별로 캠페인 데이터베이스에 자동적으로 획득하는 단계로서 정의된 응답 스크립트에 따라 자동적으로 획득하는 단계이다.

### ⑤ 효과 분석 단계(Assessment) – 고객들의 반응에 따라 서비스를 수정 보완한다

캠페인의 실행 결과에 수량화하고, 수량화된 결과 및 다양한 효과 분석을 통해 향후 캠페인의 세련화 및 마이닝 모델을 검증하는 단계이다.

## 4) 캠페인매니지먼트 솔루션의 강력한 기능

### ① 마케팅 기획 탐색 도구의 등록 및 인터페이스 기능

마케팅의 기회 탐색을 위한 도구들이 원활한 수행을 돕는다. 또 필요한 경우 각 분석 시스템의 전송 정보를 해석하기 위한 모듈이 탑재되어 있어 분석 시스템을 실행할 때 특정 작업 수행을 위해 제공한다.

### ② 대상 고객군 정의를 위한 시각화된 표적시장 정의 도구

고객 데이터웨어하우징 및 등록된 고객 관련 데이터베이스(예를 들어, 데이터마이닝 시스템)에 대해 대상 군집을 정의하여 향후 캠페인의 대상군집으로 선택할 수 있도록 한다. 각 군집 정의에 대한 편의성 및 판독 용이성을 향상시키기 위해 대상 고객군의 정의를 그림 형태로 제공한다.

③ 질의어 정의를 위한 시각화된 질의 작성 도구

표적시장을 정의하는 대상 데이터베이스에 대해, 각 테이블 간의 관계를 보면서 질의어를 편하게 작성할 수 있도록 하기 위해 제공한다.

④ 시각화된 캠페인 설계 도구

캠페인 설계의 용이성 및 판독성을 증대시키기 위해 제공한다.

⑤ 예산을 기준으로 한 Offer별 비용 및 수익, ROI 예측 및 조정

캠페인 제한 비용 및 목표 수익에 따라 Offer 제공 그룹 비율 및 응답률을 조정하면서, ROI를 사전 예측하고, 캠페인을 세련화하기 위해 제공한다.

⑥ 각 채널과의 정보 전달을 위한 팸플릿 작성 및 사용

각 채널에 캠페인 정보를 전송하기 위해 각 채널에서 수용 가능한 형식을 정의할 수 있도록 제공하며, 각 채널은 이 형식에 맞추어 캠페인 정보를 활용한다.

⑦ 캠페인 일정의 정의 및 일정에 따른 수행 자동화

캠페인 실행의 전체 일정의 정의, 편의성 및 판독 용이성을 목적으로 하며, 정해진 일정에 따른 자동 수행으로 캠페인 유지 부담을 해결하기 위해 제공한다.

⑧ 응답 자동 수집 및 응답 상황 감독 기능

캠페인 반응의 수집 부담을 최소화하고, 반응 수집에 의해 캠페인 실행 효과의 정확한 기반 자료를 마련하기 위해 제공한다.

⑨ 캠페인 효과 분석

캠페인 실행 결과를 기반으로 각 요소별 효과 분석 및 분석 결과에 따른 향후 캠페인의 세련화와 적용된 모델, 그리고 표적시장의 유용성을 검증하기 위해 제공한다.

## 고객맞춤형 Campaign으로 기업의 이윤을 증대

삼성카드는 최근 1년간 한 번 이상 골프를 친 고객들을 대상으로 1달에 200만원 이상 카드를 결재하면 유명 프로골퍼와 함께 경기하는 혜택을 주는 캠페인을 실시했는데, 그 결과로 골프 고객 매출이 20~30% 상승했고 비용도 평소의 1/10로 줄어들었다. 이와 같이 캠페인도 STP를 전제로 해서 목표고객을 선정한 후, 고객맞춤형으로 전개해야만 효과를 높일 수 있다는 것이다.

그림 9-3 캠페인매니지먼트 솔루션 구성도

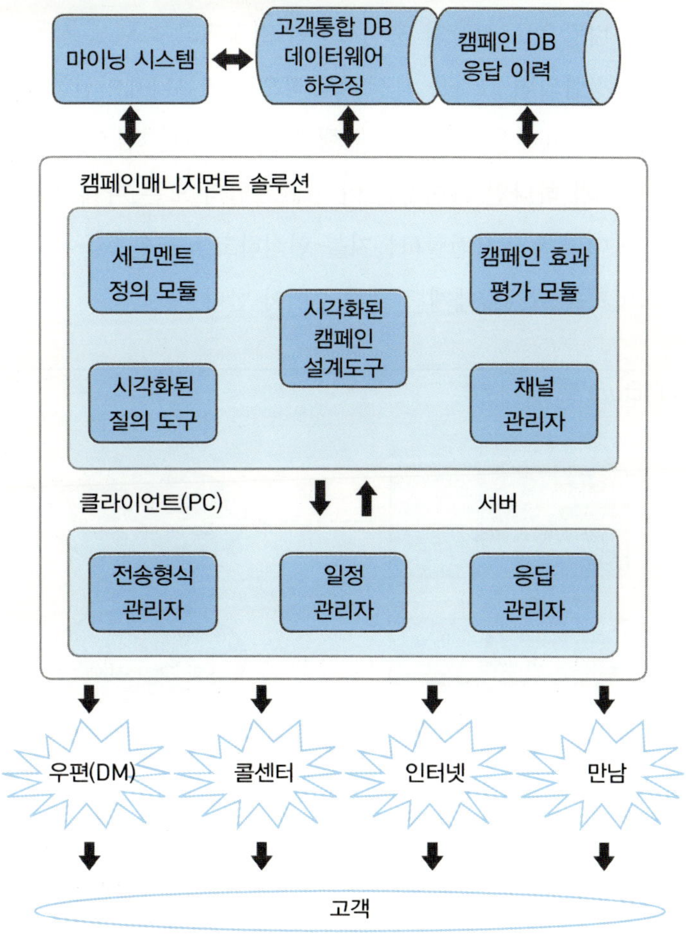


자료: 박성수, CRM과 짜장면 배달, 시대의 창, 2000, p.262.

## 5. 통합적 마케팅 커뮤니케이션

통합적 마케팅 커뮤니케이션(integrated marketing communications: IMC)은 모든 촉진 믹스—매체광고, 홍보, SP, 인적판매, 다이렉트 마케팅, 포장, 기타 모든 커뮤니케이션 수단—을 고객에게 초점을 맞춘 일관성 있고 통합된 메시지를 주의 깊게 조정하는 방법이다. IMC 관점에서는 포장에서부터 브랜드 이름의 결정, 브랜드 개성과 이미지의 정립, 가격결정, 매장의 인테리어 등 모든 것이 소비자와 커뮤니케이션할 수 있는 요소가 된다. 다시 말해, 표적집단에 대한 분석을 바탕으로 상품의 포지셔닝이 결정되고 브랜드 정체성(brand identity)의 개념이 정립되면 그것을 가장 효과적으로 커뮤니케이션할 수 있는 통합적인 큰 그림(big picture)을 구성하고 집행하는 것이다([그림 9-4] 참조). 즉, 기업은 마케팅믹스의 하나인 촉진뿐만 아니라 기업의 모든 마케팅 활동이 그 기업의 고객들과 어떻게 의사전달하는지를 인식하고, 그 활동들이 조리 있고 일관성 있는 이미지를 고객들에게 전달해 주어야 한다.

그림 9-4 'Big Picture'로서의 IMC

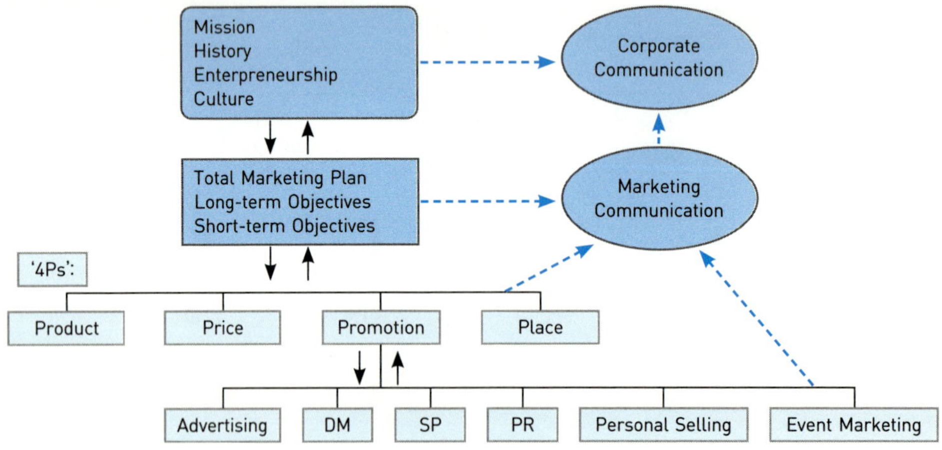


자료: George E. Belch and Michael A. Belch, Introduction to Advertising and Promotion, IRWIN, 1995, p.8.

이는 마케팅의 촉진 요소뿐만 아니라 마케팅믹스 요소(4P) 전체의 통합을 의미한다. 예컨대, 제품, 가격, 유통까지도 넓은 의미에서 통합적 마케팅 커뮤니케이션의 요소가 될 수 있다. 자동차 광고만이 커뮤니케이션이 아니라 자동차라는 제품 자체가 움직이는 광고의 성격을 띤다. 제품의 속성 중 포장(예; 백화점의 쇼핑백과 포장된 상품)의 경우도 역시 커뮤니케이션 구실을 한다. 가격과 유통의 경우, "싼 게 비지떡"이라는 우리 속담이 있듯이 특히 위풍재(prestige goods)를 할인점에서 취급한다면, 그 진품 여부와 품질에 대하여 의심을 하는 하나의 신호(커뮤니케이션)가 될지도 모른다. IMC 관점에서는 마케팅 커뮤니케이션이 마케팅 활동의 핵심이며, 마케팅 성과의 가장 중요한 결정요인이다. 마케팅과 커뮤니케이션은 상호 불가분의 관계에 있다.

성공적 마케팅 커뮤니케이션은 상표와 고객 간의 관계를 형성하는 것이다. 관계는 상표와 소비자 간의 지속적인 연계이다. 그것은 반복구매와 애호도를 수반한다. 오늘날 기업은 신규고객을 계속적으로 탐색하는 것보다 관계를 형성하고 유지하는 것이 더 수익적이라는 사실을 학습하였다. 이것은 빈번한 고객, 빈도(frequency), 애호도(loyalty) 프로그램의 성장을 설명해 준다.

그리고 IMC의 목표는 메시지의 명료성과 일관성을 통하여 소비자에게 정확한 상표개념과 이미지를 제공함으로써 강력한 상표를 구축하는 데 있다. 통합적 마케팅 커뮤니케이션 노력에 의해 형성된 상표이미지(brand image)는 강력한 상표자산(brand equity)의 구축에 원동력이 된다. 여러 커뮤니케이션 활동이 통합적으로 관리될 때, 소비자는 상표의 핵심 개념(core concept)을 쉽게 이해하고 이에 따라 강하고 독특한 상표 이미지를 형성할 수 있는 것이다. 이렇게 형성된 상표이미지는 기업(조직)에게 무형적인 자산가치(invisible asset value)를 제공한다.

이러한 IMC의 목표를 달성하기 위하여 IMC의 전략적 전개 과정이 필요하다.

## 6. 소셜미디어를 활용한 온라인판매촉진전략

### (1) 소비자의 정보탐색

소셜 네트워크 대화에서 콘텐츠, 상품, 링크만이 전부인 것은 아니다. 듣고 응답하며 서로 주고받는 오프라인의 대화 같이 온라인상에서도 소통해야 한다. 하지만 많은 기업들은 여전히 익명의 커뮤니케이션 부서를 통해서 얼굴 없는 목소리로 소통을 하고 있는데 이는 고객들의 신뢰를 약화시킨다. 따라서 고객들과 원활한 소통과 매출을 증대하기 위해서는 소비자들의 정보탐색활동을 살펴보는 것은 의의가 있다.

정보탐색은 소비자의 기억속에 저장되어 있는 지식이나 환경으로부터의 정보획득을 촉구하는 동기부여된 행위로서, 소비자가 인식된 문제를 만족시킬 다양한 대안의 장단점에 대한 정보를 추구하는 의사결정 행위의 일부분이다. 소비자들의 정보탐색활동은 양적인 측면보다는 소비자가 어떤 정보원을 선택하고 이용하는지가 중요하다. 왜냐하면 모든 소비자가 가능한 모든 정보원을 이용하지는 않는다는 것이다. 소비자들의 정보탐색은 어떠한 정보원을 선택하고, 이용할 것인지에 대한 의사결정을 포함하며, 이러한 소비자의 정보원천 활용은 구매활동을 이해하는 데 가장 중요한 단서이다. 그리고 정보탐색활동과정에서 발생하는 정보원천의 신뢰성은 정보를 전달하는 대상에 대한 정보원천의 전문성과 의사결정 전달자로서의 진실성과 연관되어 있다. 특히 웹사이트 신뢰는 일반적인 신뢰의 본질적인 특성을 그대로 계승한 것임에도 불구하고 그 특유의 고유한 특성을 가지고 있다. 온라인상의 웹사이트에 대한 신뢰결핍은 구매의도를 저하시킨다. 고객들의 경험에 따른 결과는 객관성보다는 주관성이 강조될 수는 있지만 고객의 경험의 결과는 고객의 행동에 즉각적으로 나타날 수가 있다. 이러한 즉각적인 행동을 지속적으로 유지하기 위해서는 신뢰형성이 필수적이다. 정보원천의 신뢰성이 높을수록 소비자는 낮은 신뢰성을 지닌 정보원천이 전달하는 메시지보다 훨씬 설득력이 있다. 그러나 온라인상에서 제공되는 수많은 정보는 소비자에게 혼란만 초래하고 신뢰에 직접적인 영향을 미치지 않는 것으로 나타났다. 따라서 제공되는 정보는 정확하고 고객이 필요로 하는 고유한 정보를 제공하는 것이 중요하다. 소비자에 의한 정보의 신뢰성이 구매의도에 영향을 주는 반면에 판매자에 의한 정보의 신뢰성은 구매의도에 거의 영향을 주지 않는다.

## (2) 온라인마케팅의 의의

### 1) 온라인마케팅의 개념

온라인 마케팅은 인터넷을 통해 필요 정보를 탐색하고자 하는 이용고객들에게 긍정적인 영향을 미치는 쌍방향 커뮤니케이션으로 고객만족과 경쟁력을 확보하려는 것이다. 정보탐색접점에서 커뮤니케이션 요소들이 궁극적으로 고객의 행동에 있어서 매우 밀접한 관계를 가지게 된다. 온라인 마케팅의 수단으로 기존의 홈페이지, 미니홈피와 블로그, E-메일, 검색엔진광고와 SNS, 페이스북, 트위터가 활용되고 있다. 온라인 마케팅이 중요한 이유는 인터넷이라는 가상공간에서 소비자들이 네트워크로 연결되어 있다는 것이다.

온라인 마케팅이란 contents(내용), communication(의사소통), commerce(상업적), community(공동체) 형식으로 구성되어 있다. 인터넷을 통한, 기업의 마케팅 활동이라고 보면 된다. 대표적으로 검색, 배너, 블로그, 카페, 바이럴 등 여러 가지 매체를 통해서 소비자에게 전달할 수가 있으며, 가장 큰 장점은 온라인은 오프라인과 달리, 투자비용에 대한 모니터링과 피드백이 확실하다. 일반 오프라인 마케팅을 통한 효율 분석이 모호했다면, 온라인 마케팅은 정확한 분석 솔루션을 통해서 효율을 분석할 수 있기에, ROI(비용 대비 이익) 효율이 가장 좋은 매체를 찾을 수 있다는 것이다. 온라인은 약 10년 후까지 발달할 것으로 예상될 만큼, 성장폭이 큰 시장이다. 인터넷 마케팅 혹은 온라인 마케팅은 소비자와 기업 간의 커뮤니케이션과 상거래가 쌍방향매체를 통해 이루어지는 것이다. 최근 미국의 리서치연구소인 마케팅 익스퍼리먼츠는 〈명료함이 설득력보다 우선이다〉라는 연구보고서에서 "온라인 마케팅에서 고객이 방문한 첫 7초가 가장 중요하다"고 주장했다. 이 때 온라인 기업은 진실의 순간 측면에서 사이트를 방문한 고객에게 고객이 원하는 것을 7초 안에 보여주어야 한다. 기업이 인터넷을 통해 수행하는 마케팅 활동의 유형은 거래당사자들 간의 거래방식(즉 인터넷 비즈니스 모델)에 따라 B2B 마케팅, B2C 마케팅, C2C 마케팅으로 나누어진다. B2B 마케팅은 기업이 인터넷을 이용하여 다른 기업을 상대로 마케팅활동을 수행하는 것을 말한다. B2C 마케팅은 기업이 소비자들을 상대로 인터넷상에서 상품을 판매하거나 마케팅커뮤니케이션을 수행하는 등의 마케팅활동을 수행하는 것을 말하며, 델 컴퓨터가 인터넷상에서 고객의 주문에 따라 맞춤형 컴퓨터를 판매하는 경우가 이에 해당된다. C2C 마케팅은 소비자가 소비자를 상대로 인터넷상에서 거래가 이루어지도록 중간에서 이들을 연결시켜 주거나 효과적인 의사소통이 가능하도록 하는 등의 마케팅활동을 수행하는 것을 말하는데 인터넷에서 경매시장과 벼룩시장의 역할을 수행하여 성공을 거둔 eBay가 이에 해당된다.

### 2) 온라인마케팅의 유형과 종류

온라인마케팅으로 가장 유명한 바이럴마케팅을 세부적으로 알아보면 블로그, 카페, 지식인, 언론홍보, SNS 등이 있다.

#### ① 블로그마케팅

블로그는 자신의 의견이나 이야기를 텍스트와 이미지, 영상 등을 올려 자신의 감정을 자유롭게 표현하거나 정보를 전달할 수 있는 온라인마케팅 방법 중 하나이다. 전문적인 지식이 없어도 정보형태로 접근하여 거부감 없이 홍보를 할 수 있다는 장점이 있다.

#### ② 카페마케팅

카페마케팅은 충성고객을 확보할 수 있다는 큰 장점이 있다. 카페를 개설하여 고객들에게 좋은 정보를 제공하고, 고객들과의 유대관계를 형성하여 적극적인 입소문을 유도할 수 있다.

### ③ 지식인마케팅

소비자들의 경험한 사용후기 때문에 많은 분들이 지식인마케팅을 선호한다. 또한 실시간으로 그에 맞는 답변이 달리기 때문에 마케팅 효과를 톡톡히 볼 수 있다.

### ④ 언론홍보

최근은 신문보다는 인터넷으로 뉴스를 많이 접하기 때문에 언론홍보도 좋은 마케팅 방법이다. 언론홍보는 광고와 다르게 생활정보로 인식되기 때문에 홍보성이 짙지 않고 자연스럽게 광고할 수 있다.

### ⑤ SNS

SNS는 언제 어디서나 실시간으로 정보를 교류할 수 있기 때문에 최근 뜨고 있는 마케팅 방법이다. 블로그나 카페와 연동하여 홍보효과를 더욱더 넓힐 수 있다.

## (3) 온라인마케팅 판촉을 위한 소셜미디어의 활용

### 1) 온라인마케팅을 위한 소셜미디어의 비교

**표 9-1** 온라인마케팅을 위한 소셜미디어의 비교

| | | 블로그 | mSNS | 위키 | UCC | 마이크로 블로그 |
|---|---|---|---|---|---|---|
| 사용목적 | | • 정보공유 | • 관계형성<br>• 엔터테인먼트 | • 정보공유<br>• 협업에 의한 지식창조 | • 엔터테인먼트 | • 관계형성<br>• 정보공유 |
| 주체 : 대상 | | • 1 : N | • 1 : 1<br>• 1 : N | • N : N | • 1 : N | • 1 : 1<br>• 1 : N |
| 사용환경 | 채널 다양성 | • 인터넷 의존적 | • 인터넷 환경<br>• 이동통신환경 | • 인터넷 의존적 | • 인터넷 의존적 | • 인터넷 환경<br>• 이동통신환경 |
| | 즉시성 | • 사후기록<br>• 인터넷 연결시에만 정보 공유 | • 사후기록<br>• 현재시점 기록<br>• 인터넷/이동 통신 연결시 정보 공유 | • 사후기록<br>• 인터넷 연결시 창작/공유 | • 사후제작<br>• 인터넷 연결시 콘텐츠 공유 | • 실시간 기록<br>• 인터넷/이동 통신 연결시 정보공유 |

| 콘텐츠 | 주요 콘텐츠 | • 특정주제에 대한 주관적 논평<br>• 신변잡기 정보 | • 신변잡기 정보 | • 협업에 의해 창조된 지식<br>• 지속적/역동적 업데이트 | • 특정주제에 대한 동영상 | • 현재상태, 개인적 감정 (문자수 제한) |
|---|---|---|---|---|---|---|
| | 신뢰성 | • 주관적 해석/비판<br>• 악의적 왜곡 가능성 낮음 (블로거 평판 훼손 우려) | • 악의적 왜곡 가능성 낮음 (실명기반 네트워킹) | • 주관적 해석/비판<br>• 악의적 왜곡 가능성 낮음 (IP 주소 추적 가능) | 주관적 해석/창의성에 의한 콘텐츠의 의화화 등 왜곡 가능성 존재 | 정보왜곡 위험성 존재(콘텐츠 생성 주체의 익명성) |
| 대표사례 | | • 개인블로그 | • Facebook<br>• Myspace<br>• 싸이월드 | • Wikipedia | • YouTube | • Twitter<br>• 미투데이 |

자료: 임현철(2011), pp.177~178 재인용

### 2) 블로그 마케팅의 활용

#### ① 블로그의 개념

상품을 광고할 수 있는 매력적인 홍보수단으로서 창업자라면 모든 포털 사이트에 블로그를 많이 개설하면 유리하다. 블로그(Blog)는 웹(web)과 로그(log)의 합성어로서 웹에 남기는 기록, 즉 인터넷에서의 개인 일기장으로서 개인 홈페이지이다. 오늘날 블로그는 정보제공뿐만 아니라 여행, 레저, 뷰티, 육아, 요리 등 다양한 분야에서 사용되고 있다. 블로그의 가장 큰 장점 중의 하나는 돈이 들지 않고 만들고 관리하기가 쉬우며, 블로그가 인터넷 검색어로 검색된다는 점이다. 또한 고객 블로그와 링크하여 자신의 블로그로 유인(메타블로그; 엮인 글)할 수 있어 고객 개인정보까지 동시에 관리가 가능하기 때문에 고객관리와 홍보효과가 뛰어나다.

#### ② 블로그 활용하기

최근 사업체들은 고객과의 원활한 소통을 위해 블로그를 활용해 브랜드 홍보와 마케팅을 적극적으로 하고 있다. 이는 인터넷 이용자들이 블로그를 많이 이용하여 유익한 정보를 검색하고 있다는 데 착안한 방법이다. 소자본 창업의 경우, 돈이 드는 홈페이지보다는 먼저 블로그를 활용하여 고객서비스 및 홍보를 하면 효과가 클 것이다.

예를 들면, 네이버와 유튜브에 외식업체 동영상 홍보, 단골고객 무료시식권 배포, 유명 맛집 블로거와의 제휴 등 마케팅을 시도해 볼 수 있을 것이다. 이와 같이 최근 업체들은 블로그를 활용하여 매출을 늘리고 있기 때문에 창업희망자들은 성공창업을 하기 위해서는 블로그를 적극적으로 활용하여야 한다.

블로그 활용방법은 다음과 같다.

- 파워블로그 활용
- 블로그 이벤트 운영(기자단과 체험단)
- 블로그에 자료를 배포(리뷰, 체험기)
- 블로그 광고(기업의 배너광고)

**표 9-2** 외식창업과 블로그 활용하기

| 구분 | 홈페이지 | 인터넷카페 | 블로그 |
|---|---|---|---|
| 디자인 | • 자유롭게 연출가능 | • 고정틀 안에서만 제작 (자신만의 표현 가능) | • 고정틀 안에서만 제작 (자신만의 표현 가능) |
| 제작 | • 어려움 | • 쉬움 | • 쉬움 |
| 회원유치의 용이함 | • 사용자들은 상업성 홈페이지에 개인정보유출을 꺼려함<br>• 각종 정보 등으로 가입절차가 까다로움 | • 회원들끼리의 폐쇄적 운영<br>• 회원들간 공동운영<br>• 장기적인 마케팅관점으로 접근<br>• 회원확보를 위해 끊임없는 콘텐츠 필요<br>• 익명성으로 인해 문제 발생소지<br>• 회원을 대상으로 다양한 마케팅 활동<br>• 취미, 동호회, 친목단체 등에 적합 | • 회원개념이 없는 일방적 전달과 개방적<br>• 개인운영(자신만의 공간)<br>• 단기적인 마케팅관점으로 접근하며, 회원 확보 및 콘텐츠 생산 부담 없음<br>• 개인운영, 익명성 문제 발생소지 없음<br>• 대상으로 할 회원이 없음<br>• 홈페이지 대용 및 업체홍보 등에 적합 |
| 재방문율 | • 낮음 | • 높음 | • 높음 |
| 유지보수 | • 높음 | • 없음 | • 없음 |
| 탈퇴율 | • 적음 | • 자유로움 | • 자유로움 |
| 제작비용 | • 수십만원~수천만원 | • 무료 | • 무료 |

### 3) 트위터의 활용

#### ① 트위터의 의의

- 트위터에 열광하는 이유는 빠르고 친근하고 강력하기 때문
- 리트윗을 통한 외식업체 홍보수단으로 최고
- 트위터는 140글자로 자신의 생각과 상태를 '팔로(follow)'들에게 공유해 주는 서비스이다. 즉, 최대 140자의 단문 메시지(SNS)를 보내고 읽을 수 있는 소셜네트워킹서비스이다. 2006년 미국에서 시작된 단문 블로그 서비스이다.
- 트위터'는 어려운 전문지식이 없어도 부담없이 이용할 수 있으며, 다른 사람이 트위터에 올린 글을 인터넷, 휴대전화를 통해 실시간으로 받아 보는 것이 쉽다. 또한 팔로(follow)라는 행위를 통해 상대방의 허락이 필요 없이 관계를 설정할 수 있다는 장점이 있다.

#### ② 트위터 활용방법

- 예약 및 주문의 창구 수단
- 상품이나 서비스를 홍보하는 수단
- 이벤트나 프로모션을 알리는 수단
- 오프라인의 점포나 쇼핑몰을 홍보하는 수단
- 상품 및 서비스를 기획, 판매하고 소통하는 수단
- 트위터 장터를 활용한 상품판매

### 4) 소셜네트워크서비스(SNS) 활용

- 오늘날 홍보마케팅의 중요성으로 사업체의 소셜네트워크서비스(SNS)는 사업체 창업의 성공을 좌우
- 트위터, 페이스북, 유튜브를 활용한 SNS가 활발
- 다양한 애플리케이션을 사용할 수 있는 스마트폰을 활용한 SNS가 인기

- 소셜네트워크서비스(Social Network Service; SNS)는 웹상에서 이용자들이 기존의 인맥을 관리하거나 새로운 관계를 형성 유지할 수 있도록 도와주는 서비스이다. 한국의 대표적인 SNS는 1999년에 시작된 미니홈피 '싸이월드'가 있다. 인터넷 검색보다 SNS를 통해 최신정보를 찾고 이를 활용하는 사람들이 많아지고 있는 것이다.
- 사업체는 SNS를 활용한 다양한 스마트폰 마케팅으로 브랜드 이미지를 높일 뿐만 아니라 신상품을 홍보·광고하고 고객서비스 및 이벤트행사를 효율적으로 하여 고객을 더 많이 확보하고 있다.
- 'M'피자의 예를 들면, 신제품 시식리뷰와 이벤트소식을 트위터를 통해 실시간으로 전달하고 고객의 의견을 듣고 있으며, 애플리케이션을 통해 주문시 상시 할인행사를 한다.

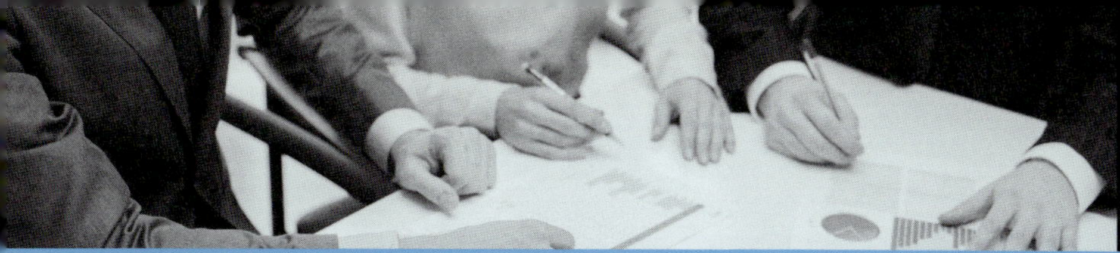

Part IV

# CRM의 시스템 및 조직문화 구축

## CRM 아키텍처의 이해

새로운 CRM 아키텍처(architecture)는 고객 중심의 조직과 시스템을 요구한다. 이러한 아키텍처의 구축에 앞서 기업은 스스로 다음과 같은 질문에 응답할 기회를 가질 필요가 있다.

- 기업의 응용프로그램(application)의 대다수가 단순히 기존 부서의 업무 과정을 자동화하기 위하여 설계되어 있는가?
- 애플리케이션은 조직에게 가장 수익을 주는 최선의 고객을 확인하고 표적으로 삼고 있는가?
- 이 애플리케이션은 고객의 욕구, 바람 그리고 구매습관의 상세한 지식에 바탕을 둔 제품과 서비스의 실시간 고객맞춤/개인화(customization/personalization)를 가능하게 하는가?
- 이 애플리케이션은 고객의 접촉점을 잘 추적·관리하고 있는가?

만일 위의 질문들에 대한 응답이 '아니오'라면, 그 기업은 새로운 CRM 아키텍쳐의 구축을 신중히 고려해야 한다.

Chapter 10

# CRM 시스템의 구축

## 1. CRM 시스템 구축의 의의

CRM은 기술집약적인 경영방식이어서 실제로 기업활동에 활용하기 위해서는 기술적인 자원이 필수적이며 이러한 CRM을 실행하기 위해서는 다양한 기업역량이 요구된다. 그러므로 기업이 CRM을 실행하기 앞서 어떠한 기업역량이 필요하며 또 이러한 기업역량을 구축하기 위해 어떠한 과제가 해결되어야 하는지 사전에 고려되어야 한다. 특히 CRM을 실행하기 위한 기업 역량을 어떻게 갖출 수 있을까 하는 중대한 과제는 역으로 CRM의 핵심 구성요소가 어떻게 기술을 바탕으로 연결되어야 하는가에 대한 질문이 된다. 이 질문에 대한 대답이 바로 기업이 찾고자 하는 기술 솔루션이고 그 기술 솔루션과 CRM의 구성요소가 결합된 것이 바로 CRM 시스템이다.

최근들어 많은 기업들이 전사적 차원에서 데이터웨어하우스를 구축하고 있다. 데이터웨어하우스란 기업의 각 부문에 산재해 있는 개별 시스템의 데이터들을 활용목적별로 통합하여 유용한 분석이 가능하도록 만들어 놓은 방대한 양의 데이터를 저장할 수 있는 대형 전자창고를 말한다.

### (1) CRM 운영시스템의 구조

한편 기업 내의 운영시스템(operational system)에 산재해 있던 데이터들을 모아서 의사결정을 효과적으로 지원해 줄 수 있는 자료의 형태로 다시 정의

그림 10-1 CRM 시스템의 구축과정 및 구조

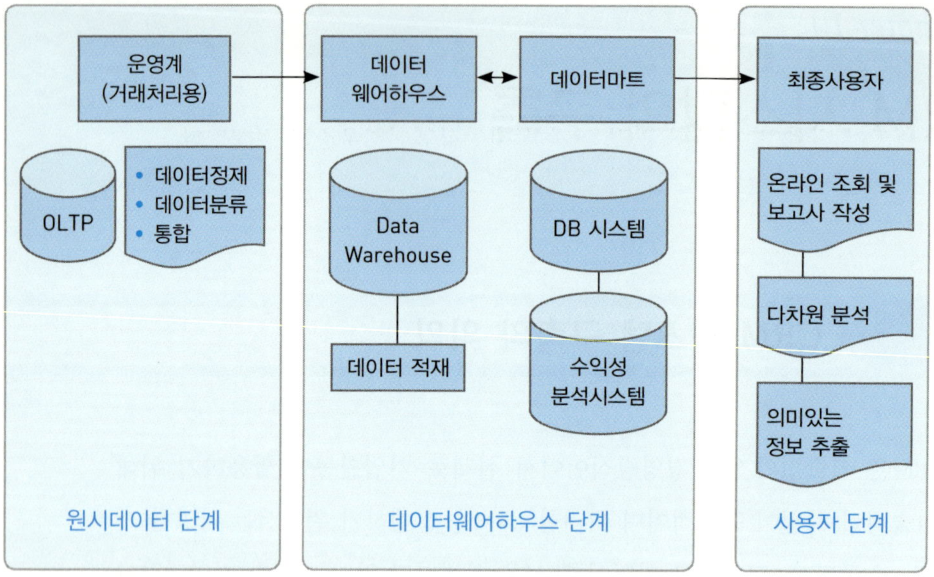


자료: 최정환·최종학, 「CRM을 위한 데이터베이스마케팅」, 2001.2, P.48. http://www.crm.co.kr

하고 통합하여 저장해 놓은 곳을 데이터웨어하우스라고 한다면, 이를 활용하여 개별 부서 차원에서 각 부서의 특성에 맞게 데이터를 검색, 가공·분석할 수 있도록 해 놓은 훨씬 작은 규모의 전자저장공간을 일반적으로 데이터마트(data mart)라고 한다.

운영시스템(operational system)이란 일상적인 업무를 신속하게 지원해 주기 위해 설계된 업무계 시스템으로 온라인 거래처리(OLTP; online transaction processing) 시스템이라고도 한다. 주로 거래처리 중심의 기존 운영계 시스템, 기업 전반의 영업활동을 위한 데이터웨어하우스, 부서차원에서 활용되는 데이터 마트는 [그림 10-1]과 같이 연계되어 있다.

데이터웨어하우스의 구축과정은 원시데이터 단계, 데이터웨어하우스 단계, 사용자 단계로 구성되며, 데이터 추출, 데이터 저장, 데이터 조회 등의 활동으로 이루어진다.

#### 1) 원시데이터 단계

기존의 다이렉트 메일의 자료, 기존고객의 실적자료 등의 내부 데이터소스와 기타 외부 데이터소스를 포함한 많은 원천들로 구성되며, 이들 원천으로부터 추출되어 변환 및 표준화 과정을 거쳐 데이터웨어하우스로 적재된다.

#### 2) 데이터웨어하우스 단계

데이터웨어하우스 단계는 의사결정을 지원하기 위해 주제중심적, 통합적, 시계열적 데이터의 집합으로서, 사용자의 요구에 따라 대량의 데이터가 축적된 인프라를 구축한다.

#### 3) 사용자 단계

사용자들이 정보를 이용하고 분석할 수 있는 수단으로, 데이터웨어하우스에 대한 별도의 지식이 없어도 통합된 데이터의 결과를 볼 수 있도록 하는 단계이다.

전사적인 데이터웨어하우스를 구축하기 위해서는 상당한 비용과 시간이 소요되기 때문에 중소규모의 기업에서는 데이터웨어하우스를 구축하지 않고 업무별로 데이터 마트를 구축해 나가는 방법도 고려해 볼 수 있다. 그러나 CRM의 범위는 매우 광범위하기 때문에 업무별 데이터 마트를 구축하더라도 업무가 추가될 때마다, 별도의 데이터 마트를 구축하지 않고도, 전사적인 데이터웨어하우스를 통해 쉽게 확장할 수 있다.

### (2) CRM 운영시스템의 구축방향

CRM 시스템을 기업에 적용함에 있어서는 CRM을 실행하면서 배우고 또 배우면서 실천토록 기업의 프로세스를 점진적으로 변화를 시켜야 한다. 따라서 기업이 원하는 CRM 시스템을 구축하기 위해서는 CRM 시스템구축에 대한 각 단계를 살펴보고, 한 단계를 수행한 후에 또 어떤 것을 구축할지를 생각하게 하는 안내도 역할을 수행해야 하며 이를 위한 계획도 필요하다.

CRM 시스템이 기업의 궁극적인 목적이나 기업 현실 등에 따라 변동해야 한다. 그중 하나는 어떤 프로세스 혹은 어떤 부분의 작업이든 테스트 없이 한 번에 모든 것이 완성되는 것은 없다는 점이며, 다른 하나는 CRM은 모든 작업이나 실행사안들이 조금씩 단계적으로 전개되는, 즉 계획, 실행, 결과측정 그리고 분석의 순환이 계속되는 프로세스라는 점이다. 그러므로 CRM 경영방식은 반복적인 영업활동에서도 잠시 동안 시도하는 일시적인 것이 아니라 한 번 시행한 후 결과를 분석하고 새로 얻은 정보를 바탕으로 계획을 변형하거나 수정하여 다시 실행하여 성과를 개선해 나가는 과정이다.

CRM의 추진은 전략적 측면과 기술적 측면이 동시에 고려되면서 체계적으로 접근을 해야 한다. 집을 지을 때 준비된 설계도와 그 설계도에 맞는 공법이나 재료의 준비가 중요한 것처럼, 고객과의 관계를 강화하기 위해 기업이 새로 CRM 전략을 구사하기 위해서는 그 전제가 되는 CRM 시스템의 확립이 CRM의 성공적인 수행을 위한 필수조건이 되는 것이다.

CRM 운영시스템은 단순히 데이터 축적 장소가 되어서는 안 될 것이며, 다음과 같은 방향으로 구축되어야 한다.

첫째, 통합데이터 저장소의 역할을 수행할 수 있도록 구축되어야 한다. 즉, 데이터 축적이 목적이 아닌 활용을 목적으로 한 데이터웨어하우스가 구축되어야 하며, 운영계 및 외부 데이터를 취합한 통합 데이터를 구축할 수 있어야 한다. 나아가 선진화된 마케팅 환경을 구현할 수 있는 고객중심 데이터베이스가 구축되어야 한다.

둘째, 다양하고 신속한 정보제공이 이루어질 수 있어야 한다. 우선 다차원적인 영업현황 분석과 심도분석을 통하여 다양한 마케팅전략을 마련하여 최종사용자에게 제공한다. 이에 따라, 고객접점에 있는 최종사용자(end user) 중심의 시스템이 마련되어야 하며, 전사차원의 동일한 관점에서 정보제공이 요구된다.

셋째, 데이터웨어하우스는 회사의 다양한 마케팅전략의 수행·지원이 용이

한 방향으로 구축되어야 한다. 즉, 정보의 획득, 축적 및 공유, 활용 등의 전체 프로세스상의 통합데이터웨어하우스 구축 및 분석과정을 거쳐 차별화된 마케팅이 이루어지기 때문이다.

## 2. CRM을 위한 비즈니스 인텔리전스

기업이 CRM을 성공적으로 수행하고 좋은 결과를 얻기 위해서는 정보와 여러 가지 활동들이 필요하다. 오늘날의 시장에서의 성공요인은 적시(right time), 적소에(right place), 적절한 고객(right customer)에 관한 적절한 정보(right information)를 제공하는 것이다.

특히, CRM을 위한 기업의 활동 중에서 필요한 정보자원은 필수적이다. 이러한 필요한 정보를 얻고 CRM을 지원하기 위해 사용되는 데이터들은 어떤 것이며 데이터로부터 적합한 정보를 끌어낼 때 필요한 기술과 기법을 살펴보기로 한다.

### (1) 데이터의 의의

#### 1) 데이터의 종류

'데이터'라고 하면 숫자나 통계자료 같은 표를 연상하기 쉽다. 데이터(data)는 사실에 대한 기록이며, 오직 숫자로만 기록할 필요는 없다. 문자나 문장, 그 외 어떤 형태로든 인간의 자연 언어로 이해할 수 있게 표현된 것은 모두 사실을 나타내는 기록으로 볼 수 있으므로 여러 종류의 데이터가 존재할 수 있다.

구체적으로 고객의 실제 거래를 나타내는 거래자료, 고객이 물건을 살 때 등록을 하거나 우편 거래를 할 때 제공하는 신상에 관한 인구통계자료인 고객 프로파일 자료, 고객 또는 선택한 응답자에게 질문을 주고 그에 대한 반응을 알아내는 설문자료, 인터넷이나 웹사이트에서 고객이나 특정인의 실제 행동을 관찰해 얻은 관찰자료 그리고 특정 사실을 텍스트로 서술하고 기록해서 얻는 텍스트자료 등이 있다.

이때 사용하는 자료라는 용어는 정보와 지식이라는 용어와 구분하여 사용해야 한다.

먼저 자료와 정보(information)의 차이점을 살펴보면, 많은 경우 정보와 자료는 처리가 됐는가 안 됐는가를 기준으로 구분한다. 즉, '원시자료(raw data)'가 줄 수 없는 유도된 사실을 제공해 주는 처리된 데이터를 정보라고 한다.

정보와 지식(knowledge)의 차이점을 살펴보면 일반적으로 정보는 단편적이고 구조가 갖추어지지 않은 사실을 의미하고 지식은 체계를 갖추어 정리된 사실의 축적으로 묘사된다. 또 다른 측면인 시간적 차원에서의 정보와 지식의 차이점은 대개 단편적으로 간주되는 정보는 성격상 정적이고 한 시점에 한정되어 있는 반면, 지식은 동적이며 일정 시간 동안에 걸쳐 축적되고 정리된 정보체계라고 할 수 있다.

이러한 관점에서 보면 정보보다는 정보체계로 간주되는 지식이 보다 넓은 의미와 범주를 포함한다. 이처럼 자료, 정보 그리고 지식 사이의 차이점을 알면 자료에서 정보를 얻고, 또 정보에서 지식을 얻을 수 있다.

### 2) 자료에서 필요한 정보획득 방법

많은 기업은 큰 비용을 들여 거래자료를 수집하고 저장할 데이터웨어하우스 또는 ODS(Operational data store) 등을 구축한다. e유통경로를 가지고 있는 기업은 웹사이트에서 고객들과 커뮤니케이션한 내용들을 텍스트자료의 형태로 모아 저장하고 또는 웹사이트상에서 설문지를 보내 프로파일자료를 수집할 수 있는 기능을 갖춘다.

그러나 자료를 수집하고 저장할 수 있는 기술적인 기반시설이 구축되었다고 해서 기업이 CRM 또는 eCRM을 위해 필요한 모든 정보를 얻을 수 있는 것은 아니다. 이러한 시스템의 완성은 성공적인 CRM 또는 eCRM을 위한 전제조건이

자 필요조건일 뿐, 충분조건이 되지는 못한다. 그렇다면 기업이 성공적인 CRM을 이끌기 위해 필요한 비즈니스정보를 얻을 때 요구되는 것은 무엇이며 갖추어야 할 역량은 어떤 것인가?

거래자료를 처리하여 유용한 비즈니스정보를 얻으려면 데이터마이닝을 해야 한다.

설문자료를 분석해 고객에 대한 정보를 얻기 위해서는 시장조사 기법과 이에 관한 전문 지식을 갖추고 있어야 한다. 텍스트자료를 분석하고 그것을 기반으로 의사결정을 할 때 필요한 정보를 얻기 위해서는 텍스트마이닝을 할 줄 알아야 하고 이를 위한 도구가 필요하다. 우량고객과 비슷한 특성을 가진 신규고객을 획득하기 위해서는 프로파일자료의 분석이 필수적이다. 조직 내에서는 고객을 목적에 따라 적절히 세분화하고 프로파일자료를 고객세분화를 목적에 따라 적절히 하고 고객군을 구별할 수 있는 프로파일자료를 분석할 수 있는 조직 내에서의 역량이 필요한 것이다.

특히, 다양한 유통경로를 가진 기업들은 웹사이트, 거리의 상점, 전화, 메일, 팩스, 이메일, WAP(Wireless Application Protocol) 등, 즉 모든 고객접점을 통해서 얻는 자료를 통합하여 분석할 수 있는 기술적 도구와 인력을 갖추어야 할 것이다.

## (2) 데이터마이닝의 의의

데이터마이닝은 대규모 DB에서 비즈니스에 유용한 정보를 추출해 내는 과정이다.

데이터마이닝(data-mining)은 고객데이터를 최적의 채널로부터 수집하여 데이터웨어하우스에 저장한 다음 작업은 수집된 데이터를 분석하여 기업에 활용하는 것으로서 '발굴'이라는 의미가 있다. 즉, 고객데이터를 분석하고 그 속에서 고객행동패턴을 분석하는 것이다.

보통 데이터마이닝은 크게 두 가지 목적을 위해 활용된다. 하나는 특정 변수나 사건을 예측하는 것이다. 많은 기업들은 데이터마이닝을 이용하여 수백만의 고객들 중에서 기업의 마케팅 활동에 반응을 보일 확률이 높은 고객들을 예측, 선발하여 우편, 전화 또는 이메일을 통해 구체적으로 마케팅 캠페인을 전개한다. 이때 데이터마이닝을 통해 반응 확률이 높은 고객들을 예측하고 선별하여 마케팅 캠페인을 전개하면 반응률도 높일 수 있고 총비용도 훨씬 적게 들어 전반적인 마케팅의 효율을 증진시킬 수 있다.

데이터마이닝의 또 다른 사용 목적은 비즈니스 규칙을 세우기 위해 여러 가지 변수들 사이에서 존재하는 패턴이나 관계를 발견하여 고객의 행태에 대해 알려지지 않은 정보나 지식을 찾아내는 것이다.

예를 들어 어느 편의점은 맥주와 기저귀를 동시에 구매하는 고객들의 구매 패턴을 데이터마이닝 결과로 발견했다. 그 후 편의점은 이 정보를 이용해 맥주와 기저귀를 같은 진열대에 놓은 결과, 뚜렷하게 매상이 증가했다고 한다.

이렇게 고객들의 실제 거래에 대한 데이터를 통해 유용한 정보를 유도하고 이를 이용하여 기업의 경영성과를 높이는 등 전략적 우위를 점유하는 데 데이터마이닝은 중요한 일익을 담당하고 있다. 그러므로 CRM 경영방식을 도입하고 유용한 고객정보를 비즈니스에 활용하여 기업의 시장위치를 개선하려면 이러한 데이터마이닝을 수행할 수 있는 기업의 역량을 갖추는 것이 필수적이다.

데이터마이닝의 중요성은 기업들의 비즈니스 여건변화와 고객에 대한 인식변화를 꼽을 수 있다. 시장경쟁이 심화되어 가는 가운데 고객중심적 경영이 확산되면서 기업의 관리자들은 많은 정보, 특히 고객정보가 묻혀 있는 대규모의 DB, 즉 고객의 거래자료를 분석하는 구체적인 방법을 모색하기 시작했다. 그런데 매일 진행되는 많은 양의 거래뿐만 아니라 날로 증가하고 축적되는 자료를 적절한 형태로 저장하고 분석하는 일은 어려운 일이다. 그런 가운데 최근 컴퓨터 관련분야의 기술발달로 데이터마이닝 소프트웨어들이 시장에 출현하여, 고객정보로 경쟁의 우위를 점하려는 많은 기업에서 깊은 관심을 보였고 특히 금융업계와 소매업계를 중심으로 데이터마이닝 상품들을 활발히 활용하였다. 즉, 데이터마이닝 소프트웨어의 보급으로 과거의 매우 제한적인 거래 데이터의 이용을 최대한 활용하여 고객정보를 비즈니스에 이용할 수 있는 환경이 이루어진 것이다.

데이터마이닝을 통한 현재의 정보혁명은 개별소비자를 위한 주문생산과 개개인을 대상으로 하는 개인화된 광고가 실현할 수 있는 기반을 제공했고, 그리고 이러한 정보를 바탕으로 한 비즈니스 수행능력이 바로 오늘날의 시장경쟁에서 기업이 장기적인 성공을 이루고 전략적 우위를 유지하게 해 주는 중요한 원동력이 된다고 할 수 있다.

거래자료 중심의 데이터마이닝은 유용한 고객거래 정보의 도출과 비즈니스 정보를 제공하는 중요한 역할을 한다. 설문에 응한 고객의 반응만을 나타내는 설문자료는 실제로 관찰되는 고객행동과는 적잖은 차이를 보인다는 단점을 갖고 있으므로 실제로 기록된 거래자료를 대상으로 하는 데이터마이닝이 이런 면에서 설문자료를 대상으로 하는 시장조사를 보완할 수 있다. 또한 설문자료를 기반으로 한 고객정보는 한 시점에서 얻어진 것이어서 시계열적인 자료나 어느 특정기간 동안 관찰되어 측정되는 동적인 거래자료는 개별고객의 거래로부터 생기는 부산물이므로 장기간에 걸친 특정고객에 대한 정보를 얻기에 아주 안성맞춤이다.

데이터마이닝은 클러스터분석, 상관분석, 신경망(neural network), 패턴인식, 퍼지이론(fuzzy theory) 같은 고도로 정밀한 통계기법과 이론을 이용하고 있다.

그러나 고객의 실제 구입행동을 보여주는 거래자료는 특정 기업에만 한정된 것이고, 고객 형태의 이유를 충분히 보여주지 못하는 등의 여러 가지 한계점을 갖고 있다.

그러므로 기업의 모든 의사결정을 할 때, 데이터마이닝과 시장조사의 기법들을 함께 사용해 최대한의 정보를 얻고 이를 바탕으로 정보집약적 의사결정을 함으로써 CRM 경영을 성공적으로 이끌 수 있다.

### (3) 데이터마이닝의 활용

데이터마이닝에서는 다양한 예측 모델과 계량적인 기법을 사용하고 있다. 실제 기업활동에서 발생하는 여러 가지 다양한 비즈니스 문제나 마케팅 문제들을 해결하는 데 데이터마이닝은 적절한 정보를 제공해주고 있다.

그러면 구체적으로 데이터마이닝이 도움을 주는 비즈니스 문제들, 첫째,

예측이 필요한 문제와 둘째, 패턴발견을 통한 고객행동이해가 필요한 문제해결에 활용될 수 있다.

### 1) 예측이 필요한 문제

#### ① 고객이탈 예측

신규고객을 유치하는 것보다 기존고객을 유지하는 것이 훨씬 비용이 적게 든다는 것은 잘 알려진 사실이다. 기존고객을 유지하기 위해 기업은 경쟁사로 이동할 것 같은 고객들의 특성들을 발견, 그러한 고객들을 찾아내고 그들을 유지하기 위한 활동을 전개해 나갈 수 있다. 이를 위해 데이터마이닝은 이탈고객의 예측을 도울 뿐 아니라 고객관계 관리를 해나가는 데 유용한 정보를 제공한다.

#### ② 불법거래 탐지

불법거래 탐지는 이동통신사, 신용카드회사, 보험회사, 주식거래, 또는 정부기관들에게 커다란 관심사이다. 불법거래로 인한 손실이 엄청난 액수에 도달하기 때문이다. 데이터마이닝은 이러한 기업들로 하여금 불법거래들의 패턴을 밝혀낼 수 있게 도와줌으로써 실제로 발생될 불법거래로부터의 손실을 줄여줄 수 있다.

#### ③ 가망고객 예측

데이터마이닝은 신규고객 유치를 위해 가망고객 데이터베이스에 적용할 수 있는 패턴들을 밝혀낼 수 있다. 그리고 우량고객의 특성적인 패턴을 찾아내어 개별고객별 우량고객으로 될 확률을 가진 고객들을 선별하여 신규고객 획득의 비용효율을 높이는 데 큰 몫을 할 수 있다.

#### ④ 업셀링, 교차판매를 위한 표적고객 예측

다이렉트 마케팅에서는 어느 고객에게 어떤 종류의 제안을 하느냐가 중요한 문제이다. 데이터마이닝은 어느 고객이 기업의 마케팅 활동에 대해 반응을 보일 것인가를 예측하여, 업셀링이나 교차판매 대상이 될 표적고객을 선정하여 적절한 마케팅 캠페인을 전개할 수 있도록 지원한다.

#### ⑤ 기타 예측 목록

많은 기업에서는 반응모델을 자주 사용하는데 개별고객에 대한 정보가 주어질 때 그 상품을 구매할 확률을 예측할 수 있도록 만들어지는 반응함수가 바로 반응모델이다. 이러한 반응모델을 통해 전체 판매액 예측, 광고효과 분석, 개별기업이나 주식변화 예측, 신용카드 고객 중 연체고객 예측, 미디어 사용의 결정요인 예측을 들 수 있다.

### 2) 패턴발견을 통한 고객행동 이해가 필요한 문제

고객행동을 이해한다는 것은 계속 변하는 연속적인 패턴들을 이해하는 것이다. 이러한 패턴 발견은 여러 가지 문제에 도움을 준다.

#### ① 교차판매 기회

소득이 높은 상위고객군은 보통 관련상품을 팔기 위한 교차판매의 적절한 대상이 된다. 그 고객들을 거래자료를 데이터마이닝을 통해 분석하여 구매패턴을 발견하면 함께 구입하는 상품들을 찾아 낼 수 있고 관련상품을 아직 구매하지 않은 고객들에게 교차판매를 할 수 있는 좋은 기회를 포착할 수 있다.

#### ② 상품재고량과 진열위치 결정

소매상들은 개별고객이 함께 구입하는 품목을 파악하여 상품재고량과 진열위치를 결정한다. 소매점들은 어떤 고객들이 특정 상품을 얼마나 자주 구입하는가를 이해하기 위해 데이터마이닝을 거래자료에 적용하여 구입패턴을 발견 이러한 정보를 그 상품의 재고량을 결정하거나 소매점 내에서의 진열위치를 결정하는 데 이용한다.

#### ③ 판촉활동, 쿠폰의 효과 평가

고객의 거래자료를 데이터마이닝해 보면 어느 판촉활동에 고객이 많은 반응을 보였고 어떤 종류의 쿠폰이 효과적이었는지를 평가할 수 있어 판촉활동의 결과를 향상시키는 데도 데이터마이닝이 자주 사용되고 있다.

#### ④ 상품꾸러미 개발

시장꾸러미를 분석하여 상품꾸러미를 만들고 이를 통해 판매증진을 꾀한다. 고객들이 한번 구매를 하러 왔을 때 어떠한 품목들을 함께 구입하는지를 알기 위해 종종 시장바구니분석을 실시한다.

이런 목적으로 데이터마이닝을 하게 되면 방대한 양의 거래자료로부터 고객들이 자주 사는 상품꾸러미의 패턴을 발견할 수 있다.

#### ⑤ 신상품 개발

고객의 구매패턴을 찾아냄으로써 고객의 필요나 선호를 이해하여 신상품 개발에 이용한다. 과거에 고객들이 많이 구입한 상품들을 발견하고 그 상품들의 구체적인 속성들을 분석하면 고객이 필요로 하는 것 또한 선호하는 것이 무엇인지 밝혀 낼 수 있다. 이렇게 얻어진 상품정보는 차세대 상품속성이나 디자인에 좋은 정보가 되기도 한다.

## 3. CRM 시스템의 평가

CRM 시스템의 평가는 도입할 때의 평가와 실행 후의 평가로 나누어 볼 수 있다.

### (1) 도입시 평가

CRM 시스템의 경제적 효과분석을 위해서는 업무와 관련된 모든 항목과 더불어 기업의 목표지원도 향상과 고객요구사항 향상 등 무형적이고 전략적인 속성을 갖는 효과로 인해 재무적인 요소만을 고려해서는 CRM 시스템 투자효과를 제대로 파악할 수 없다. 따라서 정량적, 정성적 형태의 요소에 대한 평가가 동시에 요구되며 이러한 요소들의 경제적 가치평가작업이 이루어져야 한다.

CRM 시스템을 구축하고 운용하기 위해 들어가는 비용이 상당액수로 추정되어 대부분의 중소기업에는 부담이 될 수 있다. 그러므로 일단 CRM 시스템이 운용되면서 창출되는 수익이 투자액을 넘는다는 확신이 생길 때 투자결정이 실현될 수 있다.

이때 수익은 단기뿐 아니라 장기적인 효과도 감안하고 이에 따라 성과평가도 단기뿐 아니라 장기적인 관점에서 이루어져야 한다. 즉, 고객의 유지율, 구매증가율, 구매상품 수의 변화와 같은 요소들이 장기적인 관점에서 평가되어야 한다. 최근 CRM 관련 시스템들은 고비용의 부담도 있지만 수익률이 떨어지는 기존의 고객관계관리나 실제 영업담당자의 직관에 의한 마케팅보다 고객이탈방지, 잠재고객유치, 고객만족도 등을 증가시키는 효과를 가져올 수 있다. 따라서 이러한 투자 대비 다양한 효과를 고려한 CRM시스템의 비용－편익(Cost-Benefit)분석이 필요하다.

CRM 시스템의 도입의 의사결정을 위해서는 고려해야 할 다양한 속성이 있으며 이들 속성에는 정량적 속성과 정성적 속성이 혼재해 있다. 따라서 이들 속성에 대한 가중치를 정하고 속성 값의 가중합 형태로 최적의 의사결정을 하는 방법으로써 AHP(Analytic Hierarchy Process)기법이 사용될 수 있다. 이밖에 시스템 도입의 비용적 측면에서 의사결정을 하는 COO(cost of ownership)모형 등이 사용될 수 있다.

### (2) 실행 후 평가

CRM 시스템을 도입한 후 기업은 많은 변화를 맞이하게 될 것이다. 고객관리의 효율성 향상, 매출의 증대 등 CRM 시스템의 도입에 따른 기대는 매우 크다. 그러나 이 효과를 객관적으로 평가하기 위해서는 단일한 척도에서 평가하는 것이 필요하며 기업의 입장에서는 경제성이 가장 관심있는 중요한 단일 척도가 될 것이다.

기존의 CRM을 구축하는 방법론은 대체로 전략 수립, 구축, 구축완료, 실행이라는 통상적인 단계를 언급하고 있다. 그러나 CRM은 끊임없이 변하는 고객의 요구와 패턴을 대상으로 하는 것이다. 정해진 비즈니스 규칙 또는 규정을 대상으로 하는 ERP(Enterprise Resource Planning; 전사적 자원관리)와 달리 고객의 구매심리 변화 또는 사회적 통념 변화, 경기 불황 등 변화하는 대상으로 하는 시스템이다. 따라서 전략 수립, 구축 및 실행, 평가, 조정, 보완 등 보다 세분화되어야 한다. CRM의 근본인 데이터의 획득과 관리, 구체적인 전략 수립과 더불어 지속적인 도입 효과에 대한 평가 및 보완이야말로 CRM을 성공적으로 도입할 수 있는 가장 중요한 요소이다.

CRM 시스템의 경제성 평가를 위한 방법으로서는 SERVQUAL(Service Quality) 모형과 NCSI(National Customer Satisfaction Index) 모형이 사용되고 있다.

## 4. CRM과 유비쿼터스 컴퓨팅

### (1) 유비쿼터스(Ubiquitous) 개요

#### 1) 유비쿼터스(Ubiquitous)의 개념

컴퓨터와 네트워크의 발전을 기반으로 1990년대 초에 태동한 유비쿼터스 컴퓨팅은 1990년대 말 인터넷 기술이 더해지면서 발전에 더욱 박차를 가하고 있다.

유비쿼터스 컴퓨팅의 개념은 단순하게 기기 하나에 유비쿼터스의 개념이 심어진 것이 아니라 주변의 모든 기기들이 지능을 갖추고 네트워크화되어서 사람의 삶과 연계되는 것이다. 그러므로 현재 인간의 정보화 욕구의 최상위에 있는 것이 바로 유비쿼터스 컴퓨팅(Ubiquitous Computing) 또는 유비컴(Ubicomp)이라 할 수 있다. 유비쿼터스 컴퓨팅은 정보기술의 발달과 인간의 욕구가 결합되어 나타난 현상으로 기업은 고객들의 정보획득욕구에 부응하고 고객관계를 원활히 하기 위해, 그리고 고객은 언제 어디서나 자기가 원하는 정보를 획득하여 활용하기 위함이다.

궁극적으로는 인간이 인지하지 못하는 상태에서 어떠한 장치를 통해서라도 정보의 지능화를 실현할 수 있는 유비쿼터스 컴퓨팅 기술이 등장하고 있는 것이다(Anywhere 욕구). 결국 이러한 컴퓨팅 기술의 발전을 견인하는 것은 인간의 정보활용 욕구가 단계적이고 지속적으로 발전하고 있기 때문이다.

[그림 10-2]에서 Anywhere 욕구단계는 '모든 사물에 컴퓨터를 심고 네트워크로 연결함으로써 사물을 정보기술의 적용대상과 정보화의 영역으로 포함하고자 하는 새로운 욕구'라고 할 수 있다. 또한 '물리공간과 전자공간과의 연계'라는 것은 현재까지의 정보기술 발달과 활용의 욕구를 통합하여 정보기술 가능성의 극대화를 이끄는 방향으로 전개되고 있다.

이러한 정보기술의 발전에 따라 유비쿼터스 기술의 개념도 진화하고 있다. 궁극적으로 물리공간에 존재하는 자동차, 아파트 등의 물건들과 사람이 지

그림 10-2 정보기술 발달과 활용의 사회적 욕구 발전단계

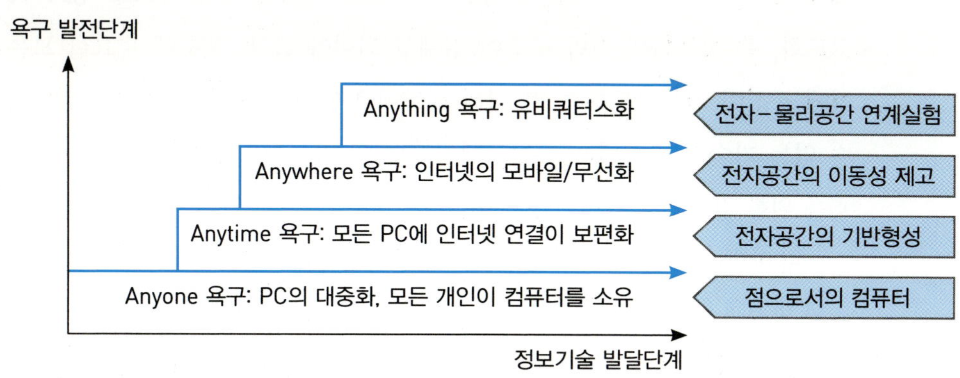


자료: 김승욱 외 4인, 고객관계관리, 형설출판사, 2004, p.193.

니고 다니는 옷, 안경, 신발, 시계 등의 사물들에 다양한 기능을 갖는 컴퓨터와 장치들이 설치되고, 이들을 보이지 않는 네트워크로 연결하여 이들 간에 자유롭게 정보가 흘러 다닐 수 있도록 하는 것이다. 즉, 유비쿼터스 컴퓨팅은 기능적·공간적으로 사람—컴퓨터—사물이 하나로 연결되는 것이다.

### 2) 유비쿼터스 컴퓨팅의 기반 및 기술 주요성

유비쿼터스는 라틴어로 '언제 어디서나 있는'이라는 뜻이며, 현재는 그 말 뜻이 컴퓨팅의 개념과 접목되어 언제 어디서나 사용자가 컴퓨터나 네트워크 환경을 신경쓰지 않고도 원하는 정보를 얻고, 원하는 행위를 가능하도록 하는 개념으로 진화하였다. 유비쿼터스 컴퓨팅의 핵심내용은 사용자가 언제, 어디서나 도처에 존재하는 특수 기능을 보유한 컴퓨터들을 편리하게 이용하여 필요한 업무를 처리할 수 있도록 하는 것이다. 그리고 자연스럽고 자율적인 컴퓨팅은 현재 우리가 의식하지 못하는 상태에서도 컴퓨터나 네트워크를 담고 있는 장치나 기계는 사용자가 필요로 하는 솔루션을 제공하고 있다. 이는 과거의 사용자가 장치나 기계를 이용하기 위해 필요한 기술을 배워야 하는 것과는 반대가 되는 개념으로 그만큼 자율적이고, 자연스러운 컴퓨팅은 생활이 가능하다는 것을 의미하고 있다.

또한 유비쿼터스 컴퓨팅은 언제 어디서나 우리가 인식하지 않고도 네트워크에 접속하여 편리한 생활을 영위할 수 있는 환경은 기본적으로 정보기술의 고도화, 즉 정보화의 기반 구축이 전제가 되어야 한다. 생활에 필요한 모든 기기에 통신이 가능하도록 하기 위해 네트워크가 가능하도록 기기별로 컨버전할 수 있는 기술과 광역대 네트워크에의 접속이 가능하도록 하는 기술, 사생활보호를 위한 정보보호 관련기술 등이 그것이다.

유비쿼터스 컴퓨팅은 컴퓨터의 발전과정에서 나온 개념으로서 컴퓨팅 개념의 발전과정은 다음과 같다.

이와 같이 기업이나 고객이 유비쿼터스 기술을 통해 정보를 공유하고 활용하기 위해서는 기술적인 발달, 사회적 기반구축 등이 필요하다. 유비쿼터스 기술

**표 10-1** 컴퓨팅 개념의 발전

| | 대형 컴퓨터 시대 | PC 시대 | 유비쿼터스 시대 |
|---|---|---|---|
| 시기 | 1980년대 | 1990년대 | 2005년 이후 |
| 컴퓨터 | 메인프레임(CS 환경) | CS+PC | CS+PC+지능화된 사물 |
| 대응관계 | 인간N : 컴퓨터 1 | 인간 1 : 컴퓨터 1 | 인간 1 : 컴퓨터 N |
| 활용 | 대형의 고가 컴퓨터를 다수 이용자가 공유 | 1인당 1컴퓨터 이용 | 다수의 컴퓨터가 도처에 존재, 사용자가 컴퓨터를 인식하지 않고 활용 |

자료: 삼성경제연구소, "유비쿼터스 컴퓨팅: 비즈니스 모델과 전망", p.7; 김승욱 외 4인, 전게서, p.194.

의 편리함은 기업과 고객에게 유용하게 활용되는 장점도 있는 반면, 더 좋은 정보를 공급해야 하는 기업의 측면에서는 경쟁력 강화의 과제도 점점 커질 것이다.

## (2) 유비쿼터스의 분류

인식할 수 없을 정도의 자연스러운 기기와 인간과의 조화, 이를 목적으로 하고 있는 유비쿼터스를 구현하는 방법은 크게 필요한 기기에 컴퓨터를 내장시키는 개념인 '유비쿼터스 컴퓨팅'과 컴퓨터를 최소한으로 작게 만들어 이동하면서도 컴퓨팅은 가능하도록 하는 '유비쿼터스 네트워크'의 두 가지로 구분해 볼 수 있다.

### 1) 유비쿼터스 컴퓨팅

미국에서 발전되어 온 개념으로, 작은 컴퓨팅 기기를 일반적으로 우리가 사용하는 기기 속에 심어놓아, 이를 통해 필요한 정보를 획득하거나 필요한 기능을 얻도록 하는 개념이다. 즉, 가는 곳마다 사용하는 물건마다 컴퓨팅 기기가 존재하도록 하는 구현방법이다. 아직까지는 사물 자체의 지능화를 통해 가상세계와 현실을 연계할 수 있는 기술력의 한계점과 물리적으로 작게 만들 수 있는 가능성, 컨버전의 문제 등 구현에 다소 기간이 걸릴 것으로 예상되고 있다. 궁극적으로 인간이 전기를 사용하는 것과 같이 아무런 불편없이 정보에 접속하고, 정보를 이용하게 되는 정보화 단계를 뜻한다.

#### 2) 유비쿼터스 네트워킹

휴대폰과 무선인터넷이 발전하면서 일본에서 유비쿼터스 컴퓨팅 개념을 발전시킨 것으로, 모바일 디바이스 또는 정보를 담을 수 있는 기기 중심으로 등장된 개념이다. PDA 또는 휴대폰으로 인터넷에 접촉하거나 노트북으로 무선인터넷을 사용하는 등 이미 상당 부분 실현되고 있어 유비쿼터스 컴퓨팅을 목표로 발전하는 기초 단계라고 할 수 있다.

### (3) CRM을 위한 유비쿼터스의 활용

CRM을 위한 유비쿼터스의 활용은 경영환경에 급격한 변화를 가져올 것이고, 이에 대응하기 위해 기업은 유비쿼터스 시대의 적응할 수 있는 기업모델을 창출해야 할 것이다.

#### 1) 유비쿼터스에 의한 CRM 환경변화

① Anytime, Anywhere, Anybody, Anynetwork, Anydevice, Anyservice 이른바 6A는 앞으로 다가올 유비쿼터스 세상의 핵심 키워드다. 유비쿼터스 시대에는 곳곳에 내장된 컴퓨터로 삶의 모든 것이 변하게 된다. 생활공간은 물론 작업현장까지 새로운 형태의 정의가 필요하다. 좋든 싫든 유비쿼터스가 제시하는 지배질서를 따라야 하는 것은 물론이다. 단편적인 온라인 세상보다 한층 업그레이드 된 것이다.

② 유비쿼터스는 세상을 바꾼다. 지배적인 게임의 룰 자체가 과거와 다르고, 사회 성격도 몇 가지 방향으로 변신을 반복한다. '개인주의 심화'가 대표적이다. 어제, 오늘의 일은 아니지만, 유비쿼터스 시대에는 개인적인 행동 양태가 주류를 나를 둘러싸는 까닭에 남과의 공유와 협력이 그다지 필요하지 않기 때문이다.

③ 유비쿼터스를 뜻하는 제3공간 거주자는 도처에서 자연스레 조직화된다

며 이를 "소리 없는 스스로의 조직화"(Silent selforganizing)로 명명한다. 군중 속의 고독을 깨트릴 관계를 가상공간에서 찾는다는 분석이다. 개인주의 심화는 곧 '위계질서 타파'로 이어진다. 유비쿼터스 시대에 가까워질수록 연공서열에 따른 전통적 위계문화는 변신을 강요받는다. 이른바 종적·상하관계에서 횡적·평등관계로 사회시스템이 바뀐다는 얘기다.

④ 효율, 편리, 즐김, 건강, 쾌적, 안정 등 이들 6대 인간적 추구욕구는 유비쿼터스 시대의 CRM에서 반드시 챙겨야 할 경영 변수다. 경영전략 방향을 이곳에 맞추지 않으면 더 이상 매출은 기대할 수 없다. 유비쿼터스 시대를 사는 사람들은 과거와 다르다. 때로는 극명한 차이를 보이며 삶의 우선가치를 본인에게 맞추는 경향이 강하다. 과거지향적 상품은 이미 시장에서조차 외면당하는 추세다. 시대변화에 부응하는 전략기술을 세운 기업만이 생존을 담보한다. 유비쿼터스는 CRM 차원에서 새로운 전략으로서 활용할 수 있는 필요한 시스템이다.

⑤ 끊임없이 변화·반복하는 트렌드는 때로 경제전쟁의 승패를 좌우한다. 다가올 트렌드를 미리 짚어내고 발 빠르게 대응한다면 승자가 될 확률이 높아지지만, 지나간 트렌드에서 벗어나지 못한다면 십중팔구 패자가 되기 십상이다. 유비쿼터스 시대에도 역시 마찬가지 현상이 발생한다. 유비쿼터스 혁명으로 인한 CRM 환경의 변화상을 잘 짚어내고 그에 따라 움직이는 기업은 승자가 될 수 있지만, 그렇지 않으면 패자가 될 수밖에 없다.

⑥ 유비쿼터스 시대의 도래로 인한 CRM 환경변화는 이미 여러 경로를 통해 감지되고 있다. 21세기를 지배할 비즈니스 트렌드 중 하나는 '연결'인데, 이는 '언제·어디서나' 누구와도 자유롭게 접촉할 수 있는 유비쿼터스 시대로 접어들면서 고립의 패러다임을 전제로 형성된 비즈니스 질서가 근본적으로 바뀐다는 것이다. '연결의 세상'은 일상생활까지도 가상과 실제가 연결되는 '4차원 고등방정식' 속으로 이동하게끔 만든다는 것이다.

⑦ 유비쿼터스 시대의 CRM 환경변화에 대응하기 위해서는 고객의 경험을 축적, 축적된 경험을 서비스재로 제공하는 마케팅을 구사하는 한편, 제품·서비스의 완전제품화, 경험의 가치화, 파트너의 협력, 고객에 대한 '어카운트' 개념도입, 영업인력의 컨설턴트화 경영 프로세스 정비 등이 총체적으로 요구되고 있다. 새로운 생태계의 등장인 만큼 극복 전략 또한 기민해야 한다는 것이다.

### 2) 유비쿼터스 시대의 CRM 기업모델

유비쿼터스 시대 기업환경의 변화는 크게 세 가지 계층의 등장으로 설명될 수 있다.

첫 번째는 콘텐츠를 제공하는 거대 기업의 등장이다. 이들은 전 세계 배급망을 가진 초국가 기업으로, 지금의 디즈니랜드나 유니버설스튜디오 등의 기업이 진화한 형태다. 또 방송사 등 인프라 기업들은 각 국가 문화 특성을 반영한 콘텐츠 기업으로 성장할 것으로 예측되고 있다.

두 번째는 인프라 제공기업의 성장이다. 인프라 제공기업 중에서도 상위 레벨은 유무선 통신기업, 방송사 같은 미디어 그룹이 꼽힌다. 이들은 자신이 가진 통신방송 인프라로 콘텐츠 제공 기업과 고객들 사이를 연결하는 통로역할을 하게 된다. 한편 각종 제조기업군은 하위 레벨을 차지하게 되어, 콘텐츠 제공기업과 인프라 제공기업의 보완재 역할을 하게 된다. 제조기업군은 소위 인프라 제공기업에 예속되는 셈이다.

세 번째는 귀족고객의 등장이다. 상위 20%의 소비자만이 '진정한 고객'으로 대접받는다는 것이다. 특히 유비쿼터스 시대의 경영환경 변화 요소로 꼽히는 가소유의 경제, 화려한 싱글족 등과 맞물려 새로운 문화 귀족주의가 등장할 전망이다. 과거 '유산자와 무산자' 개념이 '가소유자와 비가소유자'로 확장되면서 기업들은 고급 문화예술 상품을 높은 가격에 제공하는 한편, 싸구려 문화예술은 나머지 80% 고객에게 제공하는 전략을 구사하게 된다.

이와 같이 유비쿼터스 시대의 CRM 환경변화에 대처할 수 있는 이상적인

CRM 기업모델은 지금과 판이하게 다른 모습으로 변화해야 한다. 즉, 언제 어디서나 정보를 획득할 수 있는 유비쿼터스 시대에서 효율적인 CRM의 모델을 지금의 기업 모습에서 미래의 발전상을 발견해 볼 수 있다. 대표적인 예의 하나가 '할리우드 모델'이다. 미국의 할리우드 영화사들은 지난 1세기 동안 많은 영욕을 거쳤다. 이런 과정을 거쳐 과거와 같은 '기획에서 제작, 배급, 마케팅, 머천다이징, 후속편 제작'에 이르는 모든 일을 직접하면 기업생존의 위험성이 매우 높다는 사실을 깨달았다.

비즈니스 콘셉트를 구상하게 되고 비즈니스에 적절하게 적용을 한다. 그것이 바로 미래기업의 모델인 '할리우드 모델'인 것이다. 그렇다면 '할리우드 모델'은 구체적으로 어떻게 실행될까. 이 모델은 기획부터 후속편 제작까지 전 과정을 영화사들이 직접 담당한 데 비해 자신들은 기획과 예산만을 책임진다. 그리고 시장조사기관들이 시장을 조사하고, 전문 뷰티크에서 영화를 제작하며, 음반회사가 뮤직비디오 및 사운드 트랙을 비롯한 음악을 만든다.

또 캐릭터 비즈니스 관련기업이 캐릭터를 만들어 시장에 내놓는다. 이렇게 여러 기업들이 힘을 합쳐 시장을 만드는 것이다. 그런데 그 밑바닥에는 눈여겨 볼만한 비즈니스 논리가 숨어 있다. 즉, '할리우드 모델'에서는 일관성이라는 비즈니스 논리가 지배를 한다. 스타일과 유행의 창조, 전매제품(이미 시장에 나와 성공적으로 판매된 제품과 서비스), 스타 캐스팅, 뮤직 관련 비즈니스, 캐릭터에 이르기까지 일관성을 갖도록 통합돼 있어 상승작용을 일으키는 것이다. 사실 기획부터 후속편까지 제작할 때는 수월하겠지만 이제 모든 것이 전문화, 분업화된 마당에 일괄된 통합이야말로 가장 주요한 기반이 된다. 스타일과 유행의 창조는 할리우드 모델의 가장 중요한 요소인 것이다.

예를 들어 패션시장의 경우 패션이 가져다주는 환상적인 모습에 젊은이들이 매료되듯이 환상적인 스타일과 유행을 창조하는 것이다. 우리가 이제 일상적으로 보는 TV 드라마에 나오는 스타들의 옷과 액세서리들이 젊은이와 여성들 사이에서 불티나게 팔리는 것이 바로 '할리우드 모델'의 스타일과 유행창조의 결과에서 비롯된다. 다시 말해 스타일과 유행을 선도하는 것보다 고객들의 입방아를 찧게 하는 더 좋은 전략이 어디 있을까? 이 전략은 할리우드 영화사들이 깨달은 중요한 비즈니스 요소가 됐으며 유비쿼터스 시대를 열어가는 CRM을 지향하는 기업에게도 매우 중요한 가치다. 그러므로 스타일과 유행의 창조로 인한 고객들의 라이프스타일의 변화야말로 유비쿼터스 시대에 기업들이 가져야 할 비즈니스의 관심대상이다.

유비쿼터스 시대의 CRM 기업모델은 어떻게 만들어야 할까. 어떻게 성공적으로 마케팅을 실행해 성공적인 비즈니스를 영위하는가에 대한 해답을 바로 이 '할리우드 모델'에서 찾아 볼 수 있다.

지금까지 CRM을 위해 기업의 모든 초점을 고객에게 맞추라고 이야기했지만, 기업은 얼마나 고객에게 초점을 맞췄는지 모른다. 기업은 고객과의 관계를 지속적으로 유지하기 위해서는 고객을 중심으로 하는 CRM 전략을 '할리우드 모델'에서 찾아 볼 수 있다. 유비쿼터스 시대의 대비책으로 '할리우드 모델'에서 참고할 수 있는 CRM 전략은, 즉 스타일과 유행의 창조, 전매제품, 스타캐스팅, 뮤직 관련 캐릭터 등을 절묘하게 조화해 사람들로 하여금 돈을 쓰지 않으면 안 되게 하는 비즈니스 모델을 만들어내는 것이다.

Chapter 11

# 고객행동분석시스템의 구축

## 1. 고객정보통합시스템의 구축

고객정보통합시스템은 변화하는 경영 및 마케팅, 시장환경에 능동적으로 대응하고 고객세분화와 밀착관리로 고객로열티를 높이기 위해 분산된 데이터를 효율적으로 통합관리하기 위한 경영기법이다. 즉, 분산되어 있거나 자체의 통합·조정 기능이 없는 개별 고객정보데이터를 전사적으로 통합하는 것을 말한다.

따라서 고객정보통합시스템은 반드시 통합데이터베이스를 활용할 수 있는 정보시스템 구축이 선행되어야 한다.

그림 11-1 CRM 구현을 위한 고객정보통합시스템

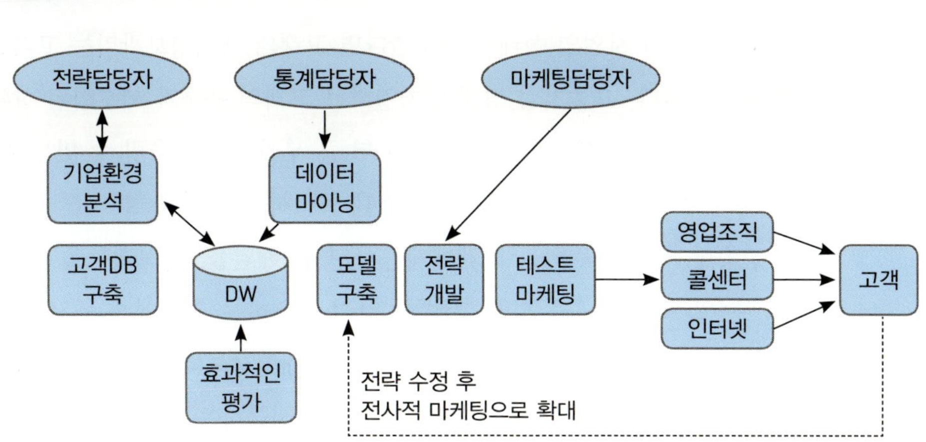

체계적 고객관리를 위해 CRM 추진이 증가됨에 따라 전사 차원의 데이터웨어하우스 구축이 요구되고 있다.

데이터웨어하우스는 고객지식 기반의 CRM 구현을 위해 기반이 되는 시스템이나 그 자체만으로는 CRM을 위한 솔루션이라 할 수 없으며 전략적 방향, 데이터마이닝과 같은 통계적 분석, 마케팅 모델, 고객접근 채널과의 연계, 캠페인의 기획과 실행 및 반응결과의 분석 등과 함께 통합적으로 운영되어야 한다.

### (1) 고객정보통합의 가치 인식과 전략화

기업은 CRM 정보시스템을 구축하기 위해 가장 신경을 써야 하는 부문은 개별 정보의 통합화, 즉 통합정보관리시스템이다. 따라서 업무별로 분산된 데이터를 전사적 차원의 정보로 통합하는 것이 절실히 요구된다.

'구축계획 수립' 단계에서 전사적 차원의 데이터 모형을 구축하고 데이터베이스 관리에 대한 표준을 수립하여야 한다. 또한 기존 운영데이터베이스구조에 대한 개선안을 수립하여 정보기술의 하부구조에 대한 평가와 데이터웨어하우스 구축을 위한 세부계획을 수립·운영해야 한다.

### (2) 개인정보의 효율성 제고

고객관리가 사업의 성패를 좌우한다면 고객의 개인정보관리는 고객관리의 성패를 좌우한다. 요즘처럼 경쟁이 치열하고 고객의 욕구가 세분화된 상황에서 좋은 제품을 저렴하게 공급하는 것보다 더 큰 부가가치를 올릴 수 있는 것은 바로 고객의 욕구에 적합한 제품과 서비스를 공급하는 것이다.

신속한 배달을 원하는 고객에게는 신속한 배달을, 정보획득을 원하는 고객에게는 필요한 정보를 제공, 저렴한 가격을 원하는 고객에게는 저렴한 제품을 공급해야 한다. 따라서 고객관리의 핵심은 개인정보의 효용가치를 극대화시키는 것이다. 고객이 지불하는 가격은 기업이 지불하는 비용보다 높다는 사실을 기초로 개인정보의 효용가치를 지속적으로 개발하는 작업에 집중해야 한다.

### 개인정보의 효용성 극대화를 위한 연구방법

- 신규고객의 가입기간 흐름에 따른 반복구매 내역
- 최근 3개월간 구매한 고객들의 매출추세
- 사용료 등급별 반복구매와 수익기여도 분석
- 가입경로별 고정고객 현황과 매출수익기여도
- 개인고객의 매출과 수익실현 비중
- 연령별 직업별 통신판매 이용현황 분석
- 거래별 고객욕구의 유형분석
- 교차판매를 위한 개인고객 데이터 활용
- 반복구매를 유인할 수 있는 데이터베이스 판촉전략

## 2. 고객분석의 개요

### (1) CRM 분석활동 프로세스

전략과 시스템이 갖추어지면 CRM 실행을 위한 데이터를 분석해야 한다. CRM 실행을 위한 분석단계를 크게 고객평가와 고객세분화로 구분하여 실시할 수 있으나, 둘 사이의 구분이 명확히 되는 것은 아니며 중첩되는 부분과 상호 보완적인 부분이 있다. CRM의 실행에서 명심해야 할 점은 CRM은 1회성 활동이 아니라 일상적으로 연속해서 전개되는 마케팅 혹은 경영활동이라는 점이다. 또한 CRM은 실행과정에서 계속 평가하고, 그 결과를 바탕으로 수정/보안하여 문제점을 개선하고 변화하는 고객의 특성을 파악할 수 있어야 한다.

이에 따라 전사적 데이터웨어하우스를 다음과 같이 다양하게 활용함으로써 회사의 경쟁력 강화를 통한 수익성 향상을 도모할 수 있다. 고객행동분석을 위한 CRM 프로세스를 살펴보면 다음과 같다.

그림 11-2 CRM 분석활동 프로세스

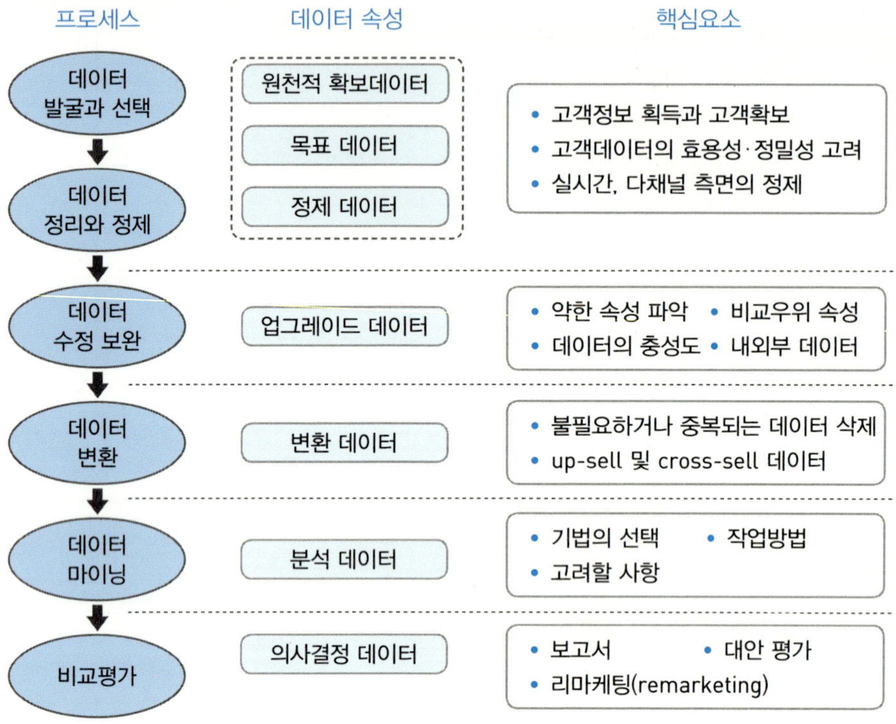


자료: 송현수, e-CRM 구축과 운용전략, 2001.4, p.121.

### 1) 데이터의 발굴과 선택

데이터의 발굴과 선택은 데이터의 수집 및 확보방법의 개선을 말한다. 데이터를 수집할 때 과거처럼 무조건적으로 입력하는 것이 아니라, CRM 운영의 전략적 차원에서 데이터마이닝을 염두에 두고 접근하는 자세가 필요하다. 데이터 발굴은 고객과의 관계개선 활동에 지대한 영향을 미치는 개인화와 밀접한 관련이 있는데, 이를 전제로 고객 개개인에 대한 데이터를 발굴하고 이용가능한 데이터를 정제·분류·통합하여 보다 효과적으로 활용할 수 있도록 해야 한다.

### 2) 데이터의 정리와 정제

데이터마이닝은 데이터의 정리와 정제를 기초로 데이터를 분류·정리할 수 있어야 한다. 과거의 고객데이터 확보 자체에 비중을 두는 고객관리 기능에서 이제는 고객접점 경로별로 생성되는 다양하고 실시간적인 데이터를 확보·분석하여 고객관계나 로열티 등에 어떠한 영향을 미치는지를 살펴보는 것이 중요하다.

### 3) 데이터의 수정과 보완

데이터를 수정·보완하기 위해서는 정보처리의 기능을 강화해야 한다. 데이터는 "수집과 확보(capturing) → 검증(verifying) → 분류(classifying) → 선별(sorting) → 요약과 압축(summarizing & constriction) → 계산(calculation) → 보관(storing) → 검색(retrieving) → 재생과 처리(reproducing) → 전달(communication)과 활용" 등의 절차를 거쳐서 처리된다.

### 4) 데이터의 변환

데이터의 변환은 단위별 데이터를 하나의 정보군으로 변환하는 작업이다. 기업은 이러한 데이터처리를 통하여 정보로서의 가치, 유용성, 타당성 등을 고려하고, 조직이 처하는 상황에 실시간으로 적절히 대응할 수 있게 한다. 데이터마이닝은 이러한 상황대응력을 제고시켜 준다.

### 5) 데이터마이닝의 보완

앞서 설명한 바와 같이 데이터마이닝은 단순하게 데이터를 모으고 분석하는 종전의 방식과는 구분되며, 차별화된 데이터의 보이지 않는 패턴이나 상황을 찾아내는 데 그 의의가 있다. 따라서 데이터마이닝은 기존 데이터베이스의 조회기능을 상호보완하고 심층 입체분석하여야 한다. 이를 참고로 하여 CRM의 업무영역별·목적별 정보를 분석한다. 즉, 데이터마이닝은 고객이탈방지, 고객

성향분석, 고객데이터 가치분석, 고객접점별 마케팅 효과분석, 고객행동 가치분석, 고객별 로열티 증대방안 수립과 전개 등에 사용된다.

#### 6) 비교 및 평가

데이터마이닝을 이용하여 전자상거래에서의 고객형태분석의 결과 및 정보는 타 경쟁기업 간의 비교가 가능하고, 자사의 제품 및 서비스에 대한 평가를 가능하게 함으로써 기업이 목표로 하는 바를 실행할 수 있는 전략수립에 활용할 수 있다.

### (2) 고객 데이터의 수집

고객 데이터는 먼저 내부 데이터와 외부 데이터로 나눌 수 있다. 내부 데이터는 다시 기초적인 데이터와 접촉 및 거래 데이터 등으로 나눌 수 있으며 외부데이터는 조사, 직접입수, 제휴활용 데이터로 나눌 수 있다.

#### 1) 내부 데이터

##### ① 기초적인 데이터

기초적인 데이터의 대표적 사례는 가입 신청서 기재된 데이터이다. 오프라인 기업의 경우 주로 금융 기관들이 가입서 신청서를 받고 있으며, 온라인 기업의 경우 상거래 모델은 회원가입을 거래의 전체조건으로 하는 경우도 많다. 기초적인 데이터는 매우 중요하지만, 쉽게 확보하기는 어려우며 기초적인 데이터만으로 고객의 행동을 설명하거나 예측하기는 쉽지 않다.

##### ② 접촉 및 거래 데이터

접촉 및 거래 데이터는 고객과 기업이 거래하거나 그 밖의 접촉을 했던 기록을 의미한다. e-비즈니스의 경우 고객이 언제 자사 인터넷 사이트에 접촉했는지, 사이트내에서 어떤 웹 페이지나 항목에 관심이 있었는지, 어떤 불만이나 문의를 제기했는지 등의 정보를 쉽게 얻을 수 있다. 오프라인 사업의 경우 고객의 주문 이력, 금융거래내역, 매장에서의 POS 자료 등의 접촉 및 반응 데이터가 있다. 또 콜센터를 통해 문의 및 불만 데이터를 입수할 수 있으며, 활동을 통한 데이터의 수집도 가능하다.

### 2) 외부 데이터

#### ① 조사 데이터

조사 데이터는 소비자의 성향과 추세를 파악하는 등의 특정 목적을 위하여 설문지 방법을 통한 데이터를 의미하여 패널을 통한 데이터 역시 이에 포함된다.

설문지를 이용하여 조사대상자들로부터 자료를 수집하는 방법은 대인면접법, 전화면접법, 우편조사법, 인터넷조사법 등이 있다.

#### ② 직접입수 데이터

직접입수 데이터란 고객의 동의를 얻은 전문 고객 데이터 공급업체로부터 구입한 데이터를 의미한다.

전문 고객 데이터 공급업체에서 공급된 데이터는 제한된 예산과 시간상의 제약 등의 문제를 가진 기업에게는 유용한 정보원이 되기도 한다.

#### ③ 제휴활용 데이터

제휴활용 데이터란 다른 회사가 보유하고 있는 고객 데이터를 간접적으로 활용할 수 있는 경우를 말한다. 즉, A기업이 필요로 하는 고객 데이터를 B기업이 가지고 있는 경우, A기업은 B기업과 계약을 맺고 B기업이 주체가 되어 A기업의 상품을 판매하는 마케팅 활동을 전개할 수 있다. 물론 이런 경우는 대부분 CRM의 범위 중 신규고객 확보 측면에서 발생된다.

### (3) 고객 데이터의 통합

다양한 경로를 통하여 수집되는 고객 데이터를 통합하여 유지하는 것은 매우 어려우면서 중요한 사항이다. 데이터의 원천에 따라 포함하고 있는 고객 정보의 특성이 다르므로 통합된 데이터베이스를 활용한 고객 행동 분석 및 예측은 CRM의 필수적 요소이다.

더욱 효과적인 고객 데이터의 통합관리를 위하여, 최근에는 부서별 데이터마트 혹은 전사적 데이터웨어하우스를 구축하고 있다.

## 3. 고객의 평가

### (1) 고객의 평가 개요

고객평가는 현재 자사의 보유고객 혹은 잠재고객이 어떻게 구성되어 있는지를 파악하기 위하여 필요하다. 고객 평가를 통하여 모든 고객을 동일하게 보지 않고, 자사의 수익에 매우 긍정적 영향을 미치는 고객과 반대로 부정적 영향을 미치는 고객, 이탈할 가능성이 높은 고객 등을 파악하여 마케팅 활동에 유용한 정보로 활용될 수 있도록 한다.

고객 평가를 바탕으로 생성된 고객에 대한 각종 점수는 신규고객의 획득, 이탈 가능성이 높은 고객 추출, 고객의 충성도를 높이는 데 활용될 수 있다.

### (2) 고객의 평가기법: RFM 분석

RFM 분석이란 독립된 3가지 요인에 의하여 측정된 고객 점수로써, 최근성, 거래빈도, 구매 금액을 의미한다. 즉, 최근에 구입(거래)하고, 구입(거래)빈도가 높고, 구매(거래)금액이 많은 고객이 우량고객이라는 것을 의미한다. 가장 중요한 고객은 앞으로 많이 구입해 줄 고객들이고 어떤 사람들이 이런 고객들이 될 것인가를 생각해보면 같은 요소들이 들어간다는 것은 당연하다. 즉, 고객이 기업에 수익기여도가 얼마인가를 알아볼 수 있다.

RFM 분석에서 점수(score)를 구하는 것이 중요한데 이는 조직이 처한 환경에 따라 계산방식이 달라질 수 있다. RFM 점수를 산출하는 기본 공식은 〈표 11－1〉과 같다.

**표 11－1** RFM 점수를 산출하는 기본 공식

RFM 점수 $= [(W_1 \times R) + (W_2 \times F) + (W_3 \times M)] / 등급수 \times 100$

여기서 Wi = 가중치, R = 최근성, F = 빈도, M = 금액을 나타냄

RFM 점수를 산출하는 방식은 목적에 따라 몇 가지가 있으나 대표적인 예를 소개하도록 한다.

RFM 세 가지 요인에 대한 각각의 중요성을 감안하여 가중치를 부여한 뒤, 평가함으로써 점수를 산출한다.

통신판매회사의 예를 들어 설명하자면 RFM 각 요소에 대하여 30%, 30%, 40%의 중요도를 부여하고, 가중치는 ×5, ×3, ×2로 하여, 각각 고객들에게 점수를 부여하는데 다음과 같은 방법을 사용한다.

먼저 관련 점수는 다음과 같이 구입일이 가까울수록 높은 점수를 준다.

- 30점: 과거 3개월 이내.
- 15점: 과거 6개월에서 3개월 사이
- 10점: 과거 9개월에서 6개월 사이
- 5점: 과거 12개월에서 과거 9개월 사이

구매빈도에 따른 점수는 구매건수 1회에 4점을 곱해 산출하되 상한점을 30점이 되도록 표준화한다.

그리고 구매금액에 따른 점수는 1만원 단위로 1점씩 주어 계산하되 상한점은 40점이 되도록 표준화한다.

**표 11-2 | RFM 공식의 기준 설정 예**

- R(recency): 구매일
  - 30점: 과거 3개월 이내.
  - 15점: 과거 6개월에서 3개월 사이
  - 10점: 과거 9개월에서 6개월 사이
  - 5점: 과거 12개월에서 과거 9개월 사이
- F(frequency): 구매빈도
  - 1회 구입시 4점(최고 30점)
- M(monetary): 구입금액
  - 1만원 단위로 1점(최고 40점)
- 총점=100점을 만점으로 고객을 점수화한다.

이와 같은 방식으로 100점을 만점으로 고객을 점수화한다.

그러나 이와 같은 방법은 분석자가 RFM에 대한 가중치를 사전에 정해주어야 하기 때문에 주관적 판단이 개입되며 특이하게 한 요소에서 점수가 높은 고객에 의하여 대부분의 고객 사이의 점수 차이를 작게 할 수 있는 우려가 있다.

RFM 점수는 데이터베이스 마케팅에서 가장 많이 사용된 고객 점수 산출기법으로써, 지금도 널리 사용되고 있는 기준이다. 최근에는 상품의 종류가 다양해지면서, 상품의 종류(T)를 포함한 FRAT를 사용하는 경우도 있다. 즉, RFM분석에 상품을 추가하여 FRAT 분석, 즉 F(빈도: Frequency), R(최근성: Recency), A(구매력: Amount), T(구입상품: Type of merchandise/service)로 확장하여 운영하는 사례도 있다.

## (3) 고객생애가치 분석

### 1) 고객생애가치의 이해

고객으로부터 얻게 되는 이익흐름의 현재가치를 고객생애가치라고 부른다. 여기서의 가치는 고객의 가치라기보다는 기업의 가치이다.

고객생애가치(CLV: Customer Lifetime Value)는 고객 한 사람이 우리 점포에서 최초로 구매한 날로부터 고객으로 존재하는 전체 기간 동안에 기여한 누적

순이익가치를 금전적으로 평가한 것이다. 누적순이익가치라는 의미는 단기적으로 특정시점에 평가되는 고객의 가치가 아니라 장기적인 관점에서 고객의 가치를 평가한다는 것을 의미한다.

예를 들면 오늘 우리 점포에서 생활필수품을 10만원에 구매한 고객을 현재시점의 가치로만 판단한다면 10만원의 가치를 지닌 고객이 된다. 하지만 이 고객과 관계를 지속적으로 유지함으로써 향후 10년간 우리 점포고객으로 계속해서 남아 있을 경우 고객의 가치는 5천 2백만원의 가치를 지닌 고객이 된다. 따라서 점포에서는 고객이 우리 점포에서 지속적으로 구매할 수 있도록 관리하는 것이 매우 중요하다.

### 2) 고객생애가치 산출기준

고객생애가치는 누적순이익가치를 현재가치로 평가한다. 순이익가치는 고객이 우리 점포에서 고객으로 존재하는 기간에 구매한 총액이 아닌 비용을 차감한 이익가치라는 점에 유의해야 한다. 점포 영업현장에서 VIP 마케팅이 확산됨에 따라 구매총액이 큰 고객과의 관계유지를 위해 과도한 비용을 지출하는 사례가 종종 발생된다. 하지만 VIP 고객에게 지출하는 비용이 높아 점포의 이익이 낮다면 그 고객의 생애가치는 낮아질 수 있다. 따라서 고객에게 지출되는 비용을 항목별로 관리해야 한다.

**표 11-3** CLV 산출공식

- 고객생애가치 = (평균구매금액 − 평균지출비용) × 점포이용기간
- 평균구매금액 = $\left(\dfrac{\text{구매총액}}{\text{점포이용기간}}\right)$
- 평균지출금액 = (평균상품원가 + 고객당 지출비용)

### (4) 고객선호도의 유형 분석

고객에게 적합한 제품과 서비스를 제공하기 위해서는 고객이 진정으로 무엇을 원하는지 파악해야 한다.

#### 1) 고객행동 선호도의 유형

고객이 특정회사에 접근하는 것은 그 회사에 무언가 특별한 것을 기대하고 있기 때문이다. 무언가 특별한 것의 의미는 고객행동의 요소와 상관관계가 있다.

고객의 행동은 시간, 장소, 지역, 인종, 국가, 소비자 규모, 법률, 관념, 문화, 매스컴, 제약요건, 집단습성 등에 따라 다르게 나타난다.

#### 2) 고객행동 유발 특성

고객행동 선호도의 유형이 신규고객 확보를 위한 행동가치 발상이라면 고객행동 유발특성은 고객 자신이 인지하거나 인지할 수 없는 상황에서 자신의 성향, 주관적 관점, 과거의 고객행동경험 등을 통해 하나의 구매행동으로 일어나는 경우를 말한다.

고객의 구매행동의 원인은 유인행동효과, 세뇌행동효과, 대조·나열행동효과, 협상 커뮤니케이션효과, 구성·연출효과, 선도효과 등이 있다.

#### 3) 고객반응과 구매행동의 관계

고객들과 상담할 때 즉, 고객접점이 발생하는 그 순간에 제품구매나 서비스이용을 유발하는 것이 매우 중요하다. 물론 이 고객행동분석에서 고객들의 반응강도를 측정하기는 무척 어렵다.

만약 어떤 기업의 상품이 꼭 필요하기는 하지만 일정 기간 안에 구입하지 않으면 불리하다는 심리적 압박감 등을 유발시킨다면 고객들의 반응과 태도는 상대적으로 높게 나타 날 것이다.

## (5) 로열티고객의 데이터 확보

### 1) 로열티고객 데이터의 생성과 활용

고객 데이터의 확보는 기업의 CRM 경영목표와 고객욕구 충족, 차별적 고객관리 실무와 병행되어야 한다.

고객의 데이터를 수집하는 방법에는 여러 가지가 있지만 크게 각종 경로를 통해 이미 방대한 데이터가 입수·축적되어 있는 회사 내의 리스트를 재정리하는 방법과 외부로부터 구입하는 방법 두 가지가 있다.

잠재고객을 로열티고객으로 전환시키기 위해서는 단기적인 성과에 치중한 고객개발전략보다는 지속적인 유대관계와 니즈 파악에 근거한 장기적인 고객개발전략의 수립이 필요하다.

### 2) 로열티고객의 분석

로열티고객을 분석하면 자사의 고객이 어떤 구매행위형태를 나타내는지를 알 수 있으며 이를 통해 고객의 니즈를 판단할 수 있기 때문에 로열티고객 분석은 정확한 위상 파악과 사업방향을 설정하는 데 결정적인 역할을 한다.

그리고 로열티의 측정항목을 살펴보면 다음과 같다.

#### ① 고객로열티 측정항목

신규고객 유지율, 기존고객 보유율, 고객점유율, 월별 평균 신규고객수, 구매빈도, 평균구매량, 고객이탈률, 고객예산점유율

#### ② 로열티고객의 행동 특성

반복애용성, 시간성, 신뢰성, 신용성, 적극적인 추천, 비이탈성, 수익성, 접촉, 참여성

#### ③ 고객로열티와 고객구매주기의 관계

고객로열티를 파악하는 가장 손쉬운 방법은 바로 RFM 고객경험법칙을 활

용하는 것이다. 하지만 그 이전에 고객들이 과연 어떤 구매습성을 지니고 있는지를 파악한다는 것은 매우 의미있는 것이다.

고객구매주기에 따른 고객로열티 분석은 인지·인식 단계, 정보수집과 비교판단 단계, 최초구매 단계, 구매 후 평가 단계, 재구매 결정 확신 단계, 재구매 행동실현 단계, 로열티가치 인지 단계로 진행된다.

특히 로열티가 높은 고객은 재구매 행동실현단계를 넘어서게 되면 로열티 가치 인식 단계로 더욱 로열티를 향상시켜 가는 현상이 나타난다.

## (6) 고객평가의 활용

### 1) 신규고객평가(유치)

신규고객 획득에서 가장 어려운 점은 신규고객에 대한 데이터의 부재이다. 자사의 고객이 아니므로 고객에 대한 정보가 없거나 부족할 수밖에 없다. 따라서 가장 잠재성이 높은 고객은 인바운드 고객일 것이다. 즉 각종 유통경로, 예를 들어 직접 방문하거나, 전화문의, 인터넷 홈페이지 방문 등을 한 고객은 어느 정도 구매의향이 있다고 판단되며 이러한 고객에 대한 분석과 마케팅은 상대적으로 효과가 높은 것으로 기대한다.

구매 가능성이 높은 고객에 대한 리스트를 확보한 후, 확보된 리스트의 고객에 대해서만 데이터베이스 마케팅활동을 전개하는 전략이다. 이 방법에는 다음과 같은 세 가지가 있다.

첫째, 추천방안

기존 고객으로부터 특정 물품이나 서비스에 관심을 가지고 있는 잠재고객을 소개받은 후 전화, 인적판매, 다이렉트 메일 등을 통해 새로운 고객을 확보해 나가는 방식이다.

둘째, 고객문의 리스트 확보방안

제품이나 서비스에 대한 문의를 권유하는 직접 반응광고를 통해 고객의 리스트를 확보하고, 이들 잠재고객을 다이렉트 메일이나 전화를 통하여 신규고객으로 전환시키는 방안이다.

셋째, 2단계 인적판매전략

텔레마케팅이나 다이렉트 메일 등을 통해서 상품에 관심이 많은 잠재고객의 리스트를 확보하고 판매가능성이 높은 고객에 대해서만 상품에 대한 방문설명을 함으로써 판매원의 효율적인 시간 활용을 뒷받침해 줄 수 있다.

### 2) 기존고객평가(유지)

일반적으로 신규고객의 유치를 위한 비용보다는 기존 고객의 이탈방지를 위한 비용이 저렴한 것으로 받아들여지고 있다. 또한 시장 포화상태에서는 기존고객의 이탈방지가 더욱 중요한 이슈가 된다.

이탈한 고객의 예측은 과거 이탈한 고객에 대한 데이터를 바탕으로 이루어진다. 이를 바탕으로 유지하고 있는 고객 중, 기존의 이탈고객과 유사한 특성을 보이고 있는 고객이 이탈한 성향이 높은 것으로 가정하고 이들을 대상으로 집중적인 관리를 한다.

### 3) 우량고객평가(강화)

우량고객이란 일반적으로 지속적으로 자사에 이익을 주고, A/S 건수가 빈번하지 않아 고객관계 유지비가 적게 들면서, 충성도를 유지하고 있는 고객으로 말할 수 있다. 고객 충성도란 오랜 기간 동안 자사의 제품을 구입하거나 계약을 유지하고 있으면서 추가적인 구입, 계약 가능성이 높은 정도를 나타내는 것이다.

가전제품이나 자동차와 같은 내구재는 가격이 비교적 비싸고 그것이 갖는 사회적 이미지 등으로 인해 지각된 위험성이나 관여도 등이 높은 제품으로 알려져 있으며, 구매 후에 자신의 결정이 잘 된 것인지에 대한 불안감을 느끼게 된다. 고객유지전략은 고객의 이러한 불안감을 제거해 주는 것이다. 즉, 구매한 제품에 대한 여러 가지 정보(A/S, 제품 사용방법, 주변기기, 긍정적인 제품평가 내용 등)를 제공해 줌으로써 구매한 제품에 대해 호의적인 태도를 갖게 함과 동시에,

구매한 고객에 대해 개인적인 관심을 표명함으로써 가치 있는 고객으로 대접받고 있다는 감정을 갖게 하는 것이다.

## 4. 고객세분화

기업은 장기적으로 높은 수익을 안겨주는 고객을 확보하고 집중해야 한다. 해당 고객이 VIP 고객이 맞는지, 얼마나 가치가 있는 고객인지를 파악해야 한다. 평생 동안 기업에 가져다 줄 가치의 합이 큰 고객, 즉 생애주기가치가 높은 올바른 고객(right customer)를 찾아내고 이 고객에게 보다 특별한 대접을 할 수 있도록 최대한 집중해야 한다. 이를 위해서는 고객세분화가 필수적이다.

고객세분화 작업은 고객의 요구, 기호 행동 및 경제적인 잠재가치를 기반으로 수행되어야 하는데, 이런 고객의 수익성은 마케팅, 영업 및 상품 부문에 기업의 자원을 할당하는 의사결정문제의 중요 기준으로 작용한다.

고객세분화에 쓰이는 기법으로는 군집분석, 의사결정나무가 사용되며, 세분화를 위하여 사용할 변수의 선택이 중요하다. 세분화 기준 변수로는 기본적으로 구매액수, 구매빈도, 구매의 최근성이 필요하며 나이, 성별 등 인구통계학적 변수도 사용된다.

고객세분화기법으로 많이 활용되는 군집분석의 경우를 예로 들어보면, 군집분석은 어떤 목적변수의 값을 예측하기 위한 것이 아니라, 각 고객별 구입 액수, 빈도 등을 바탕으로 속성이 비슷한 고객들을 묶어서 몇 개의 의미 있는 그룹으로 나누는 것을 목적으로 한다. 마케팅관리자나 의사결정자들에게는 고객들을 몇 개의 군집으로 나눈다는 것이 최종적인 목표가 아닌 경우가 대부분이기 때문에 군집분석은 주로 다른 분석을 위한 사전단계로 쓰여질 때가 많다. 예를 들어, 증권사에서 고객의 특성을 약정금액, 수익률, 계좌 수, 거래기간으로 보고 군집화를 한 후, 각 군집별로 가장 적절한 마케팅 활동을 하는 데 사용될 수 있다.

CRM은 고객분석을 통해 고객군을 세분화하고 이들 군(群)에 적합한 차별화전략을 구사하는 것이다. CRM의 일환인 RFM 분석은 고객거래 자료를 통해서  조직의 새로운 제안에 대한 반응할 잠재고객을 확인하기 위해서 사용하는 방법이다. SPSS(Statistical Package for Social Science) 프로그램에서는 RFM 분석을 하는 방법으로 거래 데이터(Transaction Data) 이용방법과 고객 데이터(Customer Data) 이용방법이 있다. 의사결정자는 RFM 점수에 의해서 고객을 세분화하여 이에 맞는 고객관련 전략을 구사할 수 있다.

## 5. 오프라인 CRM과 eCRM의 고객행동분석

오프라인 CRM과 eCRM은 고객간의 접점을 매우 중시하고 철저하게 개별(one to one)마케팅을 활용하고 이익창출이 높은 로열티고객을 존중하며, 궁극적으로는 고객생애가치를 중시한다. 즉, 오프라인 CRM과 eCRM의 가장 공통된 특성은 원투원마케팅과 데이터베이스마케팅 활용을 기초로 고객정보를 통합하고 고정고객화를 통해 고객의 수익기여도를 장기적·지속적으로 실현하고자 하는 것이다.

앞서 설명한 바와 같이 eCRM은 e비즈니스 환경 속에서 전개되는 CRM을 의미한다. 따라서 eCRM과는 달리 인터넷을 통해 고객 데이터를 수집하고, 고객과 쌍방향으로 실시간 커뮤니케이션이 가능하다는 특징이 있다.

**표 11-4** 오프라인 CRM과 eCRM의 공통점

- 고객접점과 커뮤니케이션 경로의 활용 중시
- 원투원마케팅, 데이터베이스마케팅 활용 중시
- 고객서비스 개선 및 거래활성화를 위한 고정고객 관리
- 로열티고객 확보와 고객생애가치 증대에 전략적 우선 목표 설정
- 고객 개개인에 대한 차별적 서비스를 실시간으로 제공
- 데이터마이닝 등 고객행동분석의 전사적 활용 추구

오프라인 CRM과 eCRM의 차이를 간략히 설명하면 [그림 11-3]과 같다.

그림 11-3 CRM과 eCRM

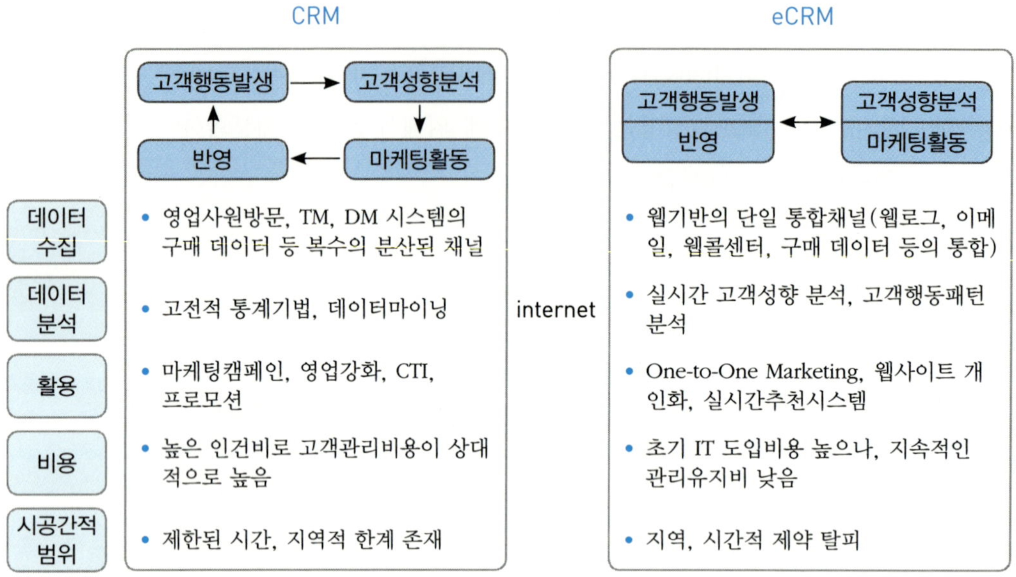


자료: 이상민 외, 인터넷 시대의 고객관계관리(CRM), CEO information 제262호, 삼성경제연구소, 2000.9.6; 신영석, eCRM/CRM의 정의와 사례, 2000.8, p.54.

## 6. 빅데이터 고객행동분석

최근 유통업계와 카드회사 등 모든 분야에서 고객맞춤형 서비스를 제공하기 위해 복잡한 고객행동을 분석하는 데 많이 활용하고 있는 것이 빅데이터이다.

CRM은 고객 데이터를 통해 시간에 따른 고객의 생애단계와 욕구의 변화를 분석·학습하고 예측해서 각 고객에게 차별화되고 맞춤화된 CRM을 수행하는데 주요 의의가 있다.

### (1) 빅데이터의 의의

빅데이터(big data)는 데이터의 생성량, 주기, 형식 등이 기존 데이터에 비해 너무 크기 때문에, 종래의 방법으로는 수집, 저장, 검색, 분석이 어렵고 복잡한(complexity) 대규모 데이터를 말한다. 과거 아날로그 환경에서 생성되던 데이터에 비하면 그 규모가 방대하고, 생성 주기도 짧고, 형태도 수치 데이터뿐 아니라 문자와 영상 데이터를 포함하는 대규모 데이터를 말한다. 빅데이터의 특징은 초대용량의 데이터량(volume), 다양한 형태(variety), 빠른 생성속도(velocity)라는 뜻에서 3V라고도 불리며, 여기에 네 번째 특징으로 가치(value)를 더해 4V라고 정의하기도 한다. 빅데이터에서 가치(value)가 중요 특징으로 등장한 것은 엄청난 규모뿐만 아니라 빅데이터의 대부분은 비정형적인 텍스트와 이미지 등으로 이루어져 있고, 이러한 데이터들은 시간이 지나면서 매우 빠르게 전파하며 변함에 따라 그 전체를 파악하고 일정한 패턴을 발견하기가 어렵게 되면서 가치(value) 창출의 중요성이 강조되었기 때문이다.이처럼 다양하고 방대한 대규모 데이터를 분석해서 찾아낸 의미있는 정보는 미래 경쟁력의 우위를 좌우하는 중요한 자원으로 활용될 수 있다. 따라서 현재의 빅데이터 환경은 과거와 비교해 데이터의 양은 물론 질과 다양성 측면에서 패러다임의 전환을 의미한다.

컴퓨터 및 처리기술이 발달함에 따라 디지털 환경에서 생성되는 빅데이터와 이 데이터를 기반으로 분석할 경우 사람들의 행동은 물론 위치정보와 SNS를 통해 생각과 의견까지 분석하고 예측할 수 있다.

PC와 인터넷, 스마트폰, 모바일 기기 이용이 생활화되면서 사람들이 도처에 남긴 발자국(데이터)은 기하급수적으로 증가하고 있다(정용찬, 2012a). 사람과 기계, 기계와 기계가 서로 정보를 주고받는 사물지능통신(M2M, Machine to Machine)의 확산도 디지털 정보가 폭발적으로 증가하게 되는 이유다. 예를 들면, 쇼핑 데이터의 경우 과거에는 상점에서 물건을 살 때만 데이터가 기록되었지만, 최근에는 인터넷쇼핑몰의 경우에는 구매를 하지 않더라도 방문자가 돌아다닌 기록이 자동적으로 데이터로 저장된다. 어떤 상품에 관심이 있는지, 얼마

동안 쇼핑몰에 머물렀는지를 알 수 있다. 특히 블로그나 SNS에서 유통되는 텍스트 정보는 내용을 통해 글을 쓴 사람의 성향뿐 아니라, 소통하는 상대방의 연결 관계까지도 분석이 가능하다.

### (2) 빅데이터의 CRM 활용

기업은 보유하고 있는 고객 데이터를 활용해 마케팅 활동을 활성화하는 CRM 활동의 핵심은 기업이 보유하고 있는 데이터를 통합하는 데이터웨어하우스(Datawarehouse), 고객 데이터 분석(Data Mining)을 통한 고객유지와 이탈방지 등과 같은 다양한 CRM 활동을 진행하는 것이다. 기업의 CRM 활동은 자사 고객 데이터뿐 아니라 제휴회사의 데이터를 활용한 제휴 마케팅도 포함한다. 최근에는 구매 이력 정보와 웹로그(web-log) 분석, 위치기반 서비스(GPS) 결합을 통해 소비자가 원하는 서비스를 적기에 적절한 장소에서 제안할 수 있는 기술 기반을 갖추었다. 이러한 고객분석은 빅데이터 시대를 맞이해 전환점을 맞고 있다. IT와 스마트혁명 시기에 사용자가 직접 제작하는 UCC(User Created Contents)를 비롯한 동영상 콘텐츠, 휴대전화와 SNS(Social Network Service)에서 생성되는 문자 등은 데이터의 증가 속도뿐 아니라, 형태와 질에서도 기존과 다른 양상을 보이고 있다. 분산처리방식과 같은 빅데이터 기술을 활용해서 과거와 비교가 안 될 정도의 대규모 고객정보를 빠른 시간 안에 분석하는 것이 가능하다. 트위터와 인터넷에 생성되는 기업 관련 검색어와 댓글을 분석해 자사의 제품과 서비스에 대한 고객 반응을 실시간으로 파악해 즉각적인 대처를 시행하고 있다.

기업의 빅데이터 활용은 고객의 행동을 미리 예측하고 대처방안을 마련해 기업경쟁력을 강화시키고, 생산성 향상과 비즈니스 혁신을 가능하게 한다.

공공 기관의 입장에서도 빅데이터의 등장은 시민이 요구하는 서비스를 제공할 수 있는 기회로 작용한다. 빅데이터는 민간 기업은 물론 정부를 포함한 공공 부문의 혁신을 수반하는 패러다임의 변화를 의미한다.

Chapter 12

# CRM 조직문화의 구축

## 1. 조직변화의 필요성

고객과의 관계를 구축하고 고객의 생애가치를 증대시키는 것이 CRM의 목적이지만 이에 대한 노력이 마케터나 데이터 분석가들에게만 국한된 것은 아니다. CRM 솔루션을 도입하고 이를 활용하기 위해서 기술을 익히며 CRM 마인드를 갖추는 것은 CRM의 출발단계에 불과하다.

특히 기업경영의 패러다임이 변화함에 따라 이에 적응하고 생존하기 위한 경영자들의 몸부림의 첫 단계는 조직을 변화시키는 것이다.

CRM은 저절로 이루어지는 것이 아니다. 그것은 의식적인 신중한 조치들과 고객관계 구축을 위한 조직 내 사람들의 주도력으로부터 나온다. 기업의 CRM 수행방법은 기업이 자원을 어떻게 배분하였으며, 이러한 자원을 어떻게 조직했느냐의 함수로 나타난다. 이러한 이유에서 기업은 CRM 수행을 위한 조직변화의 필요성을 확보하게 된다.

### (1) 변화를 위한 준비

효과적이고 장기적인 CRM을 위해서는 본격적인 조직변화를 위한 준비 작업에 착수해야 한다. 변화를 위한 준비작업이란 조직관리의 각 요소별로 급진적인 변화의 필요성을 조직구성원에게 인식시키는 것이다. 즉, 조직구성원들에게 급변하는 기업환경과 조직의 움직임을 이해시키고 조직의 구조나 관리방식이 달라져야 함을 인식하게 만드는 것을 말한다. 왜냐하면 무엇보다 조직 내부의 원동력이 조직의 변화에서 더 큰 힘을 발휘하기 때문이다. 따라서 조직구성원들에게 구체적인 조직변화 관리요소들을 이해시킴으로써 설득력 있게 CRM 조직으로서의 변화를 준비할 수 있을 것이다. 구체적인 조직변화의 관리요소에는 고객중심 조직으로의 설계, 조직의 장애물 제거, 올바른 성과측정을 위한 척도 설정, 조직 및 기업문화의 형성, 업무프로세스의 혁신 및 통합 등이 있다.

### (2) 고객 중심 조직으로 지향

가장 최근까지는 대부분의 소비재 업계에서의 마케팅은 소비자의 수요를 예측하고 그에 관한 표적시장을 찾아낸 뒤 표적시장에 맞는 가격, 촉진, 유통, 상품 전략을 구사함으로써 상품의 판매량을 증대시키는 데 초점이 맞추어져 있었다. 이들 기업들은 상품판매를 통한 시장점유율 증대가 목표였기 때문에 조직구조 또한, 상품 중심으로 이루어져 있었고 마케팅 역할도 마케팅 부서에 국한되어 있었다. 상품이 어느 정도 성숙단계에 진입하면 브랜드가치를 지니게 되고 이때부터 상품 중심 조직들은 브랜드관리를 하게 되는데, 브랜드의 관리 역시 상품관리와 비슷하게 이뤄진다. 마케팅에서 브랜드관리 분야는 오랜 역사와 잘 정돈된 체계를 갖고 있으며, 상품 중심의 대량 마케팅 그 자체와 거의 동일하게 여겨지고 있다. 이들 전문 마케터들이 중심이 된 상품 중심 조직들은 상품판매의 증대를 위해 브랜드 이미지를 구축하고 관리하게 되는데 브랜드관리의 강력한 무기는 바로 광고이다. 이들 조직에서는 광고를 통한 브랜드 이미지의 구축을 위해 매스 미디어를 활용하게 된다. 이러한 마케팅 활동 속에서 조직은 공급자로서 상품과 브랜드를 중점적으로 관리하고 고객은 그 상품을 구매할 수밖에 없는 구매자, 사용자로서만 파악된다.

그러나 CRM 활동이 고객에게 최대한의 가치를 부여하고 고객을 중심으로 이루어지기 위해서는 인위적인 조직구조의 변화가 필요하다. 상품중심 조직에서 고객 중심 조직으로의 변화는 한 기업의 마케팅 관점을 재설정하는 것이다. 여기서 재설정이란 기존의 조직도를 완전히 버리고 전혀 새로운 조직의 구조를 그리는 것을 의미한다.

고객 중심 조직은 조직의 마케팅 활동이 마케팅 부서에만 국한되지 않고 고객과 관련된 모든 활동을 고객 중심으로 조직화하는 것을 기본 바탕으로 삼는다. 이를 위해선 고객 데이터 분석을 통한 고객의 분류 및 선별 작업이 선행되어야 하며 이 작업을 통해 도출된 고객 포트폴리오는 고객 중심 조직의 기본 단위가 된다. CRM에서 이러한 고객 중심 조직은 고객규모와 고객유형별 조직에서 고객획득과 고객유지의 조직으로 발전해 나아갔을 때, 비로소 고객 포트폴리오 내에서 우량고객을 양성할 수 있고, 각 개별고객의 생애가치를 증대시킬 수 있을 것이다.

## (3) CRM 조직의 장애물

CRM을 위한 고객 중심 조직으로의 변화는 그리 쉬운 일이 아니며, 어쩌면 성공적인 CRM 수행의 최대 난제가 될 수도 있다. 그만큼 조직의 변화는 중요하며 상당한 준비과정이 필요하다. 명목상으로 조직의 이름을 바꾸고 고객 중심적인 모양새를 갖추는 것만으로는 CRM을 실천할 수 없다. 조직의 변화는 기술적인 문제가 아닌 것이다.

고객을 중심으로 조직을 변화하기 위해서는 몇 가지 장애물들을 헤치고 극복해 내야 한다. CRM 조직 형성의 장애가 되는 주요 문제점들을 살펴보면 다음과 같다.

### 1) 부서간 이기주의

부서간 이기주의란, '자신이 최고'라는 사고방식과 타부서에 대한 적대감, 대응의식 등을 의미한다. 이렇게 지나치게 자기 부서의 이익만을 추구하게 되면 기업 전체로서의 어려움에 처하게 되는데, 각 부서가 지나치게 자의식이 강해서 타부서에 대한 불신감을 갖게 되고 각자의 성과를 얻기 위해 세력 다툼을 할 수 있기 때문이다. 이러한 부서 간의 이기주의는 부서 간의 경쟁체제를 조장하는 보상제도나 조직문화에서 기인할 수 있는데 경쟁이 아닌 협력구조에서 더 나은 성과가 이루어질 수 있다는 것을 주지시키고 협력의 과정에서 생긴 성과에 대해 더 많은 인센티브를 부여하는 등, 협력과 조화를 강조하는 기업문화를 형성하는 노력이 필요할 것이다.

### 2) 관료주의

분업화가 이루어지고 계층구조적인 권한체계를 가지며, 공식화의 정도가 높아 능력에 기반을 둔 인사기준으로 종업원을 관리함으로써 조직 구성원의 조직생활과 개인생활을 명확히 구분하여 조직의 효율성을 높인다는 관료주의 모델은 여러 가지 문제점이 있다.

조직의 관료성은 관련 업무만을 처리하는 데 중점을 두기 때문에 '문서 만능주의'를 조장해 고객을 등한시하게 되는 심각한 문제를 낳는다. 이렇게 되면 관리의 대상이 고객이 아닌 물질이 되고 고객에 대한 의식이 점점 희미해져서 결국엔 고객을 위한 의사결정이 아닌 조직을 위한 의사결정을 하게 된다. 이러한 조직의 관료성을 극복하기 위해서는 고객중심적 사고방식의 습득이 필요하며 경영자는 마인드의 전환을 위한 조직 교육이나 고객중심적 업무처리에 대한 유연성 있는 보상체계를 확립해야 할 것이다.

### 3) 경직성

조직의 경직성이란 조직이 변화보다는 현 상태를 유지하려는 경향을 말하는데 이는 조직 변화에 대해 조직 구성원들이 불안감을 느껴, 조직을 변화시키려는 기업의 노력에 저항을 갖고 수동적으로 대응하는 형태로 나타난다. 조직 내부 스스로의 변화를 위한 자발적인 움직임이 바로 조직변화의 원동력이 된다. 따라서 경영자는 기업의 목표와 조직 구성원 간의 목표를 조율하여 공동의 목표를 설정, 파트너로서의 관계를 구축하는 작업을 선행해야 한다.

#### 4) 판매량 중심의 성과척도

조직의 변화를 방해하는 또 한 가지 장애물로서 판매량 중심의 성과 척도를 들 수 있다. 판매량 중심의 성과측정은 상품 및 브랜드 중심의 경영조직에서 많이 볼 수 있는데 이는 개별적인 고객에 대해 장기적인 판매량을 고려하지 않고 각 시장에서의 판매량, 소비자 태도, 인지도 등의 측정을 통해 관리자를 평가한다. 이들 조직에서는 조직의 성과를 판단할 수 있는 성과척도가 상품의 판매량이기 때문에 성사된 거래의 수를 조사하는 것만이 그들에게 보상을 베풀 수 있는 유일한 근거가 된다. 따라서 판매량 중심의 성과척도가 존재하는 한, 특정고객으로 하여금 반복구매를 유도하거나 고객과의 관계제고를 위한 일대일 마케팅 활동 등을 조직으로부터 기대하기는 힘들 것이다. 평가와 보상의 기준이 될 수 있는 성과척도는 조직이 변화하기 위해서는 반드시 극복되어야 할 장애물임과 동시에 조직 변화를 유도하는 필수요소이기도 하다.

## 2. CRM을 위한 조직구조 변화

### (1) CRM을 위한 조직구조

#### 1) 역피라미드 조직

전통적인 피라미드형 조직은 조직도를 그릴 때, 경영자를 정상에 두고 그 밑에 각각 다른 역할을 하는 몇 명의 관리자 그리고 맨 아래에는 종업원을 두는 경향에서 유래한 모습인데, 이러한 모습은 정부기관에서 전형적으로 볼 수 있는 관료 조직과 매우 흡사하다. 피라미드형 조직은 권한, 책임, 명령전달 계통 시스템의 확립에 매우 효과적이지만 종업원을 맨 아래에 둠으로써 종업원을 가

그림 12-1 전통적 조직과 역피라미드형 조직

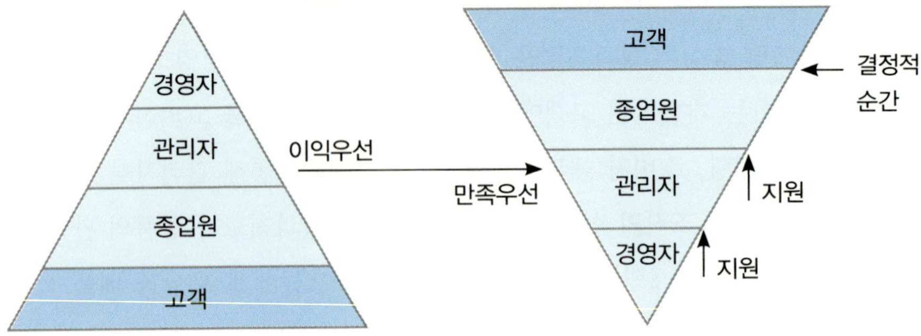


장 하찮게 여긴다는 이미지를 반영하고 조직도에 고객 자체가 없기 때문에 고객을 등한시하고 내향적인 조직이라는 인상을 줄 수 있다.

반면, CRM에서는 고객을 기업활동을 결정짓는 출발점으로 보아야 한다. 따라서 고객을 조직의 개념에 포함시키고 관료주의 경향을 제거할 수 있는 새로운 조직의 모습이 필요하다. 역피라미드형 조직에서는 이러한 점을 반영하여 관리자 및 경영자에게, 종업원과 고객에 대한 새로운 시각을 제공한다.

이에 따라, 관리부서나 관리자가 종업원을 통제하기보다, 일선 종업원들이 업무를 원활이 수행할 수 있도록 지원하는 체제로 전환할 수 있었다. 그러나 고객만족을 우선시 하는 역피라미드 조직에서는 경영자는 최상층에서 관리자를 떠받들고 지원하여, 관리자는 종업원을 떠받치고 지원한다. 종업원은 최상층의 고객과 접촉하는 순간에 서비스 질을 인식하게 된다. 전통적 조직인 피라미드형 조직과 고객지향적인 역피라미드형 조직의 시각을 비교하면, 〈표 12-1〉과 같다. 이익의 산출을 보면, 피라미드형 조직에서는 자본 노동생산성이 이익을 산출하지만, 역피라미드형 조직에서는 서비스 질이 이익을 산출한다. 종업원의 존재를 보면, 피라미드형 조직에서는 할당된 일을 실행하기 위한 존재로서 직무표준을 엄수해야 하지만, 역피라미드형 조직에서는 결정적 순간을 관리하고 성과에 큰 영향을 미치는 존재이다.

역피라미드 조직에서 경영자는 그들이 가장 잘 파악하고 있는 종업원들의

**표 12-1** 피라미드형 조직과 역피라미드형 조직의 비교

| 시 각 | 피라미드형 조직 | 역피라미드형 조직 |
|---|---|---|
| 이익의 산출 | 자본 노동생산성이 이익을 산출 | 서비스 질이 이익을 산출 |
| 종업원의 존재 | 할당된 일을 실행하기 위한 존재, 직무표준의 엄수 | 결정적 순간을 관리하는 존재, 성과에 큰 영향을 미치는 존재 |
| 평가기준 | 성과를 평가기준에 따라 측정 | 고객만족의 정도 |
| 관리자 | 표준에 의해 관리하고 종업원을 복종시킴 | 종업원의 활동을 지원함 |
| 조직 | 구조 절차 규율에 근거한 관리 | 제1선 종업원에 대한 지지와 자원배분을 함 |

지원집단이라고 할 수 있다. 역피라미드형 조직은 고객가치의 창조와 고객만족을 위해 종업원이 능동적이고 창조적으로 일할 수 있는 기회를 제공해준다. 종업원이 능동적이기 위해서는 권한위양이 실질적으로 이루어지지 않으면 안 된다.

### 2) 내부고객으로서의 종업원조직의 의의

종업원은 CRM의 마인드와 기술을 습득하여 실천하는 장본인이지만 단순히 기업의 고용인 또는 하수인은 아니다. 종업원은 고객에 대한 가치전달자로서 기업의 목표를 실행하고 기업은 그 대가로 종업원에게 보상, 즉 가치를 제공함으로써 종업원과 기업은 또 다른 관계를 형성하고 있다고 말할 수 있다. 다시 말해 기업은 고객과의 관계뿐만 아니라 종업원과의 관계 또한 돈독하게 구축할 필요성을 갖는다. 따라서 기업의 관점에서 볼 때, 종업원은 기업의 관계구축 대상이며 마케팅 대상이기도 하다.

이러한 이유에서 종업원을 '내부고객'이라 부르기도 한다. 내부고객으로서의 종업원은 고객과의 접점에 위치해 있으며, 종업원의 만족 및 충성도가 고객의 만족과 충성도에 직·간접적인 영향을 미친다는 점에서 매우 중요한 관리대상이라고 할 수 있다.

#### ① 종업원의 중요성

기업에게 고객은 중요하다. 고객이 있기에 기업이 존재하는 것이다. 그들의 만족을 통하여 기업은 성장하게 된다. 그러면 고객에게 만족을 안겨다주는

주체는 누구인가? 재화의 경우는 주로 상품을 통하여 고객만족을 창출하지만, 서비스는 상품보다는 종업원을 통하여 고객만족을 창출한다. 상품이 시설장비의 지원을 받아서 그것이 생산되더라도, 결국은 종업원에 의하여 그것이 전달되고 그들에 따라 상품의 질로 달라지게 된다. 고객들에게 만족스러운 상품의 제공 여부는 상품이 아닌 종업원에 달려 있다.

이처럼 종업원의 만족이 없이는 고객의 만족이 없다. 종업원은 기업의 가장 소중한 생산자원이며 기업의 첫 번째 시장이다. 기업의 생산자인 종업원의 만족을 통하여 외부고객의 만족을 기할 수 있다. 기업은 종업원을 시장으로 보고 그들을 만족시켜야 한다. 종업원들의 만족은 상품이 아닌 직무를 통하여 그들을 만족시킬 수 있어야 한다. 기업은 종업원들에게 상품 대신에 직무를 판매할 수 있어야 한다. 기업은 종업원들을 만족시킬 수 있는 직무의 제공을 통하여, 종업원들은 기업이 제공하는 상품에 대한 지식을 습득하게 된다.

상품에 대한 지식을 완전히 습득한 종업원은 직무의 구매경험을 통하여 고객지향적 사고를 이해하게 되고, 고객에게 상품의 편익을 알리고 설득할 수 있게 된다. 비록 모든 종업원이 고객에게 상품을 직접으로 전달하지는 않더라도, 그들을 통하여 간접적으로 상품을 전달하는 만큼 모든 종업원이 직간접으로 상품을 전달하는 것이다. 종업원은 기업이 제공하는 상품의 차별화를 만들어 주고, 구매의 불확실성을 줄여주고, 고객의 인지부조화 현상을 감소해주고, 상품의 가치를 높여 반복구매를 유도하는 기업의 중요한 자원이다.

#### ② 내부마케팅의 대상으로서 종업원의 의의 및 성공요인

종업원의 만족을 통하여 그들은 고객지향적인 사고와 태도를 형성하게 된다. 종업원이 직무에 만족할 수 있는 직무환경을 조성해주고 종업원이 고객지향적 사고와 태도를 형성하도록 동기부여하는 마케팅 활동이 내부마케팅이다. 최종소비자인 고객(외부고객)에게 상품을 제공하기에 앞서서 종업원인 내부고객에게 판매를 해봄으로써, 그들 스스로 고객을 최우선적으로 생각하는 서비스 마음을 갖게 하는 기업의 활동이 내부마케팅이다. 기업은 외부고객에게는 상품을 판매하고 내부고객에게는 업무를 판매한다. 종업원을 고객의 하나로 보고 마케팅을 하는 것이 내부마케팅이다.

이러한 내부마케팅이 성공을 거두기 위해서는 다음의 3가지 측면이 함께 이루어져야 한다. 첫째는 중간관리자의 역할개선이다. 종래처럼 중간관리자가 종업원을 감독하고 지휘하기보다는 그들을 격려하고 지원해주어야 한다. 그들이 고객에게 상품을 제공함에 있어 애로사항이 있다면, 그것을 이해하고 해결해 주는 지원자로서의 역할이 중간관리자에게 필요하다. 기업이 종업원을 인격적으로 대할 때 그들 또한 고객을 소중히 여기게 된다.

둘째는 커뮤니케이션의 관리이다. 관리자, 서비스제공자, 지원부서 요원들이 내외부 고객들에게 서비스를 제공할 수 있도록 정보를 상호교환하는 것이다. 모든 종업원들이 업무절차, 상품의 특징, 광고와 판매원이 제공한 약속 등에 대하여 알아야 함은 물론, 고객욕구에 대한 지식 등도 알려주어야 한다.

셋째는 종업원의 마케팅 담당자로서의 역할인식이다. 종업원들이 자신들의 지위가 단지 생산자원으로서만이 아니라 이익을 창출하는 마케팅자원으로

**그림 12-2** 내부마케팅의 목표

**내부마케팅**

목표 – 동기부여하여 고객지향적인 인적자원을 확보한다.

**전략수준**

목표 – 인적자원들이 고객지향성을 지니도록 유도할 수 있는 내부환경 조성

1. 관리방법의 지원
2. 인적자원 정책의 지원
3. 내부훈련 정책의 지원
4. 계획수립 절차의 지원

**전술수준**

목표 – 각 종업원들에게 서비스, 캠페인의 수용, 참여촉진 및 우수한 직무수행

1. 조직의 종업원은 제1차적 기업의 표적시장이다.
2. 각 종업원은 자신들이 왜 특정한 매너로 업무를 수행해야 하며, 어떤 상황에서 부수적 서비스를 제공해야 하는가에 대하여 이해해야 한다.
3. 각 종업원은 고객과의 접촉을 행할 때 서비스에 대하여 숙지해야 한다.
4. 서비스는 판매되기 전에 충분히 조사 분석되어져야 한다.
5. 내부의 정보교환이 이루어져야 한다.

서의 지위도 담당하고 있음을 깨닫게 하여야 한다. 이와 동시에 새로운 상품, 캠페인 및 기타 활동들이 우선적으로 종업원들에게 교육되어져야 한다.

이러한 내부마케팅의 전반적인 목표는 전략 수준과 전술수준 각각의 경우에서 [그림 12-2]와 같다.

내부마케팅을 전략수준에서 보면, 인적자원들이 고객지향성을 지니도록 유도할 수 있는 내부환경을 조성하는 목표이다. 그리고 전술수준에서 보면, 각 종업원들에게 상품의 이해, 캠페인의 수용, 참여의 촉진, 우수한 직무수행 등을 이해시켜 그들의 참여를 촉진하고 우수한 직무를 수행하는 것이다.

#### ③ 고객으로서의 종업원

기업의 내부에서 종업원을 중심으로 하여 상사, 부하, 전공정자, 후공정자 모두가 고객인 것이다. 종업원은 각각 상사와 부하로부터 인풋과 아웃풋을 주고받으며, 전공정자로부터 인풋을 받아 후공정자에게 아웃풋을 생산한다. 환언하면 모든 종업원들은 그들의 고객으로서 한 사람의 다른 종업원을 가지고 있는 셈이다. 기업내부의 고객관계를 발전시키기 위하여 경영자들은 "내부상품개념"을 마음속에 새겨둘 필요가 있다. 종업원 각자가 나의 고객관계에 있는 종업원들을 만족시킬 때 기업내부의 만족이 이루어지며, 내부만족이 이루어질 때 외부고객의 만족이 이루어진다. 이러한 내부시장화는 종업원들의 우수한 서비스 제공에 대한 인식을 자극한다. 그것은 다음의 3단계—종업원 조사, 종업원 세분화, 매체 및 홍보활동—로 구성된다.

### 3) 종업원의 관리

고객과 마주하고 있지만 종업원의 만족이 고객만족으로 반영된다는 점에서 종업원과 고객의 관계는 '거울'과 같다고 할 수 있다. 즉, 종업원 관리는 외부고객 관리와 동일한 맥락을 갖는다고 할 수 있다. 혹자는 종업원관리가 외부고객관리의 축소판이라고 하였는데 그 이유는 종업원의 선발, 교육, 보상 등이 CRM의 고객관리 단계에 해당하는 고객유치, 고객 길들이기, 로열티 프로그램과 매우 흡사하다는 데서 찾을 수 있다. 따라서 종업원의 관리는 외부 고객 관리와 같은 방식으로 이루어져야 한다.

일반적으로 종업원의 관리는 선발, 교육 및 훈련, 평가, 보상, 갈등관리의 각 단계를 거치며 진행된다. CRM에서는 모든 업무 프로세스가 통합적으로 이루어지는 것을 기본 골격으로 하고 있는데 CRM에서의 내부 고객관리 역시 각 단계로 구분된 관리 프로세스를 하나의 큰 그림으로 보고 총체적으로 관리할 수 있어야 하며, 전체의 프로세스를 통해 종업원 및 조직은 CRM의 체험적 지식과 노하우를 습득·공유할 수 있어야 한다. 그렇게 함으로써 내부고객인 종업원의 중요성을 반영하도록 관리의 수준을 조율할 수 있고 각 단계가 일관된 목표를 가지고 수행될 수 있다.

#### ① 선 발

고객가치를 창조하고 고객만족을 창출하는 자원이 종업원인 만큼, 종업원의 선발(selecting)은 중요하다. 종업원을 선발하는 중요한 요소는 고객지향적 태도이다. 기업은 고객을 소중히 여기고 최우선시할 수 있는 판매사원의 선발기준은 동종업종의 경험이 아닌 고객들에게 친근감을 보여줄 수 있는가와 언제, 어디서 이던지 고객을 진정으로 소중히 여기고 그들을 위해 봉사할 수 있는 자세가 종업원 선발의 중요한 요소이다.

능력이 뛰어난 사람을 선발하기보다는 ‘올바른 사람’을 선발해야 한다. 누가 올바른 사람인지 판단하기 위해서는 기존 종업원 중 만족도가 높은 종업원을 중심으로 모범 종업원 선발 모델을 수립하여 종업원 선발에 이용하는 것이 필요하다. 또는 고객을 종업원의 선발과정에 참여하도록 하여 고객에 맞는 종업원을 고객이 직접 선발하게 하는 것도 좋은 방법이다. 그 밖의 선발 방식으로는 직무에 맞는 사람을 찾는 ‘자기선발(self-select)’과 인터뷰를 통해 지원자의 특성을 파악한 후 그에 맞는 직무를 찾아주거나 만들어 주는 ‘인생경로에 의한 선발’ 방식 등이 있다.

#### ② 교육과 훈련

종업원들이 신속히 변화하는 시장상황에 대처할 수 있는 최고의 노력을 창출하고 유지하기 위한 교육 및 훈련이 필요하다. 이러한 교육(education)과 훈련(training)은 CRM을 위한 수단이자 동시에 목적이어야 한다. 수단으로서의 교육과 훈련은 종업원이 그들의 직무를 충실히 하도록 준비하는 것이고, 목적으로서의 교육과 훈련은 일에 대한 종업원의 자신감과 자부심, 그리고 삶을 이끌어 나갈 수 있는 능력을 향상시키는 것이어야 한다.

초기의 교육훈련을 통하여 형성된 인상은 이후 그들의 태도에 결정적 영향을 미칠 수 있다. 따라서 초기의 교육훈련은 종업원들이 그들의 과제를 성공적으로 수행할 수 있도록 그들에게 필요한 기술을 정확히 전달하는 것에 집중되어야 한다.

고객가치의 창조를 위해서는 종업원의 지속적인 교육 및 훈련은 물론, 그들의 성과에 대한 보상과 표창이 필요하다. 종업원은 그들이 조직으로부터 인정과 대우를 받고 있다고 생각할 때, 능력을 발휘하기 때문에 훌륭한 경영자란 정기적으로 종업원들에게 그들이 달성가능한 성과에 대하여 공개적으로 칭찬하는 것이다.

CRM의 적용에 있어서 교육과 훈련은 CRM에 대한 이해와 CRM 적용도구에 관한 지식 및 기술 습득을 위해 필요하다. 교육과 훈련에 있어서 무엇보다 중요한 것은 고객지향적인 CRM 마인드의 확보와 자신감의 획득이다. 종업원이 올바른 직무를 수행하기 위해선 CRM 전략 수행을 위한 기술 및 지식의 습득, 마케팅 노하우가 필요하지만 고객대응 상황에서의 실패를 줄이기 위해선 무관심하거나 부정적인 종업원의 태도를 고객에 대한 몰입과 긍정적인 태도로 전환시키는 것 또한 필요하다.

특히, 교육과 훈련 과정에서 고객접점의 종업원뿐만 아니라 상사 및 최고경영자까지도 포함하는 포괄적인 교육이어야 한다는 점이다. 이렇게 상사와 함께 훈련을 받음으로써 종업원들은 훈련의 중요성을 인식하고 공동의 목표를 위해 노력할 것이다.

### ③ 평 가

종업원에 대한 평가(evaluation)는 보상과 관련하여 종업원의 직무만족에 영향을 미치는 중요한 요소이며, 무엇보다도 공정성을 갖추어야 하는데 이는 종업원의 불만을 줄일 수 있기 때문이다. 이러한 공정한 평가를 위해선 보상과 관련된 체계적인 평가제도가 갖추어져야 하며, 또한 객관적인 평가를 위해서 합리적인 평가척도의 개발이 필요하다.

CRM에서, 종업원에 대한 평가는 무엇보다도 종업원의 직무수행을 제한하는 것이 아닌, 원활한 직무활동을 촉진시킬 수 있는 촉매작용을 해야 하며 이를 위해선 평가척도에 대한 개념의 변화가 필요하다.

그리고 CRM은 기술지식 기반의 고객관리를 지향하고 있으므로 종업원의 관리에 있어서도 지식에 기반한 관리가 필요하다. 즉 데이터 분석에 입각한 효율적인 종업원 관리는 종업원의 생산성을 향상시킬 수 있는 운영시스템상의 지원이 필요하다.

#### ④ 보 상

종업원들에 대한 보상(compensation)은 공식적인 보상체계에 의해 뒷받침되어야 한다. 종업원에 대한 보상은 낮은 비율의 기본급과 높은 비율의 성과급으로 구성되는 경우가 대부분이며, 성과급은 성과에 대한 평가가 이루어진 후에 성과보다 낮은 수준에서 결정된다. 그러므로 종업원은 회사의 보상이 자신의 성과보다 낮게 책정되는 것에 대한 '기대－불일치' 상황을 겪을 것이고 이는 곧 불만족으로 이어질 것이다.

또한 성과의 평가에 따라 자신에게 점수가 매겨지는 상황에 대해 각박함을 느낄 것이고 이는 종업원과 경영자 사이의 인간적 관계를 손상시키는 결과를 낳을 것이다.

종업원과 경영자의 관계를 손상시키는 이러한 보상체계를 극복하기 위해선 종업원 로열티에 대한 경제적 가치를 고려해야 한다. 종업원 로열티의 경제적 가치는 비단 종업원 이직에 관련된 비용과 종업원 유지비용에서 오는 기회비용의 차익 수준에만 그치지 않고 종업원의 로열티를 꾸준히 유지하고 향상시키는 데서 오는 종업원의 성과향상과 기업 및 조직문화에 기여하는 긍정적인 효과까지도 포함한다.

장기근무에서 오는 학습효과는 종업원의 생산성 향상에 막대한 영향을 미치므로 종업원의 학습효과 또한 종업원 로열티의 영향을 받는 중요 요인이라 할 수 있다. 종업원의 로열티 향상으로 인한 장기근무는 기업 및 조직문화에도 큰 기여를 하는데 이러한 조직문화는 기업문화 및 기업 이미지 형성에도 영향을 미치게 되어 궁극적인 성과향상 및 수익의 증대를 촉진할 수 있을 것이다.

이와 같은 종업원 로열티의 경제적 가치를 고려한다면, 종업원 보상의 방법에 있어서는 다음과 같은 것들을 고려해야 한다.

첫째, 보상의 질적인 측면을 고려해야 한다. 똑같은 양의 판매라 하더라도 까다로운 고객과 수차례 접촉을 통해 성취한 판매성과는 반드시 관리자로부터 인정받아야 한다.

둘째, 무형적인 보상도 제공해야 한다. 종업원에 대한 관심과 배려를 통한 무형적인 보상은 종업원의 사기를 증대시키고 경영자와 종업원 간의 인간적인 관계형성에 밑거름이 될 수 있다.

셋째, 제도적인 뒷받침이 있어야 한다. 보상과 관련한 제도적인 뒷받침은 종업원 보상에 대한 기업의 약속을 의미한다. 합리적인 보상제도가 갖추어졌을 때 종업원은 보상에 대한 자기 목표를 설정할 수 있고, 안정적으로 직무에 몰입할 수 있으므로 지속적인 제도의 뒷받침은 보상체계에 있어서 필히 수반되어야 한다.

#### ⑤ 갈등관리

종업원은 직무를 수행하는 과정에서 기업의 요구사항과 고객의 기대수준, 그리고 조직 내 다른 종업원과의 관계 사이에서 여러 가지 갈등을 겪게 된다. 조직이론에서의 갈등관리(conflict management)는 갈등의 수준을 말하고 있는데, 적당한 갈등수준의 형성은 종업원에게 적당한 자극제가 되어 동기를 부여하고 성과를 향상시킬 수 있다고 말하고 있다. 따라서 적당한 갈등의 수준으로 낮추기 위해선 갈등을 제거할 수 있는 갈등관리 방안이 필요하다.

정서적 노동관리는 종업원의 정서적 노동에서 오는 스트레스를 관리하는 것으로 여기서 '정서적 노동'이란 정신적·육체적 노동 외에 종업원의 감정이 업무상, 하나의 노동이 되는 것을 말한다. 고객과 눈을 맞추거나 미소를 띠고 진지하게 관심을 갖고 고객의 소리에 귀를 기울이는 것 등이 바로 정서적 노동에 해당한다. CRM에서 콜센터의 상담원은 항상 고객과 마주하고 있으므로 CRM의 중요한 역할을 담당하고 있지만 상대적으로 정서적 노동에 시달릴 가능성이 높다. 이러한 정서적 노동의 지속은 종업원의 스트레스를 유발하고 이러한 스트레스는 종업원의 건강 및 일할 의욕을 훼손할 뿐만 아니라, 고객에게 바람직하지 못한 정서적 대응을 하게 한다. 따라서 경영자는 종업원의 정서적 노동을 관리할 필요가 있는데, 종업원의 정서적 노동에 대한 저항력에 따라, 직무를 배치, 순환시키고 사내 커뮤니케이션을 통한 스트레스의 해소와 스트레스 해소 방법의 공유를 꾀해야 한다.

매스 커뮤니케이션을 활용하는 것도 내부고객 관리에 도움을 줄 수 있다. 이런 경우, 사내보, 업계관련 소책자, 잡지 등 매스 커뮤니케이션을 수단으로 정보를 제공할 수 있다. 또한 외부를 향한 매스 커뮤니케이션 활동이 기업 내부에서 종업원의 관심유도, 사기증진, 동기부여 등의 효과를 발휘할 수도 있다. 종업원은 '제2의 청중'이기도 하므로 광고 캠페인 및 대중관계(PR) 활동을 통한 기업의 외부 커뮤니케이션 활동에 종업원의 관심과 참여를 유도해야 한다.

### ⑥ 권　한

종업원에 대한 보상과 더불어 종업원의 생산성과 밀접한 관련이 있는 것이 바로 종업원의 권한이다. 권한에 대해 가장 보편적으로 받아들여지고 있는 것이 바로 임파워먼트(empowerment)이다. 임파워먼트는 권한이양을 의미하며 종업원이 스스로 지시하고 관리하도록 하는 것을 말한다. 임파워먼트에서는 조직의 문제에 있어서도 '자율적인 사람'은 기능부서 간이나 조직 간의 벽을 효과적으로 허물 수 있고 고객만족을 방해하는 조직상의 장애를 제거할 수 있다고 말하고 있다.

이러한 '자율적인 사람'이 되기 위해서 종업원 및 조직은 개인차원 및 조직차원에서의 학습이 필요하며 종업원의 권한 역시 '학습된 권한'이어야 한다. 따라서 권한이라는 것은 상사가 하위직원에게 잘라내 주는 것이 아닌 공유하는 것이며 학습을 통해 스스로 습득해 나아가는 것이다.

CRM에서는 고객과 접촉하게 되는 모든 고객접점을 중심으로 시스템이 통합되고 통합된 고객정보를 토대로 고객과의 일대일 커뮤니케이션을 실천하게 된다. 이때 CRM에서 가장 중요한 역할을 맡은 접점의 종업원은 고객의 불평처리, 문제해결 및 교차판매를 위한 특별한 제안 등의 임무를 맡게 된다. 이렇게 개인화된 서비스를 제공하기 위해서는 무엇보다도 요구되는 것이 순발력과 유연성인데 이러한 순발력과 유연성을 뒷받침해 주는 것이 바로 권한이다.

이러한 순발력과 유연성을 높이기 위해 종업원에게 모든 고객의 문제를 해결할 수 있도록 무한대의 권한을 부여할 수는 없으며, 설사 그것이 가능하다 하더라도 그것은 종업원을 지치게 만드는 원인이 될 수 있다. 기업의 입장에선 고객에 대한 대처능력 향상도 중요하지만 고객 못지않게 종업원 또한 중요하기 때문에 경영자는 종업원을 혹사시켜서는 안 될 것이다. 진정한 순발력과 유연성을 높이기 위해선 종업원에게 고객을 '거부할 수 있는 권한'을 부여해야 한다. 바꿔 말하자면, 고객다운 고객, 즉 로열티가 높거나 높을 가능성이 있는 고객만을 선별적으로 응대할 수 있는 권한이 주어져야 한다.

최근 들어 권한을 정의하는 새로운 접근방식이 등장하고 있는데, 새로운 접근법에서는 맡겨진 핵심임무를 최적으로 수행할 수 있도록, 광범위하게 주어진 권한의 한계를 고객의 요구사항 및 핵심직무에 요구되는 행위로 좁혀나가야 한다는 것이다.

### (2) 올바른 성과측정을 위한 CRM 척도

고객 중심적 CRM 조직에서는 기존의 성과척도보다 성과측정의 기준인 척도가 변해야 한다. 성과의 측정은 조직의 업무수행 결과 척도의 정직성을 기본 전제로 하고 CRM에서 다루어져야 한다. 올바른 성과척도에 대하여 알아보면 다음과 같다.

첫째, CRM의 성과척도는 우선 판매량 중심이어서는 안 된다. 판매량 기준의 척도는 조직의 업무 수행에 있어서 고객을 등한시하는 결과를 낳으므로 반드시 지양되어야 한다. 고객 중심적인 척도는 고객과의 관계에 초점을 맞추어 고객의 재구매를 유도하고 충성도를 향상시켜 고객을 평생고객으로 맞이하는 것이 CRM의 기본취지라 하면, 조직의 성과측정 역시 고객 유지율이나 재구매율, 또는 고객 점유율을 기반으로 하는 고객 생애가치의 증가분으로 표시되어야 할 것이다.

두 번째로 갖추어야 할 CRM 성과척도의 조건은 그것이 조직 구성원들에게 벌을 받도록 만들거나 또는 벌을 면할 수 있는 것으로 여겨져서는 안된다는 것이다. 다시 말해, 성과의 척도가 조직과 조직 구성원들을 평가에 대해 수동적인 태도를 갖도록 만들어서는 안 되며, 조직이 고객 가치를 극대화하도록 동기를 부여할 수 있는 촉매와 같은 역할을 해야 한다는 것이다.

## 3. CRM을 위한 기업문화

CRM 조직에 맞는 효율성을 높이는 바람직한 기업문화를 형성하는 것은 매우 어렵다. 이렇게 많은 기업문화를 형성하는 데 어려움을 겪는 원인은 두 가지로 요약할 수 있는데 우선은 기업문화에 대한 이해의 부족에서 오는 잘못된 목표설정이고, 또 하나는 기업문화 형성의 방법에 있어서 기업문화의 형성을 구호적으로 조직 구성원들에게 강요하고 있다는 점이다.

CRM을 위한 기업문화는 고객을 중심에 두는 CRM의 패러다임에서 시작된다. CRM을 위한 기업문화는 고객과의 일대일 커뮤니케이션을 하는 데 있어서 고객 한사람 한사람을 소중히 생각하고 장기적으로 관계를 지속할 수 있도록 평생고객의 개념으로 그들을 바라보는 것이다. 이를 위해 고객과의 만남을 가장 중요한 기회로 여기고 고객가치의 극대화가 곧 기업의 성공이자 조직 구성원 개개인의 성공이라는 가치관이 기업문화의 바탕에 깔려 있어야 한다. 조직은 고객과 기업과의 '윈-윈-윈(win-win-win)' 관계를 인식하고 모든 기업의 자원 및 역량이 고객접점을 중심으로 배치되어 조직간 상호협력이 이루어지는 기업문화를 머릿속에 그릴 수 있어야 한다.

따라서 CRM을 위한 기업문화를 형성하기 위해서는 다음과 같은 방식으로 접근해야 한다.

첫째, 바람직한 기업문화는 수단인 조직이 기업문화의 방향을 제대로 이해하고 긍정적으로 받아들이기 위해서는 기업문화의 방향설정 작업에 조직 구성원들을 동참시켜야 한다. 즉, 현재 우리 조직의 기업문화는 어떠하며, 어떠한 문제점을 갖고 있고, 그러한 문제점을 극복하기 위해선 어떠한 노력이 필요하며, 앞으로 추구해야 할 기업문화는 무엇인지에 대해, 경영자는 조직 구성원의 목소리에 귀를 기울여야만 할 것이다. 바람직한 기업문화는 바로 조직 구성원들이 만들어 가는 것이기 때문이다.

둘째, 바람직한 기업문화의 형성에 고객이 참여하도록 유도해야 한다. 바람직한 기업문화는 결국, 고객을 감동시키기 위한 것이므로 고객을 참여시키는 것 자체로써 고객 중심적인 기업문화의 형성에 많은 도움을 얻을 수 있다.

셋째, 경영자의 명확한 비전 제시와 리더십 또한 기업문화의 형성에 매우 중요하다. 경영자의 고객에 대한 분명한 이해와 명확한 고객 중심적 비전은 조직 구성원이 고객 중심적 기업문화를 명확히 이해하도록 돕는다. 또한 경영자의 리더십은 조직 구성원을 움직이는 원동력으로서, 기업문화 형성을 이끄는 구심점이 된다. 이때 경영자의 리더십은 조직 구성원으로부터 나오는 것이므로 경영자는 조직 구성원의 활동을 적극적으로 지원하고 그들이 높은 충성도를 형성할 수 있도록 자원을 효율적으로 배분하여 조직을 관리해야 한다.

그리고 고객지향적 기업문화에서 기업의 가장 큰 어려움은 사람의 관리문제이다. 우수인력확보의 어려움을 겪는 기업이 있는가 하면, 유능한 인력을 확보하여도 생산성의 향상이 이루어지지 않거나, 또는 기업이 의도하는 대로 종업원들이 따라주지 않는 기업이 있다. 이의 해결방안은 많은 기업들이 고객들에게 관심과 노력을 기울이는 만큼, 그들의 종업원들에게 그만한 가치를 부여해 주어야 한다. 기업들이 고객들에게 만족을 주려면 종업원들의 만족이 추구되어야 하며, 고객의 생활을 편하게 해주려면 종업원들의 생활이 편리하도록 해주어야 한다.

기업이 고객지향적인 것처럼, 종업원도 고객지향적이 되어야 한다. 종업원들이 고객지향적일 때, 그들은 고객에 대하여 서비스 마음을 갖게 된다. 고객에 대한 서비스 마음은 하루아침에 생겨나지 않기 때문에 종업원들이 서비스 마음을 가질 수 있는 기업문화가 필요하다. 강력한 고객지향적 기업문화를 가진 기업일수록, 종업원들의 서비스 마음도 강하다. 강력한 고객지향적 기업문화를 가진 기업일수록, 종업원들은 어떠한 상황에서도 고객을 소중하게 여기며 일관된 행동을 하게 된다.

고객지향적 기업문화의 구축에는 인적자원에 대한 관리가 중요하다. 종업원들에 대한 관리가 제대로 이루어질 때 고객지향적 기업문화가 구축된다. 인적자원에 대한 엉성한 관리는 재정적 손해를 초래하게 된다. 인적자원에 대한 올바른 관리야말로, 기업의 이익을 증대시킬 수 있는 중요한 요소의 하나이다. 종업원의 직무와 역할규정, 종업원의 훈련, 공식규범과 보상체계, 실적평가와 인센티브, 경영진의 역할과 조직구조 등은 서비스 지향적 기업문화의 구축에 영향을 미친다. 이른바 종업원의 만족이 없이는 고객만족이 있을 수 없다. 내부마케팅의 목표는 종업원 만족의 향상을 기하는 것이다. 종업원의 만족과 그에 따른 기업문화의 변화가 기업의 성공을 가져다준다.

**표 12-2 | 종업원 우선주의(PPF) 프로그램**

PPF는 덴마크는 크라우스 뮬러 박사에 의하여 개발되었다. 그는 내부고객의 만족을 우선하지 않고는 외부고객을 만족시킬 수 없다는 전제에서 내부종업원의 자긍심을 높이고 원만한 인간관계를 구축하는 데 중점을 두고 개발하였다. 즉 PPF 프로그램은 고객들에게 최선을 다할 수 있도록 그들의 의식과 태도를 혁신하기에 앞서 기업의 구성원인 각자가 자신의 직무에 자긍심과 보람을 느낄 수 있도록 하는 데 교육의 초점을 두었다.

PPF는 기존조직의 규율을 우선시하는 기업문화를 배격한다. 따라서 관리자가 부하 직원에게 서비스 마음을 설교하는 것을 금한다. 또한 대부분의 직원들이 외부고객을 만족시키기보다는 상사에게만 잘 보이는 데 관심을 두는 기존조직의 문화를 타파하는 것이 교육의 목적이다. PPF는 외부고객의 만족에 대한 업적평가와 연계하여 승진인사가 이루어지는 인사문화의 구축에 그 목적을 둔다.

PPF는 이와 함께 구성원 개개인의 삶의 질을 높일 수 있도록 기업과 가정의 주체로서 주변과의 관계를 올바르게 정립하는 것에 주력한다. 이를 위해, 서비스의 개념을 직장뿐 아니라 개개인의 삶에까지 확대하고 있다. 방법론으로는 우선 구체적인 자기 진단과 다양한 테스트를 통하여, 현재 자신의 상태를 점검하게 하는 등 깊은 내면의 성찰과 재발견의 기회를 갖도록 한다. 정확한 자기진단에 이어 목표를 재설정하도록 한다.

이러한 PPF는 그동안 전 세계에 걸쳐 항공사는 물론, 제조업, 호텔, 금융 등에서도 도입하여 성공신화를 만들고 있다.

종업원들로 하여금 서비스 마음을 갖도록 하는 기업문화의 구축에는 종업원 우선주의(PPF; Putting People First) 프로그램의 개발 및 도입이 필요하다.

고객을 위한 종업원의 강력한 서비스 지향성은 기업의 성공을 가져온다. 기업들이 자사의 종업원들이 서비스 지향적인지 알아보기 위하여 다음과 같은 사항으로 평가를 해볼 수 있다.

### ① 시장 및 고객지향성의 정도

시장 및 고객지향성은 다음의 두 질문을 통하여 평가될 수 있다.

첫째는 고객에 대하여 관심을 가지고 있는가?이다.

둘째는 조직은 그 방침을 시장에서의 변화에 따라 결정하는가? 아니면 내부적인 관심사와 기준 그리고 조직내부의 목적에 따라 결정하는가?이다.

어떤 기업이 고객지향적이고 고객요구에 신속히 대응한다면, 그 종업원들은 고객을 최우선으로 생각하고 우수한 서비스를 제공하려고 할 것이다. 이를 위하여, 기업은 종업원 및 고객들과의 의사소통을 개선시켜야 한다. 기업은 종업원과 고객들 간의 관계를 잘 맺음으로써 고객들이 무엇을 요구하는지 파악이 가능하다. 종업원도 내부고객이므로 고객으로서 종업원과 좋은 관계를 유지함으로써 고객욕구가 무엇인지 알게 된다. 예를 들어, 고객욕구를 파악하기 위하여 판매원들과의 비공식적인 모임을 갖는다던가, 판매원들의 아이디어를 실험해보기 위하여 정기적으로 만나는 것을 들 수 있다. 고객욕구에 맞는 서비스를 제공함으로써 기업은 고객들에게 만족을 줄 수 있다.

### ② 전략적 초점

고객지향적인 서비스 문화가 강한 기업은 그들 공통의 가치나 규범을 가지고 있다. 이들 가치나 규범에 따라 종업원들은 다양한 고객요구에 어떻게 대응해야 하는지 분명히 알게 된다. 즉 고객에 대한 서비스 전략이 어떠해야 되는가에 대한 명확한 초점을 가지고 있다. 다양한 고객요구에 대한 명확한 초점이 없다면, 고객에 대한 종업원들의 서비스는 일관성을 잃게 되고 불만을 형성할 가능성이 커지게 된다. 고객에 대한 서비스의 명확한 초점은 종업원들에게 가능한 한 최선의 방식으로 고객들에게 봉사하는 길이 무엇인가를 알려주는 것이다.

이를 위해, 기업은 고객에게 서비스 질, 고객서비스, 가격, 경쟁기업, 그리고 혁신에 대한 질문에 답하도록 하여, 그 결과에 따라 고객에 대한 대응력의 개선을 위해 서비스제공을 다원화시킬 필요가 있다. 한편 종업원들에게는 서비스 질의 개선방안에 대하여 발언기회를 부여하고, 서비스 개선에 공헌을 한 종업원들에게 포상하는 "모범서비스 대표자 인정 프로그램"을 만든다. 종업원들 스스로 고객에게 최선을 다하여 봉사하는 길이 무엇인가를 찾아서 실행하게 하고, 그들 참여의 중요성을 높이기 위하여 서비스 질의 개선에 공이 큰 종업원을 포상하는 게 필요하다.

### ③ 회사내부의 의사소통

고객만족을 실현하는 기업은 조직내의 훌륭한 의사소통 경로를 가지고 있다. 이 의사소통 경로는 고객과 고객의 요구사항, 그리고 제공된 상품이 고객의 기대를 어느 정도로 만족시키고 있는가를 알려주는 정보의 전달경로이다. 이러한 정보의 전달이 기업의 모든 구성원으로 하여금 고객만족이라는 공동의 목표 달성을 위하여 결합해 주는 수단이 된다.

종업원들이 고객과 고객요구에 대한 정보가 전달되어 그것에 따라 생산되어 제공된 서비스가 고객으로부터 어떠한 평가를 받고 있는지 모른다면, 그 종업원은 고객을 만족시킬 수 있는 서비스를 생산하고 제공하지는 못할 것이다. 조직내부의 의사소통이 중요한 점은 바로 여기에 있다.

### ④ 갈등해결 방식

기업은 어느 조직들처럼 업무의 능률성을 중시한다. 특히 성과 중심의 기업에서는 부서들 간의 갈등이 많이 발생한다. 만일 어떤 기업이 고객지향적인 조직구조를 가지고 있다면 갈등의 해결은 용이해진다. 고객지향적인 기업들은 어떤 유형의 조직들보다 훨씬 용이하게 갈등을 해결할 수 있다. 왜냐하면, 갈등해결의 초점은 고객만족에 있기 때문이다. 고객을 최우선적으로 생각하는 기업은 업무의 능률성보다는 고객욕구가 토론의 최우선 사항이 되기 때문이다.

이처럼 갈등을 고객만족에 대한 부서 간의 의견차이로 생각하면, 그것의 해결은 한결 쉬워진다. 부서 간의 갈등이나 대립을 승부의 개념으로 보는 기업은 고객만족을 위한 부서 간의 협력적인 분위기를 만들어내지 못한다. 부서 간의 갈등을 대립이 아닌 협력으로 이끄는 기업만이 고객만족을 기할 수 있으며, 그러한 기업은 고객요구를 토론의 최우선 사항으로 여긴다.

#### ⑤ 문제를 해결하고 변화를 모색한다

종업원들이 고객지향적인 기업에서는 항상 문제가 발생할 가능성이 있다. 고객요구에 대응하기 위해서는 문제가 발생하며, 또한 고객요구가 다양한 만큼 항상 문제가 발생한다. 이 문제는 고객만족의 문제이며, 이것을 해결함으로써 성장이라는 변화를 가져오게 된다. 성장은 문제의 해결을 통하여 가능하며, 문제해결을 통하여 고객만족을 추구할 수 있다. 고객만족은 종업원들이 고객을 접촉하는 과정에서 일어날 수 있는 문제들의 지속적인 개선을 통하여 가능하다.

그러므로 문제는 기업에게 성장기회를 제공하여 준다. 문제발생을 성장과 변화의 호기로 간주하는 기업은 개선이 지속적으로 이루어져야 한다는 철학을 갖게 되고, 그 철학은 크고 작은 일상적인 업무개선을 통하여 달성된다는 믿음에서 출발한다. 이러한 철학과 믿음을 종업원들이 가지게 하기 위해서는, 최고경영자들은 자신들이 종업원들의 생각과 제안을 소중히 여기고 있으며, 그러한 사실을 가시적으로 끊임없이 보여주고 전달하여야 한다.

## 4. CRM과 업무과정 혁신

CRM의 조직변화와 함께 고려되고 추진되어야 할 것은 CRM을 위한 업무과정의 관리이다. CRM 솔루션의 구축과 동시에 고객과의 관계구축에서 업무과정이 변화해야 함을 시사한다. CRM으로 가기 위한 업무과정의 혁신은 상품관리에서 고객관리로의 변화는 기업의 경영자가 생각하는 차원을 훨씬 뛰어넘는 의미를 가진다. 더구나 CRM에서는 축적된 고객자료와 이를 관리하기 위해 발전된 기술 노하우를 요구하게 되므로 기존의 관리 방식 및 과정은 과감히 버려져야 할 것이다.

### (1) 업무과정의 혁신이 없는 고객관리

업무과정의 혁신이 수반되지 않는 상황에서 전개되는 고객관리는 여러 가지 과제를 발생시킨다.

첫째, 종업원이 고객에게 항상 친절하기는 하지만 감사의 편지를 보내는 정도일 뿐, 고객과의 관계를 위해 무언가 특별히 하는 일이 없을 것이다. 또, 고객의 특성 및 구매성향에 관한 기록을 어떻게 활용할 것인가에 대한 업무프로세스가 갖추어져 있지 않기 때문에 고객을 만족시키고자 하는 의욕은 있는데 능동적으로 무언가를 할 수 있는 활동목표가 명확하지 않은 것이다.

둘째, 고객응대에 있어 표준화된 방법이 없기 때문에 종업원은 그때그때 자신이 판단하는 대로 업무를 수행할 것이며 자신의 이러한 임기응변적인 행동이 고객과의 관계 구축에 도움이 되었는지 아니었는지조차 판단하지 못할 것이다.

셋째, 고객을 이해하기 위한 분석을 하지 않기 때문에 고객의 행동에 대한 예측이나 고객의 가치를 판단할 수 없을 것이다.

넷째, 고객응대 활동의 비경제성으로 인해, 수익성이 높은 고객에 대해 기울여야 하는 많은 노력을 다른 곳에 허비하게 될 것이다.

다섯째, 고객은 여러 가지 접점을 통해서 기업과 만나게 되는데 한 고객의 한 가지 불만사항에 대해 접점마다 다른 해결방법을 제시하게 되므로 일관성 있는 고객관리를 수행하지 못하게 될 것이다.

이러한 고객관리상의 문제로 인해 고객에게 들인 많은 노력과 비용이 명확한 효과를 거두지 못하게 된다. 따라서 업무프로세스 혁신이 이루어지지 않는다면, 고객관리는 최고경영자의 막연한 의지에 의존할 뿐, 조직 구성원들의 비효율적인 고객응대 속에서 결국엔 퇴색되어 갈 것이다.

### (2) 업무과정의 혁신방법

비즈니스 프로세스 리엔지니어링(BPR; Business Process Reengineering)은 업무과정의 변화가 혁명적이어야 한다는 내용을 기본 골격으로 한다. 즉, 급진적인 변화가 강조되고 단기간 내에 성과가 나타나야 한다는 것이었다. 하지만 충분히 준비가 되지 않은 상태에서의 혁명은 여러 문제점을 야기시켰고 오히려 기업 전체의 성과를 감소시키는 결과를 낳았다.

BPR이 주는 교훈은 업무과정의 변화를 한꺼번에 혁명적으로 수행할 경우 과정상의 과부하가 발생하여 오히려 변화를 그르칠 수 있기 때문에 CRM 업무과정의 변화는 지속적으로 이루어져야 한다. CRM 업무프로세스의 지속적인 개선이란 조직의 각 부분이 주어진 업무의 범위 내에서 최소한도의 업무 변화를 취하는 것을 의미한다. 이 방법은 업무과정의 근본적인 문제는 해결하지 못하지만 큰 저항없이 안정적이고 부분적인 개선효과를 노림으로써 신속한 업무과정 처리를 이룰 수 있다. 하지만 이러한 지속적인 개선만으로는 경쟁이 치열한 기업의 생존게임에서 살아남기 힘들다. 동일한 수준의 개선효과를 얻기 위해 필요한 비용이 점차 높아지기 때문이다. 그러므로 정보기술을 포함한 근본적인 변화가 필요하다. 바로 이러한 근본적인 변화가 의미하는 것이 혁신이며, 그중에서 업무과정의 혁신은 지속적인 개선과 혁신을 단계적이고 반복적으로 수행함으로써 이루어져야 한다.

### (3) CRM을 통한 업무과정의 변화

업무과정의 혁신을 통해 갖추어진 CRM의 업무과정은 다음과 같다.

첫째, 기존에 각 부서별로 업무가 분리되어 수행되던 것이 업무과정의 범기능적으로 통합됨에 따라 고객의 업무를 처리하는 종업원은 고객이 누구인지, 무엇을 원하는지, 어떻게 응대해야 할지를 명확히 알 수 있게 되며, 이는 고객의 대기시간을 줄이고 효과적이며 능동적으로 고객을 관리할 수 있게 한다.

둘째, 고객 업무과정이 자동화된다. CRM은 정보기술시스템이 고객의 생애가치에 맞는 지원 프로그램을 제공하므로 고객담당 업무가 효율적이고도 일관되게 처리될 수 있다.

셋째, 업무과정 간의 중복성을 최대한 제거시킨다. 고객을 중심으로 통합된 데이터베이스는 업무과정의 범기능적 통합과 자동화를 가능하게 하였는데, 이는 특정 고객의 문제에 대하여 일관된 해결방안을 제시해 줌으로써 업무의 중복을 피하고 고객에게 일관된 메시지를 전달하게 한다.

넷째, 고객을 과학적으로 분석할 수 있다. 고객정보를 바탕으로 데이터 마이닝, 온라인분석프로세스(OLAP; On Line Analytical Process) 등의 과학적 통계분석 기법들을 사용하여 고객의 욕구 및 특성, 또는 수익률 예측 및 이탈예측 등을 분석함으로써 고객에게 합리적이고도 명확한 조치를 제시할 수 있게 된다.

## (4) 업무과정의 통합원리

### 1) 고객접점 중심으로의 통합

고객과의 접점은 '결정적 순간'이라 불릴 만큼 중요하며 기업에서는 고객과의 접점은 고객의 문제해결뿐만 아니라 고객에 대한 추가 정보를 습득할 수 있는 신경망 또는 감지기 역할을 한다. CRM에서는 대부분의 업무과정이 고객을 중심으로 편성되기 때문에 고객이 발생시키는 사건 또는 고객에 대한 분석이 업무과정을 작동시킨다. 즉, 고객 중심의 조직에서는 고객접점을 업무과정의 시작으로 삼는 것이다.

업무프로세스의 통합과 고객접점을 중심으로 통합은 CRM과 관련한 마케팅, 영업, 고객서비스 업무가 고객접점을 중심으로 일원화되어야 하며, 이를 위한 조직 및 기업의 자원이 고객접점을 체계적으로 지원할 수 있어야 한다. 업무과정이 고객접점을 중심으로 통합되었을 때, 고객은 한 번의 접촉으로 기업과 관련된 모든 문제를 해결할 수 있으며, 기업은 고객의 대기시간을 줄이고 만족도를 높임으로써 효과적으로 고객과의 관계를 구축할 수 있을 것이다.

### 2) SFA와 영업사원의 통합

CRM에서 대표적인 업무과정의 변화 중 하나로 SFA(Sales Force Automation; 영업조직자동화)가 있다. SFA란 고객의 자료가 저장되어 있는 DB와 동기화되어 영업이 이루어지는 지점인 고객과의 접점에서 해당고객의 데이터에 직접 접근할 수 있고 반대로 거래가 이루어짐으로써 생성된 거래정보를 직접 중앙컴퓨터와 고객DB에 입력하여 영업의 효율성을 높이는 업무자동화시스템 중의 하나이다. 즉, 영업프로세스를 재평가하고 보다 생산성이 높고, 보다 정확도가 높은 영업을 실현하기 위한 최신 기술이다. 이러한 SFA는 영업 및 콜센터 기능을 통합하여 영업에서 발생할 수 있는 여러 가지 절차 및 단계를 단순화함으로써 비용의 효율성을 달성할 수 있으며 정확한 고객분석 및 이해를 바탕으로 한, 효과적인 커뮤니케이션을 고객과 수행할 수 있다.

SFA는 CRM에서 핵심적인 기능을 하는 영업을 지원하는 하나의 시스템으로써 도입에 따른 기대효과가 상당하겠지만 SFA 도입의 가장 큰 걸림돌로 작용하는 것은 기존의 영업사원과의 갈등이다. 영업사원들은 대부분 영업실적에 따라 보상이 이루어지는데 SFA를 도입함으로써 영업사원을 거치지 않은 거래가 이루어진다면 상대적으로 자신의 보상은 줄어들 것이라는 불안감으로 갈등형성의 가장 큰 요인을 제공하고 있다. 이러한 갈등을 극복하기 위해서는 영업사원을 통한 판매와 SFA를 통한 판매가 별개의 판매 유통경로가 아닌, 서로를 지원하는 상호보완적인 관계라는 점을 영업사원에게 인식시켜야 할 것이다. 영업사원은 SFA를 통한 개별고객의 데이터에 근거하여 고객을 체계적으로 관리할 수 있고, SFA는 영업사원을 통해 세부적인 고객정보를 획득함으로써 추가적인 영업기회를 모색하고 효과적인 고객 서비스에 기여할 수 있다는 사실을 인식시켜야 할 것이다. SFA와 영업사원의 통합은 기업이 영업의 효율성을 극대화하고 나아가 콜센터와의 통합을 통해, 고객지식 획득과 그 활용의 목적을 성실히 수행할 수 있게 할 것이다.

### (5) 협업문화(Collaborative Culture) 형성

효과적·효율적으로 고객을 대응하고 일관된 고객경험을 전달하기 위해서는 마케팅, 세일즈, 고객서비스 지원업무 기능이 고립된 상태에서 수행되어서는 안 되며 조직 간의 공조가 요구된다.

협업문화를 통하여 고객요구 및 기대사항을 충족시키기 위한 부서 간의 협조체계가 전사적으로 갖추어야 하며, 특히 기능적으로 분리된 마케팅, 영업/판매, 제품과 서비스 조직 간의 조직적 장벽을 극복하고 부서간의 원활한 커뮤니케이션(예: 고객정보 공유)이 강화되어야 한다.

또한 고객접촉빈도가 높은 고객접점의 Front Office와 고객과의 접촉이 거의 없는 Back Office 부서 간의 커뮤니케이션이 지속적으로 이루어져야 한다.

전사적 고객관련 프로세스가 막힘이 없이 흘러서 고객과의 상호작용에 있어서 장애가 발생되지 않도록 해야 하기 때문이다.

기업 내부의 협업체계는 기업외부, 즉 고객 및 파트너 등과의 협업으로 확정되어야 한다. 기업의 가치제안에는 공급업체와 비즈니스 파트너들도 고려되어야 하므로, 기업 내에서 CRM을 최적화하는 것뿐 아니라 이들과의 비전 및 고객가치제안의 공유도 활성화해야 한다.

고객과의 협업은 제품과 서비스의 디자인, 마케팅 프로그램의 개발, 유통방법 및 과정의 세부화 등에 공급자는 물론 고객이 마치 팀처럼 관여하는 형태를 의미한다.

기본적인 접근방법으로 온라인/오프라인상에 고객공동체를 형성하고 활동을 강화하는 것을 들 수 있다. 커뮤니티 리더층을 집중적으로 관리하여 구전효과를 극대화해야 한다.

## 5. 고객서비스의 조직화

### (1) 고객서비스의 조직

모든 온·오프라인 커뮤니케이션전략에서 고객서비스가 가장 중요한 것은 고객 네트워크상에 미치는 입소문의 위력 때문이다. 따라서 고객서비스의 기능을 수행하기 위한 조직화의 목적은 지속적이고 전사적으로 우수한 고객서비스를 제공할 수 있는 능력을 보유하는 것이다. 이러한 전사적인 우수한 고객서비스의 제공은 경영자의 확실한 실천의지에 달려 있다.

우수한 고객서비스의 제공능력은 고객의 잠재적 요구인 '나를 위해 무엇을 할 수 있는가?'에 부응하기 위한 서비스 전달시스템을 어떻게 조직화하느냐에 달려있다. 기업의 종사자들이 출근하면서 '오늘은 나를 위해 무엇을 해줄 것인가? 만일 기업이 나에게 아무것도 해주지 않으면, 나 또한 아무것도 하지 않을 것이야'라고 생각하는 것처럼, 고객은 자신에게 무엇을 해주기를 요구하고 있다.

조직의 모든 부문에서 고객에게 우수한 고객서비스를 제공하겠다는 공감대는 고객서비스의 조직을 지탱해주는 주춧돌의 역할을 한다. 공감대의 형성으로 고객을 적대자가 아닌 친구로 대하게 된다. 공감대의 형성은 종사자로 하여금 고객들이 지불하는 금액에 상응하는 만족을 주도록 자극한다.

이러한 사고는 CRM의 계획을 작성할 때나 고객과의 접촉 여부에 상관없이 조직 내에서 중요한 의사결정을 할 때 기본이 되며, 고객서비스가 조직문화의 일부가 되기도 한다. 만일 기업 전반에 걸쳐 고객서비스를 촉진시키는 조직을 가지고 있다면, 상품의 구매에 영향을 높일 수 있을 것이다. 세계적인 기업들이 고객서비스를 강조하는 이유는 바로 상품의 구매촉진에 있다.

특히 고객서비스는 서비스 질, 정확한 전달, 불만에 대한 대응, 애프터서비스, 지원 등 모든 것을 의미하는 것으로서 세계적인 기업들은 판매부서뿐만 아니라 생산부서, 물류부서, A/S 부서 등 모든 부서의 업무가 고객서비스 업무의 관리자에게 직접 보고되도록 하고 있다.

그리고 기업은 CRM을 실행하는 활동, 즉 획득, 유지, 추가판매하는 핵심 전략 중 어떤 활동에 집중하느냐에 따라 고객서비스조직을 달리한다.

이와 같은 기업에 적용되는 조직적 핵심전략을 고찰하면, 균형 접근법 내에서 세 가지 전략을 관리하는 데 필요한 역량을 알 수 있다.

① CRM에서 획득에 기반을 둔 기업에게는 획득하는 동안 고객관계의 가치를 최대화하는 것인데, 그 가치가 주로 획득에 의해 결정되는 경우이다.

이를 위해서는 바람직한 잠재고객을 대상으로 한 비용-효과적인 표적화, 메시지 전달 및 판매종결에 조직 설계의 초점을 맞춰야 한다. [그림 12-3]에 따르면, 획득지향적인 조직에는 데이터베이스 관리와 재무적 모델링에 관한 기본적인 CRM 능력에 두 가지 핵심 능력, 즉 고객 통찰력과 상표관리가 필요하다.

고객 통찰력은 신용카드 발행회사에 의해 이루어지는 모델링 작업의 경우와 같이, 표적 고객에 대한 이해를 말한다. 고객 통찰력은 제품과 서비스 설계 및 표적화 활동을 좌우한다. 여기서, 상표관리는 잠재고객에게 소구하는 상표 포지셔닝을 개발하고 다양한 매체를 사용해서 기업의 제품과 편익에 대한 표적 고객의 인지도를 높이는 것을 의미한다.

그림 12-3 "순수 유형" 조직의 역량

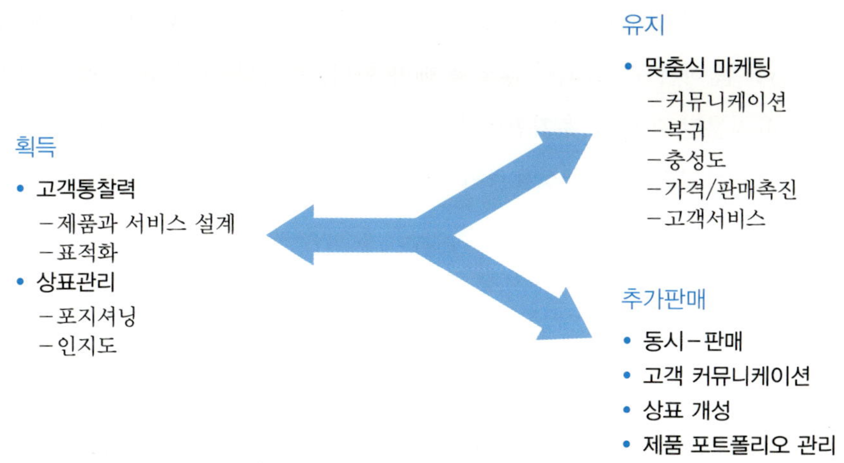

② 유지지향적인 기업에게는, 중요한 전략이 고객수명주기 전체에 걸쳐 고객 관계의 가치를 유지하고 최대화하는 것이다. 이를 달성하기 위해 기업은 대량맞춤식 마케팅(mass customized marketing), 소규모 부분시장이나 개별 고객들에게 마케팅믹스를 맞도록 하는 것에 뛰어나야 한다. 여기에는 기업이 개인적으로 알고 있는 것처럼 고객들이 느끼도록 하는 일대일 커뮤니케이션 프로그램, 충성도와 복귀 프로그램, 고객—특정적인 그리고 부분시장—에 대한 특정적인 가격결정과 판매촉진, 제품과 서비스 제공 및 개인화된 고객서비스가 해당된다. 획득지향적인 기업은 일반적으로 잠재고객 획득기능을 중심으로 조직구조를 구축해야 하는 데 반해 유지 기업은 마케팅믹스의 맞춤화를 지원하는 강한 관리 프로세스 및 시스템과 함께, 고객이나 고객 코호트를 중심으로 조직화되어야 한다.

③ 추가판매 기업의 경우에는, 주요 전략이 일련의 관련 제품을 개발하고 고객에게 이를 판매하는 것이다. [그림 12-3]에 제시된 바와 같이, 추가판매 조직은 동시-판매 전문성, 고객에 대한 제품과 편익의 효과적인 커뮤니케이션, 여러 제품에 걸쳐 이용할 수 있는 통일성 있는 상표 개성의 개발 및 면밀한 제품 포트폴리오 관리에 집중한다. 마지막 항목이 네 가지 지원 역량 중에서 가장 중요하다. 포트폴리오 관리자는 일련의 제품이 너무 광범위하고(부적절한 제품은 고객을 멀어지게 함), 관련이 없거나(일련의 제품이 가지는 전체 가치가 각 제품의 단순한 합계보다 적어짐), 혹은 너무 폭이 좁게(고객의 잠재적 자산 가치를 충분히 이용하지 못함) 되지 않도록 해야 한다. 추가판매 기업은 산하 상표의 편성과 유지뿐만 아니라 추가판매에 적합한 잠재 영역의 식별에 초점을 맞추는 강한 포트폴리오 관리와 상표관리 집단, 강한 판매 조직 및 마케팅 기능 부서를 갖추어야 한다.

기업의 구조는 조직적 전략을 잘 수행하기 위해 여러 구조적 디자인이 적용될 수 있다. 예를 들면, 기업의 전체 고객집단이 욕구와 구매행동에 있어서는 상당히 동질적이지만 획득, 유지 그리고 추가판매 프로그램에 대한 반응에 있어서는 이질적이라면, 획득, 유지 및 추가판매 기능을 중심으로 마케팅 조직을 구축하는 것이 합리적일 것이다. 고객수명주기 전체에 걸친 장기적인 고객 관

그림 12-4 주요 고객자산 창출 요소 중심의 조직도

리가 가장 중요한 명령이라면, 개별 고객이나 고객 코호트를 담당하는 다기능적(cross-functional) 팀을 만드는 것이 더 효과가 있을 것이다.

[그림 12-4]는 단순화된 고객-서비스 기업 모델의 조직도로서 3개의 부서장, 즉 획득 마케팅 관리자, 유지 마케팅 관리자, 추가판매 관리자는 자체의 임무수행과 관련된 가격결정, 판매촉진 및 경로 관리에 대한 책임을 진다. 예를 들면, 획득 마케팅 관리자는 주로 신규고객을 끌어들이기 위해 사용되는 품목의 가격결정에 대한 책임을 지고, 유지 마케팅 관리자는 휴면중인 고객관계를 부활시키는 판매촉진을 담당한다.

또한 3개의 부서장은 상위 마케팅 중역에게 직접 보고를 하며, 각 관리자는 특정한 하위기능에 대한 책임을 진다. 예를 들면, 획득 관리자는 주로 고객 획득 활동을 하는 판매원들을 감독하고, 잠재고객 표적화에 대한 책임을 지는데, 잠재고객 표적화에는 특히 잠재고객을 대상으로 하는 제품과 서비스 계획이 포함된다.

유지 관리자는 유지 분석과 고객서비스를 감독한다. 유지관리 부서는 고객 유지의 우선순위에 따라 다양한 마케팅믹스 요소를 고객에게 맞도록 한다. 어떤 기업은 오로지 고객 충성도나 유지만을 전담하는 독립된 부서를 두고 있다.

추가판매 관리자는 가격결정, 판매촉진 그리고 경로와 관련된 책임을 질 뿐만 아니라, CRM을 증가시키는 그 잠재력에 따라 동시-판매 전술과 동시-판매에 적합한 제품을 파악하는 분석을 행한다.

이 구조의 강점은 CRM 창출의 3개 주요 요소 각각에 주의를 기울이고, 그렇게 함으로써 제품 집단화에 기반을 둔 전통적 조직 구조에서 벗어난다는 것이다.

### (2) 조직구성의 요소

기업은 조직구성의 요소들을 이용하여 고객서비스의 토대를 마련할 수 있다. 기업을 강력한 고객서비스의 조직으로 만들기 위해서는 다음과 같은 요소들이 필요하다.

- 서비스 계획 및 전략
- 경영진의 리더십
- 잘 교육되고 자발적 참여의사를 가진 종사자들
- 종사자에게 권한부여
- 상품의 디자인
- 하부구조(인프라스트럭처)
- 만족도의 측정기법

이상의 요소들 가운데 종사자에 대한 권한부여는 고객서비스의 조직구성에서 특히 중요하다. 만일 고객을 직접 대하는 일선직원이 현명하고 분별 있는 서비스를 제공하지 않는다면, 서비스 계획이나 조직구조는 무용지물이 될 것이다.

고객은 단 한 명의 직원과 모든 거래를 마무리하기를 원하며, 문제의 발생 시에도 한 명의 직원과 해결하고 싶어한다. 따라서 고객만족의 달성에 필요한 일을 할 수 있는 권한이 일선직원에게 주어져야 한다.

고객에게 나중에 연락을 주겠다고 말하거나 또는 고객을 다른 직원에게 넘

그림 12-5 기본 조직화 모델

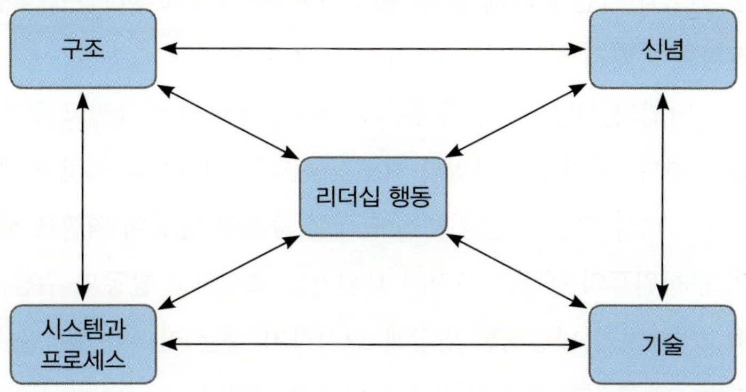


기는 것을 고객은 싫어한다. 일선직원들이 이런 행위를 하지 않도록 하기 위하여 기업은 고객을 대하는 일선직원들에게 현장문제 해결권한을 부여해야 한다.

이렇게 하기 위해서는 조직을 변화시키지 않으면 안된다. 관리자는 박스와 선으로 된 구조도가 시사하는 것보다 훨씬 더 넓은 범위의 자유재량적 조직화 수단을 가지고 있다. [그림 12-5]에 제시된 바와 같이, 기업은 5개의 조직화 수단, 즉 구조, 관리 시스템과 프로세스, 기술, 신념 그리고 리더십 행동을 이용할 수 있다.

변화는 보통 조직 구조에서 시작된다. 적절한 주된 조직화 차원(예: 고객 부분시장, 기능적 활동, 지리)을 선택하고, 조직 내 각 부문의 역할과 권한을 명확히 설정하며, 구성단위 간 상호작용 접점을 규정함으로써 기업은 목적 달성을 앞당길 수 있다.

관리 시스템과 프로세스는 여러 활동의 조정과 집단간 및 개인 간의 정보 전달 방식이다. 여기에는 측정과 보상 시스템에서 데이터베이스 관리에 이르는 광범위한 메커니즘이 포함된다.

직원과 기술은 구조와 프로세스에 활기를 불어넣는다. 시스템을 작동시키기 위해 필요한 인재를 선택, 획득 그리고 배치하는 것은 다음으로 중요한 조직화 과제이다. 특히 고객 인터페이스 수준에서, 필요한 직원과 기술의 유형은 사업마다 크게 다르다. 정해진 CRM 전략을 실행하기 위해 현재 기업 내에서 활용하고 있는 것과 상당히 다른 기술이 필요하다면, 조직 구성원의 재교육, 증원 및 해고와 연관된 과제 및 잠재적 전위(轉位)가 고객자산에 적합한 성공적인 조직화를 어렵게 하는 아주 큰 장벽이 될 수 있다.

기업의 신념 체계, 즉 문화는 직원, 프로세스 그리고 구조를 함께 묶는 역할을 한다. 여기에는 기업의 지도적 신념과 직원들의 일상적 신념이 포함된다.

리더십 행동은 신념 체계에 대한 중요한 받침대 역할을 한다. 기업에서 상위 구성원들의 행동은 조직의 분위기를 조성하고 활동의 우선순위를 확립한다. 최고경영자가 바람직한 방향과 일치하지 않는 리더십 행동을 한다면 순식간에 다른 4개 조직화 요소의 진행을 방해할 것이다.

5개의 조직화 요소는 단독으로가 아니라 일제히 제휴해서 작용하지 않으면 안 된다. 성공은 통일성 있는 믹스를 이루고, 기업의 욕구에 맞게 반응하도록 믹스를 유지하는 데에 달려 있다. 한 요소가 다른 요소를 대체할 수 있는 경우가 많다.

### (3) 고객서비스의 평가

일정한 고객서비스의 수준을 유지하기 위해서는 서비스의 수행을 평가하는 메커니즘이 필요하다. 고객서비스의 지원시스템들을 정기적으로 재평가하여 서비스 전략이 제대로 뒷받침되고 있는지 확인해야 한다.

서비스는 무형성이기 때문에 고객이 눈으로 확인할 수 있는 유형의 실체가 없다. 기업들은 상품과 함께 어떠한 서비스를 제공하겠다는 약속을 소비자에게 하게 되며, 소비자들은 그것에 대한 기대를 가지고 상품을 구매하는 것이다. 고객서비스에 대한 고객의 기대와 그것을 실제로 이용해 본 경험을 비교함으로써 서비스 질이 인식된다. 소비자가 상품의 구매에서 얻으리라고 기대하는 것과 실제로 얻은 것과의 비교를 통하여 소비자는 서비스 질을 인식하게 된다.

[그림 12-6]에서 보면, 서비스 질은 서비스에 대한 기대와 서비스의 실제 이용경험과의 비교를 통하여 인식된다. 서비스에 대한 고객의 기대는 고객욕구, 이미지, 과거 이용경험, 다른 사람의 구전, 상호작용 등의 요인에 의하여

그림 12-6 전반적인 서비스 질의 인식

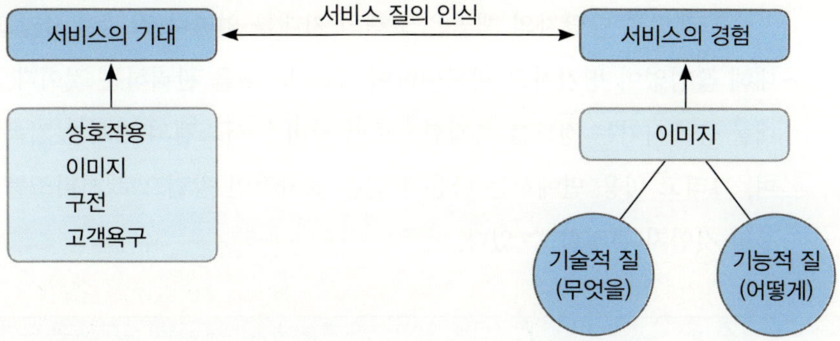


결정된다. 고객이 실제로 경험한 서비스는 기술적 질과 기능적 질로 구성되며, 이들에 의해 결정된다.

기술적 質(technical quality)은 고객이 실제로 제공받은 서비스 질을 의미하는 것으로, 이는 컴퓨터화된 시스템, 설비, 노하우, 기술적 해결 등에 의하여 결정된다. 기능적 質(functional quality)은 서비스가 전달되는 과정의 질을 의미하는 것으로, 이는 서비스 제공자의 태도·행동·열의·외모 등에 의하여 결정된다. 기술적 질과 기능적 질의 내용은 〈표 12-3〉과 같다.

고객이 실제로 경험하는 서비스는 기술적 질뿐만 아니라, 기능적 질에 의해서도 결정된다. 소비자에게 실제로 전달되는 서비스 질은 기술적 질이지만, 이보다는 기능적 질에 의하여 서비스 질이 더 많은 영향을 받는다. 우수한 서비스는 기술적 질보다는 기능적 질에서 나옴을 보여준다.

표 12-3 기술적 질과 기능적 질

| | 내 용 |
|---|---|
| 기술적 質 | 고객이 실제로 제공받은 서비스의 질 |
| | 컴퓨터화된 시스템, 설비(기계), 노하우, 기술적 해결 |
| 기능적 質 | 서비스가 전달되는 과정의 질 |
| | 종사자의 태도·행동·서비스 열의·외모, 고객접촉, 접근가능성, 내부관계 |

### (4) 고객서비스의 개선

고객업무 담당자의 책임은 고객의 기대를 얼마나 잘 충족시키고 있는지에 대해 끊임없이 평가하고 피드백하여, 그 시스템을 관리하는 것이다. 고객의 기대를 충족시키는 정도를 측정함으로써 서비스 시스템의 가치를 기록할 수 있으며, 그리고 비용 면에서는 다음과 같은 효과적인 방법으로 서비스를 어떻게 개선할 것인지 결정할 수 있다.

- 채용시스템이 전문적인 고객서비스를 실천에 옮길 수 있는 사람들을 선발하기에 적절한가?
- 신입직원을 위한 오리엔테이션 프로그램은 처음부터 서비스 전략의 중요성을 주입시키고 있는가?
- 사보는 CEO와 동일한 가르침을 전파하고 있는가?
- 교육 프로그램은 고객서비스의 개선을 촉진하는 데 효과적인가?
- 실적평가시스템은 직원들에게 고객서비스 노력에 대한 효과적인 피드백이 되고 있는가?

고객서비스 시스템의 가치를 기록해보면, 고객서비스의 개선은 상당한 추가판매를 가져오는 이익센터임을 알 수 있다.

고객서비스에서 기업은 고객이 원하는 것을 제공해 주어야 한다. 기업이 가지고 있는 모든 자원을 동원하여 고객만족을 지향하도록 하는 것이 우수한 고객서비스이다.

고객이 원하는 모든 것을 제공한다고 할 때, 기업은 윤리적인 문제에 부딪힐 수 있다. 이때 이 일은 공정하고 합법적인가? 기업의 행동을 어떻게 생각할 것인가? 등을 판단하여 윤리문제를 다루어야 한다.

이외에도 조직이 원하는 상품과 서비스를 제공하여 고객을 정중하고 공손하게 대하며, 그들에게 교육프로그램을 실시하여 상품에 대한 이해와 인식을 높여야 한다.

### (5) 고객서비스조직의 성과측정과 보상

고객서비스조직의 활동결과에 따라 성과측정과 보상 시스템은 CRM 조직을 성공적으로 운영하는 데 중추적인 역할을 한다. 종업원들—특히 낮은 지위의 사람들—은 조직과의 관계를 개인적 목표와 다소 상반되거나 관련이 없는 것으로 간주하는 경우가 많다. 판매원이 두 명의 고객에 대한 방문을 선택하는 사례를 살펴보면, 한 사람은 여러 해 동안 거래한 고객이지만, 접촉하기 어렵고 판매원을 잘 받아들이지 않아 방문하기가 매우 어렵다. 하나의 판매를 완수하기 위해서는 여러 차례의 판매 방문이 필요하다. 그러나 이 고객은 상당한 양의 제품과 서비스를 지속적으로 구매할 가능성이 높은 잠재적 고객이다. 두 번째 고객은 신규고객이며 거래량이 첫 번째 고객의 절반이다. 그러나 이 고객은 더 친절하고, 접근하기 쉬워 방문하기가 훨씬 용이하며, 소량이라도 즉시 구매하고 싶어한다. 판매원은 어느 고객을 방문할 가능성이 더 많은가? 필요한 활동수준이 더 낮고 보다 쉽고 빠르게 판매할 수 있기 때문에, 아마도 신규고객일 것이다. 이에 비해, 판매 관리자는 아마도 신규고객을 획득하기 위해 노력하면서도 이익 잠재력이 큰 오래된 고객을 방문하도록 판매원에게 권할 것이다. 판매 관리자는 판매원이 둘 다를 방문하도록 하기 위해서는 어떻게 해야 하는가?

이에 대한 답은 기업의 종업원 인센티브 프로그램과 종업원 평가 방법에 있다. 종업원들로 하여금 이익이 많은 고객을 유지하고 이들의 거래를 증가시키는 활동을 하도록 하기 위해서는 경영진이 고객 및 잠재고객을 얼마나 잘 관리하는가라는 점에서 종업원들을 평가해야 한다. 한 가지 방법은 전통적인 매출액 측정에 더하여 고객획득과 유지율로 판매원을 평가하는 것이다. 마찬가지로, 고객서비스 종업원은 통화횟수뿐만 아니라 고객의 용건을 성공적으로 해결하고 고객을 유지하는 비율로 평가되어야 한다. CRM을 구축하는 행동에 대한 측정과 보상은 마케팅 직원에 국한하지 않아야 한다. 그 활동이 고객 획득, 유지 그리고 추가판매에 영향을 미치는 모든 기능부서의 구성원들을(예를 들면, 경로관리 집단의 구성원과 제품 및 서비스 포트폴리오 개발을 담당하는 구성원을 포함하여) CRM 구축이라는 활동에 관해서 측정하고 보상해야 한다.

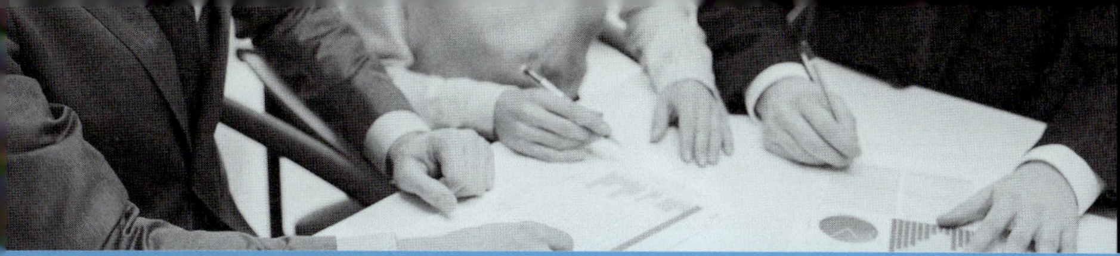

Part V

# CRM의 확장개념과 특수주제

Chapter 13

# 디지털시대의 eCRM

## 1. 디지털시대의 경영

디지털시대의 도래는 생산 및 소비에 큰 지각변화를 가져왔으며, 특히 기업활동에 큰 영향을 미치고 있다.

종래 디지털은 주로 기술적 의미로만 사용되어 왔다. 그러나 90년대 후반부터 디지털은 기술발전과 인프라 구축의 차원을 넘어 지식정보사회의 핵심 기반으로 자리매김 해감으로써 산업 전반을 변혁시키는 동인으로 작용하고 있다. 특히, 디지털기술을 활용한 정보통신네트워크인 인터넷은 생산과 소비를 포함한 사회 전반의 틀을 변화시킴으로써 기업경영의 기본 모델을 새로이 정립하도록 요구하고 있다.

### (1) 디지털시대의 고객특성 변화

21세기는 인터넷의 등장으로 인해 소비자들이 기업에 대해 직접적이고도 주도적인 기능을 수행할 수 있게 되었다. 과거 고객들은 상대적으로 우수한 품질의 제품이나 서비스를 확보하기 위해 여러 지역에 산재해 있는 소매점을 직접 방문하여 제품을 비교, 구매하지 않으면 안되었다. 이러한 활동은 시간적, 금전적으로 많은 인내를 필요로 하며, 결국 충분한 탐색활동을 어렵게 하는 요인으로 작용하였다. 그 결과 고객들은 제한된 정보로 인해 기업이나 소매상에 의존하여 제품과 서비스를 구매하게 되었고, 고객의 구매선택권은 은연중 이들의 통제하에 놓일 수밖에 없었다.

그러나 인터넷의 활용으로 인해 소비자들은 관심있는 모든 기업의 제품과 서비스 등에 대한 방대한 양의 정보를 직접 신속하게, 그리고 무료로 습득, 교환함으로써 최고의 품질을 제공하는 기업을 선택할 수 있게 되었다. 즉, 고객은 수백 개의 기업이 제공하는 제품이나 서비스의 가격을 비교해가면서 상품을 구

**그림 13-1** 고객의 역할변화 및 기업의 대응

| | 1980년 초 이전 | 1980년대 중반 ~90년대 초 | 1990년대 초 ~90년대 말 | 2000년도 이후 |
|---|---|---|---|---|
| 고객의 역할 | • 고객은 소비라는 사전에 결정된 역할만을 수행하는 수동적 구매자 | | | • 고객은 제품/서비스의 공동개발자, 협력자로서 사업 가치를 창출하는 존재 |
| 고객에 대한 기업의 인식 | • 고객집단은 기업의 편의대로 사전에 규정되고 정의됨 | • 고객의 개인적 특성을 인정 | • 고객은 개개특성을 존중하고 신뢰관계 구축에 주력 | • 고객은 개개인으로 존중될 뿐만 아니라 사회의 구성체로서 인정<br>• 고객은 인터넷을 통해 개인적 경험을 개발, 축적, 전파하는 존재 |
| 기업과 고객의 상호작용 | • 전통적 시장조사를 통해 제품/서비스를 개발 | • Help desk 등을 통한 고객지원 및 고객의 불만을 수렴함<br>• 제품/서비스의 재설계 | • 고객의 관찰 및 고객에 대한 깊은 이해를 바탕으로 제품/서비스를 재배치 | • 기업은 고객과 공동으로 제품/서비스의 시장을 창조하는 역할을 수행 |
| 커뮤니케이션 흐름 및 목적 | • 일방향 커뮤니케이션<br>• 사전에 결정한 목표 고객층에 접근 | • 양방향 커뮤니케이션<br>• DB마케팅 | • 양방향 커뮤니케이션<br>• 관계마케팅 | • 고객의 기대를 수렴하고 충족하기 위해 여러 계층의 고객과 일대일 커뮤니케이션 추구<br>• 고객 또한 인터넷을 통해 기업과 적극적인 커뮤니케이션을 추구 |

자료: Co-opting Customer Competence, HBR, Jan-Feb, 2000.

입할 수 있게 된 것이다.

이러한 사실은 제품의 생산과 물적 이동을 담당하던 기업이 과거처럼 고객의 구매선택권에 막대한 영향력을 행사하기가 어렵게 되었다는 것을 의미한다. 결국, 인터넷은 시장참여자의 역학구도를 근본적으로 변화시키고 있을 뿐만 아니라, 고객의 역할에 일대 변혁을 초래하여 고객을 기업의 경쟁우위를 결정짓는 핵심요소로 부각시키고 있다. [그림 13－1]은 인터넷의 등장에 따른 고객의 역할변화와 이에 따른 기업의 대응을 시대 순으로 정리한 것이다.

### (2) 인터넷이 기업활동에 미치는 효과

인터넷의 등장과 이로 인한 고객의 역할 및 행위 변화는 기존의 제조업체, 물적 유통업체, 전자상거래업체, 네비게이터(navigator) 등 시장참여자에게 커다란 기회와 위협을 제공하고 있다.

제품을 공급하는 제조업자와 물적 유통업자는 고객에게 더 이상 과거와 같은 영향력을 행사하기가 어렵게 된 반면, 제조업자는 유통업자를 거치지 않고 직접 고객과 접촉하여 제품을 판매할 수 있는 기회를 향유할 수 있게 되었다. 수십 년에 걸쳐 유명상표와 물적 유통체계를 구축한 기존기업들의 경우에는 가상공간에서 상거래를 추구할 경우 지금까지 투자, 확보한 모든 것이 무위로 돌아갈 수도 있다. 그럼에도 불구하고 경영자들은 인터넷이 어떤 사업 기회를 제공하며, 경쟁사가 그 기회를 먼저 포착할 경우 우리 사업의 경쟁력이 얼마나 상실될 것인가 하는 것 등을 미리 파악하고 대비하지 않으면 안된다.

### (3) 인터넷이 제공하는 기회 유형

일반적으로 인터넷은 네 가지 유형의 기회를 제공한다.

첫째, 기업은 인터넷을 이용해 고객 및 공급자와 직접적이고도 효율적으로 정보를 교환하고 거래를 추진할 수 있다.

둘째, 인터넷 기술은 가치사슬에 참여하고 있는 다른 기업의 기능을 배제할 수 있도록 해준다. 예컨대, 출판업자는 소매서점이나 도매서점을 배제하고 독자에게 직접 서적을 판매할 수 있다.

셋째, 기업은 인터넷을 활용해 신제품이나 서비스를 개발하여 새로운 고객에게 제공할 수 있다.

넷째, 기업은 인터넷을 활용해 사업의 룰을 새롭게 설정하고 특정 산업의 전자유통경로(electronic channel)에서 주도적 위치를 점할 수 있다.

기업의 경영자들은 이 네 가지 영역에서 나타나는 기회와 위협을 탐색함으로써 인터넷이 제공하는 사업기회를 향유하기 위해 어떤 투자를 먼저 해야 하는지를 결정해야 한다.

### 1) 인터넷 유통경로의 구축

기업이 인터넷에서 새로운 서비스를 제공하거나 가치사슬상의 일부 중간업체들을 제거하기 위해서는 먼저 고객과 직접적으로 연결될 수 있는 유통경로를 구축해야 한다. 이것은 기업이 자사의 제품이나 서비스를 제공하기 위한 웹사이트를 설계하는 것 이상을 의미한다. 인터넷상에서 제품이나 서비스를 구매하는 고객의 행태를 살펴보면, 기업은 인터넷기술을 이용해 전자유통경로를 구축함으로써 고객에게 다음과 같은 세 가지 유형의 서비스를 제공할 수 있음을 알 수 있다.

첫째, 기업은 인터넷을 통해 영업사원이 제공하는 수준 이상의 서비스를 제공할 수 있다. 예컨대, 전자부품업체의 경우, 자사의 웹사이트에 접속한 고객이 부품번호, 제품설명서, 제조업체별로 편리하게 부품을 검색하고 주문할 수 있으며, 웹사이트에서 선적회사의 사이트로 직접 연결하여 배달시간도 단축할 수도 있다.

둘째, 기업은 인터넷기술을 활용하여 고객의 개인특성에 맞는 양방향 커뮤니케이션을 추구함으로써 고객의 충성심을 확보할 수 있다. 이를 위한 한 가지 방법이 바로 웹사이트에서 고객이 보고자 하는 내용만을 볼 수 있도록 정보의 내용과 선택사양을 맞춰주는 것이다.

셋째, 기업은 인터넷을 활용해 새로운 상품을 저렴하게 제공할 수 있다. 즉, 기업은 모든 고객으로부터 확보한 방대한 자료를 이용하여 특정 주제에 대한 상세한 정보와 지식을 제공할 수 있다.

기업은 이러한 세 가지 형태의 서비스를 적적히 조합하여 제공함으로써 고객으로 하여금 자사의 인터넷 유통경로를 더 많이 이용하도록 유도할 수 있다.

### 2) 가치사슬의 통합

기업이 인터넷상의 전자 유통경로에서 사업을 영위하고 경쟁하기 위해서는 자사의 가치사슬을 재검토해야 한다. 신생기업의 경우에는 기존의 가치사슬이 없어 인터넷을 가장 유리하게 활용할 수 있는 방법으로 사업을 전개할 수 있다. 그러나 기존기업의 경우에는 현재 긴밀한 관계를 유지하고 있는 협력업체 및 대리점과의 관계를 유지하는 일과 미래의 전략적 포지션을 확보하는 일 사이의 선택 문제가 인터넷 비즈니스 참여의 걸림돌이 될 수 있다.

### 3) 상류·하류 부문으로의 진출

실제로 누구든지, 누구에게나 연결할 수 있는 인터넷의 상존성(ubiquity)은 특정기업으로 하여금 가치사슬상의 상류 또는 하류 분야에 종사하고 있는 다른 기업의 영역을 쉽게 잠식할 수 있도록 해준다. 예를 들어 출판업자는 유통업자를 배제하고 독자에게 직접 서적을 판매할 수도 있으며, 반대로 유통업자는 독자들의 관심 및 취향과 관련된 방대한 보유 정보를 바탕으로 직접 출판업을 영위할 수도 있을 것이다.

### 4) 새로운 역량의 확보

기업이 가치사슬의 상·하류 부문으로 진출하여 기존의 사업자를 배제하고 성과를 창출하기 위해서는 그에 필요한 새로운 역량을 개발해야 한다. 왜냐하면 기존의 사업자도 지금까지 사업을 영위해 오면서 저마다의 핵심역량을 확보하고 있기 때문이다. 따라서 인터넷을 이용해 새로운 분야로 진출하기 위해서는 자사 내에서 필요 역량을 개발하든가 아니면 다른 기업과의 제휴를 통해 기존기업과 동일한 수준의 가치를 제공할 수 있어야 한다.

### 5) 새로운 가치의 창출

인터넷 유통경로를 구축한 기업들은 가치사슬 상에서 다른 기업의 영역을 잠식하지 않고 새로운 상품과 서비스를 도입하여 제공할 수도 있다.

예컨대, 기존의 영업유통경로를 통해서는 제공할 수 없었을 서비스를 인터넷을 통해 저렴한 가격으로 개인고객에게 제공하는 것이다.

이처럼 인터넷 유통경로를 통해 새로운 가치(digital value)를 창출하려고 하는 기업은 자사의 기존자원과 인터넷상에서 활동하고 있는 다른 기업의 자원을 어떻게 하면 최선으로 이용할 수 있을 것인가를 검토해야 한다([그림 13-2] 참조).

그림 13-2 인터넷을 통한 가치(Digital Value) 창출시 검토 사항

| 구 분 | 내 용 |
|---|---|
| 고객의 역할 | • 인터넷을 이용해 기존 고객에게 추가적인 정보나 서비스를 제공할 수 있는가? |
| 고객에 대한 기업의 인식 | • 인터넷을 이용해 기존의 자산을 재구성하거나 새로운 사업영역을 개척함으로써 신규 고객의 니즈를 충족시켜 줄 수 있는가? |
| 기업과 고객의 상호작용 | • 광고, 보완재의 판매 등 새로운 수입원을 창출하기 위해 기존의 고객 유치 역량을 이용할 수 있는가? |
| 커뮤니케이션 흐름 및 목적 | • 자사의 현재 제공하고 있는 가치의 일부를 다른 회사가 제공할 경우 기존 사업이 받게 될 타격은 어느 정도인가? |

자료: Making Business Sense of the Internet, HBR. March-April, 1999.

## (4) 기업의 대응전략

디지털시대에서 인터넷을 활용해 기업이 성공하기 위해서는 고객에 대한 접근성(reach), 정보의 충실성(accuracy), 우호관계(affiliation) 등 세 가지 차원에서 우위를 확보하고 있어야 한다. 그러나 제조업체, 유통업체, 네비게이터 등 시장참여자의 성격에 따라 세 가지 요소 간의 중요성과 우위 정도가 상이함은 물론이다.

### 1) 고객에 대한 접근성

고객에 대한 접근성은 얼마나 많은 고객과 접촉할 수 있으며, 또 이들 고객에게 얼마나 많은 제품이나 서비스를 제공할 수 있는가를 나타낸다. 이러한 고객접근성은 인터넷에 기초한 사업의 가장 큰 특징이자 인터넷 사업을 기존사업과 차별화시켜 주는 요소라 할 수 있다.

인터넷사업이 출현하기 전까지는 소매상들이 해당산업 내에서 고객확보경쟁을 벌여 왔으나, 인터넷의 활성화로 인해 고객접근성이 한층 용이해짐으로써 전통적 개념의 산업 구분이 그 의미를 잃고 있다.

이러한 현상은 특히 기존 제조업자에게는 큰 딜레마로 작용하고 있다. 이는 전혀 새로운 게임의 규칙(rule of game)을 가지고 사업에 뛰어드는 기업에 경쟁우위를 상실당할 가능성을 내포하고 있다. 따라서 이러한 위험을 낮추기 위해서는 인터넷사업을 기존사업방식을 대체하는 새로운 사업모델로 인식, 고객에 대한 접근유통경로를 적극 육성할 필요가 있다.

### 2) 정보의 충실성

정보의 충실성은 고객에게 제공할 정보뿐만 아니라 고객에 대한 정보의 깊이와 구체성을 얼마나 확보할 수 있는가를 의미하는 것으로서, 인터넷사업에서 향후 고객과 긴밀한 관계를 형성하는 데 핵심적인 요소가 된다. 전통적 사업모델하에서는 고객에 대한 접근성과 정보의 충실성 사이에 트레이드오프(trade-off) 관계가 있었다. 그러나 인터넷에 기초한 사업에서는 다양한 고객에게 광범위하고 구체적인 제품 및 서비스 정보를 제공할 수 있으며, 동시에 기업은 고객에 대한 방대한 양의 정보를 수집하여 자사 제품 및 서비스의 판매를 증대시키는 데 활용할 수 있다.

예컨대, 기존유통업체들은 고객에 대한 구체적인 정보를 활용하여, 그리고 제조업체들은 제품에 대한 심층적 정보를 활용하여 경쟁우위를 점할 수 있다. 즉, 유통업체들은 고객에 대한 구체적 정보를 수집하고 활용할 수 있는 유리한 위치에 있기 때문에 고객정보의 충실성 면에서 그 어떤 기업보다 유리하다고 할 수 있다. 또한 제조업체의 경우도 제품에 대한 풍부한 정보를 바탕으로 하여 기존제품의 매출을 증대시키거나 전자상거래사업을 전개할 수도 있다. 물론 이러한 제품 정보의 충실성에 바탕을 둔 전략은 혁신주기가 빠른 제품이나 서비스를 제공하는 기업에 보다 유리하다. 이처럼 기업들은 각자의 현상에 따라 유리한 강점을 활용할 수 있는 방향으로 인터넷 사업을 전개해야 한다.

### 3) 우호관계

인터넷의 활용이 보편화되어 감에 따라 사업을 영위함에 있어 고객에 대한 우호·친밀 관계가 더욱 중요시되고 있다. 특히, 순수 네비게이터의 경우에는 고객에게 단지 정보만을 판매하기 때문에 이 분야에서 높은 역량을 구축하지 않으면 안된다. 물론 고객에게 호감을 주는 편리한 정보서비스를 제공하기 위해서는 정보의 충실성이 뒷받침되어야 한다. 예컨대, Microsoft CarPoint는 자동차 구매자들에게 여러 모델을 상세히 비교할 수 있는 80개 항목에 대한 정보를 편리한 형태로 제공함으로써 고객으로부터 높은 호응을 얻고 있다.

이러한 대고객 친밀관계를 기반으로 하여 사업을 전개하는 네비게이터(customer-affiliated navigator)는 제품이나 서비스의 선택 기준이 단순하고 잘 정리되어 있는 경우에 보다 높은 경쟁력을 지닐 수 있다. 왜냐하면 제품이나 서비스의 선택시 주관적이고 질적인 평가를 요하는 경우에는 관련정보를 확보하여 제공하는 정보의 충실성면에서 제조업체에 비해 불리하기 때문이다. 한편, 제조업체와 유통업체의 입장에서는 자신이 지니고 있는 기존의 강점을 활용하여 네비게이트와 전자상거래업자의 대고객 관계전략(affiliation strategy)에 대응할 수 있는 방안을 모색해야 한다.

인터넷의 상업적 활용시대에 직면하여, 특히 기존 제조업체와 유통업체들은 그들의 가치사슬이 새롭게 재편되거나 통합될 수 있음을 인식해야 한다. 그리고 이러한 새로운 환경에 대응하여 사업을 전개하고자 한다면 물적인 관점에서 정의된 기존의 사업범위와 전략을 새로이 규정해야 할 뿐만 아니라 대고객 접근성, 정보의 충실성 등 새로운 역량을 확보해야 한다. 이러한 역량을 확보하기 위해서는 내부의 기존강점을 활용하는 것 외에, 타 기업과의 네트워크를 형성하여 외부자원을 적극 이용할 필요가 있다.

## 2. eCRM으로의 변화

### (1) eCRM의 개념

2000년 하반기에 들어서면서 수익모델 부재로 e-비즈니스 기업들에 전반적인 위기가 닥치게 되었고, 이에 따라 진정한 고객을 확보하고 유지하는 방법에 대한 관심이 대두되었으며, 해결책으로서 eCRM이 등장하게 되었다.

인터넷 경제의 급격한 변화 속에서 고객은 더욱 수준 높은 서비스를 기대하게 되고, 요구와 취향 역시 복잡하고 다양해짐에 따라 각 기업은 경쟁력을 확보하기 위해 고객에 대한 이해가 중요하게 되었다. 특히, 인터넷 경제시대에서의 성공적인 e-비즈니스 전략은 세부적인 고객 지식에 기반을 둠에 따라 고객의 시대를 강화하는 도구 및 개념으로 eCRM이 요구되었다.

eCRM이란 e비즈니스 프로세스 기반하에서 웹 고객 데이터를 이용한 마케팅, 영업, 고객서비스 프로세스의 자동화 및 최적화를 통한 고객관계관리이다.

표 13-1 CRM과 eCRM의 비교

| | CRM | eCRM |
|---|---|---|
| 고객 접촉 유통경로 | 영업사원 방문, TM, DM 등 복수의 분산된 유통경로 | 인터넷을 활용한 단일 통합 유통경로 |
| 고객 요청 처리 과정 | 복잡하고 처리과정에 오류 개입 가능성 | On-demand access로 단순한 절차와 실시간 처리 |
| 비용(check) | 신규고객 유치와 관리비용이 상대적으로 높음 | 초기 Set-up 비용이 높은 반면 유지·관리 비용은 무시할 수준 |
| On-line 상품의 내용 | 주로 TM을 이용한 단순한 질의 응답 | 음성, 동화상 Multimedia, FAQ, 기타 고객 관심 분야 정보 제공 |
| 시간·공간적 범위 | 제한된 영업 시간, 지역적 한계 존재 | 하루 24시간, 전 세계를 대상으로 가능 |

eCRM은 인터넷을 통한 실시간 고객관계관리를 통하여 고객 요구사항에 신속히 대응하고 고객 행동에 대한 예측성을 높임으로써 고객점유율을 제고하며 시장점유율을 향상시키는 것을 목적으로 한다.

이와 같이 인터넷의 전파는 기업의 고객관리방식에 새로운 흐름을 가져왔다. 기존의 CRM과 인터넷의 접목은 고객만족과 기업운영비용의 감소라는 혜택을 가져다 줄 수 있다.

과거 대량생산시대, 수요가 공급을 초과하던 시기에는 상품 중심의 마케팅 활동이 이루어져 왔다. 이후 기업의 관심이 소비자에게로 전환되면서 기업의 마케팅 활동은 Mass Marketing, 세분화 마케팅, 틈새마케팅의 일련의 흐름을 보여 왔다. 이후 소비자에 대한 관심이 집단이 아닌 개인단위로 전환되면서 DB Marketing 방식을 통하여 기업성과의 혁신적인 제고가 가능하게 되었다. 90년대 초반부터 각광받기 시작한 CRM은 DB Marketing의 다음 단계로 고객과의 관계를 바탕으로 고객의 평생가치인 LTV(life time value)를 극대화하는 데 초점을 두고 있다.

eCRM은 기본적으로 eMarketing, eSales, eService로 구성되며, 이와 같은 기능이 유영하게 운영되기 위해서는 전자상거래시스템과 같은 e비즈니스 솔루션, 인터넷 콜센터로 대표되는 Customer Interaction Center, 그리고 웹기반 영업조직지원 시스템인 SFA(Sales Force Automation; 영업조직자동화)가 필요하다.

그림 13-3 eCRM 구성요소 및 기반요소

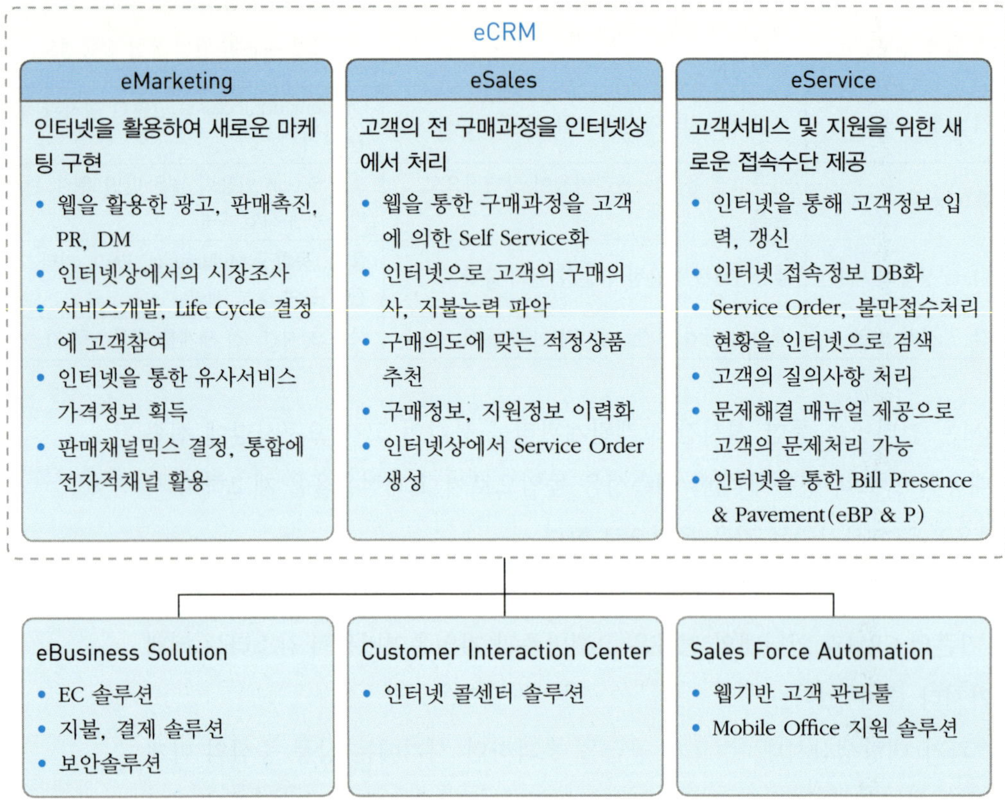


자료: (주)이비즈그룹, 「CRM 최신트렌드 및 도입전략」, 2001.1, p.16; RTC Group, eCRM Solution-Choosing Right eCRM Solution, 2000.9.

### 1) 인터넷이 기업의 환경을 변화시킨다

정보기술(IT)의 발달과 인터넷의 확산은 기업의 환경에 새로운 변화를 가져왔다. 새로운 환경변화에 따라 기존의 CRM도 새로운 모습이 요구된다. 인터넷의 확산이라는 중심어로 설명될 수 있는 변화의 모습을 살펴보면 다음과 같다.

#### ① 무형자산의 가치가 중시된다

인터넷으로 대변되는 가상공간(virtual space)에서는 시간과 공간의 제약이

거의 무의미해지므로 24시간, 전 세계 어느 곳에서든 거래가 가능하게 된다. 또한 동종 혹은 이종기업 간의 활발한 제휴가 가능해지므로 가상공간에서 체결된 거래의 수행은 공간적인 제약을 뛰어넘게 된다. 따라서 기존에는 기업의 무형자산의 가치는 유형자산이 함께 존재하는 형태로만 의미를 가질 수 있었으나 이제는 무형자산 자체만으로도 가치를 창출할 수 있게 되었다. 이에 따라 기업의 지적자산이나 고객관계 등의 가치가 중시된다.

#### ② 수확체증의 법칙이 지배한다

대량생산 시대는 수확체감(decreasing returns)의 법칙이 지배하는 시대였다. 수확체감이란 기업이 생산활동을 함에 있어 생산요소의 증가에 비례하여 생산량이 증가하지 않고 이보다 작은 비율로 증가하는 것을 의미한다. 인터넷을 이용한 거래에는 수확체증(increasing returns)의 법칙이 적용되는데 생산요소의 투입을 늘렸을 때 생산량이 생산요소의 증가율보다 큰 비율로 증가하는 것을 의미한다. 이러한 원인으로는 인터넷 거래의 단위당 변동비가 무시할 정도로 작아서 사업 초기에 연구개발비나 기반시설(Infrastructure) 등에 대한 투자가 이루어지고 나면 이후의 사업전개에 대한 추가적인 비용이 거의 소요되지 않는다는 점을 들 수 있다.

#### ③ 의사결정을 위한 관련정보의 탐색이 수월해진다

인터넷을 통한 정보의 양의 폭발적인 증대와 그러한 정보에의 접근이 단지 한번의 마우스 클릭으로 이루어질 만큼 수월해진 정보환경에서는 소비자와 공급자 모두 자신의 의사결정을 위한 정보의 획득이 완전해질 수 있게 된다. 기업의 입장에서 보면 소비자가 시장에서 특정제품을 구매하고자 하는 경우에 관련 경쟁기업의 제품에 관한 정보를 모두 검토한 후에 구매의사결정을 함으로써 과거의 주먹구구식의 경영은 불가능하게 된다. 이에 따라 기업은 과거보다 더욱 경쟁적인 환경에서 고객의 요구를 충족시키려는 노력을 해야만 살아남을 수 있게 된다.

### ④ 새로운 환경에는 새로운 관리로

이러한 환경변화는 우선 고객입장에서 기업으로부터 제공되는 서비스에 대해 더 높은 수준의 기대를 하게 된다. 경쟁적으로 고객유치를 위해 다양한 내용의 서비스를 보다 간편하고 저렴하게 이용하게 된 고객은 기존의 매체를 통한 서비스로는 만족감을 느끼지 못한다. 새로운 환경은 기업에게 단기적으로는 운영·관리비용의 절감을 가져오며 장기적으로는 고객만족과 시간과 공간을 넘은 시장의 확대로 기업의 수익 창출원을 확대시킨다.

기업 마케팅의 조류는 이러한 기업환경의 변화에 적응하여 eCRM이라는 고객관계의 관리를 위한 새로운 방안을 제시한다. eCRM이란 고객관계관리에 인터넷을 이용함으로 기존의 고객관리시스템을 재구성하는 것이다. 고객접촉에 있어 인적 접촉, TM, DM 등의 복수의 분산관리되던 유통경로를 통합하여 인터넷이라는 하나의 유통경로로 단일화하고 고객요구의 처리과정에서도 업무프로세스를 단순화한다. 궁극적으로는 고객만족을 극대화하면서 동시에 관련비용의 수준을 혁신적으로 감소시키는 새로운 고객관계관리 개념이다.

### ⑤ 복수유통경로의 통합

기존의 CRM은 고객과의 접촉 수단으로 주로 인적접촉에 의존하면서 전화나 메일 발송 등의 유통경로를 별도로 운영하였다. 인터넷은 E-mail, 음성서비스, 동화상 등의 멀티미디어 수단을 통합하고 있어 복수유통경로의 운영으로 인한 불필요한 관리비용을 줄여 주고 유통경로간 잡음으로 인한 고객정보관리의 오류발생 가능성을 줄여준다.

### ⑥ 비용절감

eCRM의 환경에서는 모델의 구축 초기에 대규모의 투자를 요구하는 반면 신규고객의 진입과 관리에 소요되는 비용은 거의 0(zero)에 가까운 수준이 된다. 궁극적인 단계의 eCRM은 인터넷을 통하여 기업과 고객 관계를 연결하는 단일의 통합된 유통경로를 활용함으로써 고객접점에서의 운영비용을 혁신적으로 줄여준다. 개별단위의 유통경로간의 운영비용을 비교해 보면 이러한 고객관리에 요구되는 비용은 인터넷을 통한 방식에 비하여 현저하게 높은 수준이다.

⑦ 고객에 대한 단일화되고 통합된 시각의 접근

고객의 요구를 접수하고 처리하는 일련의 모든 과정이 신속하고 정확히 수행되기 위해서는 기업 내의 다양한 부서들 간에 개별고객에 대한 정보의 공유가 가능해야만 한다.

부서마다 동일고객에 대한 전반적이고 통일된 시각을 갖지 못하고 상이한 정보를 바탕으로 고객대응을 하는 경우 업무처리의 신속성은 물론 고객관점의 서비스가 불가능해진다.

인터넷을 이용한 거래가 보편화되면 온라인을 이용하는 고객의 요구는 점차 증가하고 거래처리의 속도는 고객만족의 중요한 요인이 된다. 만일 고객이 특정기업의 인터넷 사이트에서 거래의 처리속도에 불만을 갖거나 고객의 기대수준에 충족하지 못한 서비스를 받게 되는 경우 인터넷환경에 익숙하지 못한 소비자라 하더라도 손쉽게 다른 새로운 기업으로의 이동을 위해 마우스 버튼을 클릭하게 된다. 이에 따라 기업에게 보다 경쟁적인 환경에서 고객만족을 최우선적으로 고려하는 시스템의 설계와 활동이 요구된다.

## (2) eCRM의 특성

### 1) 온라인상의 전자적 고객접점 경로

eCRM은 크게 상품과 서비스, 콘텐츠를 온라인상의 고객접촉 수단과 원리를 활용하여 수시 또는 즉시로 기업 내·외부의 고객관련 정보를 통합하고 가공·재정리·분류·분석함으로써 고객과의 관계 개선을 통해 고객로열티를 증진시키고 궁극적으로는 수익구조를 개선한다는 특징이 있다.

### 2) 공격적·비대면적인 고객접촉

온라인상에서의 고객접촉은 동시에 여러 경로에서 커뮤니케이션이 가능하며, 실시간 데이터 또는 비대면 접촉이 가능하다. 또한 고객접촉 상황의 기록과 관리, 보관이 용이하며 실시간 고객 행동의 분석과 자료 추적 등이 가능하다. 따라서 온라인 고객접점 경로를 통한 eCRM은 오프라인 CRM에 비하여 대량의 이메일 발송, 동시 캠페인 전개, 이벤트 참여, 평가나 테스트 결과 체크 및 자동 통보 등의 마케팅 활동 내지는 서비스 활동까지 비대면 접촉 상황에서 공격적으로 실행할 수 있다.

#### 3) 디지털 환경 중심의 다기능 접촉도구의 활용

디지털 경영과 디지털 마케팅이 강화될수록 eCRM 중심의 고객접점 빈도와 범위가 왕성해짐으로써 이에 대한 새로운 커뮤니케이션 방법과 장비, 관련 콘텐츠의 발굴과 관심사항의 업그레이드 등 고객관계를 향상시키려는 활동이 필요하다.

#### 4) 인터넷 고객센터에서의 고정고객 관리 강화

인터넷 고객센터에서는 네트워크 환경 중심에서 텔레마케팅을 실시간으로 연계하여 고객응대를 종합적으로 처리할 수 있고, 고객응대 요원이 통합된 고객정보 데이터베이스를 활용하여 개별적으로 상세하게 상담에 임할 수 있다. 즉, 종전의 CTI(Computer Telephony Integration)가 주로 전화처리 중심의 데이터 통합이었다면 인터넷 고객 센터는 인터넷 환경중심에서 콜처리 능력을 강화함으로써 eCRM 분석과 활용능력을 향상시키고 있다.

### (3) eCRM의 도입으로 인한 효과

eCRM의 성공 여부는 결국 고객의 입장에서 보다 편리하고 저렴한 비용의 거래가 가능해졌느냐에 달려 있다. eCRM의 효과는 고객만족수준의 증가, 기업 운영비용의 감소, 기업영업수익의 증가의 세 가지 측면에서 살펴볼 수 있다.

### 1) 고객만족수준의 증가

① 전자상거래 서비스를 고객 자신의 스케줄에 맞추어 시간과 공간의 제약이 없이 어느 때건 이용이 가능해진다.

② 고객주문의 처리속도가 빨라지고 주문절차가 단순하고 명확하여 편리성이 증가된다.

③ 고객의 불만이나 추가적인 서비스의 요구 등이 즉각적으로 접수되고 이를 처리하는 과정 또한 통일되고 신속한 대응으로 고객만족도가 증가한다.

④ 기업과 고객 간에 계약체결 이후의 추가적인 고지사항이나 요구사항의 전달이 적시에 보완되어 전달된다.

⑤ 고객입장의 거래 비용이 저렴해진다.

### 2) 기업운영비용의 감소

① 사람의 노동력을 필요로 하지 않는 자동화시스템으로 거래가능시간은 하루 24시간으로 확대되더라도 이에 따른 운영비용은 오히려 감소하게 된다.

② 자동화 판매시스템으로 거래당 판매비용이 감소한다.

③ 기업내의 여러 부서간 통합된 정보를 공유함으로 정확한 업무처리가 가능해지고 처리과정이 단순해지므로 오류가 줄어든다.

④ 고객관련 정보에 대한 접근이 수월해지므로 이를 기반으로 하여 보다 효과적인 의사결정이 가능해진다.

### 3) 기업영업수익의 증가

① 고객만족도의 증가는 결국 고객유지율의 증가를 가져와 고객이탈에 따른 손실을 막아준다.

② 인터넷을 이용한 거래는 기업 영업의 시간적, 공간적 범위를 확대시키

므로 수익창출의 폭을 넓혀준다.

③ 고객접점에서의 정보는 즉각적인 분석이 가능해져 시장상황의 변화에 따른 대응을 효과적으로 할 수 있다.

④ 인터넷을 이용한 보다 다양한 서비스의 제공은 결국 새로운 판매기회를 창출한다.

## 3. 효과적인 eCRM 구축전략과 사례

요즈음 국내외의 많은 기업들 사이에서 CRM에 대한 관심이 부쩍 높아지고 있으며, 이에 대한 투자도 점차 늘려가고 있는 추세이다. 이러한 상황에서 미국의 한 조사기관인 메타그룹이 2,000개 기업의 CRM 추진 현황에 대한 분석을 통하여, 이들 기업 중 상당수가 현재 추진중인 CRM 구축이 실패할 심각한 위험에 처해 있다고 경고해 주목을 받고 있다.

메타그룹이 CRM이 실패할 가능성이 있다고 보는 이유는 무엇일까? 바로 CRM 분야를 리드하고 있는 기업들은 이제 겨우 고객 및 상품에 대한 데이터웨어하우스를 이용하여 고객에 대한 분석을 시작하고 있는 단계에 있으며, 대부분은 상품을 판매한 후 고객과 기업 간의 관계 형성을 쉽게 할 수 있는 협업필터링을 위한 애플리케이션이 매우 취약함을 꼽고 있다.

실제 CRM은 고객과 상품에 대한 정보를 모아 놓는 데이터웨어하우스의 구축이 아니다. 고객에 대한 분석과 분석정보를 기반으로 고객을 가장 효과적으로 서비스하면서 공략할 수 있는 방안을 찾아가는 것이 더욱 중요한 문제이다. 이를 위해서는 고객을 분석할 수 있는 도구와 분석된 고객정보를 기반으로 가장 효과적인 서비스 및 공략방법을 찾을 수 있도록 하는 협업필터링 체계를 구축해야 한다.

다음은 eCRM의 구축사례를 살펴보면 다음과 같다.

## (1) 은행업에서의 eCRM

고객은 계좌이체나 잔액조회 등의 단순한 업무처리를 위해 직접 은행을 방문하기보다는 전화를 이용하여 집이나 직장에서 처리하기를 원한다. 인터넷은 장시간 전화기를 귀에 대고 안내원의 지시를 기다릴 필요가 없으며 입력오류로 거래를 다시 시작해야 하는 불편함도 해소시킨다.

은행에서의 인터넷의 도입은 우선 거래처리 비용면에서 기존의 매체보다 우월하기 때문이다. 환경적인 요인을 들자면 전자화폐, 스마트카드 등의 확산이 가져올 지불수단의 변화에 대응하기 위한 필요도 있다. 고객관점에서는 신속하고 정확한 업무처리, 거래처리 외에 은행에서 제공하는 각종 금융정보, 세무정보 혹은 법률정보의 획득, 신상품의 내용공지, 각종 이벤트행사에 참여 등의 혜택을 인터넷이라는 하나의 공간에서 받을 수 있다는 이점이 있다. 그러나 아직까지는 대부분의 거래내용은 잔액조회, 계좌이체 등의 수준이며 이를 통한 금융상품의 구입은 거의 이루어지지 않고 있다.

현재까지의 인터넷의 활용은 CRM의 관점에서 고객 DB의 구축을 위한 정보의 취득이나 지속적인 고객관계의 유지를 위한 수단으로서 매우 유용한 도구가 된다. 미국의 경우에도 얼마 전까지의 인터넷의 이용은 주로 수익창출 수단이라기보다는 고객과의 관계를 향상시키기 위한 목적에서 이용되었다. TM이나 DM이 초기에 적극적인 판매수단이 되지 못하였으나 점차적으로 기존의 판매망을 대체해 왔던 점을 감안하면 인터넷을 이용한 상품판매 역시 전자상거래의 정착에 따른 제공되는 정보의 질적 수준의 향상, 거래정보의 보완성, 가상공간에 적합한 상품의 개발 등의 진전에 따라 급속히 확산되고 있다.

### 1) 캐피털원

1994년 씨그넷 은행(Signet Banking Corp)에서 분사하여 5년 만에 미국 10대 신용카드 발급사로 발돋움한 캐피털원은 97년 여러 문제들에 직면했다. 고객들의 불만사항을 해결하는 시간이 너무 오래 걸린다는 것이었다. 고객 문의 전화는 담당자에게 연결되기까지 여러 번 전환되고 오랜 시간 기다려야 했다.

제이 디 파워(J.D.Power and Associates)의 다음과 같은 조사연구는 문제의 심각성을 잘 설명해 준다. "신용카드의 선택에 결정적인 영향을 미치는 요인은 낮은 이자율보다는 콜센터와 대금청구, 결제 과정과 같은 서비스와 카드 발급사에 대한 평판이다."

또한 캐피털원은 수많은 인력을 콜센터에 배치했으며, 콜센터 비용의 65~70%는 임금이었다. 한 달에 무려 2백 50만 통의 전화를 처리해야 했으며, 이 고객들의 전화비용은 고스란히 회사의 부담이 됐다. 이에 따라 비용절감에 대한 필요가 높아지게 됐다. 시장이 포화되어 가격 경쟁으로 인한 원가 절감의 압박은 더욱 커지게 됐다. 캐피털원은 먼저 고객 정보분석을 통해 전체 고객을 여러 개의 고객군으로 분류하고 그들의 니즈를 파악하는 고객 전략을 수립했으며 전화 이외에 e-채널(e-Channel)을 비롯한 새로운 채널을 신설했다. 이를 통하여 고객집단별로 맞춤 서비스를 제공하는 채널 전략(Mass Customization)을 수립했고 기술 투자와 전략적 제휴를 통하여 이러한 전략을 실현했다. 또 이 새로운 경영방식을 운영할 수 있게 통합된 전략적 CRM 시스템 인프라를 구축했다.

고객이 왜 전화를 하게 되는지 알기 위해 고객 전화 패턴을 분석했고 지능형 콜 라우팅(Intelligent Call Routing)을 도입해 고객의 전화 목적과 적임 담당자를 예측할 수 있었다. 미국 일반 가정에 대한 정보와 전형적인 고객 구매 행위에 대한 정보를 수집해 수백만 분의 1초 내에 누가 왜 전화를 하는지 알아내고 담당 상담자에게 필요한 고객 정보와 함께 넘겨주었다. 이런 방식으로 고객전화를 응대하는 동안 다시 고객정보를 얻어 다른 상품을 판매할 수 있는 기회를 얻었다. 새로운 고객 및 채널 전략을 도입하면서 제공 서비스를 조정했고 새로운 프로그램들도 도입했다. 낮은 이자율과 연회비 외에 그들은 현금보상(Cash-back) 프로그램과 포인트 제도를 시작했다. 캐피털원의 성공적인 CRM의 기반에는 표본집단정보, 고객 전화 패턴, 수익성, 구매기록과 그것을 통한 판매기회를 저장한 데이터베이스가 있었다. 고객의 문의와 불만은 신속히 처리되고 전화 응대시간은 3분의 1로 줄어 고객에 대한 서비스를 향상시켰으며, 회사는 콜센터의 운영 비용을 줄일 수 있었다. 지능형 콜 라우팅으로 인해 인바운드 교차

판매(Inbound Cross-selling)가 가능해졌다. 조사와 실험을 통해 고객은 전화 받을 때보다 자신이 전화를 걸었을 때 더 구매할 가능성이 많은 것으로 나타났다. 그래서 고객이 문제나 문의사항이 있어서 전화하고 그것이 해결되었을 때가 다른 품목을 판매하기에 좋은 기회였다. 상담자는 회사의 CRM 시스템으로부터 얻은 고객 정보로 자동차 보험, 대출 등 다른 서비스를 판매했다.

98년에는 새 고객의 절반이 신용카드를 발급받은 지 1년 내에 다른 품목을 이런 식으로 구매하여 현재 캐피털원은 1년에 추가 비용을 거의 들이지 않고 백만 달러 이상의 추가 매출을 올리고 있다.

### 2) Bank of America

Bank Of Ameica는 CRM에 대한 전략적인 방향을 설정하여 현 상황에 맞는 고객유지 프로그램을 우선적으로 실시하기 위하여 우선 40여 개 이상의 시스템으로부터 3천 8백만 개 이상의 고객데이터를 데이터웨어하우즈로 끌어와 많은 변수들을 사용하여 현재 수익성, 거주지별, 행동특성별, 인구통계별, 각 채널별(지점을 사용하는 것과 전자우편, PC통신 등을 이용하는 것)로 고객을 세분화하고, 비즈니스별로 고객을 분류하였다.

12개의 고객유지 프로그램을 운영하였고, 수익에 의한 분류를 통해 2천여 명의 금융 매니저들은 수익성이 높은 상위 10%에 속하는 고객들과의 접촉빈도를 높였다. 결혼, 양육, 홈쇼핑, 퇴직, 적정대출, 투자상품 등과 같은 생활형태에서 정보를 수집해 97년에 실시된 파일롯 프로그램에서 3만 3천 명의 고객들을 대상으로 예측 모델링기법을 사용하고 정보수집 프로그램은 매달 실시하였다. CRM 효과는 Bank of America에 더 많은 수익을 제공하게 되었고, 가치가 높은 고객들에 대한 정보를 더욱 자세하고 세밀하게 구할 수 있어 1천 4백여 명의 고객 중에서 2천여 계좌와 1천 2백 50만 달러의 부채를 발견할 수도 있었다.

### 3) 보스턴 은행

보스턴 은행은 우량고객을 대상으로 특별 프로그램을 운영한 결과 3년 만에 고객 수 3배, 대부금 잔고 9배 증가를 기록하였다. 보스턴 은행의 특별고객 관리 프로그램은 보스턴 은행의 상위 15%의 고객이 은행수익의 85%를 점한다는 사실을 고객 데이터베이스 분석을 통해 알게 된 후, 우수고객들을 특별 관리하기로 결정하고 우수고객을 자세히 분석해 본 결과 취미(골프, 테니스, 캠핑, 요트타기)를 기준으로 몇 개 그룹으로 묶을 수 있음을 발견하였다. 은행이 주축이 되어 이들을 위한 취미클럽을 결성하고 모든 비용을 후원하자 처음에는 의아해했던 보스턴 은행의 우량고객들은 이 클럽을 통해 자신의 취미생활을 부담없이 즐기게 되었고, 지역 상류인사들과의 교류 폭도 넓힐 수 있었다. 무엇보다도 은행이 자신들을 특별 대접한다는 데 대해 호감을 갖게 되었으며, 이는 우량고객의 지속적인 확보로 연결되었다.

### 4) 찰스슈왑의 hi-tech & hi touch

인터넷 증권거래의 40%를 점유하는 찰스슈왑도 오프라인에 330여 개의 점포를 갖추어 신규고객의 70%는 오프라인 점포를 방문한 후 고객으로 등록하도록 하고 오프라인의 지점, 인터넷 사이트, 콜센터를 유기적으로 연결하여 상호보완적으로 고객을 지원하도록 하였다. 즉 고객은 형식상 지점에 귀속되고, 대면업무 및 고객교육의 장으로 활용하고 24시간 이용 가능한 콜센터는 지점의 담당자와 고객정보를 공유하면서 인터넷은 real time으로 비용발생이 거의 없이 고객의 특성을 고려하여 정보를 제공하였다.

### 5) 시티뱅크의 고객고착 프로그램

시티뱅크는「한번 고객을 평생 고객」으로 만들기 위한 각종 프로그램을 운영하고 있다. 시티뱅크의 신용카드를 사용하여 물건을 구입한 후, 30일 이내에 그 가격보다 더 저렴한 곳을 고객이 발견하고 이를 증명하면 차액을 돌려주었다. 우리나라의 일부 할인점이 고객확보의 목적으로 실시하고 있는데, 시티뱅크는 가격에 대해 책임질 필요가 없는 금융업체임에도 불구하고 수행한다는 점이 특징이다. 이외에 시티뱅크 카드로 물건을 구입한 후 도난 당할 경우 그 제품 값 전액을 돌려주기도 하고, 분쟁이 발생하면 일단 고객에게 환불조치를 한 후에 판매자와 분쟁을 해결하였다. 이 때문에 고객은 다른 신용카드를 사용하지 않고 시티뱅크의 것만을 사용하게 되었다.

#### 6) 키 콥

데이터창고를 이용해 기존 고객에게 신제품을 추가 판매하고 있다. 대출 등의 용건으로 자사의 음성응답장치에 전화를 건 고객의 용무가 끝나는 시점에서 이 장치는 자동으로 고객에게 대출금을 받을 수 있는 자격이 있음을 알려준 후 신청서를 받을 것인지 여부를 상담한다.

### (2) 국내외 CRM 적용사례

#### 1) 외국 기업의 CRM 사례

| 업체명 | 업 태 | CRM 현황 |
|---|---|---|
| 월마트 | 소매업체 | DW에 의해 잘 팔리는 상품의 데이터 등을 생산업자에게 제공, 매장의 진열에서 실제 판매에 이르기까지 업체에 전권 위임. P&G와의 제휴로 대규모 생산업자와 정보를 공유함으로써 시기적절하게 생산해 공급체계를 확립, 단순한 상품을 판매하는 매장이 아니라 매장과 데이터를 동시에 판매 |
| 혼다 | 자동차 | 혼다는 고객의 생애주기에 맞춰 결혼 전에는 소형차 시빅, 결혼 후 자녀가 생기면 중형차 어코드나 왜건형의 오딧세이 등을 집중 판촉해 성과를 낸 바 있다 |
| 브리티시 에어라인 | 항공사 | 고객 친밀성에 대한 통로로서 기본적인 관찰력을 이용함. 브리티시 에어라인 승무원은 1등석 승객이 선택하는 것을 관찰한 후 이 정보를 기내에 장착된 노트북에 입력함으로써 다음에 이 승객이 다시 타면 승객이 말하지 않더라도 자동으로 베개를 하나 더 갖다 주거나 다이어트 콜라를 제공하는 식으로 활용함 |
| 킴벌리 클라크 | 소비용품 | 데이터창고를 이용해 고객의 고객에게까지 마케팅함. 이 회사는 특정 회사의 건물관리자 등 자사 대리점이 마케팅하는 고객을 파악한 후, 이 고객에게 크리넥스 화장지, 스코트 수건 등 자사제품의 효용성에 대한 우편물을 보내고 있음 |

| BMG | 엔터테인먼트 | 데이터창고를 이용해 특정기간 동안 8백만 가입 회원 각각을 대상으로 1개 판촉행사에 대해 50여 종의 변형물 중 하나를 제공하고 있음. BMG의 고객은 14개의 서로 다른 음악 선호 분야로 구분돼 있으며, 여기에 회원이 된 기간에 의해 더 세부적으로 구분됨. 이런 요소에 기반해, 각 회원은 서로 다른 판촉물, 판매중인 음악 목록, 월간 판매 음반 정보 등을 받음 |
|---|---|---|
| 하라스 | 호텔 | 1 대 1 마케팅의 전문가, 97년 이 회사는 미전역을 대상으로 하는 고객인지프로그램을 시작. 이 프로그램은 고객에게 추가점수를 주고 보상물을 제공하는 것. 고객이 슬롯머신에 자신의 토탈골드신분증을 인식시키거나 하라스 호텔 접수대에 제출하면, 이 카드의 번호는 멤피스에 있는 하라스 본사의 데이터창고에 전송됨. 그러면 이 데이터창고는 고객의 과거 역사를 카지노 건물에 보내고, 무선호출기나 PC 화면을 통해 이 손님을 좀 더 특별히 대접하라는 메시지를 관련 직원에게 알려줌 |
| 로우스 | 소매업체 | Lowe's Companies는 세계에서 두 번째로 큰 DIY 주거용 인테리어 소매업체이다. 로우스사는 미국 우편서비스와 부동산 중개업자와 협력으로 새로운 집을 구입하는 사람들에 대한 정보, 즉 이들의 나이, 이사하는 집의 종류 등을 수집했고 이 데이터를 모아 그 잠재고객들에게 최상의 조건으로 구매를 제안하여 성공한 사례임 |

## 2) 국내 기업의 CRM 사례

| 업체명 | 업태 | CRM 현황 |
|---|---|---|
| 롯데 백화점 | 유통업체 | 99년 1월부터 롯데정보통신을 주축으로 한국후지쯔와 공동개발한 고객관리 데이터베이스 시스템 운영, 우수고객과 고정고객, 잠재고객 등으로 고객 분류, 파악. 그에 적절한 서비스를 제공하여 충성고객으로 전환. 특정 소수에 대한 일대일 마케팅 구사. 회원고객의 장바구니를 분석하여 상품구성과 매장배치까지를 더욱 효율적으로 구현하고 기존 매장에 미칠 타격까지도 정확히 예측할 수 있는 도구로 활용. 또한 불만고객의 증가원인과 다른 업체로의 이탈 여부의 원인 등을 파악하고 적극 대처. 롯데는 지금까지 누적된 영업정보 데이터와 200만 롯데카드 회원의 각종 데이터를 활용하여 고객성향정보, DM 발행정보, 상권분석정보 등 백화점 경영에 필요한 정보들을 경영진이나 영업 실무자들에게 지속적으로 제공하고 있음 |

| 현대<br>백화점 | 유통업체 | 2000년 2월, 1단계 CRM 프로젝트를 마감하기에 앞선 99년 초, 아파트고객들을 대상으로 한 CRM 프로젝트(아파트상권분석 프로젝트)를 실시. 주변 경쟁업체들의 인수와 합병 등으로 상권경쟁이 심화되고, 집단성향이 강한 아파트 거주 고객들에 대한 정확한 분석이 필요했기 때문 |
|---|---|---|
| 신세계<br>백화점 | 유통업체 | 인프라 확충 및 고객 마케팅 강화를 위해 고객정보 데이터웨어하우스를 구축하는 통합 마케팅시스템 프로젝트를 실시. 이 통합고객 마케팅 시스템은 다차원분석처리(OLAP)툴을 활용해 데이터마이닝까지 적용하는, 본격적인 유통 데이터베이스 마케팅을 실현하고 있으며, IBM 메인프레임 환경에서 웹환경으로 전환해 인터넷 기반의 사용자 중심 정보제공 환경을 구현함 |
| 테스코 | 유통업체 | 영국 테스코(우리나라 홈플러스)의 경우 400여만 종의 쿠폰 북을 발송하는데 여기에는 고객들이 자주 구매하는 품목뿐 아니라 고객별 구매확률이 높은 품목이 포함돼 쿠폰의 실제 사용비율은 약 40%로 업계 평균인 5% 수준을 크게 상회하고 있다. |
| 삼성카드 | 금융 | C/S 센터 도입 및 고객관리전략의 고도화 등을 통한 CRM 경영을 더욱 강화해 고객과의 동반자적 관계를 형성. 또 기존 회원 구조를 우량화하고 상품개발력의 고도화 및 전략적 제휴를 확대해 신규우량회원의 유인력을 제고하기로 함. 네트워크를 기반으로 한 사업구조의 인터넷화와 관련해서는 페이먼트 솔루션에 역점을 두어 온라인과 오프라인에서 누구나 사용할 수 있는 올앳카드가 조기에 시장을 선점할 수 있도록 함. 고객·주주·종업원 가치를 극대화하는 가치창조형 경영체제 확립을 위해서는 인력과 조직, 프로세스를 고객지향적으로 재정비함 |
| 교보생명 | 보험 | 1999년 10월: DB마케팅 추진, 2000년 2~5월 CRM 시스템 구축 및 TFT출범, 2000년 8월 CRM 시스템 구축 및 보유계약자정보 확보, 2001년이후 전사적 CRM 추진 |
| GS샵 | 유통업체 | GS샵은 2012년을 기점으로 대용량 데이터 분석 기술 하둡(Hadoop)을 기반으로 빅데이터 플랫폼을 구축해 고객 상품 추천 분야에 적극 활용하고 있다. 소비자가 이전에 구매하거나 관심을 가진 상품 리스트를 놓고 숨겨진 취향을 읽어 관련 상품 리스트를 보내주는 방식이다. 빅데이터를 통해 개인별 맞춤형 수요를 발굴하고 있다. |

*Chapter 14*

# CRM 화법

## 1. 대화의 기본 요건

대화란 쌍방이 서로의 생각과 감정을 나누는 행위이므로 기업이 고객과의 대화를 시작하려 한다면 다음과 같은 요건을 먼저 갖추어야 한다.

첫째, 모든 고객이 대화에 참여할 수 있도록 해야 한다.

기업과 관계를 맺고 있는 고객을 대화로부터 소외시키지 말아야 한다. 특히 모든 고객과 일대일로 대화하도록 세심한 주의를 기울여야 한다.

둘째, 대화의 주제를 흥미롭게 만들어야 한다.

고객들은 저마다 서로 다른 관심사를 가지고 있다. 기업에게만 흥미로운 주제로 일관하지 말아야 한다. 고객과 기업이 서로 흥미로울 수 있는 주제를 찾아야 하는데, 주제는 고객이 고르게 하는 것이 가장 좋다.

셋째, 대화의 주체라면 누구라도 대화를 조절할 수 있도록 해야 한다.

대부분의 경우 대화의 조절주체는 기업인 경우가 많다. 하지만 고객이 특정 주제의 대화는 싫다고 거부하면 더 이상 그 주제를 지속하지 말아야 한다. 그리고 고객이 기업의 능력을 초과하는 주제를 요구해 오면 솔직히 할 수 없다고 답변해야 한다. 가능한 한 고객이 대화를 조정할 수 있도록 해야 한다.

넷째, 대화를 통해 서로의 행동을 변화시켜야 한다.

대화는 서로에 대해 학습해 가면서 서로에게 최고의 상대가 될 수 있는 행동을 할 수 있게 해야 한다. 고객이 뭐라고 말하는지 정확히 들어야 한다.

고객과의 대화는 고객의 눈에 비치는 기업의 현재 위치를 파악하게 해주고,

고객이 자신에게 곧바로 다가올 수 있는 길을 제시해 주는 나침반과 같다. 기업은 대화를 통해 고객의 소비행동이 더 만족스럽도록 유도할 수 있어야 한다.

### (1) 대화의 수단 택하기: 미디어의 활용

고객과의 대화에서는 무엇보다 고객이 가장 편리하게 이용할 수 있는 미디어를 사용하는 것이 중요하다. 그것은 팩스일 수도 있고, 우편일 수도 있고, 게시판일 수도 있고, 이메일일 수도 있다. 가장 편리한 미디어가 무엇인지 고객에게 물어본 후 결정해야 한다.

대부분의 미디어가 기업측의 일방적인 대화수단으로 사용되고 있다. 그러나 CRM의 최적 미디어는 일대일, 쌍방향적인 리얼타임 미디어라고 할 수 있는데, 이것이 가장 빠르고 안전한 미디어이며 전화, 이메일, 팩스 등이 그러한 예이다. 그렇다고 해서 고객방문과 같은 전통적 방식이 쓸모없다는 말은 아니다. 산업이나 상품 그리고 정보의 내용에 따라 직접적인 방문이 최적인 경우도 있을 수 있다.

### (2) 대화의 소재와 주제 결정하기

기업은 자사가 질문한 사항들에 대해 고객이 답한 것을 커뮤니케이션 메시지의 주제와 소재로 잘 활용할 수 있어야 한다. 고객의 응답 내용은 고객의 취향, 욕구, 불만 등을 담고 있기 때문에 고객과 어떤 메시지를 담은 대화를 나눌 것인지를 쉽게 결정할 수 있다.

그러나 완벽하게 개별화된 일대일 대화가 곤란한 상담도 있을 수 있다. 그런 경우, 메시지의 버전을 여러 개로 만들어 활용하는 것도 좋은 방법이다. 단, 메시지의 전달은 일대일로 이루어져야 한다.

버전 다양화를 실행할 때, 그것이 고객에게 일대일 대화로 여겨지기 위해서는 관련성과 편의성의 두 가지 요소를 갖추어야 한다. 관련성이란 고객이 기업에 제공한 정보들을 기준으로 그 고객이 현재 또는 가까운 미래에 가장 관심을 갖는 주제를 담는 것이다. 예를 들어, 고객이 아기를 출산한 지 얼마 안 되었다면 육아정보가 가장 관련성을 지니는 정보가 될 것이다. 관련성이 높아질수록 고객의 관여도가 높아지고 관심이 증대되기 때문에 적극적인 대화 참여자가 될 가능성이 높아진다. 편의성은 고객이 기업의 메시지를 받고 피드백 행동을 취하기가 쉽도록 만들어 주는 것이다. 우편물에 쿠폰이나 주문서, 전화번호를 삽입하는 것이 가장 흔히 볼 수 있는 방법이다.

### (3) 대화 상대방 소리 듣기

기업의 입장에서 대화 상대방은 고객이다. 그러한 고객의 목소리를 듣는 가장 좋은 방법은 고객과 개인적으로 대화하는 일대일 미디어를 이용하는 방법이다. 그 외의 방법은 크게 다섯 가지 정도를 추천할 만하다.

첫째, 일반적으로 고객이 기업에 매긴 만족도(CS 점수)가 고객의 대표적인 목소리 중 하나이다. CS 점수는 대개 기업 전반에 대한 만족도와 제품이나 서비스의 각 요소별 만족도를 평가한 것으로 기업에서 고객에게 평가를 의뢰하여 얻어진 점수이다.

둘째, 고객의 제안, 불평, 질문 등을 포함하는 피드백 역시 고객의 목소리이다. 가장 흔히 접하게 되는 피드백은 불평이다. 효과적인 불평상담을 통해 이탈한 고객을 떠나지 못하도록 하기 위해서는 고객의 불만 듣기를 좋아해야 한다. 고객의 피드백은 기업이 얼마나 신경을 쓰느냐에 따라 좌우되며, 금전적인 인센티브, 부가서비스의 제공 등과 같은 피드백 양성 시스템이 필요하다.

셋째, 시장조사를 통한 고객의 목소리 듣기이다. 여기에는 크게 두 가지의 종류의 결정적인 청취 포인트가 있는데, 하나는 고객이 기업의 문을 들어서는 순간이고 다른 하나는 고객이 기업의 문을 나가는 순간이다. 고객이 들어오는 순간이란 낯선 타인이 반가운 님인 고객이 되는 순간을 의미하고, 나가는 순간은 남이 되는 고객이탈 순간을 의미한다. 님이 되는 순간에 청취되는 목소리로는 기업의 광고효과, 구전효과, 상품의 매력 포인트 등을 분석할 수 있고, 남이 되는 순간에 들을 수 있는 목소리로는 기업의 실수와 실패 포인트 등을 분석할 수 있다.

넷째, 일선 종업원을 통해서 고객의 목소리를 간접적으로 들을 수 있다. 일선 종업원은 고객과 가장 가까이에서 가장 직접적으로 면대면 접촉을 하는 사람들이다. 메일이나 전화상으로는 알 수 없었던 고객의 심층정보를 얻을 수 있는 가장 생생한 방법이다. 따라서 일선 종업원의 고객 접촉 순간에 얻게 된 모든 정보를 고객의 DB를 업데이트하는 데 사용할 수 있도록 체계적이고 전산화된 시스템을 가동할 필요가 있다.

다섯째, 기업의 전략적 마케팅 활동들을 통해서 고객의 목소리를 청취할 수 있다. 예를 들어, 포커스 그룹 인터뷰(Focus Group Interview)나 제품개발 과정에 고객을 동참시키는 것 등이 이에 속한다.

### (4) 고객 커뮤니티를 만들고 관리하기

고객들 간의 관계를 형성시켜 주기 위해서는 고객 커뮤니티가 유용하다. 기업이 고객과의 관계를 더 견고하게 만들기 위해서는 고객들 간의 커뮤니티를 형성시키고 이를 활성화해야 한다. 그리고 커뮤니티 활동을 어느 정도 지원해 주는 것도 필요하다. 사실 고객들 간의 커뮤니티는 동일한 제품을 사용하는 사람들끼리 스스로 자연스럽게 그룹화되는 경우가 많다. 예를 들면, 킥보드, 특정 자동차, 오토바이 동호회 등이다.

사람들은 상품을 통해 자신이 열망하는 그룹에 소속되는 느낌을 갖고자 구매하기도 한다.

### (5) 대화는 인간적 만남의 전제이다

CRM은 IT와 DB 기술을 기반으로 하기 때문에 하이테크 지향적이라고 볼 수도 있다. 그러나 하이터치가 생략된 하이테크만으로는 진정한 CRM을 달성할 수 없다. 하이테크로 갈수록 하이터치(High-Touch)의 중요성도 커진다. 혹자들은 '고객과의 스킨십'을 가지라는 다소 선정적인 어휘까지도 사용한다. 그만큼

CRM에서는 친밀성이 중요하다는 것을 알 수 있다.

특히 하이터치가 중요한 산업이 있다. 예를 들어, 컨설팅, 의료, 법률 등 고도 전문업종과 호텔, 리조트, 레스토랑 등의 영업업종 그리고 고객서비스/판매 업종들이 그러하다. 이 하이터치를 실현하기 위해서는 탁월한 업무능력을 가진 인력을 얼마나 가졌느냐가 관건이다.

하이터치란 궁극적으로 '인간적 만남,' 즉 '마음과 마음의 만남'이라고 볼 수 있다. 고객접점(customer contact point)에서의 가장 중요한 비중을 차지하는 것이 하이터치이다.

고객접점에 고객의 마음을 움직이는 고객터치는 언제 어디서든지 가능하다. 전화, 편지, 청구서, 송장, 웹사이트 방문, 상품배달, 세미나, TV 광고, 이메일 등 모든 상호작용의 순간에 고객터치를 실현할 수 있다.

고객터치 유통경로에는 동시적(synchronous)인 것과 비동시적(asynchronous)인 것 두 가지가 있을 수 있다. 동시적 유통경로는 전화, 웹방문, 상품배송 등으로 즉각적인 대화와 반응이 오고갈 수 있다. 그러나 편지, 청구, 팩스, 이메일 감사편지, TV 광고 등은 그렇지 않다. 중요한 점은 비동시적 유통경로에서 고객과의 대화에 시차가 너무 길어지지 않도록 관리해야 한다는 점이다.

## 2. 고객과 대화를 시작하는 방법

CRM은 판매자와 구매자 간의 이해와 대화를 통해 더 많은 정보를 축적하는 프로세스이다. CRM은 광고가 아니며 일방통행식의 그 무엇도 아니다. CRM은 바로 '대화'를 의미한다.

사람의 입은 하나이고, 귀는 두 개인 것은 대화의 중요성을 인식시켜 주기 위한 말이다. 기업들은 지금까지는 거래 데이터베이스를 근거로 하여 고객과의 대화를 해 왔다. 고객과의 진정한 대화를 위해서는 고객의 소리에 귀를 기울어 그들에게서 나오는 정보에 관심을 갖지 않으면 안 된다. 고객들은 기업이 이러한 정보를 바탕으로 대화하기를 원하기 때문이다.

### (1) 고객과 대화를 시작하는 방법

고객과의 대화는 상품이나 청구서와 카탈로그, 심지어 판매 통지문을 대상으로 대화를 시작한다. 고객들이 동봉된 반송엽서나 전화, 이메일을 통해 회답할 때, 회사는 개별 고객들의 욕구에 대하여 더 많이 알게 되고, 그리하여 CRM을 수행하게 되는 것이다.

삭스(Saks, Inc)사는 몇 가지 간단한 질문에 응답해 주면 10%의 할인을 제공하는 방식으로 귀중한 고객의 답변을 이끌어 낸다. 이러한 제도 덕분에 삭스사는 고객이 어떤 고객이 어떤 관계를 키워 나가길 원하는지 알 수 있다.

그리고 영국은행 울리치는 고객의 저축 목적을 파악하기 위해 고객과 대화를 한다. 그리고는 '잼 항아리'라고 부르는 최대 15개의 분리된 저축 계좌를 만들어 준다. 고객은 각각 다른 자신의 니즈에 맞춰 저축을 하되, 은행은 각각의 계좌에 들어 있는 잔액을 합계하여 이자를 적용한다. 각각의 '잼 항아리'는 고객에 의해서 명명되고, 이 이름은 현금 출납기를 통한 거래를 포함하여 모든 커뮤니케이션에서 사용된다. 이처럼 고객으로 하여금 관계를 관리하게 만듦으로써 울리치는 '기억에 남은 은행'으로 알려지게 되었다.

핀란드의 최대 은행인 메리타 노드방켄은 예금, 대출, 적금상품을 추천하는 대신 생활 속의 행사를 함께 관리할 수 있는 화면을 첫 페이지로 하여 자신들의 온라인 웹사이트를 꾸몄다. 즉, 해외 여행, 은퇴, 이사 등 개인 일상 생활 속의 행사를 중심으로 CRM에 접근한 것이다.

### (2) 정보는 대화의 중요한 요소이다

기업이 고객과의 관계를 관리하는데 대화의 중요한 요소는 고객의 정보획득 욕구를 충족시켜 주는 것이다. 주요 건강 이슈에 초점을 맞추고 있는 카이저

재단은 미국의 15세에서 24세 사이의 젊은이들 가운데 68%가 온라인상에서 건강 정보를 찾는다는 것을 알아냈다. 이는 단순히 온라인상의 현상도 아니고 보건 문제도 아니다, 사람들은 그저 정보를 중요하게 여기고 있는 것이다. 특정 그룹의 사람들과 특정 주제에 대한 대화를 지속하는 것이, 한 번에 한 메시지를 다양한 그룹의 사람들에게 보내는 것보다 훨씬 가치가 있다.

이처럼 정보는 제품보다 중요하고, 고객이 기업과의 관계를 관리하는 데 필요한 대화의 중요한 요소이다. 그러나 고객은 기업이 고객의 생활에 가치를 보탤 수 있을지에 대하여 어떤 생각을 가지고 있는지 알지 못한다면, 고객과 어떤 정보를 공유하여야 할지도 판단할 수가 없다.

효과적인 대화는 기업의 비즈니스 형태에 변화를 요구한다. 거래가 아닌 해결책의 제시로, 주문을 받는 것이 아니라 고객에게 도움을 제시하는 방향으로 변화가 필요하다. 이것은 고객과 기업이 서로 해결책과 성공을 제공하는 상호 독립적인 관계를 소중히 여기고 신뢰하며, 기업은 신뢰와 윈-윈 정신을 바탕으로 개별 고객과 상호 유대를 형성해야만 한다. 기업이 이런 CRM의 파트너십을 발전시켜 나가면, 고객은 더 많은 상호 작용을 하기 시작한다. 고객이 자신의 생각이나 욕구가 기업의 마케팅전략에 반영된다고 인식하게 되면, 그들은 기업의 활동에 보다 많이 참여하여 자신들의 의견이나 조언을 제공한다. 그런 과정에서 고객 자신과 기업을 위한 새로운 해결책도 발견할 수가 있다. 그런 관계가 발전하면서 기업은 고객에 대한 광범위한 지식을 제공하고, 고객은 기업의 비즈니스 접근법을 제시하는, 새로운 형식의 대화가 시작되는 것이다.

그리고 기업은 고객의 감성에 주의를 기울여야 한다. 이는 실시간 커뮤니케이션의 여부가 커다란 고객 경험으로 이어지느냐, 아니면 돌이킬 수 없는 상품 실패로 이어지느냐를 결정짓는 중요한 요소가 될 수 있다. 또한 매출 성과를 위해서는 개인화된 제안의 혜택을 고객이 얼마나 동조하고 있는지 지속적으로 측정해야 한다. 내용과 형식 그리고 시간까지 모두 고객에게 맞춰져 있는 맞춤형 커뮤니케이션이라면, 고객이 무엇에 가치를 부여하고 있는지 재빨리 알아낼 수 있을 것이다. 고객과 대화를 만들어 나가는 것은 하이테크라기보다는 고감도 감성이기 때문이다.

### (3) 성공적인 대화의 과제

고객이 기업의 마케팅활동에 좀 더 많은 통제권을 가졌다고 인식하면 고객은 보다 많은 활동에 참여하기 시작하고, 동시에 회사의 일부 비용도 줄여 준다. 고객은 제품과 서비스에 의견이나 조언을 제공하고, 그런 과정에서 고객 자신과 기업을 위한 새로운 해결책도 발견할 수가 있다.

대화를 누가 주도하고 있는지, 고객이 진심으로 당신과 상호작용을 하고 있는지, 아니면 당신의 말에 형식적으로 대답하고 있는지 알아보기 위해서는 아래와 같은 몇 가지 질문에 대답을 통해 알 수 있다.

① 당신이 먼저 시작하는 대화가 많은가, 아니면 고객이 먼저 시작하는 대화가 많은가?
② 고객과 나누는 대화의 빈도와 밀도는 어떠한가?
③ 고객이 당신과 얼마나 쉽게 커뮤니케이션하고 있는가?
④ 고객은 자신이 원하는 정보를 얻을 수 있는가?
⑤ 당신은 무엇을 향상시킬 수 있는가?

당신이 얻는 정보의 질을 분석해 보면 고객의 대화가 어느 정도 진지한지 가늠해 볼 수 있다. 고객이 자신의 니즈, 기호, 욕구에 대하여 얼마나 기꺼이 당신에게 말해 주고 있는가? 당신이 고객의 거래 이력으로 고객 가치를 평가하듯이, 고객과의 관계 가치를 평가하여 고객과의 향후 관계 범위와 등급을 판단해야 한다.

## 3. 고객응대 역량 강화

고객은 기업에게 일관성 있는 서비스를 기대하고 있으나, 현재의 고객접점조직은 조직원의 역량 편차가 심하여 고객으로 하여금 일관성 있는 서비스를 받지 못할 수도 있다. 유통경로 파트너를 통하여 서비스가 제공될 경우에 편차는 더 심해지는 것이 현실이다.

고객이 느끼는 수준은 책임성 있는(Responsive), 믿을 수 있는(Reliable), 신뢰할 수 있는(Trustworthy) 것으로 구분될 수 있는데, CRM체제에서 요구되는 신뢰적(Trustworthy)인 수준과 현재의 제공수준에는 차이가 존재한다.

접촉하는 유통경로 및 접점에 상관없이 일관된 고객경험의 제공을 위해서는 고객을 대응하며 관계를 관리하는 조직원들의 일관적인 행동이 요구된다. 일관적인 행동을 통하여 기업의 능동적이고 상호신뢰에 기반한 고객관계형성이 가능해질 수 있다.

일관적인 행동을 위해서는 임직원에 대한 비즈니스와 IT 교육훈련 체계를 계획, 실행, 정착시켜 나가는 것이 필요하며, 유통경로상의 파트너 역할이 중요한 경우에는 파트너로까지 확대시켜 나가야 한다.

교육훈련의 범위는 청취기술 개발, 고객과의 공감형성, 신뢰적 커뮤니케이션, 고객가치식별 등이다. 그리고 유통경로 파트너의 판매효율성 제고를 위하여 온라인 교육훈련도구 및 자격증 프로그램 개발 및 활용 등이다.

대화의 공식규범의 좋은 예로서 맥도날드의 실행규범의 종업원 핸드북을 들 수 있다.

**표 14-1 맥도날드의 실행규범**

- 고객에게 인사할 때
  1. 고객에게 유쾌한 아침인사를 하고 환한 웃음을 띠며 대한다.
  2. 주문을 받으면 정중하게 대한다. 고객으로 하여금 당신이 그들을 도와주기 위하여 거기에 있다는 것을 알도록 친절히 인사한다.
  3. 단골고객은 이름을 부른다. 그것은 "당신은 중요한 사람입니다"라고 말하는 것이다. 그것은 일반적으로 냉정한 사업상 거래에 지나지 않을 관계를 따뜻하게 바꿔준다.

## 4. CRM의 기본 화법

기업은 기업과 둘러싼 이해관계자와 좋은 관계를 맺어가면서 성공의 길로 나아가는 것이다. 특별히 상대방을 이해하는 것이 좋은 관계의 첫걸음이다. 화법에서 고려해야 할 사항을 살펴보면 다음과 같다.

### (1) 비즈니스는 공존공생의 원칙 아래 한다

고객을 대할 때는 고객과 우리 회사는 공존공영해야 한다는 생각을 가져야 한다. 우리 회사의 이익이나 사정만을 주장하면 고객과의 비즈니스 관계는 오래 계속될 수 없다.

그러므로 기본적으로는 고객의 요구에 대해 먼저 이해를 표시하고 우리 회사가 바라고 있는 것을 주장해야 한다. 서로의 주장에 격차가 있을 때에는 대화를 통해서 타협점을 발견해야 한다. 혼자만의 번영은 있을 수 없다. 기업과 고객이 함께 살아가야 한다.

### (2) 고객에게 적극적으로 서비스를 제공해 준다

기업의 판매원이 고객을 대할 때, 고객에게 자신은 매력적이라는 강한 인상을 심어주어야 한다. 즉, 고객이 나라는 사람을 좋아해 주기만 한다면 상품파는 일은 어렵지 않다는 뜻이다. 따라서 일이나 상품에 대한 전문지식이나 말하는 기법도 중요하지만 그 이전에 매력있는 사람이 되는 것이 중요하다. 고객이 "그 사람은 참 느낌이 좋은 사람이다"라고 생각하게 만들어야 한다.

다음은 거래처나 고객에게 서비스를 제공할 때의 8가지 포인트이다.

① 고객을 방문할 때는 중요한 정보나 뉴스 등 필요한 선물을 가져간다.

② 고객의 희망사항이나 불만을 들어주고 그 대응책을 찾은 다음 실천에

옮긴다.

③ 그 자리에서 도와 줄 일이 있으면 도와준다.
④ 고객의 가족에 대한 일도 관심을 가져 준다.
⑤ 사적인 일이라도 도와 줄 일이 있으면 적극적으로 도와준다.
⑥ 한번 약속한 것은 반드시 지킨다.
⑦ 사소한 폐를 끼쳤을 때도 즉시 '고맙다'는 편지를 한다.
⑧ 라이벌 관계에 있는 회사에 대한 욕이나 비판을 하지 않는다. 오히려 칭찬을 한다.

## (3) 상담의 중요한 포인트를 항상 준비해 놓는다

회사는 거래처나 고객이 회사의 제품이나 서비스를 제공받고 지불한 돈에서 생긴 이익금을 가지고 사원들에게 나누어 주는 것이다. 때문에 우리는 거래처나 고객을 가장 소중한 존재라고 생각해야 한다.

다음은 가장 좋은 상담의 8가지 요령들이다.

① 사전에 고객에 대한 정보를 입수해 둔다.
② 사전에 나의 몸가짐을 체크한다.
③ 말은 정중하고 명확하게 하며 고객에 따라서 화제를 조절해 나간다.
④ 반드시 미소를 짓는다.
⑤ 대답하기 난처한 질문을 받았을 때는 5W2H(When, Where, Who, What, Why, How, How much)를 중심으로 대응해 나간다.
⑥ 팸플릿이나 카탈로그, 실물견본 등 자료를 제시하며 설명해 나간다.
⑦ '고객이 이렇게 반론을 제기하면 나는 이렇게 대답한다'는 식으로 응수화법을 10가지 정도 준비해 둔다.
⑧ 무엇보다도 고객을 추켜 세워준다.

## (4) 현명하게 질문을 한다

사람이란 자기가 무엇을 말할 때 그 말을 잘 들어주는 사람을 좋아하게 되어 있다. 누구나 상대방이 자기의 이야기를 잘 들어주기를 바라고 있기 때문이다.

### 1) 상대방의 말을 잘 들어줄 때의 이점

남의 말을 잘 들어주면 다음과 같은 3가지의 이득이 생긴다.

① 상대방의 호감을 살 수 있다.
② 상대방도 나의 이야기를 잘 들어준다.
③ 상대방의 생각이나 입장, 반대하는 이유를 알 수 있게 되어 그것으로도 공부가 된다.

### 2) 고객의 이야기를 잘 듣기 위한 포인트

고객의 이야기를 잘 들어주려면 어떻게 행동해야 할까? 그 요령을 알아보자.

① 집중력을 가지고 고객의 이야기를 듣는다.
② 고객의 말 한마디마다 고개를 끄덕거리고 맞장구를 쳐가며 듣는다.
③ 고객이 이야기한 것에 대해서 질문을 해가며 듣는다.

위의 ①과 ②에서 집중력을 가지고 이야기를 듣고 말 한 구절이 끝날 때마다 고개를 끄덕거리며 맞장구를 칠 때에 이야기하는 사람의 눈을 똑바로 보는 것은 아주 기본적인 사항이다.

그리고 고객의 웃는 얼굴, 놀란 얼굴, 슬픈 얼굴 등 표정의 변화에도 유의해야 한다.

③에서는 고객의 말에 가장 어울리는 질문을 하면서 들으면 된다.

고객이 이야기할 때 적절한 질문을 해주면 그는 '내 말을 잘 들어주고 있구나'라고 생각하여 나에게 호감을 갖게 된다.

이와 같이 고객의 말을 잘 들어주는 사람, 질문을 잘 하는 사람, 말을 잘하는 사람, 고객을 잘 설득하는 사람이 곧 유능한 사원이다.

### (5) 클레임이나 위기를 잘 극복한다

클레임은 두려워할 것이 아니라 오히려 클레임을 계기로 적절하게 대응함으로써 고객과의 신뢰관계를 구축해야 한다. 유능한 비즈니스맨은 클레임을 두려워하지 않고 오히려 절호의 기회라고 생각한다.

클레임 전화에 대응하는 포인트는 다음과 같다.

① 우선 성심성의껏 사과한다.
② 다음에 고객의 상황을 신중히 듣는다.
③ "담당자에게 돌리겠습니다"라고 말한다.
④ 현장에 나가 고객의 불만사항을 눈으로 확인하고 빨리 대응책을 세운다.
⑤ 손해배상 문제 등 책임문제에 대해서는 혼자서 판단할 것이 아니라 상사와 의논한다.
⑥ 원인이나 책임이 상대방에게 있다고 생각될 때에는 객관적으로 인과관계를 설명한다. 단, 고객의 자존심을 손상시키거나 고객에게 책임을 떠넘기려고 해서는 안 된다.

### (6) 칭찬을 잘한다

사람은 칭찬을 해주면 좋아한다. 특히 자신있는 부분에 대해서 다른 사람이 칭찬해 주면 더욱 기뻐한다. 이러한 심리는 거래처나 고객도 마찬가지이다. 고객을 칭찬해 주는 것은 비즈니스에서 중요한 무기이다. 특히 비즈니스에서는 빼놓을 수 없는 커뮤니케이션 수단의 하나가 칭찬이다. 고객을 칭찬하는 것과 나의 자존심과는 전혀 관계가 없다.

다음은 고객을 칭찬하는 요령 3가지이다.

① 고객의 장점을 발견하려고 노력한다.
② 칭찬하는 내용은 고객이 칭찬받기를 바라는 것으로 한다.
③ 칭찬할 때에는 좀 지나칠 만큼 크게 그리고 힘차게 해야 한다.

## (7) 지혜롭게 NO라는 말을 한다

No를 확실하게 말할 수 있는 비즈니스맨이 유능하다. No를 말하는 방법은 매우 중요하다. No를 잘못 말하면 고객은 반발한다. 정답은 부드러운 말을 사용하는 것이다. 부드러운 말을 사용하려면 다음과 같은 말을 말의 첫머리나 끝에 붙이면 된다.

중요한 것은 일단 고객을 추켜세우고 난 다음에 내 생각을 주장하는 일이다. 그리고 "이러저러 하기 때문에 No라고 말씀드릴 수밖에 없습니다만 이렇게 해 주신다면 Yes입니다. 그 점을 양해해 주셨으면 좋겠습니다"라고 말함으로써 끝까지 No가 아니라 Yes가 될 수 있는 가능성이 있다는 것을 암시해 주어야 한다.

### 1) 부드러운 말들

"죄송합니다만", "제 힘으로는 힘든 일이 되어서…", "말씀드리기 어렵습니다만", "기대에 어긋나서 죄송합니다만" 등이다.

### 2) 부드럽게 변론을 제기하는 포인트

"옳으신 말씀입니다만", "확실히 그렇습니다만", "그것이 참으로 어려운 일이라서…", "잘 알아들었습니다만, 이렇게 생각해 주실 수는 없겠습니까?", "참으로 아픈 곳을 찔러주셨습니다. 실은 우리도 처음에는 그렇게 생각하고 그 점에 대해서 충분한 검토를 해보았습니다만" 등이다.

### (8) 외부인과의 접촉은 최선을 다해야 한다

거래처나 고객, 납품업자와 접촉할 때 지켜야 할 규칙은 다음과 같다.

① 부담스러운 접대는 사양한다.
② 접대라는 이름으로 초대를 받았을 때는 반드시 상사와 의론한다.
③ 내 쪽에서 접대할 때는 상대방이 되도록 유쾌하고 기분 좋은 시간을 보내도록 노력한다.
④ 회사의 비밀사항은 절대로 발설하지 않는다.
⑤ 상대방이 분에 넘치는 선물을 보내왔을 때에는 반드시 상사에게 보고한다.

### (9) 회사 밖에도 많은 인맥을 만들어 둔다

새로운 정보를 얻고 무엇인가를 배우며 취미를 즐기기 위해서는 만남의 폭을 넓혀 나가야 한다. 다음은 회사 밖의 사람들과 접촉하는 요령 5가지이다.

① 내 쪽에서 먼저 상대방에게 적극적으로 접근한다.
② 매사에 'Give and Take'의 원칙을 지킨다.
③ 인맥의 양보다는 질을 추구한다.
④ '업무는 업무, 일은 일'임을 명확히 구분한다.
⑤ 서로 다른 업종의 사람들이 모이는 경우에는 무엇인가 주제를 정해서 공부해 나간다.

### (10) 납품업자를 사업동반자로서 대한다

하청업자나 납품업자는 우리 회사 사람들과 한 가족이며, 우리 회사라는 한 배를 타고 항해하는 공동운명체라고 생각해야 한다. 그들에게 호감을 얻게 되면 업계정보나 상품정보, 사람에 대한 정보 등 여러 가지의 정보를 제공받을 수 있을 것이다. 다음에 납품업자나 하청업자를 대할 때의 요령은 다음과 같다.

① 내 쪽에서 먼저 정중히 인사한다.
② 존중이 담긴 말과 태도를 보여 준다.
③ 일이 없을 때에도 한두 마디 말을 건넨다.
④ 일과 직접 관계가 없는 일이라도 질문을 한다.
⑤ 납품업자에게도 이익을 주며 우리 회사에도 이익이 되도록 하겠다는 마음으로 그들을 소중한 존재로 대해 준다.

## (11) 비굴하게 굴지 않는다

거래처나 고객은 굽신굽신대는 비즈니스맨보다는 오히려 신뢰할 수 있는 사람이기를 바란다. 비굴한 태도로 일을 하게 되면 곧 하는 일 그 자체가 싫어진다.

### 1) 고객이 신뢰하는 사람들

① 상품이나 서비스에 관한 지식이 풍부하고, 적절히 제안을 해주거나 귀중한 정보를 주는 사람
② 자신감과 주체성이 있는 사람

### 2) 자신감을 갖기 위한 포인트

① 전문지식을 풍부히 가지고 있을 것
② 지금까지 내가 한 일에 대해서 자신감을 가질 것
③ 우리 회사 상품이나 서비스에 자신감을 가질 것
④ 상대방의 사정이나 뉴스에 밝을 것
⑤ 상대방에게 이야기하는 방법, 듣는 방법에 대하여 자신감을 가질 것
⑥ 몸가짐과 복장, 태도가 당당할 것

### (12) 상대방을 특별한 존재로서 자각시켜 준다

고객과의 만남은 처음에는 약한 줄로 연결되어 있다가 점차 튼튼한 줄로 바뀐다. 따라서 다음이 있으리라는 생각으로 첫 만남을 소홀히 하게 되면 이 끈은 쉽게 끊어져 버리고 만다.

비즈니스의 세계는 한 번의 시합으로 승부가 가려지는 만큼, 다음이란 있을 수 없다. 따라서 이 고객과 두 번 다시 만날 수 없다는 각오로 만남에 최선을 다해야 한다. 그렇게 할 때, 고객은 스스로를 누구보다도 귀한 존재라고 느낄 수 있게 될 것이다.

### (13) 부드러운 분위기를 만든다

처음 만난 상대방에게 어떤 인상을 주는가 하는 것은 그의 마음을 움직이는 일에 많은 영향을 미친다. 여기에는 나의 첫인상 못지않게 만나는 장소 또한 중요한 역할을 한다. 그러므로 첫 만남의 장소에도 신경을 쓰는 세심한 신경을 써야 한다. 즉, 상대방에게 쾌적한 느낌을 줄 수 있는 만남의 장소를 준비해야 하는 것이다.

결국 장소와 분위기까지도 상대방의 취향에 맞추려는 세심한 연출력이 필요하다.

### (14) 계산을 초월하여 만난다

비즈니스로 만나는 관계이든, 사적으로 만나는 사람이든 이해관계를 초월하여 만남 그 자체의 의미를 중요시해야 한다. 인간관계를 거래하듯 성급히 결론을 내리려고 한다면 도리어 손해를 보게 될 것이다. 무엇이든지 먼저 베푼다는 자세로 임하라. 지나치게 남에게 베푸는 데 인색하다든가, 조금도 손해를 보지 않으려 한다든가, 나의 이익만 생각한다면 거래는 유지될 수 없을 뿐만 아니라 성립될 수도 없다.

고객의 노력의 대가나 가치를 충분히 인정하고 대우해 주었을 때 서로 인간적인 유대관계가 깊어질 수 있다.

## 5. 경청관리

고객과의 커뮤니케이션의 출발은 고객으로부터의 경청에서 시작된다. 기업은 고객의 욕구나 필요를 이해하기 위해서는 고객의 소리를 잘 들어야 하기 때문이다. 따라서 오늘날의 기업은 고객의 소리를 듣는 사업이라고 할 수 있다. 훌륭한 경청자는 의견을 표출하기 위해 다른 사람의 주장을 존중한다. 역시 자신의 입장보다는 타인의 입장에서 이해한다. 그리고 훌륭한 경청자가 되기 위해서는 인내심이 요구된다.

### (1) 경청의 중요성

경청은 단순히 귀로 듣고 흘러버리는 것이 아니라, 마음으로 듣는 것이다. 이것은 훌륭한 경청자는 고객이 무엇을 말하고 있는지에 관해 생각하고 있음을 의미한다. 그저 듣는 것보다 그것의 의미를 파악하는 것이 중요하다. 경청은 적극적인 과정이고 학습할 수 있는 기술이다. 마케팅활동에서 성공한 사람들은 다른 어떤 형태의 커뮤니케이션보다도 더욱 많은 시간을 경청하는 데 보낸다. 예컨대, 쓰기 9%, 독서 16%, 말하기 30%, 듣기 45%에 각각의 비율을 할당한다.

말을 잘하는 사람은 듣기를 잘하는 사람이다. 그럼 듣기를 잘하는 사람이 되기 위한 조건은 무엇인가? 자기를 억제하고, 끈기있게 남의 이야기를 듣는 것이다. 남의 이야기에 귀를 기울이는 것은 고객을 사랑하는 것이다.

좋은 경청자로서의 성공요인과 실패요인을 살펴보면 다음과 같다.

### 1) 좋은 경청자로서의 성공요인

#### ① 고객은 자기 이야기를 들어 주기를 바란다

고객에게 제일 만족감을 주는 것은, 고객의 이야기를 정성껏 들어 주는 기술이 뛰어나야 한다. 고객들은 자기 이야기를 하고 싶어한다, 자기 자신을 표현하고 싶어한다, 자기 이야기에 귀를 기울여 주기를 바라고 있다는 사실을 인정해주면 고객들의 반응은 긍정적인 것이 된다. 그리고 이야기를 들어주는 사람이 말하는 것을 즉석에서 받아들이게 되는 것이다.

#### ② 더 잘 듣기 위한 자세를 만들어라

좋은 경험자가 되기 위해서는 고객이 말하려고 생각하고 있는 것을 어떻게 해서라도 듣고 싶다, 캐어서 알아내어 주겠다고 하는 강한 욕망을 마음속에서 불태워야만 한다. 경청자로서 미적지근한 태도를 보이는 사람들은 지성에 문제가 있는 것이 아니라, 그 감정에 문제가 있다, 고객의 이야기를 듣고 싶어하는 태도와 주의력을 집중해야 한다.

#### ③ 침묵하기를 결심하지 말아라

이야기는 서로 주고받는 관계에 있고, 서로의 교류와 서로의 관찰이 있고 그리고 들어서 무언가를 느끼는 관계가 있다: 고객의 이야기를 넋을 잃고 듣고, 고객이 좋아하는 속도로 이야기하는 데에 맡기는 것을 알았을 때, 고객은 당신과의 대화에 만족을 느낀다. 고객은 '위대한 듣는 사람'을 원한다.

#### ④ 인내심을 갖고 끈기있게 들어라

고객이 말하고 있는 동안에 고객을 배려하려는 긍정적인 생각을 가지고 고객의 말을 끈기있게 들어야 한다.

좋은 경청자는 고객을 배려하는 마음자세에서 시작된다. 고객(상대방)과 대화를 하다가 그가 입을 다물어버리거나 언성을 높인다면, 그가 왜 그런 행동을 하는지 당장 알려고 하면 안된다. 상대방의 흥분이 가라앉기까지 인내심을 가지고 기다려야 한다.

### ⑤ 고객의 이야기 도중에 말을 끊지 말아라

자신의 의견이 고객과 다르더라도 그들의 의견을 존중하고, 이야기 도중에 말을 끊지 말아야 한다. 말을 끊으면 관계형성에 부정적인 영향을 미친다. 서로에 대한 신뢰를 전제로 하면 좋은 경청자가 된다.

고객이 화를 내거나 격앙되었다면, 그것은 뭔가 할 말이 있다는 신호를 보이는 것이다. 고객을 진심으로 대해야 하며, 그가 마음속에 있는 어떤 말을 하여도 그 결과에 대해 두려워 할 필요가 없다.

## 2) 좋은 경청자로서의 실패요인

사람들은 듣는데 시간을 많이 할애하면서도 훌륭한 경청자가 되지 못하는 이유는 다음과 같다. ① 사람들은 말하는 것보다 생각을 더 빨리하고, 동시에 고객이 말하고 있는 동안에 답변을 계획하고 있다. ② 감정, 태도, 역할 기대가 어떤 메시지의 의미부여를 방해한다.

### ① 고객이 말을 하는 동안 생각을 하고 답변을 계획한다

대부분의 사람들은 1분에 500개의 단어를 접할 수 있는 능력을 가지고 있다. 뇌는 이러한 엄청난 능력으로 지루해 하며, 다른 것에 주의를 돌린다. 인간의 특성 중 하나는 자기중심적으로 그리고 모든 것을 자신과 결부시켜 생각한다. 그래서 어떤 사람이 우리에게 말을 할 때, 우리는 가끔 듣는 척하고, 사실은 우리가 중요하다고 생각하는 것, 혹은 자신의 이야기로 뛰어넘어 기다리고 있다. 의외의 엄청난 능력이 고객이 무엇을 말하고 있는지 듣기보다는 응답을 위한 준비가 경청을 방해한다.

훌륭한 경청기술의 개발은 CRM에서 성공하는 데 중요하다. 효과적인 경청은 고객의 시각으로 문제를 보게 하고 고객을 더욱 잘 이해하게 한다. 그리고 CRM에서 경청은 소비자로 하여금 커뮤니케이션 과정에 중요한 파트너로 끌어들이게 한다.

② 고객에 대해 기대를 한다

일반적으로 사람들은 커뮤니케이션이 이루어지는 동안 고객의 감정, 태도, 역할에 대한 기대를 한다. 그러한 기대가 고객의 메시지를 전달하는 데 방해한다. CRM 종사자는 고객의 감정, 태도, 역할에 동요되지 않도록 하며, 섣부른 판단을 하지 않도록 한다.

## (2) 효과적인 경청의 방법

효과적인 경청을 하기 위한 최선의 방법은 없지만, 다음과 같은 방법들은 훌륭한 경청자가 되도록 하는데 지침이 될 수 있다.

① 파트너의식을 느끼게 한다. 고객의 입장에서 생각하고 말한다. "우리"라는 단어를 적절히 활용하도록 한다.

② 적극적으로 관여한다. 가끔 자신의 머리를 끄덕이거나, "그래요", "저도 동감입니다", "이해할 수 있습니다", "옳습니다", "알겠습니다" 등과 같은 말로 반응을 보인다. 이것은 대화에 주의를 하고 있고 적극적으로 관여하고 있음을 나타낸다.

③ 사실과 느낌을 경청한다. 고객이 말을 할 때, 사실적인 정보뿐만 아니라, 그들은 어떻게 느껴지는지를 커뮤니케이션한다. 이 두 개를 구분하는 것이 중요하다.

④ 예상을 하지 않는다. 고객이 말을 하는 동안, 미리 답변을 준비하지 않는다. 고객의 말을 중단시키거나 빨리 결론으로 건너뛰려고 하지 않는다. 대화에서 조금의 침묵은 신뢰를 구축하는 좋은 기반이 되기도 한다.

⑤ 명확하게 한다. 불확실한 사항에 대해서는 꼭 질문을 한다. 훌륭한 경청자는 고객이 사용하고 있는 용어와 개념을 이해하는지를 확실히 한다. 고객이 한 말을 이해하지 못할 때가 있다면, "제가 잘못 들은 것 같습니다"라는 말을 사용함으로써 반응을 보인다.

⑥ 고객을 미리 판단하지 않는다. 자신이 고객에 대해 무엇을 느낀다고 하여도, 말투, 외모가 아니라, 그가 말하고 있는 것에 집중한다.

⑦ 즉각적으로 반응을 보인다. 사실을 이해하는 확실한 방법 중 하나는 즉각적으로 질문하도록 한다. 아무리 훌륭한 경청자라 하더라도 가끔 전달된 말을 잘못 이해한다. 그래서 송신자에게 메시지를 반복하는 것은 중요하다. “즉, 이것은 ○○○ 의미입니까”, “저는 ○○○로 들었습니다”, “○○○를 원하십니까?”와 같은 단순한 반응이 필요하다.

⑧ 지나친 감정적 표현은 피하고, 중립적 자세를 취한다. 화를 내거나 미리 방어하지 않는다. 논쟁하지 않는다.

⑨ 즐거운 마음으로 긍정적으로 듣는다. 수용적 분위기를 조성하여 고객이 자유롭게 이야기할 수 있게 한다. 가능한 자신의 말을 하지 않는다.

⑩ 산만한 주의를 정돈한다. 고객에 집중하도록 한다. 가능한 주변의 소음(라디오 혹은 TV)을 제거한다. 고객쪽으로 다가가거나 조용한 위치로 변경한다.

## (3) 훌륭한 대화자로서의 조건

대화를 통해 커뮤니케이션 활동을 할 때, 가장 중요한 것은 무엇을 말할 것인지에 대해 생각하는 것이다. 누구에게 말할 것인지, 그들은 어느 정도 알고 있는지, 그들의 주의를 얻기 위해서 무슨 말을 할 것인지 생각한다. 고객의 인구특성에 따라 차별화된 대화내용으로 커뮤니케이션해야 한다. 고객을 대할 때, 친구가 사용하는 말을 나이든 사람에게는 잘 커뮤니케이션되지 못한다는 것을 기억하도록 한다. 잘못된 혹은 어설픈 문법과 어설픈 발음은 의견을 잘못 전달하게 한다.

커뮤니케이션은 쌍방과정이다. 대화자는 또한 경청자에게 그들의 생각을 말하도록 한다. 예컨대, 고객이 자신의 욕구를 표현하고자, 욕구에 답변할 상품 혹은 서비스를 찾을 때, 고객에 경청해야 한다. 자신의 의견이 고객과 다르더라도 그들의 의견을 존중해 주어야 한다. 주의 산만, 화, 퉁명스러운 반박을 삼간다. 대신에 메시지의 핵심을 분명히 하고, 요약과 함께 메시지를 끝마친다. 또한 정중히 갖추고 자신이 말한 것을 주의 깊게 생각한다면, 훌륭한 대화자가 될 수 있다. 훌륭한 대화자로서의 최대의 조건은 상대방을 연구하는 자세에서 시작하는 것이다.

## 6. 협상과 설득의 기술

협상(negotiation)과 설득(persuasion)이라는 용어는 우리의 일상적 생활과 밀접한 관계를 맺고 있는 실천적 영역이다. 협상과 설득의 내용이 고객 또는 상대방을 접촉한다는 점에서는 동일하다. 설득은 단 한 번의 접촉인 경우가 대부분이며, 협상은 여러 번의 접촉 가능성이 있는 경우에 사용한다.

하지만 협상과 설득은 목표, 방법, 수단 면에서 분명한 차이가 있다. 설득은 기업의 입장을 고객 또는 상대방에게 전달하는 일방향 커뮤니케이션전략의 일환이고, 협상(negotiation)은 고객 또는 상대방과 양방향 커뮤니케이션전략이다.

따라서 협상이 가격 또는 특별한 조건(임금 등)에 대한 고객 또는 상대방의 동의를 얻어내는 기술이라면, 설득은 고객 또는 상대방이 해당 기업이 원하는 대로 행동하도록 만드는 기술이다. 즉, 설득은 고객 또는 상대방이 해당 기업과 같은 관점을 가지도록 만드는 기술인 것이다.

### (1) 협상의 기술

오늘날 마케팅활동에 있어 협상은 매우 중요하다. 이 협상은 해당 기업의 마케팅활동에 있어 CRM으로서 매우 중요한 위치를 차지하고 있다. 협상을 통해 해당 기업의 의견을 고객에게 효율적으로 관철시켜 해당 기업이 원하는 대로 활용하도록 만들 수 있기 때문이다.

이러한 협상(negotiation)의 기술을 우리 인간은 경험을 통하여 배워야 한다. 협상의 심리기술을 모르면 자신이 아무리 심혈을 기울여 이야기를 하여도 고객 또는 상대방으로 하여금 기업의 의견을 받아들이게 할 수 없다. 유능한 마케팅담당자는 협상을 준비하고 계획을 수립하는 능력과 협상 사안에 대한 지식, 불확실성과 외부압력하에서도 명쾌히 협상할 수 있는 능력을 갖추어야 한다.

일반적으로 협상을 잘 하기 위한 자질은 학습기술(learning skill), 의사소통기술(communication skill), 듣는 기술(listening skill), 감정통제기술(emotion control skill)로 나누어 볼 수 있다.

### 1) 학습기술(learning skill)

유능한 마케팅전문가 협상을 잘하기 위해서는 학습기술을 바탕으로 자신의 경험과 전문지식을 접목할 수 있는 능력을 갖추어야 한다.

### 2) 의사소통능력(communication skill)

대인 커뮤니케이션은 사람들이 상대방을 설득하거나, 인간관계를 진전시키거나, 중요한 정보를 제공하거나 또는 받기도 하는 등 다양한 종류의 대인적 상황에서 자신이 맡은 특정한 역할들의 성공적인 수행에 상당한 영향을 미친다는 점이다. 만약 대인 커뮤니케이션 현상이 존재하지 않는다면 어떤 종류의 인간관계도 성립될 수 없다. 따라서 고객관계를 잘 관리하기 위해서는 고객에 대한 이해뿐만 아니라 다양한 언어 구사능력을 갖추어야 한다.

### 3) 듣는 기술(listening skill)

고객이 이야기하는 것을 잘 듣는 기술도 교육에 의해 성과를 거둘 수 있다. 말하는 자는 언어적 메시지가 중요하지만, 청취자는 비언어적 메시지의 중요성 비중이 높다.

비언어적 메시지의 구조는 근접학(주위환경, 근접도, 몸의 방향), 외모(머리카락, 얼굴, 신체적 모습, 의상), 응시, 얼굴표정, 동작학(청취하는 자세, 몸짓, 머리의 움직임), 음성학(억양, 음성의 특성, 음성의 메시지), 신체적 접촉 등으로 구성되어 있다.

### 4) 감정통제기술(emotion control skill)

짜증스럽고 실망스러운 협상 상황에서 생기는 감정을 통제하는 방법은 다음과 같다.

① 협상 중 감정이 생긴다는 것 자체를 백안시 하지 마라. 마케팅전문가도 인간인 이상 감정이 생기는 것은 당연하다.

② 이때 자신의 감정뿐만 아니라 상대의 감정도 같이 관찰하라. 말하자면 협상이 잘 안 풀려 화가 나면 당연히 상대도 마음이 불편할 것이다.

③ 적절한 범위 내에서 적절한 방법으로 감정을 표현하라. 솔직히 말하면 답답하다거나 실망스럽다는 정도의 표현이다. 때로는 이것이 마케팅전문가의 솔직함과 진지함을 알리는 계기가 될 수도 있다.

④ 고객 또는 상대방이 감정을 격하게 노출하면 실컷 다 표출하도록 내버려 둬라. 상대가 얼굴을 붉히며 목소리를 높인다거나 삿대질을 하면 구태여 이를 제지하거나 맞받아 응수할 필요는 없다. 말하자면 마음껏 스트레스를 해소하거나 감정의 응어리를 풀도록 하는 것이다.

⑤ 양자간에 너무 감정이 격하다면 더 이상 무리하게 협상을 진행해서는 안 된다. 커피 타임을 가지거나 협상을 다음날로 연기하여 격화된 협상 분위기를 냉각시키기 위한 공백기를 가져라.

⑥ 협상 중 아무리 감정이 격해지더라도 상대방을 부드럽게 대해야 한다. 고객 또는 상대방은 자기의 이익을 하나라도 더 챙기기 위해 나오는 것이며 상대의 주장이 미운 것이라는 점을 명심해야 한다. 절대 고객 또는 상대방 자체를 인간적으로 미워할 필요는 없다.

### (2) 설득의 심리

설득(persuasion)에 성공하기 위한 기본원칙은 필요한 것을 찾아내고, 그것을 충족시키는 방법을 발견하는 것이다. 고민을 뚜렷하게 하고 그것을 해결하는 방법을 찾아내는 것이다. 이것이 성공의 기회인 동시에 이것은 고객을 설득하는 긍정적인 가능성이기도 하다.

설득은 내가 원하는 것을 고객이 그렇게 하도록 만드는 기술이다. 내가 원하는 것을 고객도 원하도록 만드는 기술로서 고객의 의무감을 자극하는 기술이다.

마케터는 고객관계를 위한 설득력과 유연성이 요구된다. 고객과의 관계형성과 관계의 유지를 위하여 끈기있는 이성적 설득력이 중요하다. 그리고 합리적 설득뿐만 아니라 감성적 소구의 유연성이 필요하다. 유머는 사람과의 대화를 부드럽게 하고 끈끈한 관계형성에 촉매 역할을 한다. 따라서 마케터의 유머를 포함한 대화법과 감성적 소구방법은 훌륭한 자산이 될 수 있는 것이다.

우리는 다음과 같은 규칙이나 원리를 알게 되면 고객을 보다 효과적으로 설득할 수 있다.

- 고객에게 이익이 된다는 생각을 갖도록 한다.
- 신뢰성을 보인다.
- 비판하기보다는 먼저 이해를 해라.
- 고객은 유대감을 느끼도록 한다.
- 기업은 전문가 역할을 충실히 해야 한다.
- 일관된 행동을 해야 한다.
- 남의 입장이 된다.
- 관심사를 파악한다.
- 미소를 잃지 않는다.
- 진심으로 칭찬한다.
- 만만하게 보이지 않도록 한다.

- 시비를 피한다.
- 잘못을 지적하지 않는다.
- 긍정적으로 대답할 수 있는 문제를 선택한다.
- 동정심을 갖는다.

Chapter 15

# CRM 개념의 확장과 지속가능한 CRM

## 1. CRM 개념의 확장

CRM이 종전의 데이터베이스 마케팅이 확장되고 변모하여 형성되었듯이, 영업상의 필요로 인해 CRM의 영역이 넓어지고 있다. 이와 같은 변화에 따라 ERM(Enterprise Relationship Management)이라는 새로운 개념도 출현하게 되었다. ERM은 기업 간의 상호통합을 말한다. 즉, 기업이 그들 고객과의 거래관계를 구축하고 강화하는 CRM의 목적을 달성하기 위해 필요한 모든 개체들과의 관계를 관리하는 것이 ERM이다. 기업은 자신의 영업을 위해 다른 기업과 상호 의존하였으며, 지금 기업 간의 상호의존은 새로운 차원에서 진행되고 있다. 정보교환과 공유를 통해 기업 간의 상호의존이 기업통합의 차원으로 변모하고 있는 것이다.

이를 위해 기업의 영업파트너 사이의 파트너관계관리(PRM; Partner Relationship Management), 기업과 그 기업의 납품업체 사이의 납품체인관리(SCM; Supply Chain Management), 기업과 그 기업의 종업원 사이의 관계를 다루는 종업원관계관리(ERM; Employee Relationship Management), 기업과 투자가 사이의 투자자관계관리(IRM; Investor Relationship Management) 등 새로운 활동이 많이 출연하고 있다. 미국과 같은 선진경영을 전개하고 있는 곳에서도 이러한 ERM에 관한 관심과 흥미는 소수의 기업만이 가지고 있고 전반적인 시장은 아직 CRM에 머물고 있다고 볼 수 있다.

현재 CRM은 국내에서 이미 성장기에 들어섰고, 많은 기업들이 CRM도입 분위기에 휩싸여 있는 것도 사실이지만, 이에 CRM도 시대적 경영환경 변화에 따라 많은 변화를 시도하고 있다. 최근에 CRM을 포괄적 개념으로 CRM(Customer Relationship Engineering)으로 정의하기도 한다.

### (1) PRM의 등장

CRM이 효과를 거두기 위해서는 기업이 직접적으로 관리하는 유통경로이어야 하지만, 특히 간접판매 유통경로인 대리점, 중간 유통상, 딜러, 제휴점 등에서는 그 효과가 의심스러웠다. 왜냐하면, 간접유통경로는 기업이 고객과 직접대면하는 직접유통경로와는 매우 다르기 때문이다. 이런 이유로 간접 유통경로와 관련하여 최근 국내에 PRM(Partner Relationship Management; 파트너관계관리)이란 용어가 등장했다.

PRM은 기업이 상품의 최종 사용자인 고객의 만족도와 매출을 높이려고 마케팅·영업·서비스 영역에서 파트너들과 서로 가치를 주고받으며 협업하는 비즈니스 전략, 프로세스와 기술의 복합체를 말한다. 따라서 PRM은 전략·프로세스·시스템의 변화를 통합적인 관점에서 이해해야 한다. 즉, PRM은 기업의 입장에서 파트너를 이해하고 분석하는 것을 말한다.

PRM은 간접유통경로관리나 파트너관리의 가장 선진화된 모습이며, 간접판매유통경로에 관계개념을 도입한 유통경로 파트너관리의 혁신으로 볼 수 있다.

PRM에서의 파트너 범위는 기업마다 다양한 형태의 파트너관계를 두고 있다. PRM에서 파트너의 범위는 직영·비직영 대리점, 딜러, 특약점, 제휴 파트너, 해외 판매·서비스 에이전트 등을 파트너로 볼 수 있다.

PRM은 CRM과는 달리 최종 고객을 대상으로 하지 않고 파트너들을 대상으로 관계관리를 하는 것이다. CRM이 고객을 분석하고 차별화된 서비스를 제공한다면 PRM은 파트너를 대상으로 매출과 이익성을 분석하며 파트너에게 차별화된 서비스를 제공한다.

즉, CRM은 기업이 고객을 대상으로 관계관리를 통해 판매증진을 꾀하는 반면, PRM은 고객과 중간채널에 있는 대리점 또는 제휴 파트너 등 비즈니스 파트너들과의 관계관리를 통해서 매출 및 파트너와 고객의 만족도를 높이는 전략이다.

PRM을 구체적으로 살펴보면 다음과 같다.

### 1) PRM의 의미

협력사간 본사와 지점 간 마케팅관련 업무를 통합해 CRM를 효과적으로 수행하기 위한 솔루션, 전자 비즈니스 환경에서 견적, 승인, 협상, 주문, 판촉 등 일련의 영업프로세스의 자동화 및 실시간 처리가 가능하고, 인터넷을 통해 대리점별 영업실적이나 신뢰도를 데이터베이스화하여 대리점별로 차별화된 가격 및 서비스정책을 구사함으로써 대리점관리에 효율성을 높일 수 있다. 전자 비즈니스에서 CRM의 중요성이 부각되면서 비즈니스 통신전략으로 PRM을 활용하고 있다. 기업이 상품서비스의 최종사용자인 고객의 만족도와 매출을 높이려고 마케팅, 영업, 서비스영역에서 파트너들과 서로 가치를 주고받으며 협업하는 비즈니스 전략, 프로세스와 기술의 복합체를 말한다.

### 2) PRM의 중요성

파트너들이 필요한 것이 무엇인지, 불만사항이 어떤 것인지 정확히 파악하기가 어렵고, 또한 기업이 파트너로부터 얻어내야 하는 각종의 정보를 체계적으로 획득 및 분석하기가 쉽지 않다. 이탈해 가는 파트너들이 왜 이탈해 가는지 조차 이해하기 힘들다. 게다가 글로벌 비즈니스를 하는 기업은 언어와 문화의 차이까지 있어서 파트너관리는 결코 쉬운 문제가 아니다. 기업은 PRM을 구축하여 파트너와의 관계관리를 실현한다. 관계관리란 파트너와의 계약에서부터 관계종료 시점까지 라이프 사이클을 관리하는 것을 말한다.

파트너와의 관계 정도를 분석하는 것은 매출, 영업기회 관리능력, 캠페인 처리능력, 기업에 대한 기여도, 수익성 등을 평가하는 것이다. 그래서 우수 파트너가 누구인지를 이해하고 파트너의 만족도와 로열티를 높이기 위해 차별화

전략을 구사하게 된다. PRM을 통해 기업은 파트너를 이해하고 분석할 수 있는 기반을 갖추게 되어 파트너에게 차별화 서비스를 제공할 수 있다.

### 3) PRM의 주요 기능

① 파트너 규정: 파트너 관계에 있는 조직, 사람에 대한 정확한 파악, 거래선 관리, 신규 파트너 모집 및 평가

② 파트너 평가: 보다 객관화되고, 체계적인 평가 시스템을 통해 파트너의 가치를 정확히 정량화, 파트너 성과 관리, 파트너 프로필 및 레벨 관리

③ 파트너 지원

④ 판매지원 기능: 최종 판매를 위해 정확히 파악된 파트너 조직을 지원

⑤ 업무지원 기능: 파트너들과의 업무를 효율적으로 지원하고 설계

⑥ Partner Lifecycle 관리, 상담 관리 및 판매 예측, Best Practice & Action Plan, 수주 관리, Sales 및 마케팅 자료 관리, 리포트 기능

⑦ 정보 공유 : 주문정보, 고객정보, 판매정보, 상품정보 등의 상호 커뮤니케이션 및 정보 공유, 지식 기반 support service 관리, 최신 뉴스 정보

⑧ 파트너 보상: 파트너의 등급에 따른 보상체계 마련

**표 15-1** 전략·프로세스·조직·시스템에서 살펴본 CRM과 PRM 도입 때의 변화

| | CRM | PRM |
|---|---|---|
| 전략 | 고객대응전략으로 고객을 원투원으로 관리하며 우수고객을 차별화한다. | 채널 파트너관리 전략으로 채널 파트너와의 관계관리에 중점을 두며 파트너의 성과를 평가하여 보상하고, 파트너와 비즈니스를 확대한다. |
| 프로세스 | 고객접촉관리 시스템에서 고객 차별화에 이르기까지 연속적인 프로세스가 필요하며, 전사적으로 영향을 미친다. | 파트너와의 거래 및 파트너관리 프로세스가 필요하며, 채널 파트너와의 기존 관리 방식에 큰 변화를 유발한다. |
| 조직 | 전사가 고객 중심적인 CRM 조직으로 변화하는 것이 일반적이다. | 파트너관리 조직이 강화되나 반드시 전사적인 것은 아니다. |
| 시스템 | 데이터마이닝 등을 이용한 분석 CRM시스템, 마케팅/영업/서비스 통합의 운영 CRM시스템, 멀티채널관리의 협업 CRM시스템이 필요하다. | PRM은 파트너 분석시스템 및 파트너와의 마케팅/영업/서비스 통합·관리 시스템이 필요하다. |

자료: 박세정, CRM을 넘어 PRM으로, 새로운 제안, 2003, p.159.

## (2) CMR

오늘날 새로운 기술의 발달은 소비자들에게 더 많은 권한과 자유를 주고 있다. 기업고객이 아닌 개인 고객들도 실시간으로 많은 정보에 접할 수 있으므로 구매과정을 통제할 수 있는 것이다. 기존의 CRM의 기본 개념에서 고객의 권한을 강화하는 방향으로 CRM을 수정, 적용하는 시도를 하고 있는데, '고객주도형 관계관리'(CMR; Customer Management of Relationships)가 그것이다.

CMR은 비즈니스전략의 하나로서 관리의 변화를 요구하는 것이며, 개별고객의 니즈에 따라 회사가 반응할 수 있도록 실행 프로세스의 변화를 요구한다. CMR은 기업 내의 모든 상업 및 문화적 영역, 모든 인간관계 및 기술의 변화마저도 가져올 것이다.

CMR은 또 하나의 새로운 운동을 벌이자는 것도 아니고 또 하나의 판촉방식을 공식화한 것도 아니다. 데이터베이스 마케팅, 표적 광고, 고객정보 수집, 신규 서비스 제공을 모두 합한 것 이상인 CMR은 경험을 창조하고 고객이 제시한 방법으로 개별고객과의 상호작용을 개별화하며, 이를 통해서 고객과의 관계를 발전시켜 나가는 방식이다.

새로운 CMR은 권한을 고객에게 돌려주는 과정이다. 고객 자신이 관심을 가지고 있는 것은 무엇이고 관심이 없는 건 또 무엇이며, 어떤 종류의 정보를 원하고 있고, 어떤 수준의 서비스를 받고 싶은지, 또 언제 어디서 얼마나 자주

**표 15-2** CRM과 CMR의 차이

| CRM | CMR |
| --- | --- |
| 기업이 통제함 | 고객이 통제함 |
| 기업을 위해 비즈니스를 발전시킴 | 고객을 위해 비즈니스를 발전시킴 |
| 거래별로 고객을 분류함 | 고객의 독특한 니즈를 이해함 |
| 고객을 세분화된 그룹으로 다룸 | 고객을 개별적으로 다룸 |
| 고객의 관심사에 대해 기업이 생각하는 대로 고객에게 강요함 | 고객이 자신의 관심사에 대해 기업에게 말할 수 있도록 함 |
| 고객이 추적당하는 기분을 느낌 | 고객이 권한을 행사함 |
| 제품과 서비스 위주로 이루어짐 | 고객 중심으로 이루어짐 |

기업과 의사소통을 하고 싶은지 기업에게 말할 수 있도록 만드는 것이다. 즉, 고객에게 권한을 부여하는 고객주도형 관계관리의 개념이 CMR이다.

### (3) CEM: Customer Experience Management

최근 CRM의 보완재 역할을 하는 고객경험관리(CEM: Customer Experience Management)에 대한 관심이 커지고 있다. 고객과의 관계를 중심으로 데이터베이스(DB)를 구축하는 CRM과 달리 CEM은 고객이 어떻게 생각하고 느끼는지를 파악하는 데 초점을 맞춰 매장 방문, 구입, 구입 후 이용 등 단계별 고객의 경험을 토대로 DB를 구축한다.

CEM은 고객과의 모든 접점에서 고객의 경험을 분석하고 고객의 피드백을 제품과 서비스 개발에 반영하는 등 고객의 경험을 전략적으로 관리해 고객의 긍정적 인식을 형성하고, 충성도를 높이는 것이 목적이다. 기업들이 CEM에 관심을 갖는 것은 고객의 요구가 점점 더 복잡해지고 선택의 폭이 넓어지면서 구매 의사결정을 하는 데 있어 제품이나 서비스의 품질은 물론 고객들의 감성적인 특성과 같은 주관적인 측면이 부각되고 있기 때문이다.

이제까지의 마케팅 이론상에서 고객은 심장이 없이 '가격경쟁력'과 '품질경쟁력'을 면밀히 검토해 제품을 구매하는 이성적인 존재로 그려져 왔다. 그러나 정작 시장에서 고객은 브랜드가 가진 이미지, 광고에서 보았던 친근한 모델의 모습, 친절한 매장 직원, 편리한 주문시스템 같은 수많은 요소에 영향을 받아, '충동적으로 구매'한다.

CRM을 통해 나온 차가운 수치들은 어떻게 해야 고객을 감동시킬 수 있을지에 대해 답을 주기 위해서는 '이성이 아니라 감성으로, 수치가 아니라 감동으로 접근해야' 한다는 것이다.

제품이나 회사에 대한 고객의 전반적인 경험을 전략적으로 관리하는 프로세스. 전략인 동시에 과정과 실행에 중점을 두는 고객 만족 개념이다. 기업에게는 모든 접점에서 고객과 관계를 맺고, 각기 다른 고객 경험 요소를 서로 통합해준다. 그리고 고객에게는 감동적인 경험을 갖도록 해주어 기업 가치에 대한 고객의 충성을 유발시킨다. CEM 범위는 ① 고객 세분화와 타깃 고객 선정, ② 혁신, ③ 포지셔닝, ④ 브랜딩 전략, ⑤ 서비스 등 다양한 영역에서 적용 가능하다. CEM의 전략 구성은 보통 5단계로 나누어 설명한다. 1단계 소비자의 경험세계(환경) 분석, 2단계 고객의 경험적 기반 확립, 즉 경험적 플랫폼(platform) 형성하기, 3단계 제품 로고나 광고와 같은 다양한 매체를 통해 통일된 경험적 메시지가 전달될 수 있도록 디자인, 4단계 일관성 있는 고객 경험 제공을 위해 다양한 상황에서의 고객 인터페이스를 설계, 즉 고객과의 접점에서 의사소통을 조직화하기, 그리고 5단계는 끊임없는 혁신이다. 이 이론은 콜롬비아 비즈니스 스쿨의 번트 슈미트 교수(Bernd. Schmitt)가 그의 저서 "CRM을 넘어 CEM으로"에서 처음 소개하였다.

## 2. CRM의 성공 및 실패사례

### (1) CRM의 성공사례

#### 1) CRM의 성공요인

CRM이 성공하기 위해서는 환경적 요인 및 조직적 요인의 차원을 넘어 현재 고객의 상호작용 과정을 리엔지니어링하고 또한 전체적으로 새로운 과정을 설계함으로써 실행되는 고객지향적 전략이 수립되어야 한다. CRM은 통합되고 신뢰할 수 있는 고객정보에 기초하여 고객의 계속 변화하는 욕구와 일치되어야 한다.

일반적으로 CRM의 성공 요인은 다음과 같다.

##### ① 비용대비 성과를 극대화

궁극적으로 기업이익에 기여할 수 있는가를 냉정하게 판단하고 효과에 걸맞는 예산을 책정하고 성과를 극대화해야 한다. CRM 도입 후 인당 이익 기여액을 계산하고 그 범위 내에서 예산을 집행해야 한다.

### ② 타깃 고객군의 정확한 설정

자신 사업의 고객은 누구이며 또 그 고객을 각 단계별로 세분화 작업을 하며 세분화된 고객들의 특성에 대하여 조사가 완료되어야 한다.

### ③ 전사적 차원의 CRM이 중요하다

마케팅, 영업, 서비스 부분의 모든 인력들이 동시에 활용할 수 있도록 정보를 공유하여야 하고 이를 종합적으로 활용해야 한다. 업무 프로세스나 관행의 변화 없이 단순히 정보시스템을 도입할 경우 CRM 도입은 실패로 끝나게 된다.

### ④ 기업별로 자신의 업종과 능력에 맞는 CRM을 도입

CRM의 원칙에는 변화가 없으나 기업의 상황에 따라 구축방법 및 활용에 있어 접근 방법은 다르다. 금융이나 통신업처럼 고객과 직접 접점을 만들며 풍부한 정보를 확보할 수 있는 산업과 그렇지 않은 산업이 존재하며, 실제로 카드사, 유통 등 소비자와의 대면이나 구매 행태 분석을 통한 매출과 직접 관계되는 사업 이외의 분야에서는 효용성이 떨어질 수도 있다.

### ⑤ 데이터 활용능력 강화

데이터의 축적과 관리도 중요하지만 분석된 데이터를 '어떻게 해석하고 활용할 것인가?'에 보다 많은 관심을 기울여야 한다.

### ⑥ CRM 추진 주체를 적절하게 조정하고 통합

CRM의 핵심기반이 데이터웨어하우스인 관계로 IT 부서의 역할이 크기는 하지만 프로젝트를 이끌어가는 주체는 마케팅 부서여야 한다. IT 부서가 주도할 경우 비즈니스 요건보다 데이터 정리에 더 신경을 쓰기 때문이다.

### 2) 하기스사의 성공사례

아기 기저귀로 널리 알려진 하기스사는 치밀한 고객정보시스템의 구축을 바탕으로 개별 마케팅을 전개했다. 고객들에 대한 체계적인 정보관리 및 시장정보의 입수력을 바탕으로 한 개별 마케팅 전략의 수행으로 큰 효과를 보고 있다. 하기스사는 임산부의 이름, 주소뿐만 아니라 육아경험, 출산준비 여부 등 고객정보가 기록된 시스템을 구축하기 위해 많은 자금을 투자하였다. 임산부에 관한 정보는 병원 의사, 조산원 등으로부터 입수하였으며, 이들 잠재고객에 대한 정보가 고객 데이터베이스에 체계적으로 전산화되어 있다. 하기스사는 축적된 고객 데이터베이스를 활용하여 잠재고객 특성을 명확하게 분석한 결과를 바탕으로 임산부들과 보다 긴밀한 관계를 구축했다. 그들에게 육아에 관한 잡지나 편지를 보내고 또한 출산 후 제품을 구입할 때 긴요하게 사용할 수 있는 할인권 등을 적시에 우송했다. 이러한 할인권은 모두 코드화되어 있으며 할인권을 받은 고객이 하기스사의 제품을 구입했는지의 여부도 쉽게 추적할 수 있는 정보추적관리 시스템도 구축했다. 이 시스템에 의해 얻어지는 자료는 재구매를 유도하고 차별적 판촉활동의 전개를 위해 유용하게 사용되고 있다.

### 3) SK텔레콤의 성공사례

SK텔레콤의 CRM은 매스마케팅(Mass Marketing), 세그먼트 마케팅(Segment Marketing), 일대일 마케팅(One-to-One Marketing)의 변화를 불과 지난 10년 사이에 극명하게 보여주고 있다. 더구나 전 세계 무선인터넷을 선도하는 SK텔레콤이 준비하고 있는 새로운 관점의 CRM은 전 세계에 많은 시사점을 보여 준다.

#### ① DBM의 구축

1997년 CRM 도입 당시 SK텔레콤은 이동전화 및 무선호출사업을 근간으로 하고 있었으나 기본적으로 고객에 대한 이해 및 분석이 많이 부족했다.

한편, 고객의 프로필 정보 및 통화정보 등 고객관련 데이터는 영업 전산시스템 내에 존재하기 때문에 이를 수렴하여 데이터를 분석하는 데 2주라는 엄청난 시간이 걸렸다. 또한 분석가가 분석결과를 보고 추가분석을 요청하게 되면 또 비슷한 시간이 소요되어 그 당시의 상황에서 분석에 근거한 마케팅활동은 현실적으로 상당히 어려운 상태였다.

그런데 1996년 신세기통신이 이동통신시장에 참여했고, 1997년 하반기에는 3개 PCS 사업자의 시장진입이 예정되어 있는 상황이어서 1997년부터는 이동통신시장에서 본격적인 경쟁이 시작되었다. 지속적으로 경쟁력을 유지, 강화하기 위해서는 정교한 고객이해를 바탕으로 한 과학적이고 합리적인 분석에 기반을 둔 마케팅을 통한 의사결정이 절실해졌다.

SK텔레콤은 데이터웨어하우스(Data Warehouse) 구축을 통한 데이터베이스 마케팅이 필요하다고 판단함에 따라 마케팅부문 산하의 고객관리팀 주관으로 DBM 구축 프로젝트가 수행되었다. 그러나 당시만 해도 데이터웨어하우스 및 데이터베이스 마케팅에 대한 개념조차 생소한 때였으며, 실제로 국내 및 해외의 벤치마킹 대상도 드문 실정이었다. 무엇보다도 마케팅 현업부서에서조차 DBM에 대한 필요성이나 기대효과에 대한 확신을 가지고 있지 못했기 때문에 대규모의 DBM 구축 프로젝트를 하기에는 상당한 위험이 따랐다.

따라서 첫 번째 단계로 프로젝트 실행 전에 프로젝트의 범위 및 구축효과에 대한 사전검증을 위해 파일럿 프로젝트를 먼저 수행하기로 했으며 이동전화 및 무선호출사업 분야의 고객 분석 및 통화분석의 주제영역에 대한 OLAP(On-line Analytical Processing: 최종사용자가 다차원 정보에 직접 접근하여 대화 식으로 정보를 분석하고 의사결정에 활용하는 과정) 구축 및 해지자 및 해지율 예측에 대한 데이터마이닝(Data Mining)을 파일럿 프로젝트의 범위로 했다. 이렇게 시작한 파일럿 프로젝트의 결과는 DBM 구축의 기대효과 및 실현 가능성이 나타남에 따라 DBM 추진팀과 필요한 부서가 결정되었다.

### ② 고객 Segment를 통한 신세대 공략: TTL

SK텔레콤의 DBM은 초기 데이터 오류, 데이터베이스 성능, 데이터 주기 등 문제점에도 불구하고, 지속적인 개선노력과 사용자들의 분석능력 향상에 힘입어, 1999년 7월 TTL 출시로 대표되는 세그먼트 마케팅에 적용되기 시작했으며, 그 후 역마케팅을 위한 스코어링 시스템(Scoring System) 등에 적용되었다.

TTL은 1999년 신세대를 위해 새롭게 만든 서비스로, 브랜드명에서 느껴지듯이 자유스럽고 구속되지 않은 신세대의 라이프스타일을 반영하여 그들만의 공간을 만들어 주기 위해 고안되었다. 우선 20대 고객집단을 타깃으로 마케팅을 펼쳐 나가려면 그 특성을 충분히 파악해야 한다. 20대의 특성을 파악하기 위해 가장 긴요하게 사용된 것이 바로 97년부터 추진되었던 DBM이다. SK텔레콤은 전부터 추진해 온, 고객의 데이터로 구축된 DBM을 이용하여 고객집단의 특성을 파악해 냈다.

새로운 상품요소로는 20대의 주활동공간에 대한 지역할인 요금제와 20대의 기호에 맞춘 감각적인 디자인과 기능을 갖춘 단말기, 고객에게 편익을 제공하기 위한 멤버십카드, 새로운 문화공간인 TTL Zone 및 20대의 주요 부가서비스인 폰메일, 벨소리 무료제공 등으로 구성했다. 한편으로 연령대의 특성에 따른 부가서비스를 위해서 패스트푸드점, 영화관, 놀이공원 등과 제휴하여 TTL에 가입한 고객에 한해 할인혜택을 제공했다.

TTL 출시전략은 적중했다. 18~24세 연령대의 선풍적인 인기를 모으면서 불과 6개월 만에 가히 놀랄 만한 성적표를 받아냈다. TTL 서비스 이전과 이후에 연령대별 신규가입 고객의 시장점유율을 조사해 본 결과 25세 미만의 경우 서비스 이전에 26%에서 서비스 이후 49%로 급증했으며, 전체누계 고객의 시장점유율을 비교해 보면 25세 미만의 경우 서비스 이전에 21%에서 서비스 이후 33%로 증가한 것을 볼 수 있다. 이는 Speed011이 30대 고가격 브랜드의 이미지를 탈피하여 저연령층에서도 부담 없이 이용할 수 있는 신세대 이미지를 갖추기 시작하는 계기를 마련하게 되었다고 해석할 수 있다.

18~24세 연령층을 타깃으로 하는 TTL 서비스는 2000년 초에 리더스클럽(Leaders Club)이라는 멤버십 서비스를 통해 전체고객을 대상으로 하는 Segment Marketing으로 확대되었다.

### ③ 고객 스코어링을 통한 Demarketing 추진

SK텔레콤은 1999년에 신세기통신(017)과 합병승인 조건으로 2001년 6월

30일까지 양사의 시장점유율을 50% 이하로 낮추어야 했다.

2000년 5월 당시 SK텔레콤과 신세기통신의 시장점유율은 57.6%에 달했으며, 약 1년 동안 7% 이상의 시장점유율을 낮추어야 하는 난관에 빠지게 되었다. 이에 따라 SK텔레콤이 채택한 전략은 신규가입자를 제한하는 것이었다.

이에 SK텔레콤은 가입자의 축소규모 및 매출감소를 줄이고, 고객 불만을 최소화하는 시장점유율 축소방안을 고안하게 되었고, 이를 위해 다음의 세 가지 방안이 모색되었다. 첫째, 신규가입을 희망하는 고객들에게 기존에 가입자 확보를 위해 시행하던 각종 혜택을 전면 중단하기로 했고 제도적 조치로 단말기 할부판매, 가입비의 분납, 보증보험료 분납, 해지 후 재가입시의 가입비 면제제도, 저가요금제 등을 폐지했다. 또한 대리점에 단말기 공급을 제한하고, 상품홍보를 위한 광고를 대폭 축소했다. 둘째, 타사 신규가입 촉진을 통한 상대적 시장점유율의 하락을 꾀했다. 이를 위해서 SK텔레콤 대리점에서는 모 PCS사의 가입을 대행하는 마케팅전략을 구사했다. 셋째, 기존 가입자를 축소하는 방법이었다. 이를 위해서 전체 매출액에 큰 영향을 주지 않고, 또한 고객들의 큰 불만을 사지 않는 범위 내에서 적절한 전략을 구사해야 하는 현실적 난관에 부딪히게 되었다.

특히 세 번째 방안인 기존 가입자 축소를 위하여 차별적 미납관리 시스템인 RPMS(Risk Prediction & Management System)가 활용되었다. RPMS는 고객의 신용도를 파악하여 이를 토대로 차별적인 미납관리를 하는 시스템으로 DBM을 토대로 하여 고객별로 미납의 특성을 파악하고, 이에 따라 고객의 신용도를 계산해 나가는 방식의 시스템이었다.

이렇게 파악해 낸 고객 신용도를 기반으로, 당시에 매출액에 대한 기여도가 적고 잦은 미납으로 통화요금 회수에 따른 비용이 많이 드는 비우량고객층을 선별하여 이들을 축소하는, 이른바 역마케팅 전략을 구사해 나갔다. 사실상 마케팅 사상 초유의 사례로 기업의 장기발전을 위해 정부의 규제를 수용하여 스스로 고객의 수를 감소시키는 마케팅전략을 실시한 것이다.

### 4) 루이비통: LUIS VUITTON KOREA . LTD

#### ① 소품종 소량 생산의 브랜드 마케팅

개선문에서 콩코드 광장으로 이어지는 샹젤리제 거리에 있는 '루이비통' 매장에는 '루이비통' 가방을 구입하기 위한 일본인들로 넘쳐난다고 한다. 루이비통은 철저한 소품종 소량 생산의 브랜드 마케팅을 펼치는데, 즉 한 번에 한 개 이상의 물건을 팔지 않는다. 또한 물건을 산 사람이 아무리 제품을 구입하려고 해도 6개월 이내에는 다른 루이비통 제품을 살 수 없게 하는 것이다.

- **고가 포지셔닝 전략**

소비자들은 점점 까다로워진다. 아무리 구매력이 있더라도 상품을 구입함에 있어서는 보통 까다로운 것이 아니다. 단순히 싸다고 해서 사는 것이 아니라 정말 사고 싶다고 생각되지 않으면 구매를 하지 않는다는 것이다. 이는 역으로 비싸더라도 상품에 매력이 있으면 얼마든지 구입한다는 얘기다. 그 대표적인 사례가 바로 루이비통이다. 요즘 비용절감에만 목을 매는 기업들이 있다. 물론 이익을 내기 위해 비용을 낮추는 것은 중요하다. 하지만 이 같은 네거티브 경쟁은 이익보다 출혈이 심하다는 문제점을 안고 있다. 이제는 비용절감도 좋지만 새로운 기술, 신상품개발에 더 힘써야 한다. 이런 점에서 루이비통의 고가 포지셔닝 전략은 배워볼 만하다.

- **철저한 품질관리**

루이비통의 품질은 그 제작 과정에서부터 철저함으로 보장된다. 항상 최고급의 가죽을 선정하여 최고의 장인들이 아직도 손으로 가죽을 자르고 틀을 만들고 징을 박고 두 개의 바늘로 가죽을 꿰맨다. 하나의 지갑을 만든 후에도 8번의 품질검사 과정을 거쳐야 한다. 이렇게 만들어진 제품들은 전 세계 매장에서 품질의 진가를 아는 고객들을 맞이하는 것은 자명한 일이다.

- **전통의 브랜드 이미지**

루이비통은 단순히 제품을 파는 것에 그치지 않고 브랜드가 가지고 있는 이미지를 함께 판매하고 있다. 루이비통은 1854년 창립되어 150여 년의 전통을 가지고 있는 브랜드로서 고가 제품에 걸맞는 품질과 디자인, 그에 걸맞는 고급스러움과 전통의 이미지를 겸비하고 있다.

#### ② 고객맞춤주문 서비스

프랑스 대표적 명품브랜드 '루이비통'이 국내에서도 맞춤주문 서비스를 실시한다. 루이비통은 맞춤주문 서비스를 1854년 회사를 설립한 이래 지속해왔지만 한국에서도 맞춤주문 서비스를 시작했고 "주문받은 제품은 100% 수작업으로 만들고 있다.

맞춤 제품은 고객이 원하는 제품을 100%주문 제작하는 방법과 기존 제품을 취향에 맞게 보완하는 방법 두 가지다.

완전 주문 제작의 경우 36켤레 구두를 넣을 수 있는 슈즈 트렁크, 서적을 넣을 수 있게 칸막이가 들어간 트렁크, 세면용품 케이스 등 아이템이 다양하다. 기존 가방모델을 보완할 경우는 주머니를 추가하거나 사이즈, 디자인, 소재를 약간 수정하는 식이다. 제작기간은 6~8개월 걸리며 제작에 소요되는 비용 외에 별도 부담은 없다.

파트릭 루이비통 본사 맞춤주문서비스 부문장(창업자 루이비통의 4대손)은 "우리 브랜드의 발전은 트렁크에 대한 전문 기술에서 비롯됐다"며 "맞춤 제품은 운반될 물건의 특징, 고객의 욕구 그리고 루이비통 고유의 특징이 조화를 이룰 것"이라고 말했다.

#### ③ VVIP 고객을 위한 소규모 패션쇼

매 시즌마다 한번씩, 일년에 4번 열린다는 VVIP 고객을 위한 소규모 패션쇼. 이틀에 걸쳐 8차례 펼쳐진 이 패션쇼에 초대된 루이비통 고객은 루이비통에서 선정한 최상위 고객 8명이 전부였다. 8번 패션쇼에 8명의 고객. 결국 패션쇼 1회는 고객 1명을 위해 마련된 셈이다.

실제로 매 쇼마다 단 한 명의 고객이 초대됐다. "모르는 사람과 자리를 함께 했을 때의 불편함을 없애기 위해서"이다.

그렇다고 초대된 고객이 혼자 오는 것은 아니다. 가족이나 지인 등 2~3

명을 동반하고 나타나는 게 대부분. 일단 이들이 정해진 시간에 패션쇼를 감상하기 위해 매장에 들어오면 매장 문은 바로 닫힌다. 2시간 남짓한 이 시간 동안 일반고객의 출입은 철저하게 제한된다.

모델 3명 정도가 신상품을 여러 벌씩 갈아입으며 패션쇼를 벌일 동안, 행사에 참가한 VVIP 고객들은 간단한 다과를 나누면서 쇼를 즐긴다. 통상 '트렁크쇼'라 불리는 이 같은 소규모 패션쇼는 일상적인 패션쇼와 달리 고객이 중간중간 모델이 입고 있는 옷을 만져보거나 모델에게 착용감을 물어볼 수도 있다.

'쇼를 위한 쇼'가 아닌 철저하게 '고객을 위한 쇼'이기 때문에 어떤 경우에든 고객 요구가 우선 사항이다. 준비된 쇼가 끝나고 나면, 숍매니저가 나와 모델들이 입고 나온 옷들에 대해 자세히 설명해주는 '프리젠테이션' 시간이 이어진다. 쇼와 프리젠테이션을 거치면서 마음에 드는 옷을 발견한 고객들은 그 자리에서 몇 벌씩 한꺼번에 주문하는 게 통례이다. 결과적으로 하루에 4명 정도 고객만 받지만, 매출은 하루 종일 전 고객에게 개방했을 때보다 훨씬 높다.

개인맞춤 패션쇼를 국내에 처음 도입한 루이비통은 이 같은 행사가 VVIP 고객들의 만족도를 높이는 데 크게 기여한 것 같다고 보고 있다. 특별한 대우를 받는 극소수라는 느낌을 줄 수 있는데다, 아직 매장에 깔리기 전의 제품을 먼저 보고 구매할 수 있는 기회를 가질 수 있다는 점에서 평범한 것을 좋아하지 않는 VVIP 고객들의 선호도가 높다는 것이다.

즉, "VVIP 고객들은 한정된 고객에게만 제공되는 서비스여야 좋아하지, 수십 명 고객이 다 누릴 수 있는 내용은 오히려 원치 않는다."

실제로 이런 트렁크 쇼 고객 만족도가 높다는 소문이 나면서 요즘은 대부분 명품 브랜드가 비슷한 행사를 우후죽순 펼치고 있다.

최근엔 고객이 매장으로 나오는 것이 아니라, 업체가 직접 고객 집으로 직접 찾아가는 패션쇼로 발전하기도 했다.

### 5) 태평양생명보험

태평양생명은 그간 클라이언트/서버 환경 아래서 정보를 사용자(보험 설계사)에게 주어 스스로 사용하게 했다. 이 정보를 가지고 현업에서는 나름대로 영업 노하우와 결합해 사용해 왔다. 그러나 정작 보험 설계사 등에게는 이런 수많은 데이터들이 아무 쓸모없는 것이었다.

문제는 여러 곳에 있었다. 우선 보험설계사들에게 데이터를 처리하고 가공해 사용하라는 것은 그들의 시간이 허락하지 않아 불가능했었다. 300명에서 700명 정도의 보험 가입자를 관리하고 있는데 다른 사항들에 대해 신경쓸 시간 자체가 생기지 않는다는 것이었다.

이러한 관리부재 현상이 판을 치게 된 이유는 무엇보다도 설계사가 궁극적으로 받게 되는 수입에 기인한다. 태평양생명은 설계사들에게 신규 가입자를 유치했을 때 수당을 100을 준다면 기존 가입자가 빠져나가는 경우에 설계사가 받는 불이익은 불과 10 또는 20에 해당한다. 이는 관리를 하는 것보다 새 고객을 찾아다니는 게 수익성이 더 있다는 것으로서 어느 누구도 관리에 신경을 쓰려고 하지 않게 만들어 왔다는 것이다. 이런 결과 기업은 80의 손실을 떠안으면서 부실의 주 요인으로 작용하고 있었던 것이다.

이에 더해 가입자 정보를 알 수 있는 기존의 정보시스템 환경이 관리부재 원인으로도 작용했다. 설계사들이 시간이 없다는 것은 시스템을 활용하는 차원에서도 효율적이지 못했기 때문으로 분석됐다는 것이다. 즉 한 설계사가 맡고 있는 700명의 변경 또는 특이사항을 어떻게 처리하고 있느냐의 문제인데 모든 사람의 파일을 확인해야지만 빠져나갈 것 같다든지 연체를 하고 있다든지 등의 사항을 알 수가 있는 것이다.

그런데 일반적으로 700명 가운데 1일 사이에 발생하는 관리의 대상으로서 응급처치를 요하게 되는 경우는 1～2건 정도이다. 이 1～2건을 알기 위해 700명을 검색하라는 것은 애당초 기대하기 어려운 짐을 준 것이나 마찬가지였다.

해답은 명확해졌다. 콜센터를 통해 들어오는 고객의 문의사항, 텔레마케터의 전화 결과 등이 데이터베이스에 저장되고 데이터웨어하우스에서는 매일매일 체크하여 돌발사항을 추출해 알려주면 설계사는 이 1～2건의 돌발사항만 관리하면 되는 것이다.

태평양생명으로서는 고객 이탈을 예방하고 차별화된 관리를 유지시켜 간다는 생각에 그리고 정보관리의 부재로 인해 들여다보지 못했던 틈새시장을 공략할 수 있도록 하기 위해 CRM에 주안점을 두어 데이터웨어하우스를 구축하게 됐다.

설계사의 수첩에 기록된 가망고객에서 보험거래가 끝난 휴면고객까지 230만 명의 고객 정보를 정제하여 언제든지 활용할 수 있는 데이터베이스를 구축했을 뿐만 아니라 공략대상을 최적화시켜 주는 이른바 지식정보시스템을 갖추게 됐고, 데이터베이스 마케팅에 의한 매출신장까지 이뤄가고 있는 것이다. (* 태평양생명은 2000년 7월 1일 동양생명보험(주)에 흡수·합병되기 전 태평양생명시절의 CRM의 성공사례를 살펴본 것이다.)

CRM의 특색은 다음과 같다.

### ① 신규창출의 20% 노력으로 이탈방지 효과

태평양생명의 한 설계사는 출근 후 PC 앞에 앉아 자신의 ID를 입력하고는 오늘 해야 할 두 가지 사항을 알게 된다. 빨간 버튼으로 표시된 응급처치 사항이 올라와 있기 때문이다.

하나는 연체로 인해 곧 실효가 될 처지에 있는 고객에게 전화해 상담하는 것이고 다른 하나는 추가계약 가능성이 있는 사람으로 화면에 나타난 고객을 방문하는 시간계획을 잡는 것이다. 다음으로는 1급상황은 아니지만 한번쯤 고려해 볼 만한 사항에 나타난 것은 무엇인지, 또 시간이 있으면 실행해야 하는 일로는 무엇이 있는지를 파악하고 어떻게 할지를 생각하게 된다. 모두 합쳐 10분만 투자하면 고객이탈 방지나 사후관리를 할 수 있고 시의적절한 고객서비스까지 수행할 수 있게 되어 설계사는 나머지 시간에 100의 수당을 받을 수 있는 신규고객 창출 활동에 전념할 수가 있게 된 것이다.

태평양생명은 CRM의 활용결과 지금까지의 관리부재 문제의 80%를 해결할 수 있었으며, 이로써 기존고객 이탈률을 50%까지 방지하는 효과를 보이기 시작했다. 즉 신규고객 1명 창출에 들이는 노력의 20%만 투자해도 1명의 이탈을 방지할 수 있다는 것이다.

### ② 성공요인은 '무엇을 위해'를 명확히 한 것

태평양생명은 CRM 구현이 성공하게 된 이유는 '활용목적 및 범위에 대한 정의를 내리는 데 충분한 시간을 투자'한 점이다.

그 결과 CRM을 중심축에 둔 태평양생명의 지식정보시스템은 '정보시스템의 영업관리 매니저'로서의 역할을 수행하고 있다.

태평양생명의 정보시스템은 지금까지는 영업현장에서 많은 정보를 제공하고 각자가 알아서 적절히 활용하는 단순 지원의 시스템이었다면 이제는 영업현장의 정형화된 노하우를 시스템에 탑재시켜 고객의 일일 또는 월별 변동내역, 즉 콜센터와 연계된 정보에서부터 계약변동사항까지 입력시키면 기존의 데이터와 비교 체크되면서 고객관리 및 서비스 정보가 등급별로 자동 분류되어 매일 아침 영업현장에 배부되는 응급정보 산출시스템이라고 할 수 있다.

### ③ CRM 환경 구현

| | | |
|---|---|---|
| 고객창출 지원 | 고객 정보 외부 도입 | ▸ 캠페인·임직원지인 및 유료정보 육성관리 시스템 |
| | 휘발성정보 데이타화 | ▸ 일상적 업무처리상 무시될 수 있는 고객정보<br>(예 퇴사임직원(설계사) 가족 및 대출보증인 등) |
| 고객이탈 사전예방 | 고객응대 고도화 | ▸ 콜센터 응대정보 세분화(13종) 및 지능화 |
| | 고객관리 신속화 | ▸ 고객관련 응급정보 일일전달 시스템 구축(텔러·영업사원) |
| | 서비스 차별화 | ▸ 고객별 실적관리 및 기여도 측정시스템 구축 |
| | 고객반응 DB화 | ▸ INBOUND(콜센터·ARS) 반응정보, OUTBOUND(텔러·영업사원) 접촉정보 |
| 잠재수요 자동분석 | 거래고객 추가 매출 | ▸ 고객별 거래내역·고객반응에 의한 추가계약 틈새분석 |
| | 휴면고객 거래부활 | ▸ 과거계약자 거래속성분석에 재계약자화 |
| | 니드환기 정보산출 | ▸ 고액수혜가족 및 보장불균형자 접촉정보 수시 제공 |
| 고객관리 지능화 | 고객 위주의 D/W 구축 | ▸ 고개속성·고객반응·접촉내용·거래실적·기여도·계약변동 |
| | 관리정보 표준화 | ▸ 영업현장 노하우와 고객 D/W 접목에 의한 관리정보 9등급 표준화<br>(9등급 표준화: 관리/서비스/공략정보 1~3등급 자동분류) |
| | 고객관리정보 최적화 | ▸ 9등급 정보 온라인 일일배송 및 영업현장 선별관리 |

### 6) CJ오쇼핑의 '빅데이터' 활용

최근의 경영이슈는 성장을 위해 고객중심경영을 어떻게 실현하고 축적된 빅데이터를 어떻게 활용할 것인지에 대한 관심이 높다. 빅데이터(big data) 마케팅은 국내 유통업체들도 많이 활용하고 있다. 그러나 대부분 온라인 구매 기록이나 신용카드 사용 내역 등 고객 정보를 제한적으로 사용하는 데 그친다. 예를 들어 A라는 고객이 일주일에 한 번씩 온라인으로 과자를 대량 구매하고, B 고객은 중저가 브랜드 옷을 자주 구매한다면 A 고객에게는 과자 할인 쿠폰을 보내고, B 고객에게는 '3일간 의류 브랜드 30% 할인 이벤트' 이메일을 보내는 식이다.

CJ오쇼핑도 비슷한 방식으로 고객정보를 활용한다. 고객의 소비내역을 동적으로 포착해 고객의 범주를 좀 더 다양한 방식으로 세분하는 'DLS(Dynamic Lifestyle Segment)' 시스템이다. CJ 오쇼핑은 생애주기에 따라 지속가능한 맞춤형 통합서비스를 제공하는 유형으로 고객을 찾아가는 새로운 CRM이다. 패러다임의 변화이다.

#### ① 빅데이터를 활용해 고객을 100개 그룹 분류

CJ오쇼핑 CRM팀은 고객의 데이터를 분석한 결과 밤늦은 시간에 휴대폰을 통해 물건을 사는 소비층이 있다는 사실을 발견했다. 이들은 어린 자녀를 재우고 난 뒤 늦은 밤에 아이가 깰까 봐 조심조심 휴대폰으로 물건을 사는 부모이거나, 아니면 휴대폰을 한시도 손에서 놓지 않고 늦은 시각까지 잠을 자지 않는 20대라고 예측했다. 이들은 직업이나 성별, 나이, 가족 구성 등은 다를지 몰라도 모두 스마트폰에 익숙하고, 밤에 온라인을 많이 이용한다는 공통점을 찾아내었다.

CJ오쇼핑은 이런 가상 고객을 '모바일 린백(lean back)족(族)'이라고 정의했다. 늦은 시각 안락의자에 편하게 기대앉아(lean back) 휴대전화로 물건을 구입하는 고객의 이미지를 따서 붙인 이름이다. 이 회사는 밤 9시부터 12시까지 3시간 동안 스마트폰을 이용한 쇼핑에만 쓸 수 있는 쿠폰을 만들어 모바일 린백족

**표 15-3** CJ오쇼핑의 빅데이터에 기반한 고객분류

| 고객 분류 | 특 징 |
|---|---|
| 철없는 사람들 | 여름엔 겨울 용품, 겨울엔 여름 용품을 저렴하게 구입하는 소비층 |
| 모바일 린백(lean back)족 | 늦은 밤 시간에 모바일로 쇼핑하는 사람들 |
| 삼각팬티 입는 남자 | 삼각팬티를 입고 세련된 패션 스타일을 추구하는 30~40대 남성 |
| 내 집 안 빕스족 | 요리를 귀찮아하지만 고급 식생활을 추구하는 사람들 |
| 옷 입혀주는 여자 | 감각적으로 남편 패션 스타일을 지도하는 여성 |
| 그루밍족 | 외모에 관심이 많아 의류와 미용품을 자주 구매하는 남성 |
| 쇼루밍족 | 오프라인 매장에서 물건을 보고 온라인에서 비슷한 물건을 구매하는 사람들 |
| 나오미(Not Old Image)족 | 자신을 위한 투자에 적극적이고, 한 살이라도 더 젊어 보이기 위해 노력하는 중장년 여성 |
| 스칸디맘 | 교육에 목매달기보다 아이들과의 공감을 중시하는 관대한 부모 |
| 할머니맘 | 며느리나 딸 대신 손주를 키우며 대부분의 시간을 보내는 50~70세 할머니 |
| 모바일 출퇴근족 | 출퇴근 때 집중적으로 모바일 기기를 사용하는 사람들 |

자료: CJ오쇼핑

3,900명에게 발송했다.쿠폰 발행 이후 3시간 만에 주문액이 2,200만원을 넘겼다. 같은 시간대 평균 매출액(700만원)의 3배를 넘는 수치다. 1인당 객단가(11만원) 역시 홈쇼핑 이용자 평균 객단가보다 20% 정도 높았다.

단순히 기저귀나 게임용품 같은 한 상품 카테고리 안에서만 고객 정보를 분석할 경우 모바일 린백족 같은 소비자 집단을 상상해 내기 어렵다. 그렇기 때문에 CJ오쇼핑 바이어들은 수시로 모여서 자기들이 맡고 있는 특정 카테고리의 고객 정보를 공유하며 가상 고객 모델을 그려 나갔다. 이런 방식으로 나눈 100가지 고객그룹를 분석하여 이 고객층이 필요로 하는 제품을 제안하여 성공한 사례이다.

#### ② 실시간 정보분석으로 고객심리 예측

CJ오쇼핑은 DLS 외에도 또 다른 빅데이터 활용 방식으로 지난 4월 '스플렁크(Splunk)' 시스템을 도입했다. 온라인에서 발생하는 데이터를 실시간 수집, 분석할 수 있는 빅데이터 분석 전문 장비다. 예를 들어 누군가 특정 홈페이지에 접속한다면 스플렁크는 이 사람이 어떤 메뉴를 열어보고 무엇을 열람하는지 실시간 점검할 수 있다. 보통 실시간 기상 상황 분석이나 온라인 보안에 이용되는

시스템이다. CJ오쇼핑은 스플렁크를 이용해서 온라인 구매 사이트에 접속한 고객이 홈페이지의 어떤 메뉴를 얼마나 오랫동안 검색하고, 뒤이어 어느 항목으로 이동하는지를 실시간 분석해 고객의 실제 쇼핑 목적을 예측한다.

예를 들어 고객 C씨가 온라인 구매 사이트에서 유모차를 20여 분간 검색하다가 기저귀 항목으로 이동해서 10분 정도 상품을 살펴본 뒤 아기 기저귀를 한꺼번에 10개 주문했다고 가정해 보자. 스플렁크는 C가 검색한 상품들을 실시간으로 추적한 뒤 다음과 같은 결론에 도달했다.

'고객 C는 기저귀가 필요한 어린아이를 둔 엄마일 것이다. 20여 분간 유모차를 검색한 것으로 보아 C는 유모차를 사고 싶어 하는 모양이다. 하지만 유모차를 사지 않고 다른 항목을 산 이유는 아마도 가격이나 디자인이 마음에 들지 않아 지금 망설이는 중일 것이다.' 그 뒤 CJ오쇼핑은 고객 C씨에게 이메일이나 휴대폰으로 메시지를 날린다.

'엄마들 사이 소문 1위, △△브랜드 반짝 20% 할인 세일 시작. 홈페이지에서 기획 이벤트 코너를 둘러보세요.' 이런 메시지는 구매를 망설이는 고객들의 심리를 자극해 실제 구매 행위로 이어지도록 하는 역할을 한다. 배가 출출해지는 오후 4~5시쯤 간식을 먹으러 갈지, 조금만 참았다가 저녁을 먹으러 갈지 망설이는 사람 앞에 갓 구운 따끈한 피자 한 판이 배달될 경우 눈앞의 유혹을 뿌리치기 힘든 것과 비슷한 이치다.

앞서 설명한 DLS가 기존 고객의 과거 구매 데이터를 바탕으로 고객의 소비 행위를 예측한다면 스플렁크는 온라인상에서 실시간으로 고객의 움직임을 좇아가며 소비 행위를 예측한다는 데 차이가 있다.

### ③ 사외 데이터와의 전략적 제휴

CJ오쇼핑의 방식을 진정한 의미에서 빅데이터를 활용한 마케팅 방식이라고 보기는 어렵다. 빅데이터 마케팅은 사내 데이터뿐 아니라 사외 데이터까지 포괄적으로 분석해 마케팅으로 활용할 수 있어야 한다.

예를 들면, 온라인 사업을 담당하는 A기업이 계열사 고객정보를 공유하여 즉, SNS의 데이터와 자사 고객정보를 연계해 고객이 원할지도 모르는 것을 예측해 알림정보를 발송하는 것이다. 빅데이터를 활용하고자 하는 기업들은 사내외의 방대한 데이터를 연계할 수 있는 방법을 찾는 데 노력을 기울여야 한다.

고객요구를 만족시키는 제품 개발을 위하여 Big Data를 통하여 다양한 고객 요구 정보를 확보, 분석하여 제품 사양을 도출할 수 있는 시스템을 활용해야 한다. 고객요구 정보는 기존의 마케팅 조사 보고뿐만 아니라 SNS와 웹 검색 결과 등을 통한 자동화되고 실시간으로 분석된 정보를 제공할 수 있다. 이제 우리나라도 상당한 CRM 활용경험을 가지고 있기 때문에 실패의 위험을 줄이고 성공사례에서 배워 새로운 방식의 CRM를 추진해야 한다.

(자료: 오윤희, 조선일보, 2013.11.30, C2)

### 7) Kraft General Foods사

치즈나 유제품을 만드는 회사인 Kraft General Foods는 고객을 각각의 그룹별로 나누고 그 그룹에 맞는 쿠폰 및 제품을 추천하였다. 고객의 필요를 정확히 대처해서 상품을 추천해주어 고객유지율을 증가시켰으며 다이어트 고객, 유아 고객에 대한 집중 공략을 틈새고객 공략전략으로 사용하였다.

먼저 Data Base를 다이어트에 관심이 많은 고객 그룹과 4백만 명의 아이들 그룹, 그 밖의 그룹들로 재구축하고 Crystal Life Lightstyle Club과 The Wacky Club 등으로 고객을 세분화하여 각 그룹에 맞는 상이한 서비스를 제공해서 효과적으로 틈새시장을 공략하였다.

### 8) Carnation사

Carnation사는 네슬레의 계열사로서 아기분유 및 그와 관계된 상품을 판매하는 회사이다. Carnation사는 임신 중이거나 생후 8개월 이하의 유아를 가지고 있는 고객 데이터베이스를 구축하고 이들에게 아기 상품 및 영양상태에 관한 정보 및 임신 중에 필요한 여러 가지 정보를 보내줌으로써 고객에게 관심을 유도하고 상품구입 쿠폰을 보내주었다. 일반 쿠폰의 회수율인 4~5%보다 월등히 많은 24%의 쿠폰 회수율을 보였다. 쿠폰을 통한 상품의 판매뿐 아니라 다른 고객에게 추천하는 효과 및 고객 유지의 효과를 보았다.

#### 9) JetBlue Airways

미국의 항공사 JetBlue Airways는 재택근무를 하는 사원을 고용하여 트위터에서 CS 업무를 처리하고 있다. 효율적인 Social CRM 툴을 활용하여 콜센터 등에서 오랫동안 대기를 하거나 즉각적인 처리를 못하는 부분들을 상당 부분 트위터를 통해 처리해주고 있다. 트위터에 올라온 고객의 민원을 즉시 해결해 줌으로써 고객의 만족을 높이는 트위터 CRM 성공 사례이다. 트위터가 콘텐츠 배포용으로 유용한 소셜미디어 플랫폼이지만 동시에 고객만족(CS)센터용으로도 유용한 소셜미디어 플랫폼 활용 사례이다.

### (2) CRM의 실패사례

#### 1) CRM의 실패 요인

일반적으로 CRM의 실패 요인은 다음과 같다.

##### ① 지나친 기대에 대한 실망감

사람들은 CRM을 도입하기만 하면, 엄청난 이익을 얻을 수 있을 거라는 기대를 해왔다. 그러나 사실상 CRM을 통해서 기업이윤을 얻기 위해서는 기본적인 조건이 필요하며, 그 조건을 갖춘 이후에도 어떻게 잘 활용하는가에 따라 진정한 효과를 얻는 황금알을 낳을 수도 있고 애물단지로 전락할 수도 있다. 실지로 미국의 CRM 컨설턴트인 Jim Dickie의 저서 "돈 되는 CRM"에 의하면, 2000년에 CRM 도입사례의 약 31%만이 의미있는 투자 수익을 냈다고 한다. 즉, CRM의 도입이 자동적으로 수익으로 이어지는 것은 아니라는 것이다.

##### ② 장기적이고 지속적 노력에 앞선 성급한 평가

CRM을 통해서 이윤을 얻기 위해서는 CRM 시스템의 구축 이후에도, 상당한 시간과 노력이 필요하다. CRM 시스템이란 보다 효율적인 마케팅과 서비스 전략을 위한 도구이지 그것 자체가 이익을 가져오는 것은 아니다. 실제로 CRM을 통한 성공 사례들에서 CRM 도입에 있어 IT 담당자와 사용자를 특별히 교육시키고 그렇게 훈련된 사람들을 통해서 애초에 기획한 마케팅 전략이 성공하고, 실제적인 이윤을 얻는 데까지는 또 추가적인 시간이 필요하게 된다.

#### ③ 사람과 조직의 변화 없이 기술에만 의존한 지엽적인 접근

CRM의 도입은 회사의 업무 방향 및 내용이 많이 바뀐다. 따라서 새로 도입된 CRM Solution을 사용할 사람들과 CRM Solution을 통해 새롭게 얻어진 마케팅 전략을 수행할 조직의 구조적인 변화가 필수적이다.

#### ④ 기업의 현 상황을 고려하지 않은 신기술의 도입

CRM 도입에 앞서 우리 회사에 CRM을 적용할 수 있는 인적, 기술적 기반이 갖추어져 있어야 한다. 자사의 상황과 CRM 기술이 어떻게 융화될 것인지 미리 파악하지 못한 성급한 투자는 손해를 일으킬 뿐이다.

#### ⑤ 서구적인 고객 성향 모델

CRM이라는 경영지원시스템은 많은 자료나 기술적인 기반들이 미국의 기업 환경에 맞춰져 있다. 따라서 외국에서 아무리 훌륭한 성과를 거둔 CRM 솔루션이라고 해도 우리 실정에 맞지 않을 수 있다는 것이다.

### 2) 맥도날드의 트위터 CRM 실패사례

고객과의 관계를 원활히 하기 위해 시행하는 온라인 커뮤니케이션 매체의 대표적인 소셜네트워크서비스(SNS)를 마케팅에 활용하려다 실패한 사례는 매우 많다. 특히 맥도날드의 트위터 마케팅 실패사례는 CRM 측면에서의 대표적인 SNS 실패 사례이다. 맥도날드는 고객들이 자사 햄버거에 대한 즐거운 스토리를 트위터를 통해 전파하기를 바랐다. 그래서 2012년 1월 트위터상에 #McDStories(맥도날드 스토리)라는 해시태그를 개설했다. 해시태그는 # 뒤에 붙은 단어를 주제로 하는 글이라는 뜻이다. 따라서 #McDStories라는 해시태그가 붙은 트위터 글은 맥도날드에 대한 고객들의 스토리를 주제로 하는 글이 된다. 맥도날드는 고객들이 "맛있는 맥도날드 햄버거를 저렴하게 먹었다. 다른 사람에게도 추천하고 싶다"는 이야기를 "#McDStories"라는 식으로 트위터에 올리기를 기대했다. 그러나 상황은 정반대로 흘러갔다. 고객들은 맥도날드를 혹평하는 스토리를 집중적으로 올렸다. 예를 들면, "나는 비위생적인 직원들과 함께 맥도날드에서 일했다. 머리카락을 햄버거에 넣는 직원도 있었다" 등과 같은 글이 쏟아졌다. 맥도날드는 당황했지만, 때늦은 후회가 됐다. 이는 고객들의 긍정적인 부분만 생각하고 부정적인 부분을 예측 못했고, 고객은 만족했을 때보다 불만족했을 때 몇 배의 구전효과가 있다는 것을 무시했기 때문이다. 소비자들의 분노·불만은 감정적으로 다른 사람에게 알리고 싶어 하는 욕구가 강하기 때문이다. 또한 고객들에게 적절한 인센티브를 제공하지 않았다는 점도 문제다. 고객들이 맥도날드에 유리한 경험담을 올릴 인센티브가 없었다. 맥도날드의 해시태그는 고객들에게 분명한 방향을 제시하지 못했다는 점도 문제다. McDStories는 단지 스토리를 뜻할 뿐이다. 그 결과, 나쁜 경험담을 담은 스토리까지도 포함하고 말았다. 맥도날드의 해시태그 캠페인은 진정성을 보여주는 데도 부족했다. #McDStories 캠페인에서 맥도날드가 고객의 긍정적인 스토리를 끌어내기 위해 어떤 노력을 하고 있는지가 불분명했다.

고객은 기업이 원하는 방향과 일치하지 않는 생각과 행동을 항상 가지고 있다는 것을 명심해야 한다. 따라서 고객이 진정 무엇을 원하는지를 파악해서 맞춤형 정보전달을 제공할 수 있는 CRM 조사시스템의 구축과 고객을 차별적으로 대접할 수 있는 고객중심전략을 구사해야 한다.

(자료: 김인수, 매일경제, 2013년 12월 14일, B2)

### 3) McCormick-Shilling의 실패사례

Quarterly newsletter를 20만 명의 요리에 관심있는 고객에게 보내어 요리에 들어갈 양념을 소개해주고, 양념(레몬, 페파민트 등)의 사용법을 설명해주었다. 고객은 적극적으로 반응했고 대성공을 거두었다고 생각했으나 경제적인 측면, 즉 비용의 문제 때문에 큰 경제적인 손해를 보았다. 가정에서 향신료는 일년에 몇 번 사지 않는데 그런 사람들에게 요리책을 보내는 비용을 감당할 수 없었던 것이다. 포장상품에서의 고객 유지, 판매 촉진 프로그램은 경제적인 측면을 염두에 둔 후 실시해야 한다. 그렇기 때문에 마케터들이 필요한 것이다.

## (3) CRM의 실패에서 성공으로 전환한 사례

### 1) 디자인하우스 사례

월간 '행복이 가득한 집'은 주부와 중산층, 전문직 종사자를 주요 독자로 보유하고 있는 소위 '잘 나가는' 잡지 중 하나다. 이 책을 출판하고 있는 디자인하우스는 전문 디자이너를 타깃으로 하는 '월간 디자인'과 함께 꾸준한 성장을 계속해왔다. 이 두 잡지의 고객(정기구독자)은 상당히 높은 열독률을 보이고 있는데 독자 중에는 지난 14년 동안 지속적으로 꾸준히 구독하고 있는 사람도 있으며 꼬박꼬박 애독자 카드를 작성해서 잡지사로 보내는 독자만도 한 달에 1천명이 넘는다. 또한 디자인하우스에서 주기적으로 실시하고 있는 이벤트에 참가하는 독자도 연간 10만 명에 이른다.

그러나 디자인하우스의 핵심인 독자관리는 마케팅 부서나, 고객관리팀, 회계팀 등 각자 따로 관리하고 있어 어느 독자가 얼마동안 구독을 했는지, 어떤 특성을 갖고 있는지, 불만 사항을 무엇인지를 아는 것은 상당히 힘든 일이었다. 출판사에 있어 독자 및 특성정보를 하나의 DB 속에 넣는 일이 시급했다. 디자인하우스의 독자정보관리시스템은 이렇게 시작됐다.

2000년 초, 디자인하우스 경영지원실은 지난 1년간 구축해 온 독자정보관리 시스템을 보면서 기대감에 차 있었다. 그러나 구축 이후 10여 개월 동안 디자인하우스의 전산팀과 고객관리팀은 짜증나는 업무와 시스템 사이에서 허덕여야 했다.

웹은 속도나 서비스 면에서 제 역할을 하지 못하고 있었으며 입력한 데이터와 화면상에 보이는 데이터는 제대로 들어맞지 않아 믿을 수 없었다. 기술의 선택, 구현 모두 잘못되어 단순한 배송, 수금, 발송 정도만 가능해 디자인하우스에서 원하는 독자정보를 뽑아내기란 여간 힘든 것이 아니었다. 이것은 CRM을 제대로 이해하지 못한 결과였다.

결과적으로 디자인하우스는 1년 내내 구축한 CRM을 채 1년도 써보기 전에 그만둬야 했다. 여기에 쏟아 부은 2년이라는 시간은 잡지사에서 CRM을 어떻게 바라봐야 하는지 알려주는 데 소중한 계기가 됐다.

이러한 실패에서 성공으로 변화한 디자인하우스의 변화 내용을 살펴보면 다음과 같다.

#### ① 새로운 시작

문제의식을 갖고 다시 시스템을 구축하기로 한 디자인하우스는 고객에 대한 정의부터 다시 내렸다. 정기구독자, 광고주, 취재원, 필자 등으로 고객의 범위를 지정하고 정기구독자를 관리하는 데서부터 시작했다.

잡지사의 정기구독자 관리의 목적은 고객이탈을 방지하고 독자의 정보를 공유하는 것이다. 또 이들의 독자의 정보를 다양하게 집계하여 수요예측을 가능하도록 하는 것이 목적이다. 이는 영업관리의 자동화를 의미하며 이 정보를 토대로 이벤트나 컨퍼런스와 같은 연관사업으로 확장할 수 있다.

일반적으로 프로젝트가 실패했을 경우 상당기간 동안 쉬쉬하며 후속조치가 이뤄지지 않는 경우에 비해 디자인하우스는 경영진 및 IT 부문이 과감히 재도전했다는 점에서 의미를 찾을 수 있다. 어떤 시스템 구현에 대해 그 기업 업무 특성상 필수불가결적 요소라는 점이 과감한 행동을 불러일으킨 것일 수도 있다. 그러나 더욱 눈여겨봐야 할 것은 디자인하우스가 실패한 시스템을 재작업하면서 이전보다 더 좋은, 확실한 것을 이뤄야겠다는 욕심을 갖지 않았다는 것이다.

디자인하우스는 목표를 설정하고 DB마케팅을 자체개발에서 개발 아웃소싱으로 전환한 것이다. 이후 4개월에 걸쳐 정기구독자 관리 시스템을 구축했다. 이것은 이전 시스템 구축기간의 1/3에 해당하는 기간이다. 이로써 디자인하우스는 94년부터 축적돼 온 독자정보를 체계적으로 관리할 수 있는 기반을 마련했다.

가장 큰 변화는 부수 중심의 사고에서 독자 중심으로 시스템을 바라보게 된 것이다. 이전에는 정기구독을 하다가 구독을 중지하고 다시 신청하면 시스템 상에서는 전혀 새로운 고객이었다. 이 독자는 기존 시스템에서 이탈되어 더 이상 정보가 남아있지 않았다. 디자인하우스는 이번 구축으로 정보를 담을 수 있는 서랍을 장만했다.

### ② 진화한다는 것을 인정

독자의 정보가 차곡차곡 정리되어 제자리에 있다는 것은 서랍을 열어서 이것저것 뒤지지 않아도 신고 싶은 양말을 빠른 시간 안에 가질 수 있다는 것을 의미한다. 양말을 신고 싶은 사람은 어디에 어떤 양말이 있는지 알고 있기 때문에 더 이상 서랍을 생각하며 "그게 어디 있을까" 하고 불안해 하지 않아도 된다.

디자인하우스는 독자관리 업무 프로세스 면에서 상당한 효과를 봤다. 각종 독자분석 자료(지역, 나이, 재구독률 등 특성자료) 및 보고서 작성 등 과거에 수작업으로 일관했던 데이터 추출작업을 리얼타임으로 볼 수 있게 됐다. 2주일 이상 걸리던 회계분석자료는 즉시 받아 볼 수 있다. 사용자들의 데이터 신뢰도가 증가하면서 독자를 응대하는 직원의 마인드가 높아진 것도 성과 중의 하나다. 자신감 있게 고객을 대하면서 한 달 사이에 재구독률은 3%가 높아졌다. 이는 개인별로 담당자를 지정하여 미수금률을 낮추도록 프로세스를 바꾼 것도 한 몫을 했다.

물론 애독자 카드에 의한 정보가 차곡차곡 쌓이면서 디자인하우스의 마케팅 역량을 강화시켜 주었다. "잡지사 내부에서 실시하는 신규 이벤트, 독자대상의 직접 영업 등 각종 행사를 진행할 때는 독자의 사소한 정보가 마케팅 수단이다. 시스템 구축으로 더 공격적으로 프로모션할 수 있게 됐다."

그러나 디자인하우스 CRM의 경우 정기구독자에 제한되어 운영되고 있다. 디자인하우스는 현재 이 개념에서 광고주와 취재원, 정보원, 필자 등 다양한 형태의 고객과 잠재고객을 대상으로 한 CRM을 구축해 나가고 있다.

CRM은 그동안 대기업이나 대형업체에만 적합한 것으로 알려진 것이 사실이다. 또한 막대한 비용이 든다는 선입견으로 중소업체의 CRM은 그리 널리 인식되지 못했다. 그러나 고객관리가 필요한 분야라면 CRM의 개념이 충분히 제 역량을 발휘할 수 있다는 것이 '행복이 가득한 집'을 만드는 디자인하우스의 생각이다.

### 2) Levi's Jean 미국의 실패 vs 한국의 성공사례

#### ① 회사 개요

청바지의 역사는 곧 Levi's의 역사나 다름이 없다. 청바지를 고안해낸 Levi Strauss에 의해 스트라우스 자신의 이름을 딴 상표인 Levi's가 탄생했기 때문이다. Levi's는 전 세계 시장에서 150년 동안, 무려 다섯 세대를 지나는 시간 동안 그 명성을 이어오고 있다.

하지만 유명세를 떨친 Levi's도 잇단 경영실패와 시장에 대한 적응 부족으로 인하여 미국 시장에서 도산위기에까지 몰리는 등 위기를 맞고 있다.

그런데 재미있는 것은 한국 시장에서는 IMF 위기 이후 약간의 어려움을 겪긴 했으나, 2000년 이후 급속한 성장을 거듭, Levi's의 명성을 이어오고 있다는 점이다. 같은 제품, 같은 브랜드 — 그러나 지금 이들이 처한 상황은 사뭇 다르다.

#### ② Levi's의 경영적 상황

■ **미국 시장에서 1998년 이후 매출 감소**

Levi's 진은 1950~60년대 미국의 히피문화와 반항적 청년문화를 상징하며 전 세계로 확산되기 시작했다. 이렇듯 Levi's 진은 아직도 세계인에게는 청바지의 명품으로 기억되고 있다. 그러나 난공불락처럼 여겨졌던 Levi's사는 이미 1990년대 중반부터 경영난에 빠졌다. 1990년대 초 시장점유율이 50%에 육박했고, 16조원이 넘는 기업가치, 1996년 71억 달러였던 매출이 계속 줄어들면서 2002년에는 41억 4,000만 달러까지 주저앉았다.

1990년대부터 청바지 업계에 등장한 패션진과, 랩 문화와 더불어 유행한 헐렁한 힙합 스타일에도 불구하고 전통적인 모델만을 고집하면서, 아무리 명성이 높아도 젊은이들에게는 '아버지가 입는 청바지'로 낙인찍힌 것이 가장 큰 원인이었다.

■ 한국 시장에서는 급성장

Levi's Korea는 2001년 51% 매출 신장세를 기록한 데 이어 2002년에도 54%나 매출이 늘어났다. 7,500억원 규모로 추산되는 국내 청바지 시장에서 수량 기준으로는 9%, 금액 기준으로는 34%의 시장점유율을 기록하고 있다.

이러한 Levi's Korea의 성장에는 개발 단계부터 판매 전략 수립까지 한국 시장을 염두에 둔 통합 마케팅 전략이 주효했다. 또 홍콩에 있는 아시아 태평양 디자인센터에 국내 디자이너를 급파해 한국 시장을 위한 제품을 선보이도록 했다. 그동안 Levi's Korea가 외국에서 디자인된 제품을 그대로 도입해 판매했던 데서 벗어나 적극적인 현지화 전략을 채택한 덕에 본사의 위기와는 다른 성공의 길을 걷게 된 것이다.

### ③ CRM 현황

Levi's 미국에서의 실패 원인 분석결과는 다음과 같다.

■ 높은 가격, 비효율적 유통라인

Levi's는 '미국산'이 소비자들에게 중요한 의미를 갖는다고 생각했다. 그래서 Levi's사는 미국에서의 제조가 다른 경쟁사들의 '비미국산' 제조방식보다 생산비용이 25%나 높았음에도 불구하고 미국내 공장에서의 생산을 고집했다. 그 결과 리바이스 진바지의 가격은 디자이너 브랜드만큼이나 비쌌지만 그만큼의 제품 가치를 소비자들에게 주지 못했다.

또 전문 상점이 젊은층으로부터 인기를 얻고 있을 때, Levi's는 계속 '한물간' 백화점에만 제품을 공급했다. 할인점의 인기가 날로 높아졌지만 Levi's는 할인점에 공급할 만한 저가 브랜드를 갖고 있지 않았다. 이는 젊은 고객층을 상실하는 결과를 초래하였다.

■ 청바지＝Levi's라는 엄청난 브랜드를 효과적으로 이용하지 못함

펩시콜라가 콜라 시장에서 시장점유율을 잠식해나가기 시작할 무렵 코카콜라는 그들이 콜라시장의 시조이자 리더임을 적극적으로 알리는 아주 효과적인 광고로 '진품' 캠페인을 전개했다. 그들은 '진품'임을 내세워 경쟁사들의 도전에 응수했다. 이러한 '진품' 전략은 코카콜라가 지니는 리더로서의 지위를 강화시키고, 경쟁사들의 정통성을 의심하게 되었다.

심리적으로 사람들은 항상 진품이나 원조, 창시자를 원한다. 원조인 사람이나 제품에는 실질적인 가치 이상의 가치를 부여하는 경향이 있다. 원조이기 때문에 이후의 것은 그만큼 더 나을 수밖에 없다고 생각하기 때문이다.

Levi's가 구사했어야 하는 전략도 바로 이것이었다. 그들은 '진(Jean)바지'의 원조 기업이 Levi's라는 사실을 강조해 경쟁사들의 모든 제품을 원조를 모방한 '이류 제품'으로 하락시켰어야 했다. 실제로 Levi's의 유럽 사업부는 Levi's 진을 '진품'으로 포지셔닝하여 큰 성공을 거두었다.

■ 옛것을 고집하며 시장 변화를 읽지 못함

1990년대 후반 진바지 시장이 변화하고 있을 때 소비자들은 소매업체들에게 진바지의 통이 너무 좁다는 불만을 늘어놓기 시작했다. 소비자가 원하는 청바지 스타일이 변화하고 있었던 것이다. 이에 대형 소매업체들은 통이 23인치나 되는 진바지를 만들어 불만에 대응하고자 했고 JC페니, 시어스, 토미 힐피거 등 많은 브랜드들이 이러한 움직임에 가세했다.

하지만 Levi's는 16인치를 여전히 고수했고, 이때부터 Levi's의 진은 유행에 뒤떨어진 바지로 전락하기 시작했다. 특히 15~24세 된 청소년들은 더 싸고도 통이 넓은 바지 혹은 헐렁한 바지 등을 좋아했다. Levi's는 이러한 시장의 변화에 경쟁사보다 늦게 대응해 경쟁사들이 추격할 수 있는 빌미를 제공했다.

### ④ CRM 특색

Levi's 한국에서의 성공 비결에서 CRM의 중요성을 알 수 있다.

### ■ 아직 브랜드는 살아 있다

브랜드는 제품이 제공해주는 가치에 대한 믿음이다. 150여 년 동안 Levi's라는 브랜드는 청바지로서 와일드한 이미지, 젊은 느낌과 개성의 표현을 책임져 왔다고 해도 과언이 아니다. 특히 Levi's가 Levi's 501을 내놓자 전 세계 수많은 젊은이들이 501 마니아로 불리며 열광적인 지지를 보냈다.

이러한 Levi's의 가치는 한국시장에도 막대한 힘을 갖는다. 비록 1996년 이후 매출의 감소로 인해 미국의 본사는 경영난을 겪고 있으나, Levi's가 가지는 가치와 소비자가 기대하는 가치는 여전히 청바지라는 젊음의 상징으로서 최고의 가치를 지니고 있으며, Levi's Korea가 한국 시장에서 급신장하고 있는 이유에 대한 가장 근본 원인이 되고 있다.

### ■ 전통에서 최첨단으로–'엔지니어드 진'의 성공

Levi's는 501이라는 제품으로 대표된다. 20세기 세계 최고의 패션 아이콘으로서 청바지의 전통을 이 제품을 통해 이어 왔으며, 지금도 세계에서 가장 귀한, 그리고 가장 선호되는 전통의 청바지이다. 그러나 150년간 이어온 전통은 Levi's가 가지는 전통성에 대한 의미를 부여할 뿐, 더 이상 기업의 성장, 제품의 매출과는 연관될 수 없게 되었다.

왜냐하면 Levi's의 성장은 젊은 세대의 지지가 절대적이었는데 이제 그 젊은 세대들이 기성세대로 이어지면서, Levi's가 더 이상 젊은이들의 패션 아이콘이라기보다는 아저씨들이 입는 청바지로 의미가 변질되었다. 이는 다시 한번 젊은이들에게 다가갈 수 있는 변화의 필요성을 의미했다.

이러한 변화의 필요성에 의해 Levi's 501을 대체한 제품이 2000년 출시된, 인체공학적 디자인의 "엔지니어드 진"이었다. Levi's는 더 이상 전통에 대한 고집으로는 21세기에서도 최고로 남을 수 없다는 위기의식에 차세대형 브랜드 "엔지니어드 진"을 출시한 것이다.

이 엔지니어드 진의 출시는 Levi's Korea사의 현지화 전략과 맞물려, 한국에서만의 독자적인 디자인, 독자적인 광고를 통해 본사의 그것과는 다르게 함으로써, 한국시장에서 Levi's 열풍을 가져다주는 역할을 하였다.

### ■ Levi's Korea의 강력한 현지화 추진

전통을 버리고 첨단의 인체공학적 디자인의 청바지를 출시한 Levi's. 그러나 이러한 제품의 등장이 곧바로 성공으로 연결되지 못한 채 미국 본사는 아직도 경영난을 겪고 있다.

Levi's Korea는 Levi's 제품의 정통성을 존중하면서도 한국적인 마케팅 접근이 필요하다는 생각에서 한국 모델과 한국 감독이 만든 국내 Levi's 광고를 제작했다. '난 나야'라는 독특한 광고 슬로건을 앞세운 이 CF는 젊은 세대들에 크게 어필하며 Levi's의 개성적인 이미지를 한층 강화시켰다.

이러한 Levi's Korea의 성공 덕분에 2003년에는 한국시장을 위한 디자인팀이 독자적으로 구성되었고 그리고 한국시장을 겨냥해 지속적인 현지화 전략을 적용해 온 Levi's 측에서 이제 한국 시장만을 위한 디자인팀을 이례적으로 지원하게 된 것이다.

### ■ 이미지를 바꿔라! – 젊은 세대를 공략

Levi's Korea 측은 국내 소비자들이 다른 나라 소비자들과는 전혀 다른 특성을 지니고 있다고 판단했다. 그래서 지난 3년여 기간 중 마케팅 활동에도 큰 변화가 있었다. Levi's Korea는 Levi's가 역사가 오래된 브랜드인 만큼 브랜드 이미지도 오래된 느낌을 줄 수 있다는 판단 아래 다양한 프로모션을 선보였다.

젊은 세대를 목표고객으로 한 엔지니어드 진 제품을 널리 알리기 위해 "춤 문화 행사"를 갖는가 하면 5월 1일을 '501 데이'로 선포해 주목을 받았다.

문화는 젊음이 만들어내는 것 그 자체이다. 각종 콘서트, 거리 패션쇼 등 젊은이의 문화를 이용한 프로모션 전략은 Levi's의 전통에 젊은 이미지를 새로이 부가하면서 젊은이들이 Levi's를 입어야만 하는 당위성을 부여했다.

### ■ 인터넷을 이용한 DB마케팅

Levi's Korea는 인터넷 홈페이지에 "Levi's Jean 맞춰입기" 사이트(www.levi.co.kr/fit)를 개설했다. 이 사이트에서는 소비자가 허리사이즈, 허벅지 둘레, 다리길이 등 8가지 항목의 체형이나 옷 입는 방식을 지정하고 "힙합" "섹시"

"터프" "스마트" 등 원하는 스타일을 입력하면 이에 맞는 제품들이 제시된다. 또 입체(3D) 캐릭터 모델이 소비자가 고른 제품을 입고 회전하는 모습을 동영상으로 볼 수 있다. 이를 통해 소비자들은 자신이 선택한 옷을 입어 본 듯한 간접 체험을 할 수 있는 효과를 거둘 수 있다.

Levi's Korea는 이 사이트에 쇼핑몰 기능을 추가해 온라인판매 및 배달서비스에 나설 계획이다. 앞으로 소비자들은 사이트에서 골라낸 제품을 매장에 직접 가지 않고도 인터넷을 통해 구입할 수 있게 되는 것이다.

인터넷을 이용한 이 같은 대량 맞춤 판매방식은 Levi's 본사가 지난 1998년 12월 처음 선보여 이미 크게 인기를 모으고 있다. Levi's 제품 홈페이지(www.levi.com)의 "스타일 파인더"라는 코너를 통해 온라인 판매를 시작, 매출 규모가 매주 50%씩 늘어나는 등 큰 성공을 거두고 있다. Levi's는 이 시스템 도입으로 인터넷을 통해 고객으로부터 직접 사이즈와 디자인, 색상 등을 주문 받아 실시간으로 생산하고 있다.

이러한 Levi's 방식은 성공적인 인터넷 고객DB마케팅 모델로 평가하고 있다. 고객과의 관계를 중시하는 마케팅 전략이 중요해짐에 따라 각 제품 생산자가 직판을 하는 전문 쇼핑몰이 크게 늘어날 것이다. 미국 이외의 지역에서 이 같은 인터넷 맞춤 판매방식을 도입하는 것은 Levi's Korea가 처음이었다.

### (4) CRM의 실패와 성공의 기준

CRM의 성공사례를 들여다 보면 그 안에는 기업의 성격과 문화에 따라 다양한 방식이 존재한다. 하지만 CRM을 성공한 모든 기업에는 공통점이 존재한다. 고객에게 끊임없는 가치를 제공하기 위해 회사의 모든 생각과 프로세스가 고객의 행동과 생각의 흐름에 맞춰져서 흘러간다는 것이다.

CRM은 대기업과 중소기업에서 동등하게 적용될 수 있을까? 실패요인에서 성공사례로의 전환에 영향을 미치는 기준은 무엇일까? 이러한 의문에 대한 해답은 다음과 같다.

### 1) CRM과 '진정한 고객'

업종마다 초심으로 돌아가서 고객 위주로 자신의 진정한 고객을 파악해야 한다.

단기간에 CRM 시스템을 구축해 고객관리 방식에서 큰 변화를 이룬 중소 제조업체의 성공사례에서 얻을 수 있는 교훈은 무엇일까?

CRM과 관련해 흔히 묻는 질문 중 하나는 어떤 업종, 어떤 업태에 이 CRM 원리가 잘 적용되는가라는 것이다. 또한, 대기업 중심으로 채택되고 있는 CRM 방법론이 중소기업으로서 우리 회사에 잘 부합하는지를 확인하고 싶어한다. 따라서 중소기업체에서 CRM 도입시 고려할 사항을 검토하고, 구축 절차를 신중히 검토해야 한다.

CRM은 '고객'을 중심에 놓고 전개하는 사업방식 혹은 경영전략이라고 함축적으로 말할 수 있다. 무엇보다도 '고객을 어떻게 인식할 것인지, 고객 데이터를 어떻게 획득할 것인지'를 CRM 도입에 앞서 결정해야 한다. '제품' 중심적인 시각을 유지하고 있는 대부분의 제조업체에게는 CRM이란 현실적으로 적용하기 힘든 개념으로 보이는 것도 당연하다. 특히 대기업이나 대형 유통업체에 계열화되어 있는 중소제조업체 경우 회사의 '규모' 때문에 CRM이 힘들다기보다는 가치사슬(value chain) 내에서의 위치 때문에 CRM의 원리를 추구하기에 어려움이 있다고 생각해야 할 것이다.

### 2) 가치사슬상의 내 위치로는 어떤 CRM이 가능한가?

이 문제는 결국 누구를 고객으로 선정할 것인가 하는 대상고객 정의 문제로 귀착된다. 언뜻 쉬운 말 같으나 고객을 '데이터'로 파악해야만 CRM이 가능해지기 때문에 사실 단순하지 않다. 즉, 우리에게 공급받는 업체(대기업이나 유통업체)를 우리 회사의 고객으로 인식하고 CRM을 구성하거나 혹은 최종사용자(고객)의 정보를 어떻게 획득해 관리하느냐 하는 두 가지 기회가 있다는 것이다. 후자의 경우에는 현재로서는 우리가 직접 접촉하지 않고 있고, 정보 획득 경로도 막연하지만, 마케팅 기획능력에 따라서는 고객 데이터를 축적할 수 있다.

이처럼 대상고객을 정의하고 나면, 결국 '지속적으로 고객 데이터를 획득할 수 있는 사업모델인가'를 결정하는 것이 선행 과제인데, 이것은 CRM 시스템을 구축하기 위해서라기보다는 우리의 사업이 확장될 수 있는지 등 비즈니스 기회를 점검하는 계기가 될 것이다. 차별적인 제품을 신규로 발굴해내기 어려운 요즘과 같은 상품 등가(等價)시대에 최종소비자를 파악하는 기업과 중간 공급채널만을 파악하는 기업은 확연히 다른 크기의 미래 위험을 갖고 있다고 할 수 있다.

### 3) '그들'만의 방법론으로서의 CRM, PRM의 활용

가치사슬상의 뒷단에 있는 중소제조업체 입장에서는 이런 방법론에 너무 많은 시선을 빼앗겨 자신의 고객을 체계화하지 못하는 경우가 종종 생긴다. 물론 계열화된 한 단위로서 중소업체가 대기업의 CRM이나 PRM(Partners Relationship Management)의 요구기능을 지시 받은 대로 수동적으로 운영해야 하는 것을 피할 수 없지만, 그런 시스템에 속해 있는 상태에서도 고객정보에 대한 집착을 갖고 있어야 향후 주체적인 고객관리, CRM 등이 가능해질 것이다.

중간 유통업체들을 주도적으로 관리할 수 있는 제조업체라면 PRM 솔루션(자신이 주체가 되는)을 활용할 만하다. 거래처들을 '고객'으로서 '관계관리'하고, 한편 거래처에 속한 고객정보를 집중화해서 관리하며 협력업체를 지원하면서 최종고객의 정보를 자산으로 유지할 수 있기 때문이다. 즉, 적은 데이터임에도 CRM의 방법론을 충분히 활용할 수 있는 영역을 찾을 수 있다.

CRM의 기본 원리('고객중심' 시각이라는 원리)는 몸집이 작은 회사에 더 잘 적용될 수 있다. 이런 '단골식당' 현상을 자세히 관찰해 보면, 방대한 대기업 조직들이 CRM 도입을 외쳤음에도 성공사례로 자랑하는 것을 보기 힘든 이유를 이해할 수 있다. 이들 대기업이 CRM을 채택하고 운영하는 모습을 애써 보려고 할 필요가 없다고 단언할 정도로, 중소기업이 배워서 얻을 것이 현실적으로 거의 없다. 대기업의 CRM 구축 운영 방법은 '통합적', '전사적', '장기적'인 과정인데 우리 중소기업은 3개월, 6개월에 성과를 보아야 신규로 시작한 프로젝트의 지속성이 유지되기 때문에 CRM을 구축할 때에도 단기적인 ROI를 중심으로 하는 신속한 구축 방법론이 필요하다. CRM은 몸집이 작은 회사에 더 잘 적용되게 하기 위해서는 독창적인 CRM을 구축해야 한다.

#### 4) 대기업의 CRM 사례에서 중소기업에 대한 적용

CRM 시스템을 단기간에 구축해서 고객관리 방식에서의 큰 변화를 이루어 낸 성공사례는 중소기업에서 더 많이 찾아 볼 수 있다.

메마른 사막에서도 수맥을 찾아낼 수 있듯이, 고객과 더불어 사는 기업이라면 고객 데이터를 획득하고 유지할 수 있는 모델을 기필코 찾아낸다. 고객정보의 데이터 특성이 항상 변화하기 때문에 업데이트 되지 않는 고객정보 DB는 효용성이 떨어진다. 만일 지속적인 데이터 축적 모델을 찾아내기가 불가능한 제조업인 경우는 사실 CRM을 추진할 여지가 없다. 물론 이런 경우에도 단위 마케팅 활동의 효율을 높이는 DB마케팅 방식(지속적 고객관리가 아닌, CRM의 이전 단계)을 검토하는 것이 대안으로 고려될 수 있다.

## 3. CRM의 발전방향

### (1) CRM이 당면한 도전

CRM은 1990년대 초기부터 서서히 출현하여 많은 업계의 경영인들에게 호소력 있는 고객관리의 개념으로 부각되었고 현재는 광범위하게 수용되고 지지를 받는 새로운 경영방식이다. 이 경영방식은 고객 중심적이므로 고객으로부터도 긍정적인 반응을 얻게 되었고 이를 통해 시장경쟁이 심화되어 가는 가운데서도 고객의 로열티를 높일 수 있게 되어 기업의 수익성을 제고시킬 수 있었다.

더욱이 기술 향상과 더불어 기술을 바탕으로 한 고객 서비스와 고객 정보를 이용한 과학적인 경영 방식인 CRM은 기업의 주요 차별점이 되어 전략적인 우위를 제공해 왔다. 이로 인해 오늘날 많은 기업들이 CRM 경영 방식을 추진하고 있는 것이다.

그럼에도 불구하고 많은 기업에서 CRM이 왜 효과적으로 전개되지 않았는가에 대한 중요한 몇 가지 이유들과 관련 이슈들을 살펴보도록 한다.

첫째, CRM의 추진에 있어 인프라스트럭처의 구축이나 기술선택과 시스템 구비에 지나칠 정도로 초점이 맞춰 있는 경우가 많다. 심지어 어떤 기업의 경우에는 고객관계관리 자체가 목적이라기보다는 기술 투자를 정당화하기 위해 CRM 비즈니스 사례를 사용하기도 한다.

둘째, 시초부터 충분한 호소력을 지닌 비즈니스 사례를 정의하고 만들어 나가야 한다. CRM은 자원과 시간이 많이 소요되는 기업의 중요한 장기적 투자이며 출발점이다.

셋째, CRM이란 이론적으로 어렵지 않게 들릴지 모르지만 실상 실천적인 면에서 보면 그리 쉬운 개념이 아니다. 상당히 많은 부서와 여러 기술적인 작업, 그리고 전문적 노하우가 필요한 복잡한 경영 방식인 것이다. 그러므로 CRM을 시작하기 전에 기업 자체 내에서 CRM에 대한 깊은 이해를 가지고 깊은 생각과 많은 고민을 통해 수립한 계획으로 일을 추진해 나가야 한다.

넷째, 너무 많은 것을 한꺼번에, 그것도 단기에 이루려는 과도한 의욕은 일을 어렵게 할 수 있으므로 반드시 추진하려는 조직의 활동이나 프로그램의 우선순위를 정해야 한다. 이를 위해서는 기업의 목적, 실현가능성, 비용, 개별 프로그램의 시너지 효과 등등을 고려한 기준으로 투자비용과 활동의 최적화를 위해 적합한 우선우위를 할당하고 단계적인 활동을 전개해 나가야 할 것이다.

다섯째, CRM 추천과 실행에 있어서 현재의 조직구조가 걸림돌이 될 수 있다. CRM은 기업 내의 많은 변화를 요구한다. 그중에서도 특히 여러 부서의 역할과 기능, 권한 등 조직의 변화를 필요로 한다.

여섯째, CRM의 결과는 측정되는 것이어야 한다. CRM의 두드러진 특징은 일회적인 것이 아니고 반복하여 순환되는 사이클을 통해 계획한 목표에 대비하여 성과를 측정하여 결과를 분석하는 것이며 또 개선을 위해 새로 계획하고 실행해 나가는 끊임없는 교육과 훈련과정임이 강조되어야 한다. 따라서 CRM의 결과는 반드시 측정되어야 한다.

일곱째, 고객 프라이버시의 문제는 CRM 추진을 망설이게 하는 요인 중 하나이다. 고객 정보를 최대한 이용하여 고객관계를 강화하고 이를 통해 고객의 로열티를 제고하려는 것이 CRM의 중요한 목적 중 하나이다. 그러나 고객 정보를 이용한다는 것이 고객에게 편리와 이익을 가져도 줄 수도 있지만 자칫하면 프라이버시 침해라는 형태로 고객에게 피해를 입힐 수 있다.

여덟째, 내부 개발이든 솔루션 도입이든 가장 현실적인 효과와 구체적인 변화를 일으키는 것이 시스템의 변화이다. 솔루션 도입을 고려할 때는 도입비용에 대한 부담감과 구축 후의 효과에 대한 불확실성으로 많이 고민할 수 있다. 내부개발도 원하는 기능만을 구현하는 것은 할 수 있으나, 선진적인 기능을 보여주는 데는 한계가 있다. 이런 이유로 내부개발 선택이 더 어려울 수 있다. 솔루션은 솔루션업체의 역량 및 브랜드이미지, 기술력, 구축경험, 시장의 반응, 상품의 유연성, 확장성 및 타 시스템과의 통합성 등을 기준으로 검토해야 한다.

마지막으로 CRM은 무엇보다도 고객 중심으로 체제가 바뀌어야 한다. 기존의 많은 모델이나 경영방식은 상품 중심 또는 기술 중심으로 이루어졌다. 그러나 이제 CRM의 구축은 고객으로부터 시작해야 한다. 그들의 필요가 무엇이고 어떠한 상품을 원하고 있고 어떤 서비스를 바라며 또 어떤 문제점들을 고객이 가지고 있는지를 아는 것부터 모든 일을 시작해야 하는 것이다.

### (2) CRM의 발전방향

오늘날 기업은 경영환경변화에 대처하기 위해 고객의 중요성을 점점 더 인식하고 있다. 21세기는 지식이 지배하는 사회이기 때문에 기업은 생존을 위해 미래를 예견하고 대처할 수 있는 지식과 지혜가 필요하다. 기업이 필요한 지식은 내부의 지식뿐만 아니라 외부의 지식도 필요하며 기업이 이익을 창출하고자 한다면 그들의 이익을 가져다 줄 수 있는 대상인 고객에 대해 잘 알아야 한다.

지금까지 고객으로부터 획득된 지식을 활용하여 고객이 원하는 제품과 서비스를 생산하여 고객의 만족, 나아가 고객의 만족을 실현시킴과 동시에 기업의 성공을 실현하기 위해 기업의 CRM을 다음과 같은 차원에서 활성화해야 한다.

첫째, 찾아오는 고객를 대상으로 하는 기존의 CRM에서 고객의 생애주기에 따라 지속가능한 맞춤형 통합서비스를 제공하는 유형으로 고객을 찾아가는 패러다임으로 변화해야 한다. 예를 들면, 지속적인 성장 위해 고객중심경영을 어떻게 실현하고, 축적된 Big Data를 어떻게 활용할 것인지에 대한 고객 중심의 프로세스 전개를 고려해야 한다.

둘째, 기존 CRM 시스템에 소셜미디어를 접목시킨 발전된 형태의 CRM 시스템을 구축해야 한다. 모든 소비자정보를 데이터베이스화하고 축적된 DB를 바탕으로 충성도 높은 소비자와 불만으로 관리가 필요한 소비자를 구분하여 온·오프라인 및 모바일 영역에서도 활용할 수 있는 체계적인 "Loyalty Customer Building Program"을 수립해야 한다.

셋째, 기업은 새로운 지식 원천인 고객의 지식에 초점을 맞추고 고객의 가치 상승에 따라 기업이 획득하고 활용할 지식의 원천으로서의 고객의 의미를 새롭게 인식해야 한다. 경쟁적 환경에서 고객을 계속적으로 유지하기 위해서는 고객이 가지고 있는 지식을 기업도 보유해서 미래에 대해 예측하고 행동에 옮겨야 한다.

넷째, 기업이 고객과의 관계를 증진시키고 CRM의 성과를 거두기 위해서는 자의적 해석에 초점을 둔 데이터 중심의 고객관계관리뿐만 아니라 지식중심의 CRM를 지향해야 한다. 지식중심의 CRM는 고객에 대한 지식과 함께 고객이 가지고 있는 지식, 즉 자사의 발전에 영향을 미칠 수 있는 상품지식, 기술지식, 고객관계에서의 지식을 획득하여 이를 활용해야 한다.

다섯째, CRM에서는 고객지원(서비스)센터를 고객과 가장 활발하게 상호작용을 하고 여기서 획득된 고객의 지식을 활용할 수 있는 고객서비스센터로 개편하여 전략적으로 활용해야 한다. 즉, 고객과의 관계를 강화하기 위해 기존의 고객의 불평/불만을 현장에서 해결하는 기업주도형 콜센터의 기능과 역할에서 고객관련업무를 수행함에 있어서 고객의 지식을 획득하고 활용할 수 있는 고객

주도형의 센터로 업무를 개편, 확장해야 한다. 여기서의 센터는 고객의 지식을 적극적으로 활용하는 새로운 개념으로 볼 수 있다.

여섯째, 고객관계유지 측면에서 볼 때 기업이 고객과의 관계를 영속적으로 유지하기 위해서는 그들과 대화하고 고객의 변화에 따라 기업도 변화해야 한다. 고객의 욕구와 사고의 변화는 고객과의 친밀한 관계에서 포착할 수 있으며, 고객과 기업이 동반자로서의 역할을 수행할 때 상승효과가 나타난다. 따라서 기업은 고객 하나 하나를 일일이 분석하고 각각의 고객에 대해 끊임없이 관계 관리를 하고 상품도 고객의 변화에 맞추어 나가는 맞춤 서비스의 기능을 수반해야 한다. 그리고 새로운 개념의 지역밀착형 고객지원센터는 고객의 지식을 적극적으로 활용해야 하며, 이를 통해 고객생애단계와 고객진화수준이 서로 다른 고객에 맞춰 서비스관리해야 하며 개인화된 접근을 해야 한다.

일곱째, CRM은 고객관계형성, 고객의 유지, 고객관계강화의 3개 단계에서 협력의 단계로 확장되어야 하며 고객 파트너십 관리(Customer Partnership Management; CPM)로 발전해야 한다. 기업은 고객과의 연결창구로서 고객주도형 센터를 개설하고 고객을 위한 교육이벤트 및 기업내부의 고객에 대한 개념(Consumer→Customer→Partner)을 바꾸는 문화의 조성이 필요하다. 고객과의 협력관계가 강화될 때 CRM의 성과는 우월한 성과를 나타내기 때문이다.

이는 고객이 특정의 기업이나 상품을 선호하는 로열티가 약해지고 본인의 개성에 따라 선택하는 상품과 기업의 선택 범위도 넓고, 정보 또한 다양화됨에 따라 기업은 이탈고객과 고객 충성도에 대한 새로운 분석, 측정을 필요로 하고 이에 따른 고객관계관리가 가장 큰 과제로 대두되고 있기 때문이다.

오늘날의 고객은 기업에게 자신에게 필요한 상품을 요구하고 획득한다. 기존의 기업주도형 사회에서는 기업이 제공하는 상품만을 선택하여 거래하는 것에서 벗어나 고객 스스로가 자신이 원하는 상품을 선택하여 상품을 생산하게 하거나 더 나아가서는 고객이 디자인하여 기업에게 상품개발을 하게 하는 고객의 지식을 통한 상품화 단계에까지 이르게 되었다. 이처럼 고객으로부터의 지식 획득은 기업이 경쟁적 환경에서 기업의 한정된 지식을 더 넓은 범위로 확장할 수 있는 중요한 대상이며, 기업의 이익과 직접적으로 관련하여 기업에게 경쟁우위를 가져다 줄 수 있는 지식획득의 원천이다.

고객으로부터 지식 획득과 활용은 고객관계가 구조화되어야 한다는 점에서 고객과의 긴밀한 협조를 이룰 수 있도록 기업 간의 제휴의 관계와 마찬가지로 공식화, 체계화된 구체적인 관계로 이끌어 나가야 한다. 고객은 기업에게 지식을 제공하고 이에 상응한 보답을 받아야 하며, 이에 기업이 선택해야 하는 보상은 고객이 원하는 보상에 주로 초점을 맞추어야 하며 물질적 보상과 정신적 보상을 함께 주는 것이 효과적이다.

그리고 현시대와 미래의 마케팅 전략과 고객관리는 단순한 판매자와 소비자의 관계를 넘어서 공동생산자(Co-Producer)의 관계로 진행되고 있으며 기업 경영의 측면에서는 기업의 부분 종업원이나 경영의 동반자인 파트너로까지 여기고 있다. 이처럼 고객과의 동반자적 관계는 기업이 고객을 이해하고 고객을 중요하게 여길 때 가능하다. 또한 고객이 지식을 보유하고 있다면 그 관계는 더 긴밀할 것이며 고객과 기업 모두에게 이익이 될 수 있다. 이것은 기업이 고객에게 바라는 가장 중요한 요소이며 성공적인 서비스를 수행할 수 있는 전제 조건이 된다.

## 4. 국제경영과 글로벌 CRM

### (1) 글로벌 CRM의 의의

세계 경제가 글로벌화 됨에 따라 기업들 간 그리고 국가들 간 상호의존 정도는 점점 더 높아지게 되고, 상호 이익을 위해 협조적 관계를 유지하는 일은 조직과 국가의 생존, 성장에 무엇보다 중요하다. 국제경영을 하는 글로벌 기업(global firms)들은 세계 공동체적인 공존공영정신을 지향하며 인류복지에 공헌하기 위한 글로벌 CRM을 확립해야 한다. 글로벌 기업(global firms)이란 한 국가 이상에서 활동함으로써 순수하게 국내시장에서 경쟁하는 기업이 이용할 수 없는 마케팅, 생산, 연구개발, 재무적 이점과 우위를 획득할 수 있는 기업이다. 오늘날 글로벌 경영환경에서 단일 시장에서 출현한 기업들은 국내 시장을 두고 국내기업들과 경쟁을 했던 시대에서 통합된 글로벌 시장을 무대로 전 세계 기업들과 경쟁을 해야 한다. 급변하는 글로벌 환경에서 통합된 고객가치를 측정하고 글로벌 표준 프로세스를 통해 민첩하게 대응해야 한다. 글로벌 시장을 대상으로 비즈니스를 진행하는 기업들이 글로벌 시장에 대한 가시성을 확보하고, 환경변화에 유연하게 대처할 수 있어야 한다.

글로벌 경영환경은 기업에게 새로운 도전을 주고 있으며, 동일 산업내 전 세계 모든 기업들과 경쟁을 해야 한다. 경쟁에서 이기기 위해서 모든 기업들은 자사의 모든 경영활동을 'global standard'에 도달할 수 있도록 노력해야만 한다. 'global standard'는 한 가지 형태를 가지고 있는 것도 아니다. 기업 문화는 모두 다르고 각자 특유의 경영방식을 가지고 있기 때문에 모든 기업은 자사에 가장 적합한 경영방식을 찾아서 실행해야만 한다. 글로벌 경영은 단순히 전 세계에 자회사를 세우는 것이 아니라, 전 세계에 흩어져 있는 자회사들을 하나의 목표를 향해 매진할 수 있도록 만들어야 한다. 동시에 지역적으로 생각할 수 있어야 한다. 전 세계의 모든 시장이 하나로 되어가고는 있지만 지역과 국가의 특성, 문화적 차이는 분명히 존재한다. 기업은 각국의 소비자는 그들의 필요와 욕구, 구매력, 제품 선호도, 쇼핑패턴, 종교와 관습의 차이를 인정하고 포용하기 위해 고객을 기업 전략의 핵심으로 두어야 한다. 오늘날의 고객은 기업의 제품을 통해 자신을 차별화시키려고 한다. 기업은 이런 욕구를 알고 충족시킬 수 있어야 한다. 그러나 이러한 것들은 쉽게 변하지 않기 때문에 대부분의 마케팅관리자는 각국의 소비자의 욕구에 그들의 제품, 가격, 유통, 촉진를 통한 CRM을 실시하고 있다. 따라서 글로벌 경쟁력을 확보하기 위해 글로벌 CRM 구현 방법과 CRM 솔루션은 주요 과제이다. 글로벌 경영에 있어 고객경험은 기업 경영의 경쟁우위를 달성하고 최고의 성장을 이끌기 위해 주목해야 하는 주된 요소이다. 글로벌 CRM을 전개하기 위해서는 각국의 현재와 미래의 시장 방향, 혁신, 고객 수요, 경쟁력에 대해 설득력 있게 논리적으로 분석할 수 있는 능력을 갖추어야 한다. 즉, 고객의 트렌드와 고객의 욕구를 충족시킬 수 있는 CRM 활동을 전개해야 한다.

### (2) 글로벌 CRM의 형태

오늘날 기술의 발전으로 세계가 점차 좁아지고 있으며, 이에 따라 소비자의 욕구는 전 세계적으로 비슷해지고 있다. 이러한 생각이 글로벌 브랜드와 표준화된 글로벌 CRM을 만들어 낸다. 글로벌 브랜딩과 표준화를 통해서 기업은 더 강력한 브랜드 파워를 구축하고 규모의 경제를 통한 비용절감 효과를 누릴 수 있다.

CRM 콘셉트는 CRM 프로그램을 각각의 표적 고객집단의 독특한 욕구에 맞출 때 그 프로그램은 효과적이다. 만일 이 콘셉트가 한 국가에서 적용된다면, 이것은 국제시장에서 더 많이 적용되어야 한다. 따라서 기업은 생각을 세계적으로, 행동은 지역적으로 해야 하는 상황에서 CRM 전략과 프로그램을 현지화하느냐 혹은 표준화하느냐 하는 문제는 중요한 과제이다. 하나 혹은 그 이상의 해외시장에서 경영활동을 하는 글로벌 기업은 자사의 CRM 전략과 프로그램을 현지상황에 어느 정도 적응시킬 것인가를 결정해야 한다.

이를 위한 방법은 전 세계적으로 동일한 CRM 전략 접근법과 CRM 믹스를 사용하는 표준화된 글로벌 CRM(standardized global CRM) 전략과 CRM 믹스 요소를 각 표적시장에 맞추는 현지화 글로벌 CRM(adapted global CRM) 전략이다. 현지화 글로벌 CRM 전략은 비용이 많이 들지만 시장점유율과 수익이 증가하게 된다. 글로벌 표준화와 현지화는 하느냐 하지 않느냐 하는 선택의 문제가 아니라 정도의 문제이다. 즉, 표준화와 현지화 간의 균형을 추구해야 한다는 것이다.

예를 들면, 성공사례로서 McDonald's는 전 세계 도처에 있는 자사의 체인점에 대해 기본적인 운영방식을 동일하게 적용하고 있지만, 체인점 메뉴는 각 지역의 기호에 맞게 적응시키고 있다. 한국에서는 마늘소스가 발라진 햄버거 빵 위에 구운 돼지고기를 올린 불고기 버거를 판매하고 있다.

실패사례로서 한때 세계 1위의 휴대폰 기업인 노키아는 1990년 한국 휴대폰 시장에 진출했다가 이렇다 할 성과를 내지 못하고 2003년 한국 휴대폰 시장에서 철수했다. 노키아가 삼성전자와 LG전자와 같은 한국 업체들과의 경쟁에서 밀려난 이유는 한국의 휴대폰 시장을 미국이나 유럽 시장과 유사한 시장으로 보았기 때문이다. 노키아가 매우 빠르게 진화하는 한국의 휴대폰 시장을 한국의 경쟁 업체들만큼 따라가지 못한 것이다.

## (3) 윤리적 글로벌 CRM

글로벌 경영환경은 기업에 무한 경쟁이라는 기회와 위협을 동시에 가져다주었다. 무한경쟁시대에서 기업은 내부적인 윤리와 더불어 기업 경영환경에 대한 외부적 윤리인 사회적 책임이 필요하다. 국제경영을 하는 글로벌 기업은 세계 공동체적인 인류복지에 공헌하기 위한 윤리적 글로벌 CRM을 전개해야 한다. 글로벌 경영환경에서 윤리적 글로벌 CRM을 추구하기 위해 글로벌 기업은 경제적, 사회적, 환경적 측면에서 다음의 CRM 요소들을 고려해야 한다.

### 1) 경제적 측면의 CRM

#### ① 파레토(Pareto) 효율성의 추구

파레토 효율성은 장기적으로 모든 사람들의 복지를 향상시키는 것을 말하며, 협의로는 특정 소수의 복지향상이 다른 사람들의 복지희생에 근거해서는 안 된다는 것이다. 따라서 특정 거래가 거래 당사자들에게 모두 유익하다면 파레토 효율성이 최고로 이루어진 경우이다. 이러한 파레토 효율성을 초국가적 기업경영에 적용하면 상호 윤리적 거래가 서로의 복지를 극대화시킬 수 있게 한다. 기업 간 자원의 획득과 이동, 생산 및 판매활동 등에서 윤리적 계약 및 거래 관계를 확립하는 것이다. 국제 경영에서 초국가적 기업들의 경쟁우위는 파레토 효율성을 통한 기업 간 윤리적인 공생관계를 통해서 획득되는 것이다.

#### ② 타인의 자유와 권리 존중

초국가적 기업은 현지국의 주주, 종업원, 고객, 공급자 등 그 지역의 다양한 이해관계자들의 삶에 중요한 영향을 주는 의사결정을 한다. 현지 종업원의 해고, 발언의 자유, 노조결성의 자유 등을 제약할 수 있다. 또는 사생활을 침해할 가능성도 있다. 현지 종업원은 물론 이해관계자들에 대한 자유와 권리의 존중은 초국가적 기업이 전 세계를 대상으로 사회적 책임을 실행하여 글로벌 CRM을 실행할 수 있는 초석이다.

### 2) 사회적 측면의 CRM

#### ① 현지국 법규와 규범의 준수

초국가적 기업이 국제 경영을 수행할 때 지켜야 할 최소한의 규제는 현지국의 법규이다. 초국가적 기업이 현지국의 법규를 위반하지 않는다는 사실만으로도 기업이 윤리적이라고 볼 수 있다. 그러나 현지국 법규의 준수는 기업의 윤리적 행동에 관한 모든 책임을 다했다고 보기는 어렵지만 글로벌 CRM의 기본적인 요소임에는 틀림없다.

#### ② 경영이념으로 지역사회 복지주의 실현

지역사회 복지주의란 지역 주민의 생존과 생활의 질을 향상시키기 위해 생활환경과 복지 환경을 개선하는 사회정책 및 방법의 체계이다. 즉, 초국가적 기업은 현지 및 경영활동을 수행하는 지역사회의 한 구성원으로 그 지역사회의 유지·발전에 적극적인 자세를 가져야 한다. 지역사회는 초국가적 기업에게 물적·인적 자원을 제공하고, 원활한 기업활동에 필요한 사회적 제도를 마련하여 기업이 양호한 조건 속에서 국제경영 활동을 수행할 수 있도록 혜택을 준다. 따라서 기업이 지역사회의 혜택을 누리면서도 지역사회의 구성원으로서 수행해야 할 사회적 권리와 의무를 태만히 해서는 안 될 것이다.

### 3) 환경적 측면의 CRM

환경보호주의의 실천: 최근 지구촌에서 가장 관심을 끌고 있는 윤리는 바로 환경보호이다. 기업은 경영활동에 영향을 미치는 제반 자연조건, 즉 생태적

환경 속에 서 있다. 기업이 생태적 환경을 무시하는 것은 곧 기업 경영의 종결은 물론 인류의 삶의 터전을 소멸시키는 것과 같다. 초국가적 기업은 환경오염을 하지 않는 것은 물론 자연과 인간의 조화를 통한 국제경영을 실천할 수 있어야 한다.

## 5. 지속가능한 CRM

### (1) 지속가능한 경영과 CRM의 개념

#### 1) 지속가능한 경영의 개념

지속가능한 경영은 21세기의 새로운 경영방식으로 경제성장과 환경보전과 사회발전의 조화로운 균형을 추구한다. 기존의 경제적인 수익성에만 집중했던 경영방식에서 지속가능한 발전을 위하여 기업의 사회적인 책임과 환경보호를 강조하는 신경영방식으로, 글로벌 기업뿐만 아니라 국내의 일반 기업에서도 지속가능경영전략을 추진하면서 상당한 성과를 거두고 있다. 즉, 기업이 경영에 영향을 미치는 경제적, 환경적, 사회적 이슈들을 종합적으로 균형 있게 고려하면서 기업의 지속가능성을 추구하는 경영활동으로 기업들이 전통적으로 중요하게 생각했던 매출과 이익 등 재무성과뿐 아니라 윤리, 환경, 사회문제 등 비재무성과에 대해서도 함께 고려하는 경영을 통해 기업의 가치를 지속적으로 향상시키려는 경영기법이다.

지속가능경영(Sustainability Management)은 '지속가능한 발전(Sustainable Development: SD)'과 '기업의 사회적 책임(Corporate Social Responsibility: CSR)'의 두 개념이 결합하여 탄생한 개념이다.

생태학자들은 지속가능한 발전을 위해, 경제적으로 효율적인 배분(Economically efficient allocation), 사회적으로도 균등한 분배(socially fair distribution), 환경적으로 지속가능한 규모(environmentally sustainable scale), 이 세 가지의 방향을 제시하고 있다. 위와 같은 경제·사회·환경의 세 가지 요소를 동시에 충족시켜야 하며, 지속가능경영의 주요한 축으로 지속가능경영의 핵심개념으로 보고 있다.

기업은 단기적인 매출에 집착하지 말고, 지속가능한 경영을 위해서라도 고객만족을 위한 노력, 특히 CRM 시스템에 관심을 가져야 한다.

### 2) 지속가능한 CRM의 개념

지속가능한 CRM(sustainable CRM)은 사회적, 환경적으로 책임 있는 행동을 촉구하는 것으로서, 소비자와 기업의 현재를 만족시키는 동시에 미래 세대가 자신의 필요를 만족시킬 능력을 보존하거나 증진시키는 것이다.

기존의 CRM 개념은 장기적인 CRM을 목표로 표적 고객의 현재의 필요를 파악하고, 그것을 만족시킴으로써 경쟁자보다 더욱 효과적이며 효율적인 활동을 통해, 고객이 당장 원하는 것을 제공하여 기업의 단기 매출, 성장, 수익을 만족시키는 데에 초점을 맞춘다. 현재의 고객만족이 없으면 장기적인 고객만족를 제공할 수 있는 생존이 불가능하기 때문이다. 그러나 기업의 미시적인 안목에서 실행된 CRM은 고객의 즉각적 필요와 욕구를 만족시킬 수는 있지만, 고객 또는 기업 모두에게 있어 미래의 지속적인 발전가능성을 보장하지는 못한다. 예를 들어 McDonald's는 초기에 맛은 있지만 지방분과 염분이 가득한 패스트푸드를 내놓아 즉각적인 고객만족을 이끌어 내고 기업의 매출과 수익도 거두었다. 그러나 McDonald's와 기타 패스트푸드 체인이 장기적으로 전국적으로 비만을 유행시키고, 소비자 건강을 해치며 국가 보건체계에 부정적인 영향을 미친다는 비판이 제기되었다. 그에 따라 많은 소비자가 몸에 더 좋은 식품을 찾기 시작하면서 패스트푸드 산업의 매출과 수익은 급락했다. 윤리적 행동과 사회복지 이슈를 넘어서, McDonald's는 또한 광대한 전 세계적 활동에 따른 상당한 규모의 환경적 파괴행위로 비판받았다. 쓰레기로 가득한 포장과 고체 폐기물 발생으로부터 매장에서의 비효율적인 에너지 사용에 이르기까지 모든 것이 비판의 대상이 되었다. 그러므로 McDonald's의 전략은 소비자나 기업의 이익 양 측면에서 모두 지속가능하지 않았다.

지속가능한 CRM은 장기적인 CRM 측면에서 고객과 기업의 즉각적인 필요와 미래의 필요 모두를 만족시키는, 사회적으로 그리고 환경적으로 책임 있는 행동을 통해 경제적 이익을 획득하는 것이다. 지속가능한 CRM을 성공적으로 실행하기 위해서는 먼저 조직 내에 사람이 변해야 되고, 그 다음에는 고객을 위해, 고객 위주로 프로세스가 바뀐 다음에 시스템을 구축하는 것이다.

## (2) 지속가능한 CRM을 촉진하는 소비자 행동

지속가능한 CRM은 기업과 소비자 모두에게 더 책임 있는 행동을 요청한다. 기업이 경제와 사회에 해악을 끼치는 요인이 될 수 있다고 보는 시각 때문에 기업을 바로잡자는 소비자운동이 일어났다. 주요한 두 가지 운동으로 소비자보호운동과 환경보호운동이 있다.

### 1) 소비자보호운동

소비자보호운동(Consumerism)이란 소비자의 권리를 보호하고 판매자와의 관계에서 구매자의 힘을 신장시키려는 시민과 정부기관의 조직적인 움직임을 말한다.

소비자는 기업이 생산한 제품을 구매하는 공헌을 하며 이에 대해 기업은 최고의 제품을 생산, 판매할 의무를 갖는다. 또한 제품에 대한 허위광고를 하지 않거나, 제품의 용량을 속이지 않는 것 등은 기업이 소비자에 대해 지켜야 할 최소한의 의무들이다. 요즈음 소비자들도 자신의 권익을 스스로 지키기 위해 소비자 단체를 만들어 기업의 부당한 상행위를 감시하고 있다.

### 2) 환경보호운동

소비자보호운동가가 CRM 시스템이 효율적으로 소비자의 욕구를 만족시키고 있는지를 생각하는 반면에 환경운동가는 CRM이 환경에 미치는 영향과 소비자의 욕구와 필요를 만족시키는 데 드는 비용을 걱정한다. 환경보호운동(Environmentalism)이란 인간이 현재 살고 있는 환경을 보호하고 개선하고자 하는 의식을 가진 시민들, 기업과 정부조직의 조직적 운동을 말한다.

환경보호운동가는 CRM 시스템의 목적은 소비, 소비자 선택, 혹은 소비자 만족을 최대화하는 것이어야 한다. 삶의 질이란 단지 소비제품과 서비스의 양과 질뿐만 아니라 환경의 질 또한 포함한다.

### (3) 지속가능한 CRM을 향한 기업행동

처음에는 많은 기업이 소비자보호운동과 환경보호운동, 지속가능한 CRM 요소에 반대했다. 소비자나 환경에 대한 관심은 중요하지 않거나 부당하다고 생각했기 때문이다. 그러나 지금은 대부분의 기업이 지속가능한 CRM 원칙을 현재와 미래의 고객가치를 창출하고 고객관계를 강화하는 한 방법으로 받아들이고 있다.

기업의 지속가능한 CRM은 CRM 체계에 따라서 최선의 장기적 실행을 전제로 한다. 이는 다섯 가지 지속가능한 CRM 원칙에 따라 지원되고 실행되어야 한다. 소비자 지향적 CRM, 고객가치창출 CRM, 혁신적 CRM, 사명의식 CRM, 사회지향적 CRM이다.

#### 1) 소비자 지향적 CRM

소비자 지향적 CRM이란 기업이 자신의 CRM 활동을 소비자의 관점과 입장에서 바라보는 것을 말한다. 기업은 표적화된 고객 집단의 현재와 미래 모두의 요구를 인식하고, 봉사하고, 만족시키기 위해 노력해야 한다. 좋은 CRM 활동을 하는 모든 기업의 공통점은 자신의 고객에게 최상의 가치를 전달하려는 열정을 가지고 있다는 것이다. 이렇듯 소비자의 눈으로 보려는 노력만이 기업이 소비자와 장기적으로 이윤을 창출하는 고객관계를 맺을 수 있도록 돕는다.

### 2) 고객가치창출 CRM

고객가치창출 CRM의 원칙은 기업의 많은 자원을 고객가치를 창출하는 CRM 활동에 투자하는 것이다. 1회성 판매촉진, 화장품 포장용기의 변화, 텔레마케팅 광고와 같은 행위는 단기간 판매량을 늘릴 수는 있겠지만, 소비자가치 측면에서 보면 제품의 질, 특성, 편의를 증진시키는 것만큼 효과는 거두지 못한다. 소비자가 기업의 CRM 활동으로 인해 얻을 수 있는 가치를 지속적으로 향상시킴으로써 장기적인 소비자 충성도와 관계형성을 유도한다. 소비자를 위한 가치를 창출함으로써 기업도 소비자에게서 돌아오는 가치를 얻을 수 있다.

### 3) 혁신적 CRM

혁신적 CRM의 원칙은 기업에게 끊임없이 제품과 CRM의 개선점을 찾아볼 것을 요구한다. 새롭고 더 나은 방법을 찾아보는 일을 간과하는 기업은 결국 더 나은 방법을 찾아낸 경쟁사에게 고객을 빼앗기고 말 것이다. 이러한 혁신적 CRM의 아주 좋은 예는 삼성이다. 몇 년 전까지만 해도 삼성은 소니를 살 여력이 안 될 때 구매하는 복제품 위주의 소비자 가전 브랜드였다. 그러나 오늘날 삼성 브랜드는 최첨단 고급제품이라는 이미지를 가졌다. 1996년 삼성전자는 싸고 단조로운 제품에 등을 돌리고 규모면에서뿐 아니라 스타일과 혁신에 있어서도 경쟁사 소니를 앞지르려고 했다. 젊고 신선한 감각의 젊은 디자이너를 채용해 고급품 사용자를 목표로 맵시 있고 눈에 띄는 아름다운 신제품을 쏟아내기 시작했다. 혁신전략은 고객가치를 창출함으로써 빠르게 자사의 높은 목표를 뛰어 넘어 그 이상의 고객가치를 향상시킨다.

### 4) 사명의식 CRM

사명의식 CRM이란 기업이 기업 사명을 정의할 때 제품중심으로 좁게 서술하기보다는 사회적 역할을 고려하여 광의로 서술해야 함을 말한다. 기업이 사회적 역할을 고려하여 기업사명을 정의할 때, 직원은 자신의 일에 자부심을 가지며 정확한 목표의식을 가질 수 있다. 광의적 기업사명과 연관된 브랜드는 브랜드와 고객 양쪽 모두의 장기적 이해관계를 잘 채워줄 수 있다. 사명에 초점을 맞춘 CRM은 브랜드의 내적, 외적 활동 모두를 이끌어간다.

#### 5) 사회지향적 CRM

사회지향적 CRM의 원칙에 따르면 계몽된 기업은 소비자의 요구와 이해를 고려해 기업의 필요요건과 장기적 사회이익을 위한 CRM 결정을 한다. 기업이 소비자와 사회의 장기적 이해관계를 무시하는 것은 소비자와 사회에 폐를 끼친다는 것을 알고 있어야 한다. 기업은 사회 문제를 기회로 보는 시각을 가져야 한다. 지속가능한 CRM을 위한 제품은 즐거움과 유익함도 주어야 한다.

### (4) 지속가능한 기업의 CRM 윤리

CRM의 근간에는 고객의 필요와 욕구를 채우는 기업이 번성하게 될 것이라는 믿음이 깔려 있다. 고객의 필요를 만족시키지 못하는 기업, 의도적이거나 비의도적으로 고객이나 사회의 타인 또는 미래 세대에게 해를 입히는 기업은 소멸할 것이다. 지속가능한 기업의 CRM 윤리는 기업의 경쟁력과 심지어는 생존까지도 근본적으로 영향을 미치게 될 것이다.

지속가능한 기업은 사회적, 환경적, 윤리적으로 책임 있는 행동을 통해 고객에게 가치를 창출하는 기업이다. 지속가능한 CRM은 오늘날의 고객 필요와 욕구의 충족은 물론 내일의 고객을 고려하는 것으로 기업, 이해관계자, 직원, 그리고 그들 모두가 살아갈 더 넓은 세상 자체의 생존과 성공을 약속하는 일이다. 지속가능한 CRM은 고객에게 가치를 창출하여 고객으로부터 지금과 미래에 되돌아오는 가치를 획득하기 위해, 기업이 수익성 있는 고객관계를 수립할 수 있는 맥락을 제공한다.

지속가능한 기업의 CRM 윤리는 지속가능한 CRM의 초석이다. 장기적으로, 비윤리적 CRM은 고객과 사회 전체에 해를 입힌다. 더 나아가 결국에는 기업의 생존 자체를 위태롭게 하면서 평판과 효과성을 손상시킨다. 그러므로 장기적인 소비자와 기업 복지를 위한 지속가능한 CRM 목표는 윤리적 CRM 수행을 통해서만 이루어질 수 있다.

모든 경영자들이 훌륭한 윤리감각을 지닌 것은 아니므로, 기업은 조직의 모든 사람이 반드시 따라야 하는 광범위한 지침인 기업 CRM 윤리 방침을 개발할 필요가 있다. 이런 방침은 유통업자와의 관계, 광고기준, 고객 서비스, 가격정책, 제품개발, 일반적인 윤리 기준을 포괄한다. 많은 경우 불확실한 상태에서 어떻게 하면 가장 좋은 결정이 될 수 있을지 판단해야 한다.

# 참고문헌


강명주, 관계마케팅, 도서출판 대명, 2004.

고경순, 경험마케팅, 도서출판 대명, 2004.

권태경·양경미(역), 앤더슨 컨설팅, CRM: 고객관계관리, 대청미디어, 2000.

김명철(역), CRM, 절대로 하지 마라, 세이북스, 2003.

김승욱 외 4인, 고객관계관리, 형설출판사, 2004.

김영한, 고객경험관리. 서울: 밀리언하우스. 2009.

김우성, 브랜드와 고객체험, 이담, 2012.

김재문, e-비즈니스 모델에 맞는 eCRM, 거름, 2000.

김재진·구동모(역), 고객자산관리, 도서출판 대명, 2006.

류승범, 국내 실정에 맞는 올바른 CRM접근방법론, Oracle, 2001.

박성수, CRM과 짜장면 배달, 시대의 창, 2000.11.

박세정, CRM을 넘어 PRM으로, 새로운 제안, 2003.6.

박인혜(역), 고객지상주의의 함정, 피터 페이더, 매일경제신문사, 2013.

박주희·안재두, 고객서비스, 도서출판 대명, 2006.

박찬욱, CRM 고객관계관리, 서울: 청람, 2014.

삼성전자 글로벌마케팅연구소(역), 인터넷시대의 고객관계경영 CRM.com, 21세기북스, 2000.

서상한·김형재·최현규, 소비자행동론, 박영사. 2012.

손영화, 고객심리학, 서울: 커뮤니케이션북스, 2013.

송현수, CRM 경영혁명, 새로운 제안, 2000.

송현수, eCRM 구축과 운용전략, 새로운 제안, 2001.

안철경·조혜원, 보험회사 CRM에 관한 연구, 보험개발원, 2001.8.

윤천규(역), 감성마케팅: 평생고객을 얻는 홀마크 전략, 김앤김북스, 2003.

이동진, 관계마케팅전략, 피앤씨미디어. 2015.

이득규, 고객관점에서의 고객관계관리 활동 척도개발, 숭실대 경영학박사학위논문, 2011.

이상민 외, 인터넷 시대의 고객관계관리, CEO information 제262호, 삼성경제연구소, 2000.9.

이유재. 서비스마케팅, 제5판. 학현사. 2013.

이진규, 현대경영학, 제4판, 법문사, 2011.

이태희, 감성소비 행동분석론, 백산출판사. 2014.

이현우(역), 설득의 심리학, 21세기북스, 2004.12.

이화인, 서비스 고객의 심리와 행동, 기문사. 2014.

이환규·김애라(역), One to One CRM 전략, 대청미디어, 2001.2.

임종만·윤천성·임은진·정미영, 고객만족을 위한 서비스경영론, 무역경영사, 2003.

임현철, 외식프랜차이즈실무, 한올출판사, 2011.

장준호, 유통채널 및 최종고객과의 관계 강화, 월간 CIO, 2001.8.

정용찬.『빅데이터 혁명과 미디어 정책 이슈』(KISDI Premium Report 12-02). 정보통신정책연구원, 2012a

정해동, 임도영역, CRM을 넘어 CEM으로. 서울: ㈜한언. 2004.

차길수. 서비스기업의 인간관계관리. 대왕사. 2005.

최정혜·오윤조(공역), 고객 네트워크전략, David L. Rogers, 박영사, 2013.

최정환·이유재, 죽은 CRM 살아있는 CRM, 한·언, 2001.

최정환·최종학, CRM을 위한 데이터베이스 마케팅, 다산출판사, 2001.

한국NCR CRM컨설팅그룹, CRM의 이론과 사례, 한국능률협회, 2001.

한국전자거래진흥원, CRM전문과정, 2002.6.

Boss,R.(2002).Customer Relationship Management: Key Components for IT Success.Industrial. ManagementandDateSystem,89-97.

Campbell, A. J. & Cooper, R. G., "Do Customer partnerships Improve New Product Success Rates?." Industrial Management Vol. 28 Iss., 1999, pp.506～519.

Coltman, T. Midgley, D. F(2011), "Customer relationship management and firm performance," Journal of information technology, 26(3).

Corner, I. J. , & Popovich, K.(2003).Understanding Customer Relationship Management: People, Process and Technology. Business Process Management Journal,9(5),672-688.

Darrell K. Rigby, Frederick F. Reichheld, and Phil Schefter(2002), "Avoid the Perils of CRM," Harvard Business Review, February 2002, pp.101～109.

Diche, Jill, The CRM Handbook, Addison Wesley.

Frederick Hong－Kit Yim, Rolph Z. Anderson and Srinvason Swaminathan(2004), "Customer Relationship Management: Its Dimensions and Effect on Customer Outcomer," Journal of Personal Selling & Sales Management, 24(4), pp.263～278.

Gartner Group(1999), Customer Relationship Management: Perspective, Gartner Group TechRepublic.

Homburg, Christian, Viviana V. Steiner, and Dirk Totzek(2009), Managing Dynamics in a Customer Portfolio, Journal of Marketingt, 73(September), pp.70~89.

IDC report(1999), "Customer Relationship Management: The changing economics of customer relationship," May .

Imhoff, C., & Gentry, J. (2000). CRM Building an Environment for the Future. Technology Guide, 178-185.

Imhoff, C., & Gentry, J.(2000), CRM Building an Environment for the Future. Technology Guide.

Kamaladevi B., (2010), Customer experience management in retailing, Business intelligence journal, 3(1), 37-53.

Kim, M., Vogt, C. A., & Knutson, B. J.(2015). Relationships among customer satisfaction, delight, and loyalty in the hospitality industry. Journal of Hospitality & Tourism Research, 39(2), 170-197.

Kumar, V. and Denish Shah.(2009) Expanding the Role of Marketing: From Customer Equity to Market Capitalization. Journal of Marketing, 73(November), pp.119~136.

Lai, I. K. W.(2015). The Role of Value, Satisfaction, and Commitment in the Effect of

Lariviere, B.(2008). Linking Perceptual and Behavioral Customer Metrics to Multi period Customer Profitability. Journal of Service Research, 11(1), 3-21.

Mala Srivastava, Dimple Kaul, (2016), Exploring the link between customer experience-loyalty-consumer spend, Journal of Retailing and Consumer Services, 31, 277-286.

Oracle, (2015) Customer Experience (CX) Metrics and Key Performance Indicators.

Orel, F. D., & Kara, A. (2014). Supermarket self-checkout service quality, customer

P. Kotler & Gary Armstrong(2012), Principles of Marketing, Fourteenth Edition.

Palmer, Adrian(2010), "Customer experience management: a critical review of an emerging idea," Journal of Services Marketing, 24(4), pp.196~208.

Pedro S. Coelho, Jorg Henseler, (2009), Creating customer loyalty through service customization, European Journal of Marketing, 46(3), 331-356.

Peppard, J.(2002), Customer Relationship Management(CRM) in Financial Services, European Management Journal, 18(3), pp.312~327.

Petrick E. Shrout & Joseph L. Fleiss, (1979), Intraclass Correlations: Uses in Assessing Rater Reliability, Psychological Bulletin, 86(2), 420-428.

Prahalad, C.K. & Ramaswamy. V.(2000), “Co－opting Customer Competence,” Harvard Business Review. Vol.78, Iss. 1., pp.79～87.

Reichheld, F.F., and T. Teal(2000), The Loyalty Effect, Harvard Business School, Boston.

Reinartz, W.J. and V. Kumar(2000), On the profitability of long life customers in a noncontractual setting: An empirical investigation and implications for marketing, Journal of Marketing 64.

Richard W. Mosley, (2007), Customer experience, organisational culture and employer brand, Brand Management, 15(2), 123-134.

Ryals, Lynette(2005),"Making Customer Relationship Management Work: The Measurement and Profitable Management of Customer Relationship," Journal of Marketing, 69(October), pp.252～261.

Ryder, I. (2007). Customer experience. Journal of Brand Management, 15(2), 85-88.

Schmitt, Bernd H.(2003), Customer Experience Management, Hoboken, NJ: John Wiley & Sons, Inc.

Service Quality on Customer Loyalty in Hong Kong-Style Tea Restaurants. Cornell Hospitality Quarterly, 56(1), 118-138.

Stanley A. Brown(2000), Customer Relationship Management, John Wiley & Sons Canada, Ltd,

Stone, M. & Woodcock,N.(2001), Defining CRM and assessing its quality, In B. Foss and M. Stone(Eds.), Successful customer relationship marketing, London: Kogan, pp.3-20.

Thoreten Hennig－Thurau and Ursula Hansen(2000), “Relationship Marketing－ Some Reflections on the state of the Art of the Relational Concept,” in Relationship Marketing, Springer,.

Tyrone W. Jackson(2007), “Personalization and CRM,” Database Marketing & Customer Management, Vol. 15.1, pp.24～36.

Wiesel, T., B. Skiera, and J. Villanueva(2008), Customer Equity: An Integral Part of Financial Reporting, Journal of Marketing, 72(March), pp.1～14.

Zhang, P. Li, M. ,Jiao, X. Zhou, R(2011,) “Customer loyalty and customer relationship management,” Communication in Computer and Information Science, 144, pp.432～436.

satisfaction, and loyalty: Empirical evidence from an emerging market. Journal of Retailing and Consumer Services, 21(2), 118-129.

# 찾아보기

ㅅ



ㅇ

ㅈ

ㅊ



ㅋ



ㅌ



ㅍ



ㅎ

## 기타

**【저자 약력】**

## 권 금 택

영산대학교 호텔관광대학 외식경영학과 교수
경영학(마케팅) 박사

e-mail: sif0318@ysu.ac.kr

제6판
**전략적 고객관계관리**

초 판 발 행 2005년 2월 10일
제2판발행 2007년 1월 18일
제3판발행 2011년 1월 17일
제4판발행 2012년 7월 31일
제5판발행 2014년 2월 10일
제6판발행 2017년 8월 20일
중 판 발 행 2022년 8월 31일

지은이 권금택
펴낸이 박노일

총괄기획 김중용 · 최준규
편 집 심성보

펴낸곳 pnc publishing and culture 피앤씨미디어
경기도 고양시 일산동구 강송로 153 310-1501
등록 제396-2012-000203호
전 화 070)7550-3758 팩 스 02)718-8554
홈페이지 www.pncmedia.co.kr 이메일 pnc@pncmedia.co.kr
ISBN 979-11-5730-426-4 93320



정 가 28,000원